Petra Timpner

SelbstVernetzung

Ein Abenteuer

Danke!

Petra

Verlag EinSicht
Winsen

VERLAG EINSICHT

KLEIN WINSEN 26 * 24568 WINSEN
FON 04191 - 958441 * FAX 04191 - 959382

ISBN 3-00-005530-4

All denen, die dabei sind,
sich mit ihrem tiefsten Selbst,
ihren geliebten Menschen
und dem Großen Ganzen
bewußt und in Freiheit zu vernetzen.

INHALTSVERZEICHNIS

Danksagung

Danke - meinen Eltern, die mir die wilden und geknechteten Gene von Generationen mitgegeben haben. Ihr steht liebevoll hinter meiner Entwicklung.

Danke - meiner Zwillingsschwester, die mich immer wieder herausfordert, indem sie unsere gemeinsamen Schwächen (auch) in mir bekämpft. Du liebst mich bedingungslos.

Danke - meinem Mann, der durch seine tägliche Gegenwart und Ansprechbarkeit dieses Buch ermöglicht hat. Du hast ihm Deinen Geist und Deinen Schönheitssinn mitgegeben.

Danke - meinen persönlichen Lehrerinnen und Lehrern, die oft meine Ungeduld mit Geduld und meinen Zorn mit Freundlichkeit beantwortet haben. Ihr habt mir Eure Erfahrungen und Eure Präsenz geschenkt.

Danke - meinen unpersönlichen Lehrerinnen und Lehrern, deren Feuer so stark ist, daß es mich durch das Lesen ihrer Bücher entzündet und meine Transformation mit ermöglicht hat.

Danke - meinen Klientinnen und Klienten, die mit ihren Fragen so viele Antworten in mir erweckt haben. Danke Euch besonders, die Ihr alle sieben Kapitel dieses Buches treu angehört habt, als sie sich noch in einem unreifen Entwicklungsstadium befanden und die Ihr mich zur Veröffentlichung des Buches ermutigt habt.

Danke - dem Leben selbst, das mich geschaffen hat. Du läßt mir bis heute an mir selbst genügend zu tun übrig, so daß ich mich am Großen Werden beteiligt fühle.

EINLEITUNG

Warum habe ich dieses Buch geschrieben?
Ich habe mich 26 Jahre lang verrückt gefühlt. Nichts in mir befand sich am richtigen Platz. Mein Verstand schien nicht mir zu gehören, meine Gefühlswelt war ein unberechenbares und meist im Totstellreflex verharrendes amorphes Gebilde und mein Körper war eine Tragetasche für eine Persönlichkeit, der es irgendwie gelang, der Welt vorzuspielen, daß alles in Ordnung sei. Die Vernetzung in mir war zum Teil gerissen, zum Teil falsch verbunden, zum Teil nie hergestellt worden.

In den darauffolgenden 13 Jahren habe ich mit Hilfe vieler Menschen meine Einzelteile geordnet und miteinander in einem sinnhaften Zusammenhang neu vernetzt. Viele Vernetzungen, die ungesund waren, mußten erst einmal gelöst werden und Metamorphosen begannen, für mich zur Tagesordnung zu gehören. In den letzten vier Jahren, in denen dieser Wandlungsprozeß sich weiter fortgesetzt hat, habe ich das gegenwärtige und zurückliegende Geschehen reflektiert. Aus der Selbstreflexion habe ich ein Buch gemacht, weil ich möchte, daß mein Elend und meine Arbeit zu mehr gut sind als sie hinter mich gebracht zu haben. Ich habe diese Jahre nicht nur <u>über</u>standen, sondern auch <u>ver</u>standen.
Ich weiß von vielen Menschen, die ihr Elend lediglich überstanden haben. „Gott sei Dank, es ist überstanden!" sagen sie und meinen damit, daß eine Magersüchtige wieder ißt, daß eine Mißbrauchte mit einem Mann lebt, daß ein Workaholic sich den ersten Urlaub seit Jahren gönnt, daß ein Arbeitsloser wieder Arbeit gefunden hat, daß ein Mensch aus der Psychiatrie entlassen worden ist. Ob all dies schon mit Verstehen zu tun hat, bleibt zu fragen.
Es hat mir nicht gereicht zu leiden, sondern ich habe gesucht, bis ich das Glück hatte, in Sinnzusammenhänge einzudringen.
Wenn wir besser verstehen, in welchen und wie vielen Netzen wir existieren, kommt Licht in unser Leben, erfahren wir Sinn und Glück, und nach Sinn und Glück sind wir auf der Suche. Ich möchte einen Eindruck davon geben, daß wir Menschen mit unserem eigenen Inneren und unserem Körper, mit unserer Außenwelt, mit der Geschichte unserer

Familie und unseres Landes und nach meiner heutigen Sicht auch mit kosmischen und evolutionären Prozessen vernetzt sind.

Ich möchte, daß Menschen dieses Buch mit in die Praxis ihres Therapeuten oder ihrer Therapeutin nehmen und sagen: „Wir müssen uns auch über meinen Urgroßvater unterhalten!" Oder daß sie es mitnehmen zu ihrem Arzt und sagen: „Ich möchte keine Spritzen mehr in meinen Rücken, sondern ich möchte, daß Sie mir helfen zu lernen, mich zu be-rücksicht-igen!"

Wir sind die erste Generation, die über immenses Wissen über den Menschen aus Wissenschaft in Ost und West verfügt. Gleichzeitig sind wir auch die ersten, die alles, was nicht „normal" ist, als „verrückt" diagnostizieren! Ich möchte, daß es nach dem Lesen dieses Buches mehr Menschen gibt, die nicht so lange wie ich mit dem Gefühl herumlaufen, daß sie sich verstecken müssen, weil die Umwelt sie sonst als verrückt einordnen könnte. Welches Selbstbewußtsein könnten wir empfinden, wenn gesellschaftlich anerkannt würde, daß es viele Menschen gibt, die stellvertretend durch Wachstumskrisen gehen und die der gesamten Menschengemeinschaft Gutes bringen. Man stelle sich einmal vor, wie es wäre, wenn Menschen, die durch eine Zeit der Arbeitsunfähigkeit oder der körperlich/seelischen Krankheit gehen, dafür Bewunderung ernten würden, da alle anderen selbstverständlich wissen würden, daß sie wie Künstler oder Forscher einen neuen Weg beschreiten. Die Forscher der Seelenwelten, die Schamanen der Gegenwart, verstehen sich selbst oft nicht und ächten sich, weil sie gesellschaftlich geächtet werden.
Ich möchte einen Beitrag dazu leisten, die Arbeit der Helden der Innenwelten auch gesellschaftlich aufzuwerten, indem immer mehr von ihnen sich selbst in Ihrer Seelenarbeit verstehen und achten.
Und vielleicht greifen auch die professionellen Helfer zu diesem Text, weil es Freude machen könnte, den von mir gegangenen Weg aus verschiedenen fachlichen Blickrichtungen anzuschauen und dadurch auch ihrerseits die ihnen Anvertrauten tiefer achten zu lernen.

Was erwartet Sie in diesem Buch?
Das erste Kapitel beginnt mit einer Beschreibung des Chakrensystems. Ich mache eine Anleihe bei der östlichen Medizin, weil das Verständnis für Energieflüsse im menschlichen Körper ein geniales Hilfsmittel bei der Arbeit ist, die eigene Lebensenergie und /oder die anderer zum Fließen zu bringen. Beispielhaft verdeutliche ich, daß Grundüberzeugungen den Lebensfluß behindern können, indem ich die Wirkung fundamentalistischer Glaubensüberzeugungen beschreibe, an denen ich erkrankt bin.

Die Welt der Mythen und Märchen ist eine unerschöpfliche Quelle von Information über die Wege unserer Seelen. Durch - im Märchen oft geschilderten - Aufbruch gelangen wir aus Gefangenschaft zu Heilung und Wachstum. Die Märchen tarnen ihre Botschaften, indem sie von sich sagen, daß sie nicht wahr sind, dabei enthalten sie tiefe Wahrheiten. Das zweite Kapitel beschreibt die Zeit meines Aufbruchs aus engen kirchlichen Zusammenhängen in Verbindung mit dem Märchen „Das Mädchen mit den goldenen Zöpfen".

Seit 70-50 Jahren haben wir auch im Westen wunderbare Modelle des Menschen, mit Hilfe derer es leichter geworden ist, die eigene Persönlichkeit zu begreifen. Ich spreche im dritten Kapitel von Eric Berne, dem Begründer der Transaktionsanalyse, und von Fritz Perls, dem Begründer der Gestalttherapie. Sie haben die Anfänge der Humanistischen Psychologie wesentlich geprägt. Für mich waren ihre Methoden lebensrettend, indem sie mir ermöglicht haben, Mutter, Großmutter und Urgroßmutter in meiner Seele zu finden, ins Gespräch zu ziehen und in den Beginn von Heilung einzubinden.

Ich dachte lange, daß mein Körper dazu da ist, meinen Kopf irgendwohin zu bringen. Wie mein Weg verlaufen ist, mit Hilfe von Körpertherapie und Singenlernen die Verletzungen der Embryonal- und Babyzeit anzugehen und meinen Körper als Zuhause für meine Seele und meinen Geist lieben zu lernen, ist Inhalt des vierten Kapitels.

Eine der wichtigsten Verwurzelungen erfahren wir in unserer Familie, und das mit mehr oder weniger Licht und Schatten. Wie ich es erlebt habe, meine Wurzeln aus meiner Familie zu reißen und sie neun Jahre später - und dann ganz anders - wieder einzupflanzen, berichte ich im fünften Kapitel auf dem Hintergrund systemischer Familientherapien.

Als ich einen Astrologen besuchte, hat er mir mittels dreier Lebensdaten mein Leben wie ein Buch aufgeschlagen. Das konfrontierte mich mit der Erkenntnis, daß es eine Verbindung zwischen meiner kleinen Existenz und einem großen Zusammenhang zu geben scheint, die allerdings unendlich viel komplexer ist als das, was ich als Kind zu glauben gelehrt worden bin. Ich berichte von fünf Jahren Auseinandersetzung mit den Planetenüberläufen über mein Horoskop, die mir gezeigt haben, daß wir alle in kosmischen Resonanzen leben. Das bedeutete für mich ersten Zugang zu größerer Sinnfindung.

Nicht nur jeder Einzelne hat anscheinend seine Lebensbestimmung, diese scheint eingewoben zu sein in eine Bestimmung der Menschheit. Das letzte Kapitel beschreibt, wie ich mir das Verbundensein zwischen vielen individuellen Entwicklungsgängen und unserer gemeinsamen großen Evolution vorstelle und wie ich zu dieser Sicht gelangt bin. Dabei haben mich die Erkenntnisse von Forschern unterstützt, die heute wieder Wissenschaft und Mystik miteinander verbinden. Seitdem wächst in mir ein immer tieferes und gewisseres Gefühl von Zuhause sein im großen Ganzen.

Welche weiteren Ziele verbinde ich mit diesem Buch ?
Seit dreißig Jahren gibt es einen rasanten Anstieg an Information darüber, wie Materie und Geist zusammenhängen, und seit 15 Jahren kommen die Vordenker in Wissenschaft und Religion dahinter, daß sie sich an einen Tisch setzen und eine gemeinsame Sprachebene finden können. Da sprechen Physiker vom "dynamischen Vakuum" und Spiritualisten von der "suprakosmischen Leere" und plötzlich merken beide Seiten, daß sie <u>gemeinsam</u> den Schöpfungsprinzipien begegnen. Allerdings werden solche Entdecker von ihren Kirchen ausgeschlossen und in ihren wissenschaftlichen Kollegenkreisen ausgelacht.
Dieses Buch soll zeigen, daß wir heute nicht blind glauben und vertrauen müssen, daß wir auch nicht in blinden Aktivismus verfallen müssen,

sondern Sinn im Ganzen erkennen können. Wenn wir zwei und zwei in Ost und West zusammenzählen, läßt sich aus meiner Sicht entdecken, daß wir uns in einer Zielgeraden der Evolution befinden und daß jede/r von uns daran aktiv mitwirken kann. Ich bin glücklich, etwas davon zu wissen und bewußt an meiner eigenen Evolution und an der Evolution des Ganzen mit zu arbeiten. Ich möchte auf die positiven Aspekte unserer Zeit und auf eigene persönliche Handlungsmöglichkeiten aufmerksam machen und damit ermutigen.
Die Fragebögen jeweils am Schluß der ersten fünf Kapitel sollen neugierig auf sich selbst machen und helfen, Freude zu entwickeln, damit zu arbeiten.

Was wünschen ich Ihnen, liebe Leser?
Verbinden Sie sich mit Ihren Chakren, beginnen Sie, von der inneren Freiheit zu träumen und ersten Aufbruch zu wagen, entdecken Sie Ihr „fürsorgliches Eltern-Ich", Ihr "Erwachsenen-Ich" und Ihr „freies Kind". Befragen Sie Ihre Eltern oder andere Verwandte über Ihre eigene Geschichte vom Zeugungstag an und über Ihre Vorfahren bis zu Ihren Urgroßeltern, bis es keine Geheimnisse und nichts Unaussprechliches mehr gibt. Beginnen Sie, Ihren Körper zu beseelen und zu vergeistigen, bis Sie alle Lebensfeindlichkeit aus ihm heraus geliebt haben.

Und vielleicht bekommen Sie Lust, sich die Zuvorkommenheit des Schicksals in Form einer astrologischen Beratung in Ihr Leben zu holen. Vielleicht bringt auch der Einblick in meine Vision und die mögliche Entdeckung Ihrer eigenen Teilhabe am kollektiven Geschehen mehr Würze, Freude und Tatkraft in Ihr Leben.

KAPITEL I

STAU IN DEN SIEBEN KÖRPERCHAKREN

UND

EINSCHLUß DER KÖRPERENERGIEN

DURCH

DIE FUNDAMENTALISTISCHE CHRISTLICHE BOTSCHAFT

Nur wenn eine Lebensform scheitert, wenn eine vergiftete Überlieferung sich selbst in einem Einzelbewußtsein unerträglich wird, wenn ein Wille aufkommt, aus einem Teufelskreis auszubrechen und sich von einer familiären und nationalen Zerstörungstradition loszureißen, nur dann wird das Pathos des Anfangens zu einer wirklichen Passion.
Peter Sloterdijk in „Eurotaoismus"

Wir können nicht so tun als wären Körper, Geist und Seele drei voneinander getrennt funktionierende Bereiche des Menschenseins. Vielmehr wirkt jede Ebene auf die beiden anderen ein. Diese Erkenntnis habe ich mir schwer und gegen große innere Widerstände erarbeiten müssen.

Es gibt im Körper Energiezentren, die in Resonanz mit bestimmten Farben und Tönen und ebenso mit bestimmten inhaltlichen Themen stehen, mit denen wir uns alle, so lehrt es das Chakrensystem, in unserem Leben zu beschäftigen haben. Wenn wir die Aufgabenstellungen vermeiden und nicht innerlich klären, werden wir krank. Als Beispiel das unterste Chakra, das Wurzelchakra. Es hat seinen Sitz am unteren Ende der Wirbelsäule im Beckenbodenmuskel und spiegelt eine der Grundtatsachen unserer Existenz, nämlich daß wir leben und irgendwann sterben.

Dieser Energiefluß durch die Chakren wurde mir in der Kindheit systematisch durch bestimmte Glaubensinhalte verschlossen. Diese Inhalte lassen sich in bestimmten Bibelsprüchen wiederfinden und so habe ich sie der Beschreibung des jeweiligen Chakras im Folgenden vorangestellt. Fundamentalistischer Glaube hat einen starken Hang zur Parolenbildung und diese Bibelsprüche gehören zu den Parolen, die ich immer wieder gehört habe. Es gab ein paar „Hauptstraßen" des Glaubens, an die in fast jeder Predigt erinnert wurde, damit die gläubigen „Nachfolger Jesu, durch das Wort gefestigt", weiter marschieren konnten. Predigt war in meiner Kindheit nicht die Vermittlung eines elastischen und differenzierten Verständnisses vom Menschen und einer möglichen Gottesbeziehung, sondern hatte eher etwas von beruhigendem Zureden beim Einschirren von Pflugochsen. Ich habe diese Sätze in meiner Seele gefunden wie „Wegweiser" in die Irre.

Ich möchte nicht den Eindruck entstehen lassen, daß eine solche Art von Gehirnwäsche eine speziell kirchliche Angelegenheit ist. Es kann für Sie als Leserin oder Leser interessant sein, sich während des Lesens und anhand der abschließenden Fragen einem „Check-In" zu unterziehen. Es gibt viele Möglichkeiten negativer und irrealer Lebensparolen, es muß nicht der pietistische Fundamentalismus sein. Vielleicht wird anhand meiner Programmierungen deutlicher das sichtbar, was in anderen nicht so radikalen Systemen gemilderter vorkommt: ich war von schlichter Wirklichkeitserfahrung teilweise oder in größerem Maß abgeschnitten. Was auch immer ich in meinen Körper meinen Kopf und mein Herz eingepflanzt bekommen habe, es war bitter nötig, das Gelernte bezüglich seines Wahrheitsgehaltes und seiner Auswirkungen in meinem Leben in Augenschein zu nehmen und aufzugeben, wenn ich ein Leben in Freiheit und Selbstverantwortung führen wollte.

> ..daß die tiefste Angst des Menschen die Angst vor sich selbst ist und daß sich daraus alle Formen möglicher Verzweiflung, möglicher Daseinsverkrüppelung und -zerstörung, möglicher Bosheit und Armseligkeit ableiten...
>
> Eugen Drewermann „Strukturen des Bösen III"

ER NAHM AUF SICH UNSERE SÜNDEN...
...DAß ER SEINEN EINZIGEN SOHN GAB
DAS TOD - LEBEN - TRAUMA

„Es gibt mich und in 50 - 70 Jahren wird es mich nicht mehr geben!" Das mit dieser existenziellen Erkenntnis verbundene Chakra ist das Wurzelchakra, tief verborgen in der Beckenbodenmuskulatur.

Im positiven Fall gelingt es, uns dem Gefühl für diese Tatsache auszusetzen und die Erfahrung zu machen, der Wirklichkeit gewachsen zu sein. Es gibt Menschen, die ein schlichtes Vertrauen in die Sinnhaftigkeit des Lebens haben, ohne dies näher begründen zu können. Sie fühlen sich in ihrer Existenz auch angesichts des Todes geborgen, ob sie das sie Bergende als "Gott" oder "das Leben" oder gar nicht benennen. Diese Menschen strahlen Gegründetheit aus. Ihre Umwelt kann spüren, daß sie in sich einen Lebensgrund haben, der sie relativ unabhängig und gut abgegrenzt sein läßt. Sie können sich tief auf etwas und jemanden beziehen und sie können sich auch wirklich von Bedingungen und Menschen trennen. Es gibt sie, aber es gibt nicht viele von ihnen. Die meisten Menschen haben die Arbeit zu leisten, sich mit ihrer Endlichkeit auseinandersetzen zu müssen. Wenn wir uns dem Thema Tod stellen, gehen wir durch Phasen der Angst, Ablehnung und Trauer, bis wir allmählich merken, daß in uns Grundvertrauen und Souveränität zunehmen.

Moderne Normalbürger ersinnen die unterschiedlichsten Strategien, das ganze Thema zu umgehen. Oft reicht die schlichte Verleugnung der Tatsache, daß wir sterben werden: schließlich sterben nur die anderen, und solange wir noch hinter ihrem Sarg hergehen, reicht das als Beweis genau dafür.

Christliche Fundamentalisten, die meine Kindheit bestimmt haben, haben es mit der Verleugnung ihrer Sterblichkeit erheblich schwerer, weil es einen guten Christen ja auszeichnet, daß er vor der Wirklichkeit des Lebens gerade nicht davonläuft. Jesus ist ja auch nicht weggelaufen... Sie haben einen sehr ausgeklügelten Weg gefunden, der meist nicht bewußt gewählt wird, aber sehr wirksam ist: „Jesus ist für uns gestorben !", das bekommen sie jeden Sonntag gepredigt. Der unbewußte Schluß dazu lautet: „...also brauchen wir nicht mehr zu sterben." Der Retter und Erlöser ist ja sonst auch für alles zuständig, warum dann nicht auch für die Frage des eigenen Todes.

Niemand würde das so aussprechen, wie ich es hier schreibe. Diese Perspektive wird heimlich und verschlüsselt eingenommen und ist nur zu bemerken, wenn man scharf hinschaut. Menschen, die mit dieser Grundhaltung leben, wirken in ihrem Körper, ihrem Geist und ihrer Seele schlaff, blaß und leblos. Die stetig wiederholte Behauptung, daß sie "erlöst" sind, spiegelt sich in keiner Weise in einem gelösten Körper- und Seelenzustand wider. Sie sind fast nie wirklich präsent, wach und da. Ich war nie präsent, wach und da, ich war eine gelehrige Schülerin meiner Vorbilder.

Den Tod durch einen Erlöser abgenommen zu bekommen, kann für das Unbewußte heißen, das Leben abgenommen zu bekommen. Nicht bewußt mit dem eigenen Tod umgehen zu können, kann die Kraft verkrüppeln, mit dem Leben kraftvoll umzugehen. Es entstand in mir wie in den anderen Betroffenen ein Gefühl, mit dem Sterben überfordert zu sein und damit gleichzeitig, mit dem Leben überfordert zu sein. Das Bewußtsein des eigenen Todes in die eigene Persönlichkeit zu integrieren, ist aber gerade grundlegend für ein Leben in Integrität und Selbstachtung! Erst der Umgang mit der Tatsache, daß das Leben ein Ende haben wird und - wie ich finde - sogar mit der Tatsache, daß wir unser Leben selbst beenden **könnten**, schafft die Möglichkeit, sich ganz auf das unbekannte Leben einlassen zu können. Dann kann bewußt erlebt werden, wie es sich im Innersten des Körpers und der Seele anfühlt, leben zu wollen, wirklich und selber leben zu wollen.

Mit 28 Jahren, zwei Jahre nach meinem großen Aufbruch, habe ich nüchtern festgestellt, daß ich immer noch zwischen Leben und Tod hing. Zu dem Zeitpunkt habe ich mit mir die Vereinbarung getroffen, daß ich mir noch genau drei Jahre Zeit gebe, diese innere Situation zu ändern. Für den Fall, daß sich dann noch nichts in mir geändert haben sollte, habe ich mir selbst das Versprechen gegeben, mich umzubringen und mir ein Weiterleben in Depression und Würdelosigkeit nicht zuzumuten. Entweder es würde der Lebenswille über die Todessehnsucht siegen oder ich würde die Todessehnsucht zur Erfüllung bringen. Ich denke heute, daß das der Anfang von Liebe zu mir selbst war, und damit der Anfang einer Treue mir selbst gegenüber, die es mit allen von Menschen erdachten Himmeln und Höllen aufgenommen hat. Die erste Ahnung von Integrität und Selbstachtung hat entstehen können, weil ich ernsthaft bereit war, lieber mich selbst zu töten als eine verkrüppelte Persönlichkeit weitere 50 Jahre durch das „Erwachsenenleben" zu schleppen. Heute weiß ich, daß der Lebenswille, der aus der Erfahrung von Freiraum entsteht, eine wunderbare Kraft ist. Gespeist von den Kräften des eigenen freien Wollens, ist der Lebenswille erfüllt mit großer Freude an der Lebendigkeit des Lebens, an der Lebendigkeit des Menschen, der ich selbst bin und der Menschen um mich herum.

Um diese Erfahrung von Selbstachtung und Achtung des Lebens werden die "Erlösten" betrogen. Beim Verlust des energetischen Fließens im Wurzelchakra bekommt alles, was geschieht, etwas Leises, Verhuschtes, von „Es gibt mich nicht". „Es gibt mich nicht" ist eine weitere effektive Möglichkeit, die in fundamentalistischen Kreisen angewandt wird, um die quälenden Konflikte zu lösen. „Wenn es mich nicht gibt, kann ich auch nicht sterben müssen!" Um diese Position abzusichern, muß alles abgewehrt werden, was an die eigene Existenz erinnert. Und das ist z.B. alles, was mit Bewegung, mit Krach, mit Rhythmus, mit Freude, mit Ausdehnung und mit Tiefe zu tun hat. Wenn doch einmal eine Jugendgruppe oder ein forscher Pastor solche Elemente ins Gemeindeleben integrieren möchte, wird mit großer Scham und einer tief sitzenden wütenden Abwehr darauf reagiert. Es ist so, daß viele dieser Menschen nicht einmal wagen, ihre Füße fest auf den Boden zu stellen. Unbewußt wird dabei empfunden, daß es klüger ist, sich nicht allzusehr in der Erde zu „verwurzeln", da wir hier nicht zu hause sind und die „obere Heimat" auf uns wartet. So erfährt der Mangel an Einlassen auf sich selbst noch eine religiöse Begründung.

> So bekam die emanzipierte Frau die Freiheit, <u>auch</u> die Erde zu zerstören, <u>auch</u> andere Völker einschließlich der sozial Unterprivilegiertenauszubeuten, aber sie bekam nicht die Freiheit, ihre kosmische Aufgabe wahr zu nehmen, und nicht die Freiheit, Gerechtigkeit zu wirken.
>
> Hildegunde Wöller „Vom Vater verwundet"

DER MANN IST DER ABGLANZ GOTTES, DIE FRAU IST DER ABGLANZ DES MANNES

Das GESCHLECHTSTRAUMA

Das Hara ist das Sexualitätschakra. Es sitzt eine Handbreit unter dem Bauchnabel und spiegelt das Thema Mannsein bzw. Frausein. Es bildet auch die Quelle alles Schöpferischen im individuellen Menschen und reguliert die aggressiven Energien im Sinne von Flucht oder Angriff. Es stiftet Entschlußkraft und ist der Ort eines klaren und der Umwelt gegenüber überzeugenden Neins und Jas. Wenn wir über den vollen Fluß im Hara verfügen, liegt unser Schwerpunkt tief im Becken. Wir sind uns ganz sicher, eine Frau bzw. ein Mann zu sein und fühlen uns mit unserem Geschlecht wohl. Wir sind es gewöhnt, neue Ideen und intuitive Empfindungen in uns aufsteigen zu fühlen und ernst zu nehmen. Wenn es an der Zeit ist, eine Grenze zu setzen oder einen Entschluß zu fassen, spüren wir das und tun es, sowohl uns selbst als auch der Umwelt gegenüber.

Ob es sich um ein Kind handelt, mit dem eine Frau schwanger geht, eine Erfindung, die jemand ausbrütet, ein Buch, das in Jahren geschrieben wird oder um einen Augenblicksimpuls, den jemand in sich erfährt, all das hängt mit dem Energiefluß im Hara aufs Engste zusammen. Von daher ist es auch nicht allzu verwunderlich, daß bei Menschen, die mit ihrem Frau- oder Mannsein im Konflikt liegen, kaum neue Dinge geschehen. Die Quelle, aus der die tiefen Kräfte der Intuition neue Lebensimpulse hinauf in das Bewußtsein des Menschen senden möchten, ist verstopft.

Die patriarchalischen Strukturen in den Religionen, bei den Griechen oder im asiatischen Raum haben ganze Arbeit geleistet. Die Höherbewertung der Männer gegenüber den Frauen, des Denkens gegenüber dem Fühlen, des Leistens gegenüber dem Dasein und geschehen Lassen ist so weit verbreitet, daß diese mangelnde Balance ihre zerstörerischen Folgen in weiten Teilen unserer Erde zeigt.

Männer verachten Frauen, Frauen verachten Frauen und bewundern Männer. Dabei wird die Tatsache meist übersehen, daß die Männer in der Regel genauso in ihrer männlichen Identität verletzt sind wie die Frauen in ihrer weiblichen Identität. Wir können nicht ein Gefälle zwischen den Geschlechtern schaffen und gleichzeitig erwarten, daß seelische und körperliche Intimität gelingt. Wenn wir Rollen spielen müssen - und jedes Gefälle zwischen Menschen erzeugt Rollen -, wird seelisch-geistige Intimität problematisch.

In den späten 6oer Jahren tauchte in meiner freikirchlichen Gemeinde zum ersten Mal die Frage auf, ob Frauen zukünftig im Gemeindevorstand vertreten sein sollten. Mit der Arbeit in diesem Gremium war nicht nur die gemeindepolitische Arbeit verbunden, sondern auch das Austeilen des Abendmahls. Und ob das im Sinne Gottes war, daß Frauen diese heilige Aufgabe übernehmen, war sehr zweifelhaft. Irgendwie war es klar, daß Frauen zweifelhafte Geschöpfe sind, noch zweifelhafter als die Gattung Mensch es sowieso ist. Da mußten gar nicht viele Worte gemacht werden. Es war so. Die Frau, erschaffen aus der Rippe des Mannes als seine Gefährtin. Der Mann stammte immerhin aus der unmittelbaren Fabrikation Gottes.

Es bedurfte seitens der Männer lange Auseinandersetzungen, angesichts der Tatsache, daß der Apostel Paulus den Frauen geboten hat, in der Gemeinde zu schweigen. Es dauerte mehrere Jahre, bis die Entscheidung zugunsten der Frauen gefällt wurde.

Mit welcher verzweifelten Empörung habe ich von dem Satz des Paulus im Brief an die Korinther Kenntnis genommen: "Der Mann ist der Abglanz Gottes und die Frau ist der Abglanz des Mannes". Da ich bis zu meiner Pubertät der Realität schon ziemlich entrückt war, war es ein Leichtes für meine Kinderphantasie zu beschließen, daß ich ein Mann werden würde. Das Einsetzen der Menstruation und die Veränderung meines Körpers hat mich zwar leidvoll mit der Realität konfrontiert, aber ich schaffte es trotzdem, mich in meinem Kopf in dem wertvolleren Gefühl zukünftiger Männlichkeit einzurichten. Nur immer einsa-

mer wurde mein Kinderleben und immer weniger Gemeinsames gab es mit den Menschen um mich herum.
Als ich mit 17 Jahren erste Kontakte mit Jungen hatte, war ich völlig hilflos, mich selbst in meinen Gefühlen und Gedanken so ernst zu nehmen, daß ich sie erstens bemerkt und zweitens ausgedrückt hätte. Die Blockierung meiner Selbstwahrnehmung war inzwischen perfektioniert. Lange bin ich nach ersten Versuchen diesen beschämenden Erfahrungen aus dem Weg gegangen. Ich machte mich den Männern gegenüber unsichtbar. Und als dann doch jemand blieb, war es ein Mann, dem es genauso ging wie mir. Wir haben beide lange nicht gemerkt, daß wir nichts von uns selber mitzuteilen hatten. Männer mit dieser Prägung haben ja auch nicht gelernt, sich wahrzunehmen. Wir agierten miteinander wie aufgezogene Puppen, die denselben Konstrukteur gehabt haben. Unglücklich Sein, Leere und Angst schmiedeten uns aneinander, und die Geborgenheit, die wir aus dem Zusammensein zogen, hatte etwa die Qualität der Geborgenheit von Hänsel und Gretel im dunklen Wald. Lebensjahre vergingen, aber wir lebten nicht, da wir nicht wirklich fühlen konnten, was in uns drin los war, was wir voneinander wollten und wie wirklich Befriedigendes in einer so nahen Beziehung passiert. Gespräche miteinander berührten unsere Seelen nicht wirklich, weil wir nicht gelernt hatten, die eigenen Seelen zu fühlen. Da war so viel Sehnsucht, aber kein Zugang nach innen. Kein Zugang zum freien fließen Lassen der Seelen, wenn sie sich nahe kommen oder wenn sie sich voneinander entfernen. Es war nicht möglich, tiefer in die eigenen Innenräume einzutreten, Energie aus sich selbst zu schöpfen, um danach wieder reicher in die Begegnung zurückzukehren.

Das meiste, was die Fähigkeit, miteinander befriedigende seelische Intimität und Sexualität zu erleben, behinderte, war nicht wirklich eine Frage der Lust, sondern der Fähigkeit, sich hinzugeben an Lebensfreude, an die eigene Sensibilität, an die eigene Impulsivität und den Mut zu selbstbewußtem bis aggressivem Selbstausdruck. Wer sich nicht selbst wahrnehmen kann und darf in seiner Innenwelt und seinem Körperbewußtsein, wer nicht auch zornig oder wild oder ausgelassen sein darf, kann diese Fähigkeiten nicht plötzlich in einer sexuellen Begegnung freisetzen. Wenn kein freier Selbstausdruck in alltäglichen Lebenssituationen erlernt wird, wo soll er plötzlich im Bett herkommen. Da brauchte es eigentlich gar kein spezielles Trauma bezüglich des Frau- oder Mannseins mehr, um den Menschen um seine glückende Lusterfahrung zu bringen.

Aber auch das Thema von Leben und Tod spielt in die Sexualität und die Geschlechterfrage mit hinein. Wen jemand seinem Tod nicht ins Auge sehen will, kann sie oder er sich auch nicht ganz der das „Ich" verschlingenden Erfahrung eines Orgasmus hingeben. Hinter der Verlustangst in Beziehungen steht meist die nicht bewältigte Todesrealität, da wir unser Leben ja auf jeden Fall verlieren werden. Ich weiß noch, wie mir beim gegenseitigen Streicheln immer zwanghaft einfiel, daß er und ich sowieso irgendwann sterben werden und mich die Frage verfolgte, warum ich denn vorher überhaupt lebendig sein sollte. Ich zerbrach mir den Kopf, statt Leben zu fühlen.
Die Erlösung der christlichen Fundamentalisten ereignet sich ausschließlich oberhalb der Schultern. Die erlösten Menschen in meiner Gemeinde schienen keine Sexualität zu kennen. Etwas Nebeliges umgab den ganzen Bereich der Körperlichkeit, das jegliche Wahrnehmung von Spannung zwischen den Geschlechtern verschwinden ließ. Bis ich 20 Jahre alt war, hatte ich kein Bewußtsein dafür, daß die Menschen, die mit mir im Gottesdienst saßen, einen weiblichen oder männlichen Körper hatten und was sie damit in ihrer Privatsphäre tun konnten.
Das eine Mal, bei dem meiner Erinnerung nach öffentlich über Sexualität gesprochen wurde, war bei der öffentlichen Beichte eines jungen Paares vor der Gemeindeversammlung. Die junge Frau war schwanger und das Geständnis des vorehelichen Geschlechtsverkehrs war Voraussetzung für die Vergebung dieser Sünde. Wortlos teilte sich mir die Anrüchigkeit einer anderen Frau mit, die alleine lebte und in die Sauna ging. Sie hatte später ein Verhältnis zu einem verheirateten Mann. Kein Wunder, mit der Sauna fängt es schließlich an ...

In Predigten über neutestamentliche Geschichten, in denen Jesus von Frauen ganz offen geliebt wird, angesprochen, berührt, geküßt und eingecremt, wurde sogar auf sein für seine Zeit anrüchiges Verhalten hingewiesen. Und das lobend! Niemand kam auf die Idee, daß sich von der Freiheit Jesu in den Kreisen seiner Nachfolger/Innen wenig bis nichts ereignete.

Meine Mutter unternahm heldenhafte Versuche, moderne Aufklärung zu betreiben. Meine erste Menstruation wurde auf ihre Veranlassung hin mit einem Cafébesuch der ganzen Familie gefeiert. Sie setzte auch bei ihrem Vater durch, daß seine Enkelinnen einen Tanzkurs besuchen durften, obwohl für ihn Tanzen Sünde war. Aber ihre Bemühungen versickerten in meiner Seele angesichts des pausenlosen Einflusses, den die geistig/geistliche Umwelt auf mich hatte. Die Tatsache blieb in all ihrer Mächtigkeit bestehen, daß wir in dieser kleinen Welt lebten und auch meine Eltern einen wirklichen Ausbruchsversuch aus dem geistigen Gefängnis nicht wagten. Alle Zweifel, über die unsere Mutter uns nicht im Unklaren ließ, führten zu keiner Veränderung. Viel zu tief war die mit Prügeln eingebläute Angst vor der Hölle in ihrem Unbewußten verankert. Es war wichtiger, die Kinder auf dem richtigen Weg in Richtung Himmel zu begleiten, als ihnen Raum zum Leben auf der Erde zu verschaffen.

Frau sein, Mann sein, sich identisch Fühlen mit seinem Geschlecht und partnerschaftlich miteinander Leben, schöpferisch Sein im Sinne von Wachsen, sich Entwickeln, Neues Probieren und Erschaffen, aggressiv Sein im Sinne von Abgrenzung und Entschlossenheit, klärendem Zorn und unschuldiger Wildheit, all das blieb für die Menschen in unserer kleinen Welt absolut fremd.

Mit sich selbst anfangen heißt (auch) nicht, sich wichtiger nehmen als andere. Das Mitsichanfangen, von dem hier die Rede ist, bedeutet buchstäblich: Sichanfangen. Man muß diese Redewendung hören, als hieße sie: Sichscharfmachen, wie eine Bombe; SichzurUraufführungbringen, wie ein noch nie gespieltes Stück; Sichstarten, wie den Prototypus eines nur einmal vorhandenen Fahrzeugs: Sichentsichern, wie eine Waffe; Sichöffnen wie eine Tür ins Nie-Dagewesene.
Peter Sloterdijk in „Eurotaoismus"

ICH BIN DER WEINSTOCK, IHR SEID DIE REBEN
DAS SELBSTSTEUERUNGSTRAUMA

Im Energiezentrum des Sonnengeflechts befindet sich der Umschlagplatz für unsere Gefühle und tieferen Willensimpulse. Hier ist der Ort, wo aus nebligen Gefühlen und Impulsen etwas Klares wird. Etwas, das in der Tiefe, in der Zone des Hara, „ausgebrütet" wurde, wird hier in Klartext übersetzt und damit mir selber verständlich. Ein Mensch, dessen tiefere Energiezentren nicht blockiert sind, geht, wie schon gesagt, ständig mit etwas „schwanger". Gefühle, Impulse, Ideen, Wünsche tauchen diffus auf und werden im Sonnengeflecht in eine Botschaft verwandelt, die das Gehirn aufnimmt. Dann kann der Mensch „Aha, so ist das also gerade in mir!" empfinden.

Nun hängt es ganz vom individuellen Erleben und der Steuerungsfähigkeit eines Menschen ab, ob er permanent von Impulsen aus der Tiefe überschwemmt wird, die er selber nicht versteht, ob er alle lebendigen Quellen in sich verschüttet hat, oder ob es ihm gelingt, sich wahrzunehmen und den Fluß seines in der Tiefe wohnenden Reichtums zu steuern und zu regulieren.

Auch die Geschwindigkeit der inneren Übersetzungen ist sehr unterschiedlich. Je nachdem, wie „flüssig" oder „gestaut" der Selbstkontakt eines Menschen ist, braucht er wenige Sekunden, um sich selbst zu verstehen, einige Stunden, Tage, Wochen oder er versteht sich gar nicht aufgrund von Überflutung oder abgeschnitten Sein.

Das gute Funktionieren des Sonnengeflechtschakras ermöglicht also den bewußten Umgang mit den Lebensimpulsen. Dann braucht weder eine Überflutung des Herzens oder des Geistes aus den unteren Regionen zu geschehen, was zu heftigen Affekten und emotionalen Ausbrüchen führt, noch die Verdrängung der Impulse, was Unlebendigkeit zur Folge hat. Es geht um ein ausgewogenes Maß an Bereicherung. Das heißt, hier sitzt die Macht über uns selbst, uns zu verhindern, uns treiben zu lassen oder uns verantwortlich leben zu lassen. Im ausgereiften Zustand ist das Chakra in Höhe des Magens und Sonnengeflechts vollständig in der Lage, den Fluß der Impulse, die von innen und von außen auf uns zukommen, zu verarbeiten und zu steuern.

Unsere Ausgangsbasis dafür, wie wir ins Leben starten, wird vom Selbsterleben der uns erziehenden Menschen geprägt. Genauso hat es bei unseren Erziehern schon mit ihren Eltern und deren Selbsterleben zu tun, wie sie sich erleben. Eltern können nicht anders, als den Umgang mit sich selbst auch zum Umgang mit ihren Kindern zu machen, auch wenn die pädagogischen Werte etwas anderes vermitteln sollen. Ebenso ist der Umgang mit uns selbst verantwortlich für unser Erleben der Außenwelt. Wir werden uns als anderen ausgeliefert erfahren, wenn wir uns unserer Impulswelt ausgeliefert fühlen, werden andere unterdrücken, wenn wir unsere Impulswelt unterdrücken; gehen mit dem Reichtum der anderen klar und unterstützend um, wenn wir es mit uns selber auch so tun.

Als ich in meinem ersten Psychologieunterricht mit 18 Jahren von „Selbstregulation des Organismus" und „Selbstheilungskräften" hörte, war ich sehr überrascht. Diese Vorstellung widersprach allem, was ich bisher gehört hatte. Vom Sonnenaufgang bis zum sonntäglichen Sauerbraten kam bis dahin in meinem Leben alles von Gott...
Alles Wahre und Gute kommt von oben, wir sind die Rebe am Weinstock, ohne Jesus können wir nichts tun. Nichts Eigenes, tief Ursprüngliches, geboren aus dem eigenen tiefen Selbst, ganz von selbst, ist für den guten Christen denkbar. Wenn er so etwas doch zu denken wagt, trennt er sich ab von den Leben gebenden Kräften des Weinstocks.
So wurde das, was Selbststeuerung hätte sein können, zur Selbstmanipulation.

Selbststeuerung heißt ja, etwas, das da ist, zu kanalisieren. Das Erleben geschieht in Reaktion auf die Außenwelt innerhalb des Körpers und kann nur registriert werden. Wenn aber alles Gute von Jesus, und alles Schlechte aus mir selbst kommt - so hatte ich es gelernt - , machte es keinen Sinn, etwas in mir zu bemerken, was schon da war, sondern es machte nur Sinn, etwas hineinzustopfen, was von Jesus kam. Gleichzeitig gab es die immerwährende Frage, ob ich nun auch richtig sei und nach einem meist negativen Urteil begann ein Ziehen und Zerren an mir Selbst, um mich irgendwie der Schablone des „erlösten Christen" anzupassen. Da blieb nichts in mir, was nicht irgendwie hingedreht werden mußte und konnte. Es war mir möglich, eine so umfassende Selbstmanipulation durchzuführen, daß Kopf und Körper aufhörten, sich richtig, natürlich und klar zu fühlen. Ich erlebte mich immer mehr und intensiver wie eine Zusammensetzung von zerzausten Wollknäueln, gemischt mit den langgezogenen Fäden ausgekauter Kaugummis, beides um einen Korkenzieher gewickelt. Dies Bild beschreibt mein Körpergefühl, das im Laufe der jahrelangen Kleinarbeit entstanden war, mit der ich und andere an meinem Geist und meinen Empfindungen herumgedreht hatten.
Wenn hier jemand einwendet, daß doch unter dem Einfluß fundamentalistischer Verkündigung nicht nur solche "Korkenziehergestalten" entstehen, gebe ich ihm gerne recht. Während meines Studiums hörte ich Vorlesungen über das Entstehen von Schizophrenie. In dieser Zeit wurde ich zwar nicht gesund, aber immerhin wurde mir klar, was mit mir passiert war. Ich hörte, daß es, um verrückt zu werden, bestimmte persönliche Voraussetzungen braucht.
Die Voraussetzungen dafür sind Intelligenz, eine große Liebe zur Wahrheit und eine radikale Bereitschaft, sich einer Sache zu verschreiben. Über all das verfügte ich. Ich hatte wirklich mit 11 Jahren beschlossen, mein Ich „zu entthronen" und statt dessen den Herrn Jesus mein Leben führen zu lassen. Das habe ich gemäß der Lehre in bare Münze umgesetzt. Es ist erstaunlich, welche Plastizität dem menschlichen Wesen innewohnt, die es möglich macht, es in derartige Verformungen zu bringen, wenn man nur beharrlich daran arbeitet.

Ich weiß noch, daß ich mich komisch gefühlt habe, als nach einigen Jahren Gebetspraxis das Gefühl von „über mir sein" entstand. Jedesmal, wenn ich die Augen zum Gebet schloß, machte es in mir einen Schlenker nach oben und ich empfand mich als nicht mehr in mir drin, höchstens noch locker verbunden mit meinem Gehirn. Das war unheimlich, und eine unmittelbare Umsetzung des Gedankens, daß alles Gute von oben komme.

Einmal habe ich im Kindergottesdienst verzweifelt die Frage gestellt, warum wir Menschen denn so gemacht sind, daß wir so böse sein können, wie mir beigebracht worden war, daß wir es sind. Warum um alles in der Welt hatte dieser allgewaltige Schöpfer denn solche Kreaturen konstruiert, die ihm so gar nicht gefallen. Statt einer Antwort erhielt ich ein erstauntes Lächeln, daß aus diesem Kindermund eine solche Frage kam. (Im November 1998 habe ich einen buddhistischen Guru gefragt, ob wir Menschen Absicht oder ein Versehen der Evolution sind. Ich erhielt zur Antwort, daß diese Frage auf dem Weg des Wachsens Zeitverschwendung sei und Buddha diese Antwort solchen intellektuellen Vorwitzigen wie mir auch gegeben habe. Zum Glück kann mich eine solche Antwort in meinem Wissensdurst heute nicht mehr abschrekken.)

Also machte ich mit der Arbeit weiter, aus einem mit seiner Natürlichkeit verbundenen Wesen ein ziemlich monströses Etwas zu formen. In den meiner "Bekehrung" folgenden 10 Jahren bin ich damit sehr erfolgreich gewesen, entsprechend der Radikalität meiner Kinderethik. Mein Sonnengeflechtschakra diente nur noch als Deckel auf einem Mülleimer, in dem die großen Themen Tod, Intuition, Sexualität und Kreativität verschwunden waren. An die Stelle von Lebendigkeit setzte ich eine manipulative Machtstruktur, die mich in die Verirrungen meines Glaubens einsperrte.

Was mit der Seele alles machbar ist, wurde mir konsequent von Mutter, Großmutter und Urgroßmutter auf ihre Weise vorgemacht. Den Schmerz läßt Frau sich von ihrem Herrn Jesus „wegerlösen", sie ordnet sich scheinbar den Männern unter und regelt die Familiengeschäfte über Kranksein und andere Druckmittel doch selbst. Dabei versinkt sie in einem allgemeinen unbewußten Sumpf der Ausweglosigkeit. Das war die Strategie meiner Großmutter und Urgroßmutter. Bei meiner Mutter hat das schon nicht mehr ganz geklappt, sie wurde häufig von Angst-, Tränen- oder Wutattacken überschwemmt, die meine Kinderwelt zu allem anderen als einem Raum der Erlösung machten.

Bei dieser Art von Persönlichkeitsdeformation können auch Menschen herauskommen, die sich mit gleicher Verbissenheit daran machen, die Außenwelt zu manipulieren, wie ich meine Innenwelt manipulierte. Zu meiner Generation hat z. B. Gudrun Ensslin gehört, eine führende Persönlichkeit in der Terroristenszene der 8oer Jahre. Sie ist in einem frommen Pfarrhaus aufgewachsen. Wenn ich in den Zeiten des deutschen Terrorismus Nachrichten hörte, fiel es mir leicht, nachzuvollziehen, wie sie innerlich und äußerlich dahin geraten war, die Welt mit Gewalt auf den richtigen Weg führen zu wollen. Fromme Menschen können einen ziemlichen Größenwahn entwickeln, um anderes menschliches Sein zum Richtigen hin zu drängen. Und wenn diese Machbarkeits- und Manipulationsstrategie erst einmal in der jungen Seele verankert ist, kann sie weiter wirken, auch wenn man sich längst von den religiösen Inhalten gelöst hat.

> Depression ist Einssein mit einem schädlichen mentalen Kreis.
>
> **Prentice Mulford** in „Unfug des Lebens und des Sterbens"

WER SEIN LEBEN VERLIERT UM MEINETWILLEN, WIRD ES GEWINNEN
EINER ACHTE DEN ANDEREN HÖHER ALS SICH SELBST
DAS LIEBESTRAUMA

Das Herzchakra ist das Energiezentrum, das die Liebesenergie reguliert. Es ist in der Höhe des Brustbeins auf der Mittellinie des Körpers angesiedelt, also ganz in der Nähe des körperlichen Herzens. Wenn dieses Chakra im freien Fluß ist, ist unser Leben von Wärme und Mitgefühl durchströmt. Wir wissen dann, daß alle Menschen Glück wollen und Unglück vermeiden wollen, wie der Dalai Lama immer wieder sagt. Wir wissen dann, daß es Sinn macht, andere Menschen so zu behandeln, wie wir gerne selber behandelt werden möchten, wie es die „goldene

Regel" sämtlicher Religionen dieser Erde in unterschiedlichen Worten ausdrückt. Unsere Herzenergie ist diejenige, die es uns möglich macht, nicht immer, aber immer öfter aus diesem Bewußtsein heraus zu handeln. Sie ermöglicht uns auch, uns selber so zu behandeln, wie wir gerne von anderen behandelt werden möchten. Sie ermöglicht uns, einen warmherzigen und verständnisvollen Blick auf unser Sosein zu haben und doch geduldig und beharrlich weiterzulernen. Körperlich hat die Herzenergie tatsächlich etwas mit Wärme zu tun. Wir haben mit viel Herzenergie warme Hände und Füße, in den Klang unserer Stimme kommt Herzlichkeit und in unseren Blick Wärme. Es ist recht einfach, Menschen mit einem starken Herzfluß und einem schwachen Herzfluß zu unterscheiden.

Liebe wird häufig mit vielen anderen Gefühlen verwechselt, z.B. mit Sehnsucht. Viele Menschen verwechseln die Sucht des Sehnens, mit der ich etwas Füllendes hereinbekommen möchte, mit der Liebe, mit der ich einen vorhandenen Energiestrom weitergebe. Die Intensität des Sehnens wird dann mit dem Strömen des Liebens verwechselt.

Oft wird Liebe auch mit Verzweiflung verwechselt. Verzweiflung ist ein sehr intensives Gefühl, von daher kann dieser Irrtum leicht entstehen, wenn Menschen zuwenig Erfahrung mit Liebe haben. Es gibt Mischungen, wie sehnsuchtsvolles oder verzweifeltes Lieben, aber ganz sicher wird die Liebe durch Sehnen und Verzweiflung nicht mehr, sondern eher weniger. Vielleicht kann man auch hier sagen, daß Liebe um so klarer ist, je mehr sie sich in der Realität aufhält und nicht von Phantasien behindert wird. Ein Weg zur Reife unserer Liebesfähigkeit ist aus meiner heutigen Sicht der, immer ausgiebigeres fließen Lassen der Herzenergie mit der Realität des gegebenen Augenblicks in Übereinstimmung zu bringen.

Und damit nähern wir uns der „Liebeserfahrung" meiner Kindertage.

Liebe war etwas, was ausschließlich aus den blutquellenden Wunden Jesu am Kreuz floß. Sie floß von seinem Haupt, seinen Händen und Füßen und aus der Seitenwunde, die ihm mit dem Speer beigebracht wurde, um zu sehen, ob er schon tot war. So rückte diese Liebe in gefährliche

Nähe zu Tod und Opfer. „Der Himmel steht offen, Herz, weißt du, warum? Weil Jesus gekämpft und geblutet, darum." Von diesem Lied, das ich mit meiner Schwester zusammen gesungen habe, als wir beide fünf Jahre alt waren, gibt es noch eine Tonbandaufnahme.

Anfang 1996 habe ich einen Tatort-Kriminalfilm gesehen. Maria Schell spielt in diesem Film die Äbtissin eines Klosters, in dem eine junge, schwangere Nonne bei einem Sturz aus dem Fenster ums Leben gekommen ist. Es stellt sich heraus, daß ein Mord geschehen ist. Am Schluß erfahren die Zuschauer, daß die Mörderin ebenfalls als Novizin im Kloster lebt. Diese Novizin ist eine Nichte der Äbtissin und ist von dieser vor nicht langer Zeit ins Kloster geholt worden, nachdem sie eine lieblose Kindheit als Tochter der heruntergekommenen Schwester der Äbtissin erlebt hat. Diese junge Frau war von ihrer Freundin bezüglich der Schwangerschaft ins Vertrauen gezogen worden, und hatte es als einen Akt der Liebe verstanden, sie aus dem Fenster zu stoßen, damit ihre Seele unbeschädigt den Himmel erreichen konnte. Das wäre dann nicht möglich gewesen, wenn sie sich selber umgebracht hätte, worüber sich die verzweifelte junge Frau Gedanken gemacht hatte.
Die Mörderin wurde als eine junge Frau mit einer tief verletzten Seele gezeigt. Sie hatte ihre ersten und einzigen Liebeserfahrungen hier im Kloster gemacht, in dem Sterben und stellvertretendes Sterben vertraute Gedanken waren und immer in Zusammenhang mit Liebe gebracht werden. Warum sollte es nicht auch stellvertretendes Morden geben aus Liebe? Es hat mich sehr beeindruckt, daß auch anderen Zeitgenossen solche seelischen Untiefen bekannt sind und diese zum Thema eines Fernsehkrimis gemacht haben.

„Der hat am meisten Liebe, der sein Leben für seine Freunde läßt." So wie Jesus es getan hat. Wie anders hätte sich eine christliche Tradition entwickeln können, wenn das Augenmerk nicht so unmäßig auf den angeblichen Stellvertretungstod Jesu, sondern auf die Betrachtung seines Lebens gerichtet worden wäre.
Vor ca. zehn Jahren habe ich die Matthäus-Passion als Ballett in der Hamburger Staatsoper gesehen und währenddessen zum ersten Mal den Text der Matthäus-Passion von Johann Sebastian Bach gelesen.

Hier einige Textbeispiele:

Gerne will ich mich bequemen,
Kreuz und Becher anzunehmen,
trink ich doch dem Heiland nach.
Denn sein Mund,
der mit Milch und Honig fließet,
hat den Grund
und des Leidens herbe Schmach
durch den ersten Trunk versüßet.
Nr. 29 Arie

Mein Jesus schweigt zu falschen
Lügen stille um uns damit zu zeigen
daß sein erbarmungsvoller Wille
für uns zum Leiden sei geneigt
und daß wir in dergleichen Pein
ihm sollen ähnlich sein,
und in Verfolgung stille schweigen
Nr.40 Rezitativ

Können Tränen meiner Wangen
nichts erlangen,
oh, so nehmt mein Herz hinein!
Aber laßt es bei den Fluten,
wenn die Wunden milde bluten,
auch die Opferschale sein.
Nr. 61 Arie

Ja! freilich will in uns das Fleisch
und Blut zum Kreuz gezwungen sein,
je mehr es unserer Seele gut,
je herber geht es ein.
komm, süßes Kreuz, so will ich sagen,
Mein Jesus, gib es immer her!
Wird mir mein Leiden einst zu schwer,
So hilf du mir es selber tragen.
Nr. 65 Rezitativ
und Nr. 66 Arie

Mir liefen Schauer über den Rücken, von denen ich nicht sagen konnte, ob es mehr Mitschwingen mit der blutigen Liebeswollust oder tiefes Entsetzen über sie war. Nach einer Weile habe ich nur noch über die bedrohliche Abgründigkeit geweint, die ich in meiner Seele deutlicher als je zuvor fühlen mußte. In diesem schwülen Gemisch wurde vor allem eine Leidenschaft zum Opfer Werden zur Resonanz gebracht. So wie Jesus ein Opfer werden, sich auf langsame oder schnelle Weise umbringen lassen, fühlte sich plötzlich wie das einzig Sinnvolle an, durch das mein Leben zur Erfüllung gebracht werden könnte.

Und damit bin ich beileibe nicht allein! Ich habe inzwischen in Seminaren viele kirchliche Mitarbeiter kennengelernt, die dem gleichen heimlichen Code folgen, ohne es jemals zu merken. Sie schuften in ihren sozialen Einrichtungen und wandern in aller Seelenruhe auf Rheumatismus, Herzinfarkt oder Osteoporose zu, fehlen immer mal wegen Migräne, Erkältungskrankheiten, Darmgeschichten etc. und finden das ganz normal. Es sind nicht einmal mehr „richtig fromme" Leute, sie sind gar nicht bewußt mit „christlichen" Werten identifiziert, aber die Arbeitsatmosphäre und die Organisationsstrukturen sind so, daß man „sein Leben läßt für seine Brüder", stellvertretend leidet, sich opfert.

In einem Kurs, den ich für ein Seelsorge - Institut durchgeführt habe, hatten die TeilnehmerInnen ein spontanes Bild zu ihrer Lebenssituation zu malen. Eine Frau malte einen knallbunten Fisch in einem Aquarium, das so klein war, daß der Fisch mit seinem Kopf aus dem Wasser schauen mußte. Die Gruppe mußte erst lautstark ihre Eindrücke zu diesem Bild sagen, bevor dieser Frau auffiel, daß ihr Bild keineswegs so fröhlich war, wie sie gedacht hatte, sondern daß dieser Fisch sich in tödlicher Bedrohung befand. Sie kam aus einem freikirchlichen Werk und litt, wie wir dann widerstrebend von ihr erfuhren, dort unter verschiedenen erstickenden Bedingungen.
Ein weiterer Grund, warum das mit dem Lieben bei den Christen so problematisch ist, ist die Eifersucht ihres Gottes. Es ist der alte Gott der Hebräer, der immer noch in den modernen Köpfen herumspukt: „Ich bin der Herr dein Gott, du sollst keine anderen Götter neben mir haben." Glück, das entsteht, weil ich einem anderen Menschen begegne, nah, vertraut, ist etwas, das zu himmlisch ist für diese Welt. Ich kann doch nicht eine tiefe Herzensbegegnung mit einem anderen Menschen haben, die sich aus den Potenzialen menschlicher Liebes- und Erlebnisfähigkeit speist. Wie dürften wir selig sein, weil wir einen anderen berühren, weil beide gerade diesselbe Zuneigung füreinander in gleicher Intensität fühlen. Dies zuzulassen, hätte etwas mit Verrat an Gott zu tun.

Was sein darf, ist, daß man im Gottesdienst oder beim persönlichen Bibellesen mit den guten beglückenden Kräften des Himmels in Berührung kommt, daß die Beziehung zu Jesus einen Vorgeschmack liefert von den künftigen himmlischen Freuden. Die tiefste Liebeserfahrung meiner Kindheit war mein Empfinden für den verherrlichten Erlöser.

Aber nicht, weil ich als Kind eine Mystikerin gewesen wäre, sondern weil es sonst nichts Liebenswertes gab bzw. geben durfte.

Da, wo die Liebe zu Gott und die Liebe zu Menschen in eine unauflösliche Rivalität geraten, gewann der eifersüchtige Gott. Entweder Himmel oder Erde lieben. Entweder Gott oder sich selbst lieben. Entweder mich oder die anderen wertschätzen. Das waren die täglichen bewußten oder halbbewußten selbstquälerischen Konflikte, die mein Leben und das vieler anderer um mich herum bestimmten. Wenn die Liebe eine Blume ist, die nur in der weiten und freien Luft der Akzeptanz blüht, ist es nicht verwunderlich, daß es in vielen fundamentalistischen Gruppierungen eher zu sichtbaren oder unsichtbaren Kreuzzügen kommt als zu einer realen Erfahrung von Liebe. Bei solchen Alternativen gibt es oft Angst und daraus resultierend innere oder äußere Gewalt.

Liebe ist auf Rollenfreiheit und Partnerschaft angewiesen und hier hat sich ein weiteres tiefes Mißverständnis zwischen die Menschen in den Gemeinden gestellt: „Einer achte den anderen höher als sich selbst." Welche Auswirkungen diese Parole haben kann, hat Ephraim Kishon in eine wunderbare Geschichte gekleidet. Und wenn Kishon darüber eine Geschichte schreibt, ist es für mich ein Hinweis darauf, daß viele Menschen damit zu tun haben. Sie heißt : "Bitte nach Ihnen". Er beschreibt darin zwei Männer, die irgendwann anfangen, sich zu prügeln, weil beide aus Höflichkeit dem anderen den Vortritt beim Durchschreiten einer Tür lassen wollen. Keiner gibt nach, schließlich sind sie standfest in ihrer Höflichkeit dem anderen gegenüber.

In der Praxis der Frommen sieht das so aus, daß jeder sich um die anderen kümmert, aber nicht um sich selbst. Auch hier wird ein Satz aus der Bibel benutzt, um der Begegnung mit sich selbst aus dem Wege zu gehen. Die Angst, dem eigenen Dasein ins Auge zu blicken, kann leicht mit christlichen Werten übertönt werden. Die Rationalisierung ist perfekt: „Weil ich erlöst bin, brauche ich mich nur noch um die anderen zu kümmern." Aber das bedeutet leider auch: "Weil ich erlöst bin, darf ich mich nicht um mich selber kümmern". Die Folge ist, daß ein „christliches" sich -Kümmern um die anderen geschieht, das dann recht kümmerlich ausfällt. Die Erfahrung eines mutigen Liebens, bei dem wir rückhaltlos und behutsam, wahr und tief in die Hingabe an die eigene Tiefe und die Tiefe der Menschen um uns herum hineingehen, wird unmöglich gemacht. Gerade dafür war der Nazarener ja das einzigartige Vorbild, mitten hineinzugehen in die unmittelbare Wahrheit der Situation. Aber wie soll das geschehen, wenn Unmittelbarkeit und Wahrheit keine Bestandteile der Liebe sein können. Wenn Unmittelbarkeit gar nicht mehr erfahren wird und Wahrheit nicht als Aufrichtigkeit, sondern nur als dogmatische Setzung einer Glaubensidee gekannt wird.

Liebe war auch etwas, was in Kinderkörper hinein geprügelt wurde. „Wer seine Kinder liebt, der schone der Rute nicht". Es fiel einfach niemandem auf, daß die Schläge aus dem Verlust an Selbstbeherrschung oder aus Tradition verabreicht wurden. Meine Eltern glaubten wirklich an die Theorie, daß sie ihre Kinder aus Liebe schlugen, ja schlagen mußten. Die Eltern meiner Eltern waren genauso unantastbar wie Gott, und diese hatten der Rute auch nicht geschont. Das eigene Empfinden für das, was ihre Kinder wirklich gebraucht hätten, konnten sie nicht ernst nehmen, also entstand die nächste Generation zusammen geprügelter „geliebter" Christenkinder.

In Jahren dieser Indoktrination wurde aus dem warmen großen Strom menschlicher natürlicher Liebesenergie, der durch das Herzchakra fließen will, ein Rinnsal, gerade groß genug, damit die meisten Betroffenen die seelische Unterernährung überleben. Wer zu sensibel ist für diese Wüstenei und am liebsten sterben möchte, hat sich auch noch mit Schuldgefühlen abzuplagen, daß irgendwie die Erlösung bei ihr - meistens ist es eine Frau - oder ihm nicht so richtig greift. Das liegt dann aber an ihr und ihm selber, obwohl beim besten Willen nicht herauszufinden ist, was Frau oder Mann denn falsch machen. Diese Menschen gibt es in fundamentalistischen Kreisen in großer Zahl.

Diese Blindheitsverabredung unter Kollegen funktioniert bis auf wenige Ausnahmen sehr gut, sie garantiert den philosophischen Fakultäten die Stetigkeit ihrer Erfolge in der Kunst, die Welt zu erklären, ohne sich durch nähere Bekanntschaft mit ihr das Leben schwerzumachen.

Peter Sloterdijk in „Eurotaoismus"

EURE REDE SEI „JAJA" UND „NEINNEIN"

DAS SELBSTAUSDRUCKSTRAUMA

Die asiatische Chakrenlehre sieht die Kehle als das Energiezentrum, das dafür zuständig ist, das, was innen passiert, angemessen an die Außenwelt zu vermitteln. Stimme, Sprache, Mimik und Körpersprache stehen jedem Menschen als Werkzeuge zur Verfügung, um sich selbst in dem, was er oder sie fühlt und denkt, zum Ausdruck zu bringen.

Ein gesunder Mensch erlebt einen harmonischen Zusammenklang zwischen seiner Stimme, seinen Worten, den Regungen in seinem Gesicht und den unterstreichenden Bewegungen seiner Arme und seines Körpers. Wenn wir empört sind, geht z. B. eine Welle der Auflehnung durch unser Rückgrat, die sich in eine kräftige Bewegung der Schultern, Arme und Hände fortsetzt. Die Energie setzt sich in einem Blitzen der Augen weiter fort und häufig in einer Rötung der Wangen. Die Stimme ist klar und laut und kommt aus dem Becken und die Worte beschreiben klar die innere und äußere Situation des Sprechenden. Wenn wir zärtlich sind, hört sich die Stimme aus dem Brustraum kommend warm und weich an, der Körper schwingt leicht mit und befindet sich vielleicht in einer offenen und zugewandten Vorbeugung. Das Gesicht ist weich und die Augen verströmen Wärme und Freundlichkeit.

Ich stelle mir vor, daß Jesus ungefähr das gemeint hat, als er sagte, daß ein Ja wirklich ein Ja und ein Nein wirklich ein Nein sein sollte.

Unter den Frommen ist ein mit sich selbst übereinstimmender Selbstausdruck meist unbekannt. Kaum jemand, der fraglos im fundamentalistischen System zuhause ist, kommt auf die Idee, sich zum Ausdruck zu bringen. Es muß etwas Größeres sein, das ich zum Ausdruck bringe, etwas, das mich überschreitet, das mich über mich selbst hinaus wachsen läßt. Meine Stimme diente vor allem dazu, Lieder über Jesus zu singen, mit anderen über mein Glaubensleben zu sprechen, bestenfalls mal in der Schule eine Antwort auf die Fragen eines Lehrers zu geben, deren Bedeutung aber sowieso weit hinter der eigentlich wichtigen Frage meines Lebens, nämlich meinem Seelenheil, zurückblieb.

Ich konnte mit 26 Jahren als Lebensberaterin tätig werden und war in dieser Rolle voll funktionsfähig. Das, was nach außen hin wie eine professionelle Beraterin aussah, die sich mit ihrer Aufgabe identifiziert und sich darin ausdrückt, war gut angelerntes Rollenverhalten. Ich hatte gelernt, für andere wohlmeinend, mitfühlend und helfend da zu sein. In dieser Identifikation arbeiteten mein Geist, meine Seele und mein Körper gut zusammen. Erst, als ich versuchte, mir selber Sichtbarkeit zu verleihen, wurde das ganze Dilemma meiner Verformung sichtbar. Ich saß in meiner Ausbildungsgruppe für Gestalttherapie, suchte nach mir und fand - nichts. Es gab keine Verbindungen zu Gefühlen und Gedanken, die mich selbst zum Ausdruck gebracht hätten. Diese Kollegen und das Team der Beratungsstelle waren der erste Kreis von Menschen, mit denen ich die Erfahrung machte, daß sie sich für mich, mich ganz tief drinnen interessierten. Ich saß auf dem Stuhl mitten in der Gruppe und brachte zunächst außer einem tiefen Schweigen und schweren Atemzügen nichts heraus. Häufig brauchte ich erst einige Minuten, in denen meine Gegenüber ihre ganze Aufmerksamkeit auf mich richteten und mir noch einmal ihr Interesse ausdrückten, wirklich wissen zu wollen, was wirklich in mir vorging. Dann erst, wenn diese Botschaft in mich einsickerte, war ich in der Lage, in mir selbst zu suchen, bis ich in irgendeiner verborgenen Ecke etwas Eigenes fand, was ich mit den anderen teilen konnte.

Der Ausdruck des eigenen Selbst und die Bestätigung durch die anderen, die uns wahrnehmen, ist so ziemlich das Grundlegendste, das uns am Leben erhält und unser Leben als sinnvoll erfahren läßt. Ich zeige mich und du siehst mich. Du zeigst dich und ich sehe dich und wir bestätigen einander in unserem Sein. Davon sind auch die frommen Christen nicht ausgenommen. Menschen werden krank, wenn sie diese Selbstbestätigung nicht erhalten. Ich und mit mir viele andere sind krank daran geworden, daß so getan wurde, als gäbe es nichts Eigenes im Menschen, das sich wünscht, in die Welt gebracht zu werden.

Das Zitat von Peter Sloterdijk habe ich diesem Kapitel vorangestellt, weil ich zeigen möchte, daß es neben den frommen Christen meiner Kindheit noch andere Kreise gibt, die Sprache und Selbstausdruck voneinander trennen. Es scheint ein Phänomen unseres westlichen Denkens zu sein. Peter Sloterdijk beschreibt in seinem Buch „Eurotaoismus" in beeindruckender Weise für die gesamte westliche Welt das, was ich in der Enge meiner kleinen Kirchengemeinde erfahren habe. Er meint, daß wir alle seit 5ooo Jahren, - er sieht die Wurzeln dieses Phänomens bis ins Hebräertum zurückreichen - kein Interesse daran haben, uns selbst zum Ausdruck zu bringen. Die Wenigsten möchten Präsenz verwirklichen, weil wir tief in unseren Programmen die Botschaft haben, daß es darum geht, anders zu sein als wir sind. Jeder will so schnell wie möglich irgendwohin, auf jeden Fall woanders hin, als er ist, denn da, wo er ist, kann es unmöglich richtig sein. Alles muß verändert und verbessert werden.

Ich habe also eine extreme Spielart eines allgemeinen und weit verbreiteten Phänomens erlebt. Das, was bei einem „normalen" westlichen Menschen „verbesserungsbedürftig" heißt, hieß für mich „ erlösungsbedürftig". Die Wurzeln sind gemeinsame: das jüdisch-griechisch-christliche Denken.

1991 war ich anläßlich des 25-jährigen Jubiläums des Kirchenbaues nach 15 Jahren zum ersten Mal wieder in der Gemeinde zu Besuch, in der sich mein "geistliches Kinderleben" ereignet hat. Mit großer Betroffenheit habe ich erlebt, daß mir eine Freundlichkeit von vielen Menschen entgegengebracht wurde, als wäre ich nur für 4 Wochen im Urlaub gewesen. In mir hatte sich in der Zwischenzeit eine Auseinandersetzung auf Leben und Tod ereignet mit einer immer stärker gewachsenen Freude am Leben, Lernen und Reifen. Und hier schlug mir eine Atmosphäre von Zeitlosigkeit entgegen, voller verdrängter Gedanken und Gefühle, verbotener und ins Unbewußte abgedrängter Regungen und Impulse, eingehüllt in eine warme, weiche, aber absolut undurchlässige Bandagierung aus Freundlichkeit und Erlöstheit.

Wie bringen sich solche Menschen zum Ausdruck? Krankheiten sind vielleicht der einzige legitime Weg, sich in den fundamentalistischen Spielregeln individuell zum Ausdruck zu bringen. Wenn jemand eine Lungenentzündung oder einen Bandscheibenvorfall hat, wird für ihn gebetet, er wird als einzelnes Wesen wahrgenommen. Auf der Tafel der Kranken, die im Gottesdienstraum hängt, werden Frauen und Männer sogar nicht unterschieden...

Ich habe als Kind mitten im Gottesdienst fürchterliche Hustenanfälle bekommen, die unüberhörbar waren und „mich zwangen", den Gottesdienst zu verlassen. Tilman Moser, Psychoanalytiker und Körpertherapeut beschreibt in seinem Buch „Gottesvergiftung", wie er im Gottesdienst als Kind einen ununterdrückbaren Harndrang entwickelte, der „ihn zwang", sich aus der Kirche zu entfernen und damit wenigstens unbewußt seinen Protest zum Ausdruck zu bringen.

Selbstausdruck ist Grundbedingung dafür, das Leben als sinnvoll und freudvoll erfahren zu können. Der Strom, der zum Selbst-aus-druck drängt, ist ein wirklicher psychisch/ physikalischer Druck. Er macht es nötig, sich selbst standzuhalten, sonst fließt die Energie in Kanäle, die nicht mit dem Selbst übereinstimmen und staut sich in einer Unzahl verschiedener Beschwerden und Krankheiten.

Ich finde es spannend, daß in dem deutschen Wort „Begegnung" das Wort Gegner steckt. Begegnung enthält ein spannungsvolles, druckvolles Element. Begegnung macht das Leben spannend. Die Bereitschaft, sich auszudrücken, erwächst aus der Achtung für das eigene Selbst. Jemand sagt seinem Gegenüber: "Bis hierhin und nicht weiter" und "Wenn du mich erreichen willst, brauche ich von dir, daß du..." .In solcher Begegnung trifft Persönlichkeitsdruck auf Persönlichkeitsdruck. Damit treffen wir uns an und treffen das Leben selbst.

Auch heute übe ich täglich, in Kleinen wie auch im Großen meinem Partner meine Wahrheit zuzumuten. Seit ich mit einem Partner lebe, der genau das und nichts anderes von mir will, ist Selbstausdruck auch in die letzten Winkel meiner Existenz eingedrungen. Aber es brauchte Jahre des Übens, des Suchens nach mir selbst, um diese Erfahrung in immer größerem Umfang zu machen. Am Anfang stand die Bereitschaft, mich auch in der Verwirrung zu achten, in dem Nichts-mehr-Wissen, in der Leere, in der Scham.

Wenn eine Tochter vom Geist des Vaters besessen ist, mag sie noch eine Chance haben, sich eines Tages davon zu befreien. Doch wenn es Gott ist, der sie einem Berggeist gleich in seinem Bann hat, wie sollte sie dannnoch eine Chance haben, zu sich selbst zu finden?

Hildegunde Wöller in „Vom Vater verwundet"

DER MENSCH IST BÖSE VON JUGEND AUF

DASS JESUS IN MIR GESTALT GEWINNE

DAS IDENTITÄTSTRAUMA

In der Stirn befindet sich das Chakra der Identität. Es wird auch „drittes Auge" genannt. Hier konzentriert sich unser Selbstbild und unsere Selbstidentifikation. Ich bin das, was meine Stirn über mich aussagt, was mein Gegenüber mehr oder weniger bewußt über mich und das, was ich über mich denke, auf meiner Stirn lesen kann. Hier manifestieren sich Präsenz, der Welt da draußen die Stirn bieten, Selbstverständnis, Selbstbewußtsein.

Die eigene Identität fühlen ist das Gefühl, das jemand hat, wenn er einen Raum mit fremden Menschen betritt.

Menschen mit einer gesunden Selbstidentifikation gehen davon aus, daß sie grundsätzlich in Ordnung sind und sich sehen lassen können. Sie wissen, daß sie sich selbst vertrauen können und auch andere Menschen Grund haben, ihnen zu vertrauen und sie interessant zu finden. Sie sind in taktvoller Weise geradeaus und aufrichtig und gehen offen auf ihre Umwelt zu. Diese muß zuerst den Gegenbeweis antreten, ansonsten gehen sie von der Geradheit auch der anderen Menschen aus. Menschen mit einer gesunden Selbstidentifikation wissen, daß sie dort sein wollen, wo sie sind, wissen, daß sie mit dem Partner zusammensein wollen, mit dem sie zusammen sind und daß sie die Kinder haben, die sie haben wollten oder die Kinder nicht haben, die sie nicht haben wollten. Sie wissen, womit in ihrem Beruf sie identisch sind und daß sie Unangenehmes in Kauf nehmen, weil sie gerade diese Sache machen wollen. Sie sind mit den Menschen sooft und solange zusammen, mit denen sie zusammen sein wollen und setzen sich für ihre eigenen Belange offen ein.

Wenn ich einen Raum betrat, war mein Gefühl bis zum 26. Lebensjahre etwa so: „Entschuldigen Sie, daß ich Sie mit meiner Anwesenheit belästige, ich weiß, was ich Ihnen damit zumute. Gestatten Sie, ich bin eine von diesen Unannehmbaren und Erlösungsbedürftigen, aber mein Gott hat sich alle Mühe gegeben, mich irgendwie wieder hinzukriegen. Ich werde alles dafür tun, ihnen so kurz wie möglich zur Last zu fallen." Das habe ich nicht so klar gewußt, aber ich habe mich so gefühlt. In der Regel bekam ich starke Kopfschmerzen, weiche Knie, sah tatsächlich eine Glaswand, die mich von der anwesenden Gruppe trennte. Mir fiel nichts ein, über das ich hätte sprechen können, denn das, was die anderen bewegte, ging mich nichts mehr an, da ich von allen weltlichen Sorgen befreit war und sie mich ja tatsächlich nicht bewegten. Ich hatte gar nicht genügend Zugang zu meinen wirklichen Sorgen, um ernsthaft mit ihnen umzugehen.

In meiner Stirn war ein schwarzer Krater, ein Loch, angefüllt mit schwarzem Nichts. Daß es dieses Loch gab, wurde mir überhaupt erst bewußt, als ich der Welt der Frommen entronnen war.

Der Mangel an „Stirnerfahrung", an gefüllter und positiver Ich-Identifikation, hatte seinen klaren, nicht zu diskutierenden Niederschlag gefunden. Es brauchte 5 Jahre intensiver Arbeit an meiner Identität, um dieses Loch in meiner Stirn erst einmal nur aufzufüllen und weitere 10 Jahre, um ein Selbstverständnis zu entwickeln, das meiner Lebenswirklichkeit einigermaßen gerecht wurde.

Vor einiger Zeit war ich mit Therapeutenkollegen auf einer Fortbildung zum Thema Borderline- und Narzismuß-Störungen. Menschen mit diesen Störungen haben ein tief verankertes Identitätstrauma. Die Frage „wer bin ich eigentlich" bewegt nicht nur die Christen. An einem Tag ging es um die Erfahrung von Scham und wie Menschen mit beschämt Werden umgehen. Dazu tauschten wir untereinander entsprechende eigene Erfahrungen aus. Der Kollege, mit dem ich sprach, erzählte mir, daß er als Kind jeden Samstag mit seinem Bruder zusammen eine Sündenliste aufzustellen hatte, da sie zur Beichte gehen mußten. Er war zu der Zeit ca. 10 Jahre alt und seine Bemühungen, sein Kinderleben nach Sünden abzusuchen, brachte nicht mehr als z.B. eine kleine Ungenauigkeit im Berichten aus der Schule für diese Liste zustande. Er hatte nicht gelogen, nicht gestohlen, nichts in Brand gesteckt. Allerdings befand er sich in dem Dilemma, daß er sich als Sünder erweisen würde, wenn er ein leeres Blatt mit in den Beichtstuhl bringen würde. Denn sich selbst als schuldlos zu klassifizieren, war ein Akt größten Hochmuts. Wir sind doch alle Sünder! Vor lauter Fassungslosigkeit wußten wir nicht, ob wir lachen oder weinen sollten und entschieden uns fürs Lachen.

Es gab in meiner Kindheit einen elementaren Unterschied zwischen den Menschen, die zu unserer Gemeinde gehörten und den anderen. Heute weiß ich, daß es die Ausstrahlung der Identitäten ist, die so verschieden sein kann.

Als ich 11 Jahre alt war, haben sich zwei Männer meinem kindlichen Bewußtsein tief eingeprägt. Sie gerieten anläßlich der Einweihung des neuerstellten Kirchengebäudes in mein Gesichtsfeld. Das waren der leitende Architekt des Kirchenbaues und der Bürgermeister unserer Stadt. Beide prangten in ihrer ganzen weltlichen Potenz in dem feierlichen Einweihungsgottesdienst. Sie erhielten sogar ausdrücklichen Dank, der Architekt für die gute Ausführung des Baues, der Oberbürgermeister für die Spende, die er als Vertreter der Stadt mitgebracht hatte. Sonst war eigentlich Jesus der Einzige, der bei uns in der Regel Dank erhielt. Ich spürte mit meinen 11 Jahren sehr klar, daß diese zwei Personen in diesen Räumen so etwas wie Außerirdische waren, Menschen mit ungebrochener Freude am Leben und an sich selbst. Ich spürte bei diesen Männern eine Unschuld, die ich damals nicht deuten konnte. Es war eigentlich ganz einfach: sie hielten sich nicht für schuldig. Sie hatten ein nicht mit Schuld und schlechtem Gewissen, sondern mit Selbstvertrauen aufgeladenes Fluidum um sich herum und das war in dieser Gemeinde so selten, daß es mich schier blendete. Es gab sie, sie waren identifiziert mit ihrem eigenen Sein und Können. Ich war 11 Jahre alt und mich trennten Lichtjahre von ihrer Lebensrealität, denn in mir hatte Jesus Gestalt gewonnen. Ich folgte dem Herrn nach.

Von dem, was Paulus in seinen Briefen wirklich gemeint hat, ist nicht mehr viel übrig geblieben, wenn fundamentalistische Prediger über Sätze wie „daß Christus in mir Gestalt gewinne" und „nun lebe nicht ich, sondern Christus lebt in mir" predigen. Mein kleiner Kindergeist erfuhr immer wieder, daß nicht das, was ich denke, fühle, meine, beschließe, hoffe und tue, Bedeutung hat, sondern das, was Jesus dazu denkt, sagt, tut, bzw. gedacht, gesagt, getan hat. Die wichtigste Frage für meinen Kinderkopf wurde die, was Jesus jetzt tun, sagen und entscheiden würde.

Was passiert da in einem kleinen Körper und in der kleinen Seele? Was kann da an Identität, an Selbstverständnis erfahren werden? Was für ein „Ich bin" kann da herauskommen? Alle inneren Signale wurden von der Ideenwelt um den Herrn und Erlöser Jesus Christus besetzt. "Was ist richtig oder falsch?" ersetzt die Frage "Was ist in diesem Augenblick für mich und die Situation gut und fruchtbar und wohltuend?" Oder "Was sagt mir mein Gefühl über diesen Augenblick, über mein Gegenüber?" Wann will ich was von etwas? Wieviel will ich davon? Wie lange will ich das, wieviel davon und wie oft tut mir gut? Wie nah lasse ich einen Einfluß an mich heran? Wie tief lasse ich mich auf etwas oder jemanden ein? Wann ist Schluß mit etwas?" Fragen, die permanent von einem Menschen bewegt werden, bewußt oder unbewußt, der identisch mit sich selbst, lebendig und bewußt lebt. Dies sind Fragen, die sich beantworten lassen, wenn jemand seinen Körper spürt, seine Spannungszustände, sein Behagen oder Unbehagen, wenn jemand sich in seinen Stimmungen, Ängsten und Reaktionen auf die Einwirkungen von außen wahrnimmt. Diese ganze innere Welt wird verhindert, wenn "Jesus in mir Gestalt gewinnt", wenn "nun nicht ich, sondern Christus in mir" lebt. In der Zeit, in der ich langsam eine eigenständige Persönlichkeit hätte gewinnen müssen, um zu einem liebevollen erwachsenen Menschen zu werden, der Verantwortung für sich, für eine Familie, für gesellschaftliche Prozesse übernehmen kann, wurde aus mir eine Blase, eine Hülle für eine geistige Fremdidentität.

Nun gehörte ich ja nicht zur ersten, sondern zur vierten bzw. fünften Generation, die diese Art und Weise, mit dem Leben umzugehen, praktizierte. Die Frauen und Männer vor mir hatten schon lange aufgehört, sich zu fragen, was sie selber denken, wollen und fühlen. Ich erlebte sie viele Jahre als dumpfe Größen, in deren Seelen es tief verborgen grollte. Es wurde nicht über das, was sich in ihnen wirklich tat, gesprochen. Außer einer alles beherrschenden andauernden Verzweiflung gab es keine beständigen, geschweige denn ausgesprochenen Gefühle und Gedanken. Und diese Verzweiflung durfte ich nicht bemerken. Ich hatte den ganzen Bauch- und Brustraum voll damit und oft das Gefühl, keine Luft mehr zu bekommen. Meine Mutter bildete von der ausschließlichen Unterdrückung allerdings eine Ausnahme. Sie war die einzige, die ihre angestauten Gefühle und ihre verzweifelten Fragen blindlings über ihre Kinder ausgießen durfte, ohne jemals Anstalten zu machen, an den die Depression bedingenden Umständen etwas zu ändern.

Gleichzeitig war klar, daß ich zu einer „glücklichen Familie" gehörte. Schließlich gehörten wir zu der Gruppe derer, die dem Herrn Jesus in der richtigen Weise nachfolgten. Wir waren die erlösten Bösen. Wir waren auch die glücklichen Verzweifelten. Wie soll ein menschliches Wesen daraus eine Identität formen, ohne den Verstand zu verlieren?

Im Alter von 22 Jahren bemerkte ich, daß mein Verstand nicht mein Verstand war. Ich stand auf einer Brücke und fühlte, daß ich auf das Denkorgan in meinem Kopf keinen Zugriff hatte. Ein Apparat war das, der in der Lage war, sich mit Himmel, Hölle und anderen Leuten zu beschäftigen, aber nicht, sich mit „mir" zu beschäftigen. Die Verbindung zwischen einer Identitätserfahrung und meinen geistigen Funktionen war gerissen. Ich konnte mich nicht mit „mir" identifizieren. Dies Gefühl war so unheimlich, daß ich es sogleich wieder verschwinden ließ. Zu der Zeit hatte ich es schon gut trainiert, die Verrücktheit, die ich in mir spürte, zu vergessen.

> Denn meines Erachtens gibt es für das denkendeWesen keinen entscheidenderen Augenblick als den, wo ihm gleichsam die Schuppen von den Augen fallen und es entdeckt, daß es nicht einsam in den Einöden des Weltalls verloren ist, sondern daß einuniverseller Lebenswille in ihm zusammenströmt und sich in ihm vermenschlicht.
>
> **Pierre Teilhard de Chardin** in „Der Mensch im Kosmos"

IHR SOLLT VOLLKOMMEN SEIN WIE

AUCH ICH VOLLKOMMEN BIN

OHNE MICH KÖNNT IHR NICHTS TUN

DAS SPIRITUELLE IDENTITÄTSSTRAUMA

Als auf dem Mittelpunkt unseres Kopfes befindlich beschreiben die asiatischen Lehren das kosmische Chakra. Durch dieses Energiezentrum haben wir die Verbindung zum Kosmos oder zum Ganzen oder zu Gott, je nachdem welche Sprache man wählt. Hier ist die Antenne, die Informationen aus feinstofflichen Zusammenhängen empfängt, hier ist die Nahtstelle zwischen unserer grobstofflich / materiellen und unserer feinstofflich / geistigen Existenz.

Sich selbst als verbunden mit Gott, mit dem Ganzen oder mit einem sinnvollen kosmischen Plan zu fühlen, ob in religiösen oder kirchlichen Strukturen oder nicht, möchte ich hier als das Innehaben einer geistig - spirituellen Identität verstehen. Die Art, wie Menschen diese Verbundenheit erleben, ist nach meiner Erfahrung genauso individuell wie Menschsein überhaupt. Im weitesten Sinn möchte ich kosmisch - spirituelle Identität beschreiben als das Bewußtsein dafür, daß es Umfassendes, Höheres und Sinn gibt.

Menschen mit einem über sie selbst hinaus reichenden Bewußtsein sind dazu bereit, ihre persönlichen Interessen zugunsten allgemeiner Interessen oder auch zugunsten bewußt gewählter Werte zu relativieren. Sie haben ein Gespür dafür, daß es nicht ausschließlich um das Gelingen des eigenen Lebens und das ihrer Kinder geht, sondern daß diese Welt irgendeinen Stoff enthält, der sich dem Intellekt entzieht. Und sie fühlen, daß dieser Stoff wichtig ist. In unserer Zeit sind außerkirchliches spirituelles Empfinden und Erfahrungen, die in einen überpersönlichen Bereich hineingehen, weit verbreitet. Sportler, Todkranke, Weltumsegler, Bergsteiger und viele andere Menschen in alltäglichen Situationen machen die Erfahrung, daß sie Einsichten in geistige Zusammenhänge bekommen, von denen sie bis dahin nicht einmal geträumt hätten. Michael Murphy hat in seinem 800-Seiten-Buch „Der QuantenMensch" zahllose Beispiele zusammengetragen, die einen Eindruck davon vermitteln, daß es immer schon Menschen gegeben hat und heute immer mehr Menschen gibt, deren kosmisches Chakra Anschluß an geistige Welten gefunden hat.

Die spirituelle Identität speist sich aus der Auseinandersetzung mit dem Woher und Wohin des Menschen. Warum bin ich hier, was soll das Ganze, habe ich eine Aufgabe? Das sind Fragen, denen gegenüber Menschen das Gefühl haben, Antworten finden zu wollen oder sogar zu müssen.

Was für mich genau nicht als spirituelle Identität zu verstehen ist, ist die Frage nach moralischem und sozialem Verhalten. Moralisches und soziales Verhalten kann auch aus oberflächlicheren Motiven heraus gezeigt werden.

Was ist in meiner Kindheit im Zusammenhang mit meiner spirituellen Identität geschehen? Meine spirituelle Identität mußte für alle anderen Lebensbereiche stellvertretend herhalten. Es gab keine legitime andere Identität. Es gab keine Geschlechtsidentität, es gab keine Individualität, keinen Selbstausdruck, keine Selbststeuerung, kein schlichtes Existenzgefühl. Es gab nur eine in zwei Teile gespaltene Identität, die sich aus der Verbindung zu Gott bzw. Jesus her verstand. Der eine Teil fühlte sich klein, unwürdig, hilflos und erlösungsbedürftig und der andere Teil fühlte sich in der Identifikation mit dem Erretter der Welt grandios, erlöst und im Besitz der Wahrheit und der göttlichen Liebe.

Ich erinnere mich daran, mit dieser geteilten Identität schon die Grundschulzeit begonnen zu haben. Mit meinen sechs Jahren fühlte ich mich isoliert und wurde von den anderen Kindern als hochmütig erlebt, so weiß meine Zwillingsschwester zu berichten. Ich „wußte" schließlich, daß sich jeder einzelne Mensch „für Jesus entscheiden" muß, will er denn wirklich sicher sein, wo er die Ewigkeit verbringen wird. Die Tatsache, daß ich über diesen wichtigen Sachverhalt besser informiert war als alle anderen, bildete eine Schicht von Eingebildetsein um mich herum, die mich von meinen Altersgenossen trennte. Andererseits waren da die Mitschülerinnen und Mitschüler, die sich wie selbstverständlich in Ordnung fanden und mich mit ihrer Sicherheit verunsicherten. Das Ergebnis war eine „irre" Mischung aus Überlegenheits- und Unterlegenheitsgefühlen, die mich innerlich zerriß und einen normalen Kontakt von Kind zu Kind verunmöglichte.

Die beiden Bibelverse in der Überschrift dieses Abschnittes stehen für die Wirkungen der Botschaft der pietistischen Christen auf die spirituelle Identität: Grandiosität und Minderwertigkeit. Der eine Pol erzeugt einen neurotischen Perfektionismus, der das Leben zur Hölle machen kann, nicht aber zum Himmel. Die Verheißung Jesu, daß wir vollkommen sein sollen, wird von Fundamentalisten als Aufforderung verstanden, sich auf den Weg zu machen, perfekt zu werden. Wenn Jesus es sagt, ist es auch möglich, denn sonst würde er es doch nicht sagen! Diese theoretische Möglichkeit zur Vervollkommnung und die Identifikation mit dem Retter der Welt habe ich als ungeheuer euphorisierend erfahren, denn meine spirituelle Identität wurde aufgeblasen wie ein Luftballon.

Aber die Freude war nur von kurzer Dauer, da - und das ist der andere Pol - nicht vergessen werden durfte, daß wir ja eigentlich völlig unfähige und höllenwürdige Wesen sind, die sich laufend der Gnade ihres Schöpfers versichern müssen. Alle Versuche, perfekt zu werden, die auf der Phantasieebene das Selbstbild ins Grandiose aufblähten, bewiesen durch unbewußtes mißlingen Lassen in der Realität, daß wir doch unwürdige Geschöpfe sind und ließen die Depression wachsen.

Daß daran irgend etwas falsch sein muß, hat im Mittelalter bereits Martin Luther herausgefunden. Zu dem Zeitpunkt in der Kirchengeschichte, als das Thema der menschlichen Unzulänglichkeit allzusehr im Dienst der Macht mißbraucht worden ist, hat er sich zu der Erkenntnis durchgerungen: Wir werden „allein aus der Gnade Gottes" heraus geliebt. Luther´s bedingungslose Liebe des Schöpfers zum Menschen konnte offenbar wieder nicht akzeptiert werden, denn bald hatte Calvin Leistung und Erfolg und damit Versagen wieder in die Gottesbeziehung eingeführt und den calvinistischen Zweig der Evangelischen Kirche gegründet.

Die Fundamentalisten vollbringen nun den geistigen Gewaltakt, immer von einem Pol zum anderen zu springen. Mal müssen sie vollkommen werden, mal dürfen sie keinen klaren Gedanken fassen können ohne ihren Herrn. Ich habe mich als Zwölfjährige z. B. mit der Aufgabe herumgequält, jeden Tag eine „Zeit der Stille" in meinem kindlichen Tagesprogramm unterzubringen. Ich wußte, daß die meisten Gemeindemitglieder diesen Anspruch einer täglichen Zeit mit Gott nicht an sich stellten, aber ich war ziemlich ehrgeizig in meinem Erlösungsdrang. Meine mangelnde Disziplin, regelmäßig Stille herzustellen, bestätigte mir allerdings genauso regelmäßig, daß ich doch ein unwürdiges Geschöpf war.

Eine spirituelle Identität als einzige legitime Identität und dann noch ausgeformt in zwei entgegengesetzten Vorstellungen davon konnte nichts anderes als Isolation zur Folge haben, Isolation sowohl der Außenwelt gegenüber als auch der Innenwelt der Persönlichkeit gegenüber.

Das fatale Mißverständnis, dem die Fundamentalisten aufsitzen, ist die Verwechslung von Für-wahr-halten und Erfahren. Die Fundamente eines jeden Fundamentalismus sind eine Reihe von Grundsätzen, die als wahr und gegeben gesetzt werden und keiner Hinterfragung und auch keiner Verifizierung bedürfen. "So ist es", und wer das nicht glaubt, gehört weg, ins Gefängnis, ins Grab, in die Hölle. Wer zur entsprechenden Gruppe dazugehören will, muß behaupten, daß er zu der vorgegebenen Überzeugung gelangt ist, muß die Aufnahme- und sonstigen Rituale akzeptieren, dann ist alles klar. Im christlichen Fundamentalismus gibt es rein sprachlich sogar Raum für eine persönliche Erfahrungsdimension von Spiritualität, die "persönliche Beziehung zu Jesus". Allerdings ist gleichzeitig die Unterweisung so jenseits eines gesunden Menschenverstandes, daß nur eine verschwindend kleine Gruppe die Dauerberieselung unbeschadet übersteht.

FRAGEN BEZÜGLICH DER CHAKREN

Nehmen Sie sich Zeit, die Fragen schriftlich für sich zu beantworten. Nehmen Sie sich nicht mehr als zwei Themen an einem Tag vor. Spüren Sie dabei in ihrem Körper in die Zone hinein, in der das jeweilige Chakra sich befindet, legen Sie ab und zu Ihre Hand darauf. Um Kontakt zum Wurzelchakra zu bekommen, ist es hilfreich, auch wiederholt leicht den Beckenbodenmuskel anzuspannen und wieder zu lösen und dabei die Muskulatur von Po, Oberschenkeln und Unterbauch lockerzulassen. Wenn Sie Ihren Assoziationen (meistens erste Frage) auf die Spur kommen wollen, sprechen Sie das entsprechende Wort 10 bis 20 mal halblaut vor sich hin und schauen Sie einfach dabei zu, welche Gedanken ins Fließen kommen.

WURZELCHAKRA

- Kennen Sie das Gefühl, „Grund unter den Füßen" zu haben oder zu verlieren?

- Kennen Sie das starke Gefühl „ich existiere!" oder „ich lebe (gern)!" ?

- Waren Sie ein Wunschkind, ein akzeptiertes Kind, ein unwillkommenes Kind, gab es Abtreibungsversuche ?

- Wie sind ihre spontanen Assoziationen zum Wort „Tod"?

- Wie sind Ihre spontanen Assoziationen zu „ich werde sterben"?

- Wo, wann und wie ist Ihnen der Tod zum ersten Mal konkret begegnet ?

- Welche Unterstützung und Tröstung haben Sie dabei erfahren oder auch nicht?
- Was ist Ihnen von Ihren Eltern zum Tod gesagt worden?

- Wie ist Ihr Empfinden für Ihre Pobacken, Ihren Beckbodenmuskel, Ihr Kreuzbein ?

UNTERBAUCHCHAKRA

- Wie sind Ihre Assoziationen zu „Ich bin eine Frau / ein Mann" ?

- Wie sind Ihre Assoziationen zu „Frauen sind..." bzw. „Männer sind...."?

- War Ihr Geschlecht bei Ihrer Geburt erwünscht, offen oder abgelehnt ?

- Wie wurde über „Frauen" und „Männer" in Ihrer Kindheit gesprochen?

- Was haben Sie von der Beziehung Ihrer Eltern als Kind mitbekommen?

- Wie haben Sie sexuelle Aufklärung erfahren?

- Sind Sie mit Ihrer heutigen Sexualität in einem befriedigenden Prozeß?

- Wie haben Sie die erste Menstruation / den ersten Samenerguß erfahren und wer waren Ihre Gesprächspartner oder auch nicht?

- Welche Menschen haben Ihnen wann Kreativsein, Künstlerischsein, Intuitivsein nahegebracht?

- Kennen Sie Ihre „innere Stimme"?

- Kennen Sie häufige Darmbeschwerden, Menstruationsbeschwerden, Lendenwirbelprobleme?

SONNENGEFLECHTSCHAKRA

- Was sind Ihre Assoziationen zu „Macht" ?

- Wie schätzen Sie die „Machtverhältnisse" zwischen Ihren Eltern und zwischen Ihnen und Ihren Geschwistern in Ihrer Kindheit ein ?

-Wie wurde in Ihrer Familie über Macht und Mächtige gesprochen?

- Haben Sie meistens das Gefühl, Opfer anderer und der Bedingungen um Sie herum zu werden, beherrschen Sie Situationen oder gibt es für Sie oft ein Gleichgewicht in der Kommunikation ?

- Nennen Sie eine durchschnittliche Prozentzahl, die das Maß Ihrer Selbststeuerung beschreibt. Können Sie sich zu 60, 70, 80 % selbst steuern?

- Kennen Sie einen Unterschied zwischen Macht, Manipulation und Beurteilung auf der einen Seite und Wirksamkeit, Steuerung und Beobachtung auf der anderen?

- Kennen Sie Magenschmerzen und / oder Verspannungen im Zwerchfell ?

HERZCHAKRA

- Was sind Ihre Assoziationen zu dem Wort „Liebe"?

- Was haben Ihnen Ihre Eltern über Liebe gesagt und (vielleicht andererseits) gezeigt?

- Wer und was war Ihr liebstes Geschwister, Freundin, Großelternteil, LehrerIn, Stofftier. Puppe, liebstes Hobby?

- Wie ging es Ihnen mit Ihrer ersten großen Liebe?

- Gibt es genug Liebe auf der Welt für Sie / für alle ?

- Lieben Sie das Leben?

- Lieben Sie sich selbst?

- Schreiben Sie in hierarchisierter Form spontan die fünf Menschen oder Lebensbereiche auf, die Sie am meisten lieben.

- Kennen Sie Herzbeschwerden, Herzrhythmusstörungen, Engegefühle oder Atembeschwerden in der Brust?

KEHLCHAKRA

- Was sind Ihre Assoziationen zu dem Satz „Ich mache mich bemerkbar!" ?

- Sind Sie gerne laut? Mögen Sie Ihre Stimme?

- Wurden Sie in Ihrer Kindheit bemerkt, gefragt, zu Selbstäußerungen ermuntert?

- Was haben Sie in Ihrer Kindheit über Sich-in-den-Mittelpunkt-stellen, über Echtheit, über Aufrichtigkeit anderen gegenüber theoretisch und über Vorbilder gelernt?

- Wieviel Übereinstimmung vermuten Sie zwischen Ihrer Stimme, Ihren Bewegungen, Ihrer Mimik und dem, was Sie inhaltlich sagen?

- Waren Sie in der Schule unter den Besten, im Mittelfeld oder bei den Schlußlichtern?

- Haben Sie Meinungen und vertreten Sie diese?

- Haben Sie einen geliebten „Gegner" ? Kann Streiten Ihnen Freude machen?

- Haben Sie oft Halsschmerzen, Halsentzündungen, Heiserkeit, Schilddrüsenbeschwerden?

STIRNCHAKRA

- Was sind Ihre Assoziationen zu dem Wort „Selbstbewußtsein" ?

- Wie geht es Ihnen, wenn Sie einen Raum mit 20 Menschen betreten?

- Was haben Sie über selbstbewußte Menschen gelernt?

- Sind Sie selbstbewußt? Finden Sie sich o.k.? Finden Sie andere auch o.k. oder häufiger als sich selbst o.k. oder nicht o.k.?

- Sind Sie gerne Sie selbst oder wären Sie gerne jemand anderes? Wer zum Beispiel?

- Mögen Sie ihren Körper, Ihren Intellekt, Ihre Begabungen, Ihr Wesen?

- Durften Sie „etwas werden"?

- Haben Sie Ziele, die Sie wählen und erreichen?

- Setzen Sie sich zehn Minuten lang vor einen großen Spiegel und kommunizieren Sie mit sich. Beobachten sie wertfrei, was alles passiert.

- Haben Sie oft Stirnhöhlenerkrankungen, Schnupfen, Kopfschmerzen im Stirnbereich?

SCHEITELCHAKRA

- Was assoziiieren Sie zu „Sinn des Lebens"?

- Was ist Ihnen bezüglich Religiosität vermittelt worden?

- Was ist ihnen bezüglich des Ursprungs des Universums vermittelt worden?

- Sind Sie auf der Suche nach etwas Höherem, Vollkommenerem, nach Sinn?

- Haben Sie das Gefühl, eine Lebensaufgabe zu haben?

- Kennen Sie mystische Zustände von Verbundenheit mit etwas Größerem?

- Würden Sie so etwas gerne erleben?

- Kennen Sie den empfindungsmäßigen Unterschied zwischen Glauben und Wissen?

- Haben Sie sich schon einmal inspiriert gefühlt (Inspiration im Unterschied zu Intuition) ?

- Kennen Sie ein Gefühl des Wegfliegens, des Abhebens, des Größenwahns evtl. abwechselnd mit extremen Minderwertigkeitsgefühlen und Perfektionismus?

KAPITEL II

GEDANKEN, DOGMEN UND LEBENSDREHBÜCHER

BILDEN DAS NETZ, IN DEM VERWUNSCHENE

SICH VERFANGEN

Die Symbole, die uns im Märchen...... begegnen, sprechen uns in unsrer individuellen Existenz an und verweisen gleichzeitig darauf, daß unser individuelles Problem auch ein existenzielles Problem ist, sie verweisen aber auch auf einen unbekannten Hintergrund, auf tragenden Urgrund.
Verena Kast in „Märchen als Therapie"

Im ersten Kapitel habe ich anhand des Chakrenmodells beschrieben, in welchem Zustand ich mich befand, nachdem ich 2o Jahre in der Welt des engen Glaubens zugebracht hatte. Ich habe gezeigt, wie die Energieflüsse zwischen Körper und Seele durch ungesunde geistige Botschaften verschlossen werden.

Zu geistigen Botschaften, die vermittelt werden, gehört immer ein familiärer und sozialer Kontext. Immer geschehen einengende oder verwirrende Wirkungen in einem Zusammenhang. In diesem Kapitel wird es darum gehen, zu erkennen, wie Menschen sich selbst oder ihre Kinder in ein Netz von Bezogenheiten einspinnen, das einem Gefangensetzen gleichkommt.
Schon seit vielen Jahrhunderten wird das Thema Gefangenheit und Befreiung rund um den Globus in einer literarischen Gattung, nämlich in den Märchen, behandelt. Unsere Märchen haben sehr schöne und beeindruckende Bilder gefunden, um Gefangenheit und den langen Prozeß des Weges in die Freiheit zu beschreiben. Deshalb werde ich Märchen benutzen, um auf den kommenden Seiten die Zeit meines Lebens zu beschreiben, in der ich den Durchbruch in die Freiheit erlebt habe.
Das Märchen „Das Mädchen mit den goldenen Zöpfen" wird uns gründlicher beschäftigen, da ich in diesem meinen eigenen Prozeß besonders gut gespiegelt gefunden habe. Es beschreibt den Befreiungsweg in differenzierter Weise und zeigt, daß ein Kuß des Prinzen doch meist nicht reicht, um die Prinzessin aus dem Tiefschlaf ihrer Verstrickung zu reißen.

DENK- UND SOZIALSYSTEME WERDEN ZUM GLÄSERNEN GEFÄNGNIS ODER ZUM VERSTRICKENDEN NETZ.

Verena Kast, eine Jung´sche Analytikerin aus der Schweiz, hat in den achtziger Jahren in ihren Märcheninterpretationen eine Perspektive eingenommen, bei der sie die Familienmitglieder entmystifiziert hat. Sie sieht die Protagonisten ganz real als Mütter und Väter und Kinder, die miteinander auf komplexe Art und Weise agieren und reagieren. Mütter sind Mütter bzw. Stiefmütter, Väter sind Väter und sie können wirklich die Wirkungen auf ihre Kinder haben, wie sie im Märchen beschrieben werden, daß sie nämlich ihre Kinder zu Gefangenen machen oder sie sogar töten.

Ich möchte in meiner Betrachtung der Märchen den Zusammenhang noch weiter ausdehnen, nämlich auf die Bindungen der Eltern an Denk- und Sozialsysteme. Eltern sind vernetzt und geben ihre Vernetzung an ihre Kinder weiter. Wenn Väter und Mütter ihre Kinder einem Zauberer, einer Nixe oder sonst einem Wesen versprechen, wenn eine Mutter sich als Hexe verkleidet und ihrer Tochter einen tödlichen Apfel reicht oder sie im Wald in einer Hütte als Dienstmagd gefangenhält, so spiegelt dies ein Hineinpressen des Kindes in ein Denksystem oder ein soziales Netz, das tötet, einschläfert oder gefangensetzt.

„Verzauberung" kann es in allen Familien geben, die ausgesprochen moralisch-idealistisch oder traditionell orientiert sind. Diese Eltern suchen Orientierung und Geborgenheit in sozialen Systemen, die ihre ganz eigenen Spielregeln haben und geben diese an ihre Kinder weiter. Sie sind mit einem Glaubenssystem identifiziert wie in meinem Fall, sie haben sich einer karitativen Arbeit verschrieben wie dem „Roten Kreuz" oder der „Feuerwehr", sie richten ihr Leben nach einem bestimmten politischen System oder einer Parteientradition aus oder glauben sich von Sitten, Gewohnheiten, Vereinen und Nachbarn abhängig.

Familien, die in der Welt des Militärs leben, können ähnliche Wirkungen auf die nachfolgende Generation haben und ihre Kinder um ihre Lebendigkeit bringen wie Familien, die fünfmal in der Woche in die Kirche gehen. Offizierssöhne und -töchter können in gleicher Weise in der Idee von „Ehre und Tapferkeit" eingeschlossen werden wie ich in der Idee von „Bösesein und Erlösung" eingeschlossen wurde. Kinder sind dann im Lebensnetz der Eltern so gefangen, daß sie ihre Fähigkeit

einbüßen, sich vom Elternhaus zu lösen, erwachsen zu werden und ein eigenes, einzigartiges Leben zu führen. "Arbeitersein" kann genauso idealisiert an Kinder weitergegeben werden wie "Akademikersein". Entscheidend dafür, daß die unsichtbaren Netze sich um Menschen schließen, ist die Abgrenzung gegenüber anderen Denkrichtungen. Für den Arbeitervater kann es eine Katastrophe sein, wenn sein Sohn oder, noch schlimmer, seine Tochter studieren will, genauso wie es für die Akademikermutter schrecklich sein kann, wenn ihr Sprößling eine Lehre machen möchte.
Dieser Mechanismus läßt sich im noch größeren Zusammenhang finden. Der Nationalsozialismus und der Kommunismus haben vielen Menschen, die ihr Vertrauen in die göttliche Lenkung der Weltgeschichte verloren hatten, ein Denksystem zur Verfügung gestellt, das pseudoreligiöse Idealvorstellungen enthielt. Nicht zufällig war Karl Marx, der Vordenker des Kommunismus, Pfarrerssohn und nicht zufällig waren prägende Nazivordenker von alten germanischen Kulten durchdrungen und/oder Mitglieder von Logen. Im Rückblick kann man sagen, daß diese beiden Systeme verwunschene Schlösser des Geistes waren, in dem ganze Völker eingesponnen und einem jahrzehntelangen Zauberschlaf erlegen waren. Wann wir aus dem Schlaf des Kapitalismus und immerwährenden Wachstums aufwachen werden, wird sich noch zeigen müssen.

SEELISCHES VERLETZTSEIN MACHT ANFÄLLIG FÜR GEISTIGE GEFÄNGNISSE

Nun gibt es in Menschen, die sich in ihren sozialen Vernetzungen so wohl fühlen wie ein Fisch im Wasser und keineswegs abgeschnitten sind von ihrer Natürlichkeit, ihrer Urteils- und Erlebnisfähigkeit. Nicht jedes Kind, das in einem Pfarrhaus oder einer Kaserne aufwächst, das in einer Rettungswache oder der Dienstelle einer Partei ein zweites Zuhause hat, wird in seiner Lebendigkeit bis zur Erstarrung und Fühllosigkeit gekränkt. Es scheint ein weiterer Faktor nötig zu sein, um die Wirkung der Verwunschenheit und Verstrickung zustande zu bringen.
Dieser Faktor ist aus meiner Sicht die durch bestimmte Bedingungen entstandene Bereitschaft, sich in eine Abhängigkeit von einem größeren System zu begeben. An die Stelle, ein individuelles selbstbewußtes

Leben zu führen und Impulse aus den eigenen kreativen Seelenschichten ernst zu nehmen, ist eine Anfälligkeit dafür getreten, sich blindlings führen zu lassen.
Was macht Menschen anfällig für Abhängigkeit? Es sind Lebenserfahrungen, die in den Seelen große Verletzungen hinterlassen und die einen irrealen Wunsch nach Sicherheit auslösen. Im Leben gesunder, vitaler Menschen können so verheerende Dinge geschehen, daß diese sich nur noch sicher fühlen, wenn sie genau gesagt bekommen, was richtig oder was falsch und was gut oder was schlecht ist. Sie fühlen sich dann nur noch sicher, wenn sie sich aufgeben können.

Die Kinder dieser Menschen sind die verwunschenen Prinzen und Prinzessinnen, weil sie Eltern haben, die ihnen zeigen, wie man sich selbst aufgibt. Da Märchen ja als „märchenhaft" und damit als unrealistisch definiert sind, können sie uns offen sagen, wer oder was für die Verwünschung verantwortlich zeichnet. Auf die Weise, daß sie sich selbst als unwahr beschreiben, haben Märchen sich durch die Jahrhunderte vor der Zensur und Auslöschung durch alle möglichen Eltern- bzw. Autoritätsebenen wie Kirchen und Staatsgefüge lebendig bewahrt.

Väter oder Mütter bringen Kinder um ihr Leben, verzerren ihre Persönlichkeit und verwandeln sie bis zur Unkenntlichkeit in andere Gestalten. Diesen Vorgang nennen die Märchen eine Verwünschung oder einen Fluch. Die böse Fee, der Zauberer, eine alte Frau oder die böse Stiefmutter treten als versteckte Seite der Eltern in Erscheinung, sprechen den Fluch aus oder reichen den giftigen Apfel.

GLÄSERNE GEFÄNGNISSE ALS WOHNORT GANZER GENERATIONEN

Diese Hexen, Zauberer und Stiefeltern sind ziemlich unglückliche Wesen. Glückliche Zauberer haben in Märchen Seltenheitswert und die „Stiefmütter" verbringen ihre Zeit mit Planungen, die aus Rachsucht und Neid entstanden sind. Warum können sie nichts Schöneres mit ihrer Zeit anfangen? Warum füllen sie ihr Leben mit Haß, wenn sie doch wählen könnten, sich an ihrem Leben zu freuen? Gibt es für sie die Freiheit der Wahl nicht, da sie schon vom Leben Verletzte sind ? Sind auch sie schon Verwunschene? Gab es schon in ihrem Kinderleben

Zauberer oder Hexen, die sie von den guten Verbindungen des Lebens abgeschnitten haben?

Unsere Märchen sind in Zeiten geschrieben worden, in denen die Lebenserwartung in der Regel wesentlich niedriger lag als bei uns heute. Vielleicht ist das der Grund dafür, daß der Einfluß der Großmütter und Großväter selten Thema eines Märchens wurde.

In „Rotkäppchen“ wird z.B. sichtbar, daß die Großmutter eine wichtige Rolle in der Familie spielen kann. Warum schickt die Mutter Rotkäppchen alleine durch einen dunklen Wald, um der kranken Großmutter im Wald etwas zu Essen zu bringen? Schon die Sorge, daß die Großmutter entsetzt reagiert, wenn die kleine Enkeltochter allein mit ihrem Korb bei ihr ankommt, hätte die Mutter von ihrem Plan abhalten müssen. Aber diese Sorge hat sie nicht, und brauchte sie anscheinend nicht zu haben. Hatte diese Großmutter selber schon ihre Tochter allein durch einen dunklen Wald geschickt? Warum lebt eigentlich die Großmutter so allein im Wald? Ich möchte behaupten, daß sie auch schon eine Verwunschene ist und daß Rotkäppchen ein verwunschenes Kind ist, mindestens in der dritten Generation.

Nehmen wir ein anderes bekanntes Märchen und stellen wir uns vor, daß der Prinz, der Schneewittchen wach küssen soll, sich zu ihr in den Sarg legt und, statt sie aufzuwecken, langsam neben ihr schläfrig wird. Treiben wir das Bild noch etwas weiter und stellen uns vor, daß sie in diesem Glassarg Kinder zeugen und Glassärge zu Wohnungen ausbauen. Die Kinder bleiben als Erwachsene dort, bekommen wieder Kinder. Es gerät in Vergessenheit, daß irgendwann einmal Verletzungen geschehen und Flüche ausgesprochen worden sind.

Da leben verwunschene Familien in Familiensärgen aus Glas, und diese gläsernen Gemeinschaften beherbergen verwunschene Prinzen und Prinzessinnen in der dritten oder vierten Generation.

Die Spielregeln der Gemeinschaft schließen aus, daß die Mitglieder darauf kommen, daß ihre Welt nicht real ist. Alle tragen ihre Familienflüche, vor Jahrzehnten ausgesprochen, und ihre Lebensverletzungen tief in sich vergraben, und die Geschichten dazu kennt niemand mehr.

EINE GLÄSERNE GEMEINSCHAFT

Ich wurde in eine solche gläserne Gemeinschaft hineingeboren. Die Familien meiner Mutter und meines Vaters hatten nach dem zweiten Weltkrieg in der kleinen Welt einer freikirchlichen Gemeinde ein Zuhause gefunden. Dort haben viele erstarrte Menschen und Familien Zuflucht genommen. Die Gemeinde entstand in der dunklen Nachkriegszeit Deutschlands am nördlichen Rand des Ruhrgebiets und bildete geradezu einen Magneten für Familien mit Lebensflüchen oder durch Krieg, Entwurzelung und Heimatlosigkeit Verletzte. Sie alle suchten und schufen sich einen Ort der Zugehörigkeit, der ihnen die Last der Eigenständigkeit abnahm und ihnen Sicherheit in Form von Vorgedachtem und Vorstrukturiertem anbot. Die Vergangenheit wollte niemand mehr kennen. Die durch den Krieg Verletzten versuchten, so schnell wie möglich zu vergessen.

Was war für dieses Anliegen besser geeignet als die Idee von einem „Erlöser"! Mit seiner Hilfe konnten sie vor sich selbst und voreinander verbergen, daß die Verletzungen und Lebensflüche, die sie im Gepäck ihrer Seelen mit sich herumtrugen, für ihr Unglück verantwortlich zeichneten. Mit seiner Hilfe schufen sie sich eine Gemeinschaft, in der die meisten Menschen vergaßen, daß es etwas anderes als gläserne Särge als Wohnraum geben könnte. Niemand ahnte noch etwas von der Möglichkeit, daß es Wachsen, Fühlen und sich Entwickeln in Freiheit geben könnte. „Erlösung" war das erlösende Wort, mit dem sich die Auseinandersetzung mit den alten Schmerzen umgehen ließ und „Böse von Jugend auf" war das Losungswort, das ihnen ermöglichte, sich gar nicht erst auf den Weg zu einem unabhängigen Leben zu machen.

Sie schnitten sich von allen tiefen und intuitiven Impulsen ab, vorstellbar war nur noch das, was zu dem fertigen Denksystem gehörte, das ich im ersten Kapitel beschrieben habe. Nur das war denkbar, was zu der Summe der moralischen und religiösen Inhalte paßte, mit denen in der Gruppe gelebt wurde. Verwunschene Prinzen und Prinzessinnen sind bestechlich durch die Geborgenheit und Sicherheit, die das Gefängnis bietet. Diesen Menschen bot das Gemeinschaftsgefüge einen festen Rahmen zur Gestaltung des Alltagslebens. Die meisten Tage der Woche enthielten Kontaktmöglichkeiten innerhalb der Gemeinde. So war es kaum noch nötig, eigene Gedanken und Pläne zu entwickeln und ein individuelles Leben zu gestalten.

Mein Vater war Mitglied des Gemeindevorstandes, war Chorleiter und Organist, meine Mutter war Chorsängerin und aktiv im Seniorencafé. Der Freundeskreis meiner Eltern und beinahe die gesamte Verwandtschaft bestand aus Gemeindemitgliedern. Besuche von Gottesdiensten, Kindergottesdiensten, Jungschargruppe und Bibelstunden waren regelmäßiger Bestandteil meines Kinderlebens.

Meine Geschwister und ich lebten als die vierte bzw. fünfte Generation in einem solchen Gemeinschaftsgefüge. Schon ein Urgroßvater mütterlicherseits hatte in Pommern einer kleinen Gruppe von Frommen angehört. Ein Ururgroßvater väterlicherseits ist pietistischer Bibelverkäufer und Wanderprediger gewesen. Und diese Urgroßväter und -mütter haben Wirkungen hinterlassen, die ihre Nachfahren in verstrickende Netze aus Ideen und Lebensmaximen eingesperrt haben.

Wie weit der Weg war, bis ich auf mein „Wanderpredigererbe" stolz werden konnte, wird in weiteren Kapiteln dieses Buches deutlich werden.

DAS „MÄDCHEN MIT DEN GOLDENEN ZÖPFEN"

Ein König hatte einen Maier in der Nähe seines Schlosses; dieser starb und hinterließ einen Sohn namens Tilio und eine Tochter. Diese war ein wunderschönes Mädchen, aber es lag auf ihr ein Zauberbann, daß kein Sonnenstrahl auf sie fallen durfte, sonst würde sie durch eine geheime Zauberkraft in den Bauch eines großen Walfisches versetzt werden. Drei wunderbare Eigenschaften zeichneten sie aus: sie hatte goldene Haare, dann durfte sie nur die Hände reiben, und es fielen, solange sie rieb, die schönsten Weizenkörner auf den Boden, und endlich, wo sie nur den Fuß hinsetzten mochte, da erglänzten ihre Fußspuren von reinstem Golde. Aber dem König war sie unbekannt geblieben, da sie ihr Zimmer nie verlassen hatte.

Mit der Zeit kam dem Könige - denn er war noch jung - die Lust zu heiraten, und da Tilio bei ihm in Gnaden stand, zog er ihn ins Vertrauen und verlangte seinen Rat zu hören. Tilio schlug dem Könige viele Prinzessinnen und edle Fräulein vor, aber keine gefiel demselben. Endlich erzählte er, daß er eine wunderschöne Schwester habe und welche Eigenschaften sie besitze, verhehlte aber nicht, welcher Zauber auf ihr laste.

Da wollte der König sie sehen und befahl dem Tilio, mit einer Hofkutsche nach Hause zu fahren und seine Schwester zu holen. Tilio fuhr in einem ganz geschlossenen Wagen, und nachdem er die Schwester bewogen hatte, in den Wagen zu steigen und zum Könige zu kommen, kehrte er die Pferde selbst lenkend wieder zum königlichen Schlosse zurück. Aber auf dem Wege begegnete er zwei Frauen, einer alten und einer jungen, die waren beide häßliche Hexen und stellten sich, als könnten sie vor Müdigkeit und Ermattung nicht mehr weiter. „Herr", flehten sie kläglich, „nehmt uns in Euren Wagen, sonst müssen wir am Wegrand verschmachten!" Tilio wollte nichts davon hören, aber seine Schwester bat so, daß er endlich abstieg und beide in den Wagen nahm. Während er aber weiterfuhr, bohrte die alte Hexe unvermerkt ein Loch in den Wagen, ein Sonnenstrahl fiel auf das schöne Mädchen, und schon in demselben Augenblick war sie im Bauch eines Walfisches im nahen Meere. Der König wartete schon auf Tilio; war das eine Überraschung, als er den Wagen öffnete und statt seiner Schwester die zwei häßlichen Hexen ausstiegen! Diese hatten auch durch einen geheimen Zauber bewirkt, daß Tilio nicht reden durfte, und der König blieb daher der Meinung, die jüngere sei wirklich Tilios Schwester. Er ließ mit wenigen Worten die beiden Hexen in eine Wohnung im hintersten Teile des Schlosses führen, als er aber mit Tilio allein war, ergoß sich sein Zorn über die vermeintliche Täuschung in vollem Strome. Der arme Tilio wollte reden und den König aufklären, aber er vermochte den auf ihm lastenden Zauber nicht zu brechen. Der König verwies ihn zwar des Hofes nicht ganz, aber er legte ihm zur Strafe auf, künftig die Gänse zu hüten.

Schon am nächsten Morgen trieb Tilio die Gänse auf die Weide und sah es nicht ungern, daß sie immer weiter sich vom Schlosse entfernten, bis sie an das Ufer des Meeres kamen. Da ging Tilio ganz nahe an das Ufer hin und rief: „Walfisch, lieber Walfisch, reiche mir heraus sieben Ellen Bänder, damit ich meine Schwester sehen kann !" Nun kam sie heraus und tröstete den traurigen Bruder; zugleich rieb sie die Hände, und die Gänse pickten die Weizenkörner gierig. Und Tag für Tag kam Tilio zum Meere und sah seine Schwester; die Gänse aber wurden schön und fett, und sooft sie abends nach hause getrieben wurden, schnatterten sie:

„Wir waren draußen am Meeresstrand
und hielten ein Mahl gar reichlich und fein;
wir sahen Tilios Schwesterlein,
wie ist sie schön - so schön wie ein Stern,
bald wird sie die Braut unseres Herrn !"

Öfters hörte es auch der König und sagte zu sich: "Ei, was soll denn das Geschnatter dieser Tiere bedeuten?" - denn er verstand sehr wohl die Worte, aber nicht den Sinn derselben.

Die beiden Hexen aber grämten sich und brüteten über einem Plane, wie sie den verhaßten Tilio sicher verderben könnten. Sie wußten mit großer Schlauheit dem Könige die Meinung beizubringen, Tilio sei ein Zauberer und könne, wenn er wolle, in einer Nacht die schönsten Blumen und Gewächse in den Garten zaubern. Da rief ihn der König zu sich und befahl ihm, seinen Garten mit den schönsten Blumen und Gewächsen zu schmücken. Vergebens widerstrebte Tilio und wollte den König überreden, er sei kein Zauberer und vermöge das nicht auszuführen, was ihm der König ansinne, aber der König sprach ernst:" Wenn du in drei Tagen nicht tust, was ich dir geboten habe, so ist dein Leben verwirkt!" Traurig trieb Tilio am folgenden Tage die Gänse auf die Weide. Als er zum Meere kam und seine Schwester wiedersah, erzählte er ihr, was ihm der König geboten habe. Sie aber tröstete ihn und sagte: "Kehre heute abend fleißig den Garten aus, und morgen wirst du sehen!" Tilio tat es, und als der nächste Morgen kam, erfüllte der Geruch der herrlichsten Blumen die ganze Gegend um das Schloß; das war eine Pracht, wie man sie nie geschaut hatte. Der hocherfreute König nahm nun Tilio wieder zu Gnaden auf und wollte, er solle bei ihm im Schlosse bleiben; aber dieser erbat sich die Gnade, wie bisher Gänsehirt bleiben zu dürfen. Sonst hätte er ja seine geliebte Schwester nicht mehr täglich sehen können.

Die beiden Hexen ruhten aber nicht und brachten dem König den Glauben bei, Tilio könne, wenn er wolle, auch alle Arten von Brücken und Brücklein in den Garten zaubern. Der König rief ihn und legte ihm unter der gleichen Drohung wie das erstemal das Gebot auf, ihm seinen Willen zu tun. Tilio ging zu seiner Schwester und erzählte es ihr, diese aber sprach: „Kehre heute abend die Mauern des Schlosses rein vom Staube und von den Spinnegeweben, und morgen wirst du sehen !" Tilio tat es, und als der nächste Morgen anbrach, da standen im Garten überall an den geeigneten Stellen eine Menge zierlich geschwungener Brücken und Brücklein mit glänzenden goldenen Kugeln und gleißendem Zierath, daß es eine wahre Freude war, sie anzusehen. Der König war überglücklich; Tilio jedoch nahm wieder keine Gnade an als die, Gänsehirt bleiben zu dürfen.

Die beiden Hexen waren außer sich vor Wut. Mit verstellter Demut nahten sie sich abermals dem Könige und bedeuteten ihm, Tilio könne, wenn er wolle, auch Quellen und Bäche mit allen Arten von Fischen in den Garten zaubern. Der König ließ ihn kommen und befahl ihm, durch seinen nun mit Blumen und Brücken gezierten Garten auch Quellen und Bäche mit allen Gattungen von Fischen fließen zu lassen. Tilio sagte nicht ja und nicht nein, sondern trieb seine Gänse abermals zum Meere hinaus und besprach sich mit seiner Schwester.

Diese sagte: „Geh hin und kehre abermals den Garten, und morgen wird der Wunsch des Königs erfüllt sein. Wenn aber die Fische kommen, so gib wohl acht; der letzte wird ein großer Walfisch sein, aus diesem werde ich herausspringen, und du mußt mich mit deinen Armen auffangen. Dann bin ich erlöst!" Der König aber lud auf den folgenden Morgen eine Menge Herren und Ritter ein.

Als der Tag anbrach, flossen durch den Garten eine Menge von Quellen und tiefen Bächen mit frischem, spiegelhellem Wasser, und als der König mit seinen Gästen gekommen war, begann auch der Zug der Fische. Zuerst kamen die kleinen, die glänzten in allen Farben, sodann kamen die größeren mit allerlei seltsamen Farben und Gestalten, endlich die Walfische. Zuletzt kam der größte von allen, der öffnete plötzlich seinen Rachen, und heraus sprang die Jungfrau von blendender Schönheit, die Schwester Tilios, der schon bereit stand und sie mit seinen Armen auffing.

Nun war aller Zauber gelöst, und Tilio erzählte dem König den ganzen Hergang der Sache. Da gab es eine lustige, fröhliche Hochzeit, dergleichen nie eine noch im Lande gewesen war. Die beiden Hexen aber wurden vor dem Schlosse auf einem hohen Scheiterhaufen zu Asche verbrannt.

In diesem Märchen wird die Spannung zwischen bewußter und unbewußter Seelenwelt wundervoll dramatisiert. Das „Mädchen mit den goldenen Zöpfen" ist außergewöhnlich. Sie hat goldene Haare, kann aus ihren Händen Weizenkörner heraus reiben und hinterläßt goldene Fußspuren. Wie kann beeindruckender beschrieben werden, daß jemand besonders, hervorragend, nicht so wie die anderen ist? Diesen besonderen Fähigkeiten steht allerdings die Tatsache gegenüber, daß sie „im Bauch eines Walfisches verschwindet, sobald ein Sonnenstrahl sie trifft". Hier begegnen wir großen Persönlichkeitspotentialen und einer gleichzeitigen seelischen Einschränkung. Wenn das Mädchen in die Öffentlichkeit, wenn sie ins Licht gerät, sprich, wenn sie sich mit ihren Potentialen verwirklichen will, wird sie unsichtbar. Sie verschwindet im Bauch des Walfisches, das Potential der Heldin kommt nicht zur Verwirklichung. So ist die Ausgangssituation der Protagonistin. Wir erfahren nicht, wie die junge Frau dieses Problem erworben hat. Tatsache ist einfach, daß sie ihre Möglichkeiten nicht ungehindert sichtbar machen kann.

GRÖSSENWAHN UND MINDERWERTIGKEIT - EIN UNSICHTBARER ENGEL

Ich habe mich in der Persönlichkeit dieses Mädchens treffend beschrieben gefunden. So wie unserer Protagonistin ging es mir, als ich 24 Jahre alt war. Ich hatte viele Fähigkeiten, war aber komplett gehemmt, diese in einen realen, Kontext einzubringen und mich an ihnen zu freuen. Ich war durch meinen „Erlösungsdünkel" mit Größenphantasien aufgeblasen, die mir selbst einen enormen Druck machten. Gleichzeitig war ich durch Minderwertigkeitsgefühle völlig blockiert. So stelle ich mir auch die Qual unserer Märchengestalt vor, die fühlt, etwas Besonderes zu sein. Ich bemühte mich, etwas ganz „Besonderes" zu sein, verschwand dabei aber immer wieder im „Walfischbauch", sprich in der Depression, in der Dunkelheit, in einem embryonalen seelischen Milieu all dessen, was in mir nicht hatte reifen und wachsen dürfen.

Meine Mutter faßte diesen krassen Wechsel zwischen Größenwahn und dem Versinken in die Depresssion des Walfischbauches, den sie selber auch erlebte, für mich in folgenden Sätzen zusammen: „Die Petra wird bestimmt mal etwas ganz Besonderes!" und „Kind, aus dir wird nie eine erwachsene Frau!" Und so trat ich in ihre Fußstapfen. Wenn ich Erfolg hatte, empfand ich mich dabei als völlig irreal und versank anschließend in Depressionen. Wenn ich z.B. ein „Sehr gut" in einer Klassenarbeit schrieb, konnte ich mich nicht daran freuen, sondern ertrank in Mutlosigkeit. Ich wurde von Lehrern, Gemeindemitgliedern und Mitschülern bewundert und fühlte mich gleichzeitig so, als gäbe es mich nicht.

In der Mittelstufe des Gymnasiums z.B. war für mich die Position einer sehr guten Schülerin angesichts meiner Leistungsstörungen nicht mehr haltbar. Ich wurde so depressiv, daß meine Eltern mich auf die Fachoberschule wechseln ließen, bevor sie das Risiko eingingen, daß ich meine Selbstmordphantasien verwirklichte. Hier konnte ich dann dem inneren Anspruch, herausragend zu sein, wieder gerecht werden, denn dort war ich von Anfang an die beste Schülerin. Dabei erlebte ich allerdings den inneren Zwang, meine Position zu halten, wie einen Hochseilakt, bei dem ich die Gefahr fühlte, jederzeit vom Seil herunterzufallen.

Mein „goldenes Haar" hatte den Charakter eines Heiligenscheins. Während eines Ferienjobs im Krankenhaus bekam ich zum Beispiel von einer Zimmerbelegschaft den Titel „Engel der Station". Dieser Eindruck, den die Frauen von mir hatten, schloß sich nahtlos an die Engelgestalten an, die ich als Kind regelmäßig in Weihnachtsaufführungen in unserer Kirche dargestellt hatte. Es war ganz klar, daß ich als einzige von allen Kindern diese Rolle des Verkündigungsengels bekam. Nur ganz normal sein, ein normales junges Mädchen oder eine „richtige Frau" zu sein, war mir unmöglich.

DER PRINZ SCHLÄFT AUCH EIN

Der Prinz bzw. die Prinzessin ist die berühmte Gestalt in unseren Märchen, die die Befreiungsarbeit an der Hauptfigur vollzieht. Sie oder er kommt von weit her, aus einer anderen Stadt oder aus einem anderen Land. Das ist sehr wichtig, sonst kann das Werk nicht gelingen, die Protagonisten aus der Gefangenheit in ihren Lebensnetzen zu befreien. Erst das Eingehen einer Verbindung mit einem fremden, neuen Lebenskreis ermöglicht die Befreiung aus der Gefangenheit und die Verwirklichung und Vervollständigung der Märchenhelden.

Als ich 21 Jahre alt war, tauchte mein „erster Prinz" auf. Der zog es allerdings vor, sich für sechs Jahre zu mir in den Sarg zu legen, weil er auch ein Mensch aus den gläsernen Särgen der Frommen war. Seine Mutter hatte ihn zu Höherem bestimmt, da es aus ihrer Sicht ein Wunder Gottes war, daß er seine Geburt überlebt hatte. Sie schloß daraus, daß er eine besondere Berufung haben mußte. So waren wir zwei junge Menschen, aus gläsernen Gefängnissen kommend und für etwas Besonderes bestimmt. Auf diese Weise konnte so gut wie nichts Natürliches mehr in unserer Beziehung geschehen. Wir waren gemeinsam unglücklich, was auch eine verbindende Gemeinsamkeit ist, vor allem dann, wenn man nichts als Gefangenschaft kennt.

Im Märchen „Das Mädchen mit den goldenen Zöpfen" wird die Situation so beschrieben: während sie in der geschlossenen Kutsche (damit auch kein Lichtstrahl sie treffen kann) zu ihrem jungen König unterwegs ist, erlaubt die junge Frau, daß Hexen mit in den Wagen steigen. Die Hexen haben nichts Besseres zu tun, als ein Loch in die Wand des

Wagens zu bohren, so daß das Mädchen vom Licht der Sonne getroffen wird. Sie sieht sich nun selber bei realistischer Beleuchtung und zieht sich voller Scham in den Walfischbauch zurück. Kann es sein, daß sie plötzlich gesehen hat, daß da mit dem Gold etwas nicht stimmte? Ahnte sie, daß „Goldigkeit" nicht das Wichtigste ist, um dem König und potentiellen Ehemann zu begegnen? Die Kontaktaufnahme zwischen dem Prinzen und der jungen Frau gelingt nicht. Der Prinz ist sehr enttäuscht, da das „Goldige" des jungen Mädchens ganz und gar im Walfischbauch verschwunden ist.

ERWACHSENSEIN SPIELEN

Dieser Märchenkönig scheint als Befreier ebensowenig geeignet zu sein wie mein erster Prinz. Eher brauchen beide eine Prinzessin, die statt dessen sie wach küßt. Dazu war ich aber bei all der Besonderheit und all der Minderwertigkeit nicht in der Lage, ebensowenig wie die junge Märchenfrau. Mein Prinz und ich waren 21 Jahre alt, gerieten aneinander und klebten fest. Geschaffen für eine Welt, die es nicht gab, spürten wir, daß es zu zweit leichter und überzeugender war, Erwachsensein zu spielen als allein. Nach einer kurzen Phase des seelischen und körperlichen miteinander Verschmelzens blieb keine Lebendigkeit in dieser Beziehung übrig. Allein die Formen des gesellschaftlichen und familiären Umgangs bildeten den Klebstoff, der uns weiterhin aneinander band. Das Gefängnis umgab uns mit seiner unsichtbaren Macht.

Mein Freund begann ein Studium am Theologischen Seminar unserer Freikirche, um seine „besondere Berufung" dadurch zu verwirklichen, daß er sich auf das Pastorenamt vorbereitete. Pastorenfrau zu werden, was ich mir mit dieser Partnerschaft ja vornahm, war in der kleinen Welt, in der ich gelebt hatte, die Rolle mit dem meisten Prestige, das eine Frau erreichen konnte. Damit folgte ich ebenso dem inneren Drehbuch der Besonderheit.

Sechs Jahre lang lebten wir eine Beziehung, in der sich nie etwas änderte. Das Theologiestudium meines Freundes änderte an seiner nach außen sichtbaren Identität nichts und mein Sozialpädagogikstudium nicht an meiner. Wir waren beide aus einer geordneten Oberfläche von

Scheinbeziehung und Familienkontakten zusammengesetzt. Beide Familien waren Familien mit Leitungsfunktionen in den jeweiligen Gemeinden und wir setzten einfach diesen geordneten Rahmen in der eigenen Generation fort. Wir merkten nicht, daß wir nicht lebendig waren. Das Entsetzen, die Hilflosigkeit und die Beschämung wären viel zu groß gewesen. Der Frage z.B., warum das mit dem Sex nicht klappte, konnten wir mit schlichter Verleugnung aus dem Weg gehen. In unserer Welt spielte er sowieso keine Rolle. Und da wir in einer Wochenendbeziehung nicht ständig mit dem „Problem" zu tun hatten, gelang es uns, nichts zu merken.

An Wochenenden. die wir im Elternhaus meines Freundes verbrachten, gingen wir brav mit den Schwiegereltern zum Gottesdienst. An meinem Studienort tat ich das nie. Aber es ist mir nicht in den Sinn gekommen, daß da irgend etwas nicht paßte, daß ich ein Doppelleben führte. Und ganz langsam und heimlich bereitete sich in der Nacht meiner Seele die Befreiung vor.

HEIMLICHE VORBEREITUNGEN FÜR DEN AUSBRUCH

Ich erfuhr meine Depressionen in dieser Zeit als mörderisch, und nur die Selbstverständlichkeit, mit der ich gewohnt war, alles irgendwie auszuhalten, ließ mich das Studium überstehen. Meine dringlichste Aufgabe bestand darin, in der Fachhochschule nicht aufzufallen. Völlig unfähig zu normalem Kontakt mit KommilitonInnen ging ich nur dann dorthin, wenn es unvermeidlich war. Private Kontakte hatte ich lediglich zu zwei Freundinnen, denen es genauso ging wie mir. Mit diesen war sogar einmal ein Gespräch über unsere schreckliche Lage möglich. Das verschwand allerdings gleich wieder aus unserem Bewußtsein, da es sich nicht mit unserer „Wir merken nichts - Philosophie" vertrug.

Die Studienfächer belegte ich schwerpunktmäßig im Bereich Psychologie, Lebens-beratung / Psychotherapie. Da ich ja in meiner Kindheit vor allem gelernt hatte, meine Schwachstellen scharf zu beobachten, merkte ich zwar, in welchen Fallbeschreibungen ich mich wiederfinden konnte, war aber unfähig, das Wissen für mich auszuwerten und mein Gefängnis zu verlassen. Die Informationen, die ich erhielt, verschwanden in den dunklen Tiefen meines Geistes und meiner Seele, der Walfischbauch war mein bevorzugter Aufenthaltsort. Der Tag, die erlaubte und geordnete Welt des Bewußtseins, und die Nacht, die verborgene und quälerische Innenwelt des Unbewußten waren in meinem Leben völlig voneinander getrennt. Ich bemerkte nicht, wie viele Stunden eines Tages ich mit Grübeln und seelischer Qual verbrachte.

Trotzdem habe ich viele neue Erfahrungen in mich aufgenommen, an die ich später anknüpfen konnte. Ein Praktikum führte mich in eine Erziehungsberatungsstelle in Bochum. Dort betreute ich ein 11jähriges Unterschichtsmädchen und erlebte den wärmenden Kontakt, den die Fürsorge für ein Kind mit sich bringt. Sie war noch hilfloser als ich, ihre hilflose Helferin. Manchmal konnte ich für Augenblicke nicht vermeiden zu bemerken, daß ich versuchte, die Rolle der Retterin für sie zu übernehmen, ohne selbst das Gefängnis schon verlassen zu haben.

In dieser Arbeit bekam ich eine Ahnung davon, was Akzeptanz ist. Die Spieltherapie nach Virginia M. Axlyne baut auf der Grundlage der Psychotherapie von Carl Rogers auf und stellt den kleinen Klienten einen Raum zur Verfügung, in dem sie einfach sein können, wie sie sind. Die schlichte Erfahrung, in den vorhandenen Gefühlen gesehen zu werden, ohne daß sie kritisiert, dramatisiert, heruntergespielt oder gar verleugnet werden, läßt die Kinderseele heilen.

Eine Dozentin der Fachhochschule begleitete die von mir durchgeführte Kindertherapie mit ihrer Supervision. Ihre Art, mit mir umzugehen, war ebenso durch Abwesenheit von ideeller Überfrachtung gekennzeichnet wie die Gesprächstherapie von Carl Rogers. Sie war der erste Mensch, der von mir erstens wissen wollte, wie mir bei etwas zumute war und zweitens darauf verzichtete, meine Antwort zu bewerten, zu deuten oder zu manipulieren. Aber auch diese Erfahrung konnte ich im Doppelleben dieser Tage nicht wirksam an mich heran lassen.

Zu meiner Überraschung beendete ich das Studium mit der Note 1,9. Ich hatte nicht den Eindruck, etwas gelernt zu haben, geschweige denn, eine berufliche Identität ausgebildet zu haben. Trotzdem hatte ich in der Nacht meiner Seele eine wichtige Aufgabe bewältigt, die mich auf die „Entzauberung" vorbereitet hatte. Das konnte ich zu der Zeit allerdings noch nicht erkennen.

Nun waren wir alt genug, um uns in eine Gefängnisehe zu begeben. Ich ging nach Hamburg und zog mit meinem Mann in eine gemeinsame Wohnung. Wir traten recht bald einer Gemeinde und einem Hauskreis bei, bestehend aus angehenden Theologen und ihren Frauen bzw. Freundinnen. Noch immer begriff ich nicht, daß ich in dieser kirchlichen Welt nur noch etwas zu verlieren, aber sicher nichts mehr zu finden hatte.

Ich begann das Anerkennungsjahr als Sozialpädagogin und schleppte mich ebenso durch diese Zeit wie durchs Studium. Es ist schon erstaunlich, daß meine Scheinpersönlichkeit so lange halten konnte. Der Engel mit dem goldenen Haar hat gehalten, und das Glashaus der Anpassung und Erstarrung hat mich nicht getötet. Das ist nicht selbstverständlich. Es gibt genügend Menschen, denen der Mangel an Verbindung zum Leben irgendwann in ihren Zwanzigern das Leben kostet. Autounfälle und Selbstmorde übernehmen in diesem Lebensabschnitt die Aufgabe, die elterlichen Flüche an den Kindern zu erfüllen. Der giftige Apfel tötet. Die Psychiatrie, manchmal auch das Gefängnis, werden zum Symbol für die geistige Gefangenschaft im Elternhaus und dessen Umfeld. Für viele Menschen geht auch einfach das Lebendig-Totsein weiter und damit die Gefangenschaft für die nächste Generation.

Für mich näherte sich nun der Zeitpunkt, an dem meine Befreiung in die entscheidende Phase treten konnte.

DAS WERK BEGINNT MIT ...

Wie ist dieser Prozeß im Märchen dargestellt? Was erzählt uns das Märchen vom „Mädchen mit den goldenen Zöpfen" darüber, wie Befreiung geht? Etwas, was leicht übersehen wird, wenn wir woanders lesen, daß ein Kuß ausreicht, um die Prinzessin zu erlösen, wird in diesem Märchen ausführlich beschrieben: Es ist viel Arbeit! Um die Geschichte zum Glück zu führen, bedarf es der gesammelten Kräfte der jungen Frau im Walfisch, des Bruders Tilio, der Hexen und des Königs. Die Hexen als scheinbare Feinde der Hauptfiguren haben sogar eine ganz wichtige Rolle. Die Hexen bewegen den König dazu, von Tilio die Bewältigung scheinbar unlösbarer Aufgaben zu verlangen. Diese Aufgaben werden in der Nacht vollbracht. Daneben muß Tilio am Tag auch noch Gänse hüten und den Rat seiner Schwester im Walfisch einholen. So gelingt das Werk schrittweise.

Ein weiteres Element auf dem Weg in die Freiheit ist Kommunikation. Während in der Zeit der Gefangenschaft Ratlosigkeit, dunkle Gefühle und Sprachlosigkeit bis hin zum Sprechverbot herrschen, wird auf dem Weg, während der Prozeß „unterwegs" ist, viel gesprochen. In unserem Märchen sprechen zuerst die Hexen mit dem König. Der hört auch zu und spricht dann mit Tilio. Tilio ist ganz ratlos und wendet sich an seine Schwester. Diese Kommunikation wiederholt sich dreimal in unserer Geschichte, ein Hinweis darauf, von welcher Beharrlichkeit die Arbeit und die Kommunikation begleitet sein muß.

Als drittes entscheidendes Element gehört zum Gelingen des Werkes Vertrauen. Tilio blieb nichts anders übrig, als den Worten seiner Schwester zu vertrauen, auch angesichts der tödlichen Bedrohung durch den König.

Wie hat das Arbeiten, Kommunizieren und Vertrauen für mich ausgesehen?

Ich lernte in der Zeit meines Anerkennungsjahres einige Kommilitonen meines Mannes kennen, die dabei waren, sich Gedanken über ihre Zukunft zu machen. Sie wollten nicht in den normalen Pastorenberuf gehen, denn sie waren durch ihr Studium aus dem Selbstverständnis herausgewachsen, das sie zum Studium bewogen hatte. Um sich ein geeignetes Arbeitsfeld zu schaffen, waren sie dabei, eine Familienberatungsstelle zu gründen.

Als ich sie kennenlernte, suchte diese Gruppe für das zu gründende Team eine Sozialpädagogin. Die Richtlinien des Jugendrechtes in Schleswig-Holstein sahen eine solche oder einen solchen für den Stellenplan einer geförderten Erziehungs- und Lebensberatungsstelle vor und ich machte auf sie den Eindruck, zu ihnen zu passen.

Ein entscheidendes Gespräch mit dem zukünftigen Leiter der Beratungsstelle sicherte mir den Platz in einem Team und einem Arbeitsfeld, das mir das Leben retten sollte. Geübt darin, mich „normal" zu geben, konnte ich ihn davon überzeugen, daß ich die Richtige für diese

Stelle sei. Was uns viel tiefer verband und was ihn wohl zu mir Ja sagen ließ, war die Not unserer Kindertage und die verzweifelte Hoffnung, unsere Köpfe und Seelen miteinander heilen zu können. Das entdeckten wir erst in den Jahren danach, denn zu diesem Zeitpunkt waren diese jungen Männer genauso verwunschene Prinzen wie ich eine verzauberte Prinzessin. Ein wesentlicher Unterschied zwischen uns bestand allerdings darin, daß sie sich ihren Zustand schon eingestanden hatten und ich lediglich durch die Glaswände meines Geistes hindurch ahnte, daß etwas mit mir nicht stimmte.

Es ging los mit der Arbeit in der Beratungsstelle. Zum angestellten Team gehörten ein Theologe, eine Psychologin und ich, und gemeinsam mit einigen freiberuflich mitarbeitenden Theologen machten wir uns an die Arbeit, unsere Seelenlandschaften zu erforschen.

Endlose Gespräche und Supervisionssitzungen eröffneten mir erste Erfahrungen mit echter Kommunikation und echter Konfrontation. Es gab keine Tabus mehr, nichts wurde mehr aus Höflichkeit nicht geäußert. Wir haben uns mehr als einmal gegenseitig an die Wand geworfen, um aus den Fröschen Prinzen zu machen, wir haben in die gläsernen Gefängnisse der jeweils anderen Sprünge hineingebracht und einander die Netze der Verstrickung in Dogmen und Tradition zerrissen. Für die Zeit von zwei Jahren haben wir einander vertraut, uns gegenseitig vollständig akzeptiert und - auseinandergenommen.

Dabei entdeckten wir noch, daß zur Befreiungsarbeit noch ein weiteres Element gehört: Es ist eine Sache auf Leben und Tod. Die Erschütterung des Selbstverständnisses ist so grundlegend, daß es nur die Wahl gibt, so zu bleiben wie man ist oder eine Metamorphose durchzumachen, die sich subjektiv wie Sterben anfühlt. In diesem Aspekt sind andere, bekanntere Märchen drastischer als dieses, wenn sie z.B. über die Verwünschung eines Kindes in ein Tier oder eine Pflanze berichten.

BLUMEN, GEWÄCHSE, BRÜCKEN, TIERE UND WASSER

In der ersten Nacht soll Tilio im Garten des Königs Blumen und andere Gewächse zum Blühen bringen. Dabei erfahren wir: Im Garten des Königs wächst nichts! Hier wird spätestens deutlich, daß nicht nur das Mädchen ungenügende Bedingungen für eine gelingende Ehe mitbringt, sondern auch der König seine Seelengärten erst verlebendigen muß, bevor die Hochzeit stattfinden kann.

Das Mädchen im Walfischbauch fordert Tilio auf, nachts den Garten des Königs auszukehren und zu sehen, was dann geschieht. Am nächsten Morgen wachsen dort Pflanzen und blühende Blumen. Es beginnt Wachstum im Seelengarten des Königs, nachdem dieser gründlich ausgekehrt worden ist. Großreinemachen, einen leeren Raum bereitstellen, ist eine Grundbedingung dafür, daß etwas Neues wachsen kann. In der zweiten Nacht fegt Tilio auf Geheiß seiner Schwester Staub und Spinnweben von den Palastmauern. Danach entstehen wie von selbst alle Arten von kleinen und großen Brücken in diesem Garten. Ich möchte hier übersetzen: Zuerst müssen die Spinnennetze, die Spinnereien, die Phantasien und Denkkonstrukte weichen, bevor die Möglichkeit entstehen kann, Gedankenbrücken und Verbindungen finden zu können, die mit der Wirklichkeit des eigenen Lebens zu tun haben. Die Spinnweben werden weggefegt. Darum geht es: Sich nicht mehr irgend etwas zusammen spinnen, sondern sich mit realen Gegebenheiten beschäftigen, "Brücken und Brücklein" zu neuen Zusammenhängen entdecken.

Das dritte und letzte Element entsteht im Garten des Königs in der dritten Nacht. Unter den Brücken beginnen Bäche und Flüsse zu fließen und in den Gewässern tummeln sich Fische. Wie kann schöner ausgedrückt werden, daß endlich nicht mehr Leere und Trockenheit in der Seele herrschen, sondern daß Freude, Vitalität, Glück und alle anderen schönen und vielleicht auch nicht so schönen Gefühle anfangen, Körper und Seele zu durchströmen. Der Garten des Königs wird von Energien durchflossen, ihn erreichen lebendige, animalische Impulse aus den eigenen Seelentiefen und ermöglichen es ihm, mit der eigenen Lebendigkeit zu fließen.

Der König wächst, er denkt und fühlt, und das alles nicht in theoretischen Konstrukten, sondern in lebendigen Wirkzusammenhängen. Er vervollständigt sich um die fehlenden Teile seines Selbst.

Jetzt, da sich die innere Situation des Königs durch die Zusammenarbeit aller Beteiligten so dramatisch verändert hat, kann zu guter letzt auch die junge Frau den entscheidenden Schritt aus ihrer Walfischgefangenschaft in die Befreiung tun. Das „Mädchen mit den goldenen Zöpfen" hat inzwischen gelernt, mit ihren Gaben umzugehen und diese in einen Beziehungszusammenhang einzubringen. Sie hat Tilio gesagt, wie er Leben in den Garten des Königs bringen kann und sie hat die Gänse mit den aus ihren Händen geriebenen Weizenkörnern gefüttert, so daß diese rund und fett geworden sind. Ihre Fähigkeiten haben sich auf einer realen Ebene als wirksam erwiesen, sie ist nicht mehr romantisch-goldig, sondern handfest und lebendig bezogen auf ein reales Geschehen. Sie hat sich ausprobiert und dabei ist ihr Selbstvertrauen gewachsen. Sie ist aber auch in einen realen Kontakt getreten mit der Außenwelt, hat auch da Verbindungen geschaffen. Das ermöglicht ihr die Verwirklichung einer weiteren Voraussetzung, die ich als wesentlich für die Befreiung herausstellen möchte: Sie springt! Sie springt in die Arme ihres Bruders in genau dem richtigen Augenblick. Vieles ist in kleinen Schritten vorbereitet worden, und jetzt geht es nur weiter mit dem großen Sprung.

Ich möchte diesen Sprung den Sprung ins unbegründete Vertrauen und in eine neue Verbundenheit und Vernetzung nennen. Es gibt immer im Leben gute Gründe, im Mißtrauen, in der Angst, in der Tatenlosigkeit oder der Isolation zu bleiben. Und dann kommt der Augenblick, in dem es nur mit diesem Sprung, der unter Sicherheitsaspekten sehr unvernünftig erscheint, weitergeht.

Die Hexen kommen in unserem Märchen leider auf den Scheiterhaufen vor der Stadt. Sie werden ausgegrenzt, dabei wäre unser junges Paar nie soweit gekommen, wenn diese nicht ihr Tod und Verwandlung bringendes Werk getan hätten. Das sehen wir zum Glück heute anders. Sonst könnten kein Therapeut und keine Therapeutin ruhigen Gewissens ihre Arbeit tun, da sie täglich damit beschäftigt sind, Löcher in verbergende Planen zu bohren und Menschen dazu aufzufordern, Seelenarbeit durchzuführen, die für den vorhandenen Zustand ihrer Persönlichkeit höchst bedrohlich ist. Sonst könnten Therapeuten auch nicht Paare dazu ermutigen, die Verwandlungsarbeit aneinander zu tun. Sonst könnten auch Freunde und Familienangehörige nicht die begeisternde Erfahrung machen, daß immer mehr Aufrichtigkeit miteinander zu immer tieferer Lebensqualität führt.

MEIN ZAUBERER-GOTT WIRD ENTLARVT

Wie hat sich für mich der Durchbruch zu dieser komplexen Erfahrung, die alte Realität meines Gefängnisses zu verlassen und in die Erfahrung einer neuen Wirklichkeit durchzubrechen, ereignet?

Wir hatten ja in unserem Beraterteam damit begonnen, unsere Gärten auszukehren und die Spinnweben zu zerreißen. Und nachdem ich einmal angefangen hatte, für mein Wachsen zu arbeiten, hörte ich Tag und Nacht nicht mehr auf. Ich war bereit, das innere Sterben zuzulassen und die Verwandlung meiner wüsten Seele zu einem wachsenden, blühenden, verbundenen und fließenden Garten geschehen zu lassen.

Eines Nachts träumte ich von einem Konzentrationslager, das mit dichtem Stacheldraht umzäunt war. Die Menschen darin hatten verkohlte Fingerstümpfe. Durch die Gespräche im Team schon etwas in Traumdeutung geübt, kam mir auch der Gedanke, daß sie „verkohlt" worden waren, also belogen. Menschen, gefangen, verkohlt und ihrer Handlungsfähigkeit beraubt.

Jetzt, im Schutz unseres Teams, konnte ich meinen bis dahin unbewußten Fragen begegnen: Stimmte all das nicht, was mir als wahr vermittelt worden war? War ich verkohlt worden und viele andere in dem Konzentrationslager mit mir? Was war das Konzentrationslager? War ich eine Gefangene ?

Zum ersten Mal konnte ich eine Verbindung zwischen einem gegenwärtigen Zustand und dessen möglicher Ursache herstellen. Ich fühlte mich seit Jahren so elend, fühlte ich mich etwa deshalb krank, weil nicht stimmte, was in meinem Kopf war? War das, was ich gelernt hatte und wie ich gelebt hatte, krank machend ? Wieso fühlte ich mich nicht erlöst, sondern verrückt? Hatte der Gott meiner Kindheit mich verrückt gemacht?

ICH BIN ZWAR VERRÜCKT, ABER MEINE VERRÜCKTHEIT MACHT SINN!

Die Beschäftigung mit den Klienten, unsere zahllosen Reflexionen und die Erfahrung, nicht allein mit meinem Kampf zu sein, ließen mich plötzlich aus einer ganz anderen Warte auf mich selbst und meine Geschichte schauen. Ich entdeckte, daß Gesundheit und Krankheit nicht eine Frage von gut und schlecht und falsch und richtig waren, sondern daß sie einer Kategorie angehörten, die ich bis dahin nicht gekannt hatte. Es war möglich, objektiv und subjektiv festzustellen, ob ein Mensch krank oder gesund ist. Es war wirklich beobachtbar, ob die Vernetzung des Geistes, des Fühlens mit dem Körper und mit der sozialen Umwelt funktionierte oder nicht! Ich konnte Zusammenhänge beobachten und fing an zu merken, zu sehen, wahrzunehmen, daß Erstarrung und seelischer Tod im Zusammenhang mit etwas gesehen werden müssen. Wenn bestimmte Bedingungen da sind, entstehen gläserne Gefängnisse! Verrücktheit ist bewirkt! Die Dinge waren in mir wie sie waren, weil sie bewirkt worden waren. Wenn ich krank war, und so fühlte ich mich ja seit Jahrzehnten, dann war ich krank gemacht worden.

Ich entdeckte mich in einem zwar schrecklichen, aber nachvollziehbar logischen Wirkzusammenhang. Wenn Verrücktheit bewirkt worden war, hieß das, daß sie in sich logisch und sinnvoll war, bezogen auf den Wirkzusammenhang. Wenn es im kirchlichen System meiner Kindheit bewirkt wurde, daß Menschen krank wurden, war das im Rahmen des gepflegten Verständnisses logisch und sinnvoll.

Das alles kulminierte in der blitzartigen Erkenntnis, daß es Wirklichkeit gibt. Verrücktheit bekam Sinn! Damit bekam meine gesamte Existenz Sinn. Ich war nicht völlig sinn- und zusammenhanglos die, die ich war, sondern ich war sinnvoll die, die ich war, in einem verrückten, irrealen Verständnisrahmen.

Jetzt wurde es für mich plötzlich ganz einfach zu verstehen, wie mein Glaube Verrücktheit bewirkt hatte. Es wurde zum Beispiel ganz logisch, daß die Menschen um mich herum und ich selbst aufgehört hatten, ihren persönlichen Innenraum fühlen und verantworten zu können. Warum sollten wir uns selbst fühlen, wenn wir damit beschäftigt waren, auf den Himmel zu warten? Warum sollten wir uns mit differenzierter Beziehungswirklichkeit befassen, wenn wir einander doch liebten, weil wir erlöste Kinder Gottes waren? Nur von außen gesehen war das verrückt, krank, denn wesentliche seelische Fähigkeiten wurden nicht eingeübt. Nur außerhalb des Denksystems fiel auf, daß etwas Grundlegendes nicht in Ordnung war. Aber im Denksystem wurde die Innenwahrnehmung und das darüber sprechen Können nicht gebraucht und deshalb nicht vermißt. Es gab „Beschwerden" aus den

Tiefenschichten der Seelen, da diese aus der bewußten Erfahrung ausgeschlossen und in die Nacht der Unbewußtheit verbannt worden waren. Die Körper beschwerten sich durch Krankheiten, der Geist durch Zwänge und Ängste, die Seelen durch Depressionen. Das Denksystem, das Selbstverständnis des einzelnen „Erlösten" kümmerte sich nicht darum, warum es die Beschwerden hatte. Es hatte „höhere" Aufgaben.

WAS KRANK GEMACHT WORDEN IST, KANN AUCH GESUND GEMACHT WERDEN ?

Die Tatsache, daß in meiner Kinderwelt Krankheit entstand, sagte mir in meiner neuen Denkperspektive, daß etwas falsch an diesem Denksystem sein mußte, wenn es krank machte. Das, was Erlösung genannt wurde, war „in Wirklichkeit" krank machend ! Die Fundamentalisten versuchten beharrlich, an ihrer Eingebundenheit in menschliche Wirkzusammenhänge vorbei zu leben und erkrankten daran. Und wenn die Menschen krank wurden, mußte das Denksystem krank sein! Deshalb also die gläserne Starre, die um mich war, deshalb die Fremdheit mir selbst und den anderen gegenüber! Das war einfach und logisch und für mich war diese Entdeckung das reinste Glück. Ich konnte plötzlich sehen, daß das gesunde Sein von Menschen sich in einem Wirkzusammenhang ereignet, das von dem Denksystem, in dem ich zu denken und mich zu bewegen gelernt hatte, meilenweit entfernt war.

Jetzt gab es auch ganz schnell einen gedanklichen Ausweg aus dem Gefängnis, in dem ich steckte: Wenn ich in den Strukturen meiner Kindheitswelt verrückt gemacht worden war, so schloß ich, mußte es auch möglich sein, diesen Prozeß rückgängig zu machen. Wenn Verrücktheit machbar war, mußte folgerichtig Gesundheit auch machbar sein. Und zwar mußte Gesundheit etwas damit zu tun haben, mit dem eigenen Denken in den natürlichen Wirkzusammenhang zurückzukehren. Gesundheit mußte bedeuten, daß das Denken mit der Wirklichkeit in Dekkung kam und dann allmählich die gesamten Strukturen wieder in Dekkung mit dem Natürlichen gebracht wurden.

MEIN GOTT IST VERRÜCKT

An diesem Punkt angekommen tauchte für mich in völlig neuer Weise die Frage nach Gott auf. Mein Gott war bisher ausschließlich für Moral und mein jenseitiges Seelenheil zuständig gewesen. Etwas anderes hatte ihn auch nicht wirklich interessiert. Dieser mein Gott hatte keinen Begriff von den ungeheuren Erkenntnissen über Wirkzusammenhänge, die ich jetzt gerade hatte. In mir keimte der Verdacht, daß es diesen Gott nicht geben kann, der sich nur für Moral, aber nicht für den Wirkzusammenhang zwischen Denken und Gesundheit interessiert, in dem seine Geschöpfe leben. Ich erkannte, daß ich einem bösen Zauberer in seinen gläsernen Berg gefolgt war, der mit Schöpferkraft nichts zu tun hatte.

Diese Erkenntnisse wirkten wie Blitzschläge in meinem Bewußtsein. Diese Blitzschläge brachten einen wunderbar tiefen Riß in die gläserne Starre, einen tiefen Spalt, durch den ich Zugang zu ganz unbekannten Erkenntnisebenen in meinem Geist erhielt. Weitere Schlußfolgerungen wurden für mich möglich, die mehr Licht durch den entstandenen Spalt hereinließen. Ich erkannte, daß der Schöpfer des Lebens nicht kleiner sein konnte als das Leben, das er erschaffen hatte. Das Leben selbst ist komplex und differenziert. Eine einzige Blume ist ein Wunder in ihrem Aufbau und ihrem Austausch mit Sonne, Erde, Luft und Wasser. Die Arbeit, die ein Magen verrichtet, eine Niere, eine Leber, ist von einem Know-How, das wir Menschen in den letzten Jahrhunderten erst mühsam nachvollziehen. Die feinsten Zusammenhänge wie die Aufgabe der Hormone im Zusammenspiel von Geist, Seele und Körper kennen wir noch gar nicht vollständig.

Konnte ein Gott, der einfacher gestrickt war als meine Niere, der Schöpfer eben dieses Wunderwerks sein? Konnte ein Schöpfer Entwicklungen von solcher Komplexität in Gang setzen und gleichzeitig Beziehungsmuster initiieren, in denen seine Geschöpfe krank wurden? Konnte es sein, daß sich ein Gott nur für die Moral seiner Geschöpfe interessierte, wenn diese inzwischen soviel von der Welt verstanden, daß sie in der Lage waren, Kathedralen, Düsenflugzeuge und riesige Brücken zu bauen und ihr Zusammenleben zu organisieren?

Diese Fragen sprossen in meinem Hirn wie die Blumen im Garten des Königs und machten es mir erstmals möglich anzufangen, meine geistige

Ausrüstung zu benutzen, um zu bemerken. Ein Gott, wenn es ihn gab, mußte die Größe des Erschaffenen überschreiten, um erschaffen zu können. Also konnte der Gott meiner Kindheit nicht identisch sein mit dem Schöpfer der Welt und des Universums.

Mit dieser Unterscheidung rückte ich meinen Kindheitsgott in eine Position, in der ich mit ihm kämpfen konnte. Es war ein Kampf auf Leben und Tod, weil dieser Gott in meiner Seele ein mörderisches Eigenleben führte. Ich hatte zunächst ein Gefühl wie heimlich aus dem Gefängnis ausbrechen zu wollen und wenn ich erwischt werden würde, ohne viele Umstände umgebracht zu werden.

Nach einiger Zeit wurde ich stärker und habe den offenen Kampf gewagt. Ich habe ihn angeschrien und ihm gesagt, daß ich ihn in meiner Seele bis in den letzten Winkel aufspüren würde, um ihn auszurotten. Ich war erstaunt, daß es viel weniger Gegenwehr gab, als ich in meiner Angst erwartet hatte. Als ich gegen ihn aufstand, erkannte ich, daß die Angst sein eigentliches Machtmittel gewesen war. Die Angst vor Eigenständigkeit, die Angst vor Schuldigwerden, die Angst vor der Hölle, all das waren die Fesseln gewesen, mit denen er mich gefangengehalten hatte.

Allmählich funktionierte der Mechanismus, mich durch Angst in Schach zu halten, immer schlechter. Der Zauberer war seiner Macht beraubt. Ich hörte auf, mich von engen und sinnlosen Moral- und Glaubenskategorien beeindrucken zu lassen, sondern fing an, in der Wirklichkeit zu leben. Das bedeutete, alle meine Erfahrungen an ihrer Wirkung auf mich zu überprüfen. Bisher hatte ich Schmerzen und Zustände erlebt, ohne zu wissen, woher sie kamen. Jetzt hatte ich das Vertrauen, daß, wenn ein Schmerz da ist, auch eine Ursache für den Schmerz da ist. Und diese Ursache ließ sich entdecken, wenn ich genau genug hinschaute. Ich erkannte z.B., daß es blanker Unsinn war, mich zu fragen, was schon wieder schlecht an mir war, wenn ich mich in einer Situation unbehaglich fühlte. An mir war gar nichts schlecht, vielleicht auch nichts an der Situation, aber unser Zusammenwirken tat mir nicht gut. Ich erfuhr, wie es ist, nicht unter dem Aspekt von richtig und edel an Situationen heranzugehen, sondern mit der Frage, ob mir etwas guttat, ob ich mich wohl fühlte dabei, ob es half, mich im Leben mehr zuhause zu fühlen, mehr da zu sein, mehr drin zu sein.

Es gibt Wirklichkeit! Es gibt den Zusammenhang, sinnvoll und schwer, zwischen einer Ursache, die ich erfahre und ihrer Wirkung. Meine Zustände und die Umstände um mich herum gehörten immer mehr zusammen. Ich konnte anfangen zu merken, wie das Außen auf mein Innen wirkte und konnte beginnen, aus meinem Innen heraus auf das Außen Einfluß zu nehmen.

Ich habe meinen Garten ausgekehrt. Ich habe erlebt, wie Erkenntnis in mir wuchs. Ich habe in meinem Garten die Spinnweben weggefegt und Brücken gebaut. Zum ersten Mal in meinem Leben fing ich an, mich kraftvoll und stark zu fühlen, weil ich mich mit der Realität von Ursache und Wirkung konsequent vernetzte.

NEUE VERBINDUNGEN MACHEN MICH VERBINDLICH

Dabei bemerkte ich, daß diese neue Betrachtung mich nicht ins Chaos führte, sondern zu einer ganz neuen Art von Verbindlichkeit mir selbst gegenüber. Sie führte mich zu einer neuen Achtsamkeit meinem eigenen Fühlen und Wahrnehmen gegenüber. Es entstand für mich eine neue Art von Wert, nämlich eine hohe innere Verantwortung für mich selbst. Ich wollte mich nicht selbst belügen, sondern mir die Mühe machen, wirklich gründlich zu erforschen, welche Rückmeldung auf eine Situation es aus meinem Inneren heraus gab. Ich wollte mich nicht mit einer oberflächlichen Annahme über mich zufriedengeben, sondern wirklich fühlen und ernst nehmen lernen, welche Reaktionen in mir geschahen. Wenn ich erlebte, daß eine Situation mich darin unterstützte, im Kontakt mit einer äußeren Situation zu sein und gleichzeitig im Kontakt mit meinem Innengefühl, dann blieb ich. Wenn eine Situation mich von meinem Kontakt zu mir abschnitt oder mir einen realen Kontakt mit der Situation unmöglich machte, ging ich.

Kein Denk- und Sozialsystem hat es seitdem mehr geschafft, mich von der Erfahrung lebendigen Durchströmtseins abzuschneiden. Sobald ich spürte, daß es eine entsprechende Wirkung auf mich gab, bin ich gegangen. Auch einzelne Menschen haben mich seitdem nicht mehr halten können, wenn ich bemerkte, daß sie sich auf Ideen über sich oder die Welt stützten, statt auf die reale Rückmeldung aus ihrem eigenen Inneren zu achten. Ich brauchte Menschen, die mir in dieser Art des Umgangs mit sich selbst voraus waren, aber keine Menschen, die die gleiche Wirkung auf mich hatten wie die Welt der Gefängnisse, die ich nun verlassen hatte.

HIMMEL UND HÖLLE WACHSEN ZU LEBENDIGKEIT ZUSAMMEN

Wie habe ich es erlebt, als die Wasser meiner Lebendigkeit unter den neuen Brücken hindurch zu fließen begannen? Zunächst einmal gab es kein freundliches Strömen eines gleichmäßigen Vitalitätsflusses. Die Wasser des Lebens ergossen sich eher chaotisch in meinen Garten. In unserem Märchen sollte man es sich vielleicht auch nicht ganz so friedlich vorstellen, wenn ein Walfisch im Park angeschwommen kommt. Überall gleichzeitig fühlte ich es in mir lebendig werden. Mein Körper reagierte schnell auf die Befreiung. Ich hatte in den Jahren vor den beschriebenen Ereignissen oft Herzrasen und einen Dauerpuls von 12o Schlägen in der Minute. Mein Hausarzt hatte mir Betablocker mit der Bemerkung verschrieben, mir damit das Leben zu retten. Das Medikament hatte ich von mir aus schon abgesetzt, als ich merkte, daß meine innere Starre sich dadurch noch verstärkte. Sobald ich anfing, meinem Gefängniswärter zu trotzen und Auswege aus der Gefangenschaft meines Geistes zu benutzen, die aus klaren und logischen Gedankengängen über Ursache und Wirkung bestanden, konnte sich mein Herz aus der Umklammerung von Angst, Ohnmacht und hilfloser und „rasender" Wut befreien und sich beruhigen. Das Herzrasen habe ich danach nie mehr gehabt.

Mein Rücken sprach ebenso schnell auf die Bewegungen in meiner Geisteswelt an. Ich hatte mit 11 Jahren eine Scheuermannsche Erkrankung, deren akuter Verlauf in den späteren Jugendjahren einer allgemeinen Starre und Unbeweglichkeit gewichen war. Ganz vorsichtig begann mein Rückgrat, es wieder mit dem Leben zu versuchen. Das bedeutete zunächst, daß ich mehr Rückenschmerzen hatte, bedeutete aber auch, daß wieder ein unmittelbarer Zusammenhang zwischen Erlebnissen am Tag und einer Reaktion darauf in meinem Rücken geschah. Für dieses Glück, einen Zusammenhang zwischen einem äußeren Erlebnis und meiner körperlichen Reaktion innen zu erfahren, war ich gerne bereit, Beschwerden hinzunehmen.

In meinem Kopf waren die physischen Reaktionen besonders heftig. Ich erfuhr jetzt, daß geistige Mauern im Denken auch Mauern im Körper bauen. Ich fühlte einen unsichtbaren Ring, der sich in Stirnhöhe um meinen Kopf wand und mir heftige Enge und Schmerzempfindungen zufügte. Damit verbunden war ein „Loch" in der Stirn von ca. 7 cm Durchmesser, das anfangs völlig schwarz und leer war und sich im Laufe der folgenden Jahre aufhellte und mit Substanz füllte. Mir wurde klar, daß da nichts war, mit dem ich der Welt „die Stirn bieten" konnte. Da war tatsächlich ein völliges „Nichts" in meiner Stirn, dem Sitz eines „Ich", nur „Nichts". Kein „ich will", kein „ich bin da", kein „ich kann das", nur "Nichts". Und um den Kopf herum hatte sich ein Ring gebildet. Als ich wagte, meine Fragen nicht mehr vor mir selbst zu verbergen, sondern sie laut und deutlich zu denken, bekam ich die Kraft meines eigenen Denkens so zu spüren, daß mein Denken an den unsichtbaren Mauern zu rütteln begann. Der Strom meines empfinden Könnens war zwar leidvoll, aber er hat stetig wie die Wellen eines Meeres an einer Steilküste meine Mauern unterspült und zusammenbrechen lassen und den Anfang einer Identitätserfahrung ermöglicht.

Als ich anfing, meine Gedanken auszusprechen, setzte auch Schmerz und Enge in meinem Kehlkopf ein. Da war ein fester Kloß, an dem ich kaum vorbei schlucken konnte. Aber darum ging es ja auch: nicht mehr zu schlucken, nicht mehr still und wortlos alles draußen Geschehende auf mich einwirken zu lassen, sondern selber zu denken und selber zu sprechen. Ich erlebte, wie die Dinge aus der Unaussprechlichkeit befreit wurden und meine Kehle sich öffnete.

Die Beschwerden aller Art, die ich erlebte, waren für mich verheißungsvolle Vorboten einer völlig neuen Art, mich in der Existenz zu fühlen. Ich konnte sogar manchmal den Boden unter meinen Füßen spüren. Einen fester werdenden Boden, der mir Halt bot und mich nicht mehr unberechenbar in eine nicht auslotbare Tiefe fallen ließ. Dieser Boden sagte „Halt" und brachte mich so in Kontakt mit einer Realität, die zu dieser Erde gehört, nämlich Boden unter den Füßen zu haben.

DIE HOCHZEIT

Allmählich begann die Lebensenergie in mir immer mehr zu fließen. Diese Verbundenheit zwischen den oberen, geistigen und den unteren, körperlich/emotionalen Bereichen wird in unserem Märchen wie in vielen anderen mit einer Hochzeit verglichen. Die Hochzeit geschieht darin zwischen Mann und Frau, sie läßt sich aber auch als Vorgang des Ganzwerdens in den ProtagonistInnen sehen. Das Seelenleben und das Geistesleben in unserem „Mädchen mit den goldenen Zöpfen" verbindet sich. Statt gespalten zu sein in einen „überirdischen", besonderen Teil und einen „unterirdischen" Walfischteil, vereinigt sich die junge Frau mit sich selbst. Die Welt des Geistes, ihre Schaffens- und Kommunikationsfähigkeit, wird auf die Erde geholt. Die versunkene Gefühlswelt, das Weibliche im Wasser, wird heraufgebracht in die Sichtbarkeit und Lebbarkeit auf der Erde, indem es zusammenarbeitet und ins Vertrauen springt. Dieses Geschehen wird in der indischen Mythologie als „mystische Hochzeit" beschrieben und Jung nennt es das „Mysterium Conjunktionis". Wir nennen es heute, etwas zu sehr versachlicht, ein ausbalanciertes Zusammenwirken von rechter und linker Gehirnhälfte oder - wieder etwas geheimnisvoller - das Zusammenspiel von „Innerem Mann" und „Innerer Frau".

Auch in mir begannen die Welt des Weiblichen und die Welt des Männlichen einander näherzukommen, wenn es auch nicht so glatt vonstatten ging wie im Märchen. Meine Stimmungszustände fingen an, sehr schnell zwischen oben und unten zu wechseln. Wenn Depressionen bis dahin nur von kurzen andersgearteten Gefühlen unterbrochen worden waren, so erlebte ich jetzt massive Umschwünge, die mich aus der Versunkenheit empor trugen. Es war wie ein Wunder, daß meine Seele sich so bereitwillig öffnete, um endlich zu leben, als sie von der „höheren Instanz" in mir, nämlich meinem Geist, der die Gefangenheit abgeworfen hatte, die Erlaubnis dazu erhielt. Ich erlebte Glückseligkeit, die ich kaum anders beschreiben konnte, als daß ich mich wie „im Himmel" fühlte, da ich einen Zustand erfuhr, der meiner früheren Information entsprechend eigentlich erst „im Himmel" möglich ist.

Auf der anderen Seite taten sich in mir „Höllen" mörderischer Wut auf. Diese Energie richtete sich abwechselnd gegen mich selbst und gegen andere Menschen. In den dunklen Phasen konnte ich dem Sog, mich selbst zu zerstören, kaum widerstehen. In anderen Augenblicken ließ mich meine bis dahin angestaute Gefühlswelt die einzige Lösung eines Konfliktes darin sehen, jemanden aus dem Weg zu räumen. Manchmal war ich nicht sicher, ob meine Kraft reichen würde, diese junge und unreife Innenwelt zu bändigen. Aber das Glück, denken und fühlen zu können, war so groß, daß ich schon aus purer kindlicher Neugierde überleben wollte. Ich wollte auch nicht wegen Mordes hinter echten Gefängnismauern verschwinden, angesichts der Tatsache, daß ich mein geistiges Gefängnis gerade erst verlassen hatte. Was würde das Leben noch alles für mich bereithalten, wenn ich gesund wurde?

Ich erlebte Zustände von über mir schweben, eine Ausdehnung meines Körperbewußtseins auf 10 Meter oder mehr. Ich sah die Erde aus großer Entfernung und weinte sehnsüchtige Tränen, mich in ihr verwurzeln zu wollen. Ich erfuhr mein „Ich" als einige Meter unter dem Erdboden und lernte begreifen, daß ich mich dann „in der Hölle" fühlte. In der Hölle fühlte ich mich, als ich mich (wirklich) in einen anderen Mann verliebte und mich „in Grund und Boden" schämte dafür, daß ich diese höllischen sexuellen Gefühle hatte und mich durch diese ehebrecherische Beziehung vollends aus den moralischen Kategorien meiner Kinderwelt löste. Mein Mann war so erschrocken über meine Entwicklung, daß er sich sofort eine neue Partnerin aus den frommen Welten suchte. Aber alles, was ich da an Chaos in mir und an Veränderung draußen erlebte, war in sich ganz und gar sinnvoll, war logisch angesichts dessen, was in meine Kinderseele an Information über das irdische Leben eingeflossen war. Und nichts von dem, was sich in mir austobte, dauerte so lange wie der lange Seelentod, aus dem ich nun erwacht war. Alles Neue, was geschah, war schon deshalb wunderbar und erträglich, weil es lebendig war.

Eine Zeit lang war mein Bewußtsein so ungeschützt und offen, daß ich die Moleküle in den Gegenständen tanzen spürte und sah. Nach der Auflösung meiner erstarrten Persönlichkeit befanden sich Geist und Seele nun im Freiheitsrausch. Nichts Gegenständliches schien noch wirklich fest zu sein.

Mein Leben begann, sich in seiner Einzigartigkeit und Lebendigkeit zu entfalten. Ich hatte noch so viel Lebenserfahrung nachzuholen, die andere bis zu meinem Alter von 26 Jahren schon gesammelt hatten, daß mir oft die Tage zu kurz erschienen. Es brauchte Jahre, bis genügend Brücken und Flußbetten entstanden waren und ich dem Fluß des Lebens in der gegenwärtigen Wirklichkeit gewachsen war.

Es brauchte nicht nur Jahre des Lernens und Erfahrens der Gegenwart, sondern auch noch abenteuerliche Ausgrabungsarbeiten, um die Verletzungen zu finden, die meine Vorfahren in die Gefängnisse des Geistes eingesperrt hatten. Die Familien meiner Eltern hatten schließlich ihre Gründe, sich in die gläsernen Berge des „Kleinen Glaubens" zurückzuziehen. Die Geschichte dieser Ausgrabungen wird uns im nächsten Kapitel beschäftigen.

DAS „MÄDCHEN MIT DEN GOLDENEN ZÖPFEN" WIRD ERWACHSEN

Das Märchen vom „Mädchen mit den goldenen Zöpfen" hat mir gezeigt, daß ich eine ganz normal/unnormale Kindheit hinter mir habe, ein Schicksal, das viel Tragisches enthält. Es hat mir gezeigt, daß das, was ich erlebt habe, so oft vorkommt, daß die Volksseele seit Jahrhunderten großartige Geschichten darüber geschrieben hat. Sie hat Geschichten geschrieben über die Eingebundenheit in elterliche Geisteswelten, in Denk- und Sozialsysteme, die zu verlassen eine Sache auf Leben und Tod sein kann. Sie hat Geschichten geschrieben über das Verlassen gläserner Gefängnisse, einsamer Hütten im Wald, Hexenhäuser und Walfischbäuche, um sich auf den Weg zur eigenen unabhängigen Lebendigkeit zu machen und König oder Königin im eigenen Schloß, Land und/oder Leben zu werden.

Wenn es dem „Mädchen mit den goldenen Zöpfen" so ergangen ist wie mir, wird sie mit ihrem König in einem Schloß und dem dazugehörigen Garten ein bewegtes Leben geführt haben. Sie wird zwar nicht mehr in den Walfischbauch zurückgekehrt sein, aber wahrscheinlich wird sie in den vielen Zimmerfluchten des Schlosses ihren eigenen Wohnbereich gehabt haben, um im für sie notwendigen Maß zu ihren intuitiven Seelenschichten zurückkehren zu können. Sie wird dadurch auf die eine und andere, auf jeden Fall aber die ihr angemessene Weise fruchtbar gewesen sein und anderen Menschen ihre inneren Quellen zur Verfügung gestellt haben. Im Kontakt mit ihrem Mann wird sie immer wieder darauf bestanden haben, daß entstehende Spinnweben in ihrem gemeinsamen Leben bemerkt und weggefegt werden. Und so werden beide zusammen erlebt haben, daß das Wachsen und Blühen und Fließen in ihrem Leben nicht mehr zum Stillstand gekommen ist.

FRAGEN ZU MÖGLICHEN GEISTIGEN GHETTOISIERUNGSERFAHRUNGEN

- Gab es in Ihrer Kindheit eine Anbindung an eine Kirche, einen Verein eine Partei oder sonstiges (Dorfgemeinschaft...), die sich stark einengend auf Sie ausgewirkt haben kann?

- Gab es in Ihrer Eltern-, Großeltern oder Urgroßelterngeneration eine stark ideologisierende und bestimmende Organisation, zu der sich die Genannten zugehörig gefühlt oder sich heftig abgewandt haben?

- Gibt es in Ihrer Gegenwart bei Ihnen oder Ihrem Partner eine Verbindung zueinem soziales System, die Sie als Abhängigkeit bezeichnen würden?

- Gibt es ausgestoßene Mitglieder in Ihrer (weiteren) Familie oder erwachsen gewordene Kinder, die über das 25ste Lebensjahr hinaus im Elternhaus geblieben sind?

- Gibt es ein Machtgefälle zwischen den Generationen? Gab es einen Patriarchen, eine Matriarchin in Ihrer Familie? Überleben die Älteren die Jüngeren häufig, die Männer die Frauen oder umgekehrt?

- Haben Sie öfter das Gefühl, unter einer Glasglocke zu leben?

- Ist Ihnen das Ansprechen bestimmter Themen oder vergangener Ereignisse im Familienleben von einer oder mehreren Personen verboten worden?

- Gibt es Familiengeheimnisse, die Sie kennen, die niemand außerhalb der Familie erfahren soll?

- Welche Märchen haben Sie in Ihrer Kindheit am tiefsten beeindruckt?

- Gibt es eine Märchenfigur, mit der Sie sich identifizieren?

KAPITEL III

AUF DEM WEG ZU MEINER „GESTALT"

BEGEGNE ICH IN MIR

MEINEN AHNINNEN

Zusammenfassend sind also zwei Faktoren von zentraler Bedeutung für eine hohe Selbstachtung, nämlich zum einen, daß wir unsere Eltern und unsere Wurzeln als Teil von uns selbst akzeptieren, und zum anderen, daß wir uns selbst als vollwertige, mit unseren Eltern auf gleicher Stufe stehende Erwachsene begreifen. Dazu ist es erforderlich, sie als menschliche Wesen zu sehen und nicht so sehr als Eltern. Und der Schlüssel dazu liegt darin, daß wir in die Kindheit unserer Eltern zurückgehen und uns damit beschäftigen, wie sie groß wurden.

W. F. Nerin in „Versöhnung mit den Eltern"

In diesem Kapitel werde ich einige mir wichtige Aspekte der Therapien von Fritz und Laura Perls und Eric Berne beschreiben und davon berichten, wie sie mir geholfen haben, auch in tiefen Schichten meiner Persönlichkeit die Verletzungen zu entdecken, die mich bisher vom zuverlässigen Kontakt mit der in mir wirkenden Lebenskraft abgeschnitten hielten.

Ich entdeckte, daß in meiner Seele meine Mutter, meine Großmutter und meine Urgroßmutter einen Tanz aufführten, der meine Aufmerksamkeit so stark in Anspruch nahm, daß ich bisher nicht die Gelegenheit hatte, zu eigenem Innenleben vorzudringen. Das wollte ich ändern und ich bekam zu meinem Staunen von allen Seiten die dazu notwendige Unterstützung.

Mein Ausbruch war gelungen, einige Verstrickungen, die meine Persönlichkeit gefangen gehalten hatte, waren im Schmelztigel meiner leidenschaftlichen Suche nach meiner Wahrheit gelöst. Meinen „Zauberer-Gott" hatte ich vor die Tür gesetzt und mir Platz verschafft, um Erfahrungen mit mir und der Welt zu machen. Damit waren die Fragen nach Existenz und Ursprung von Welt und Mensch nicht beantwortet, aber das Häufchen Mensch, das ich bisher hatte sein dürfen, war diesen Fragen sowieso nicht gewachsen. Und jetzt erlebte ich in meinem eigenen neuen Wachsen und Blühen von Anfang an wirkliche, wirksame

Lebenskraft, von der ich ahnte, daß sie sicher mehr mit Schöpferkraft zu tun hatte als mein "Zauberer-Gott".

Meine Berufstätigkeit und das Single-Leben, das ich nach meiner Scheidung führte, boten mir Möglichkeiten, Erfahrungen mit mir selber zu machen und mich selbst und andere Menschen besser verstehen zu lernen. Mit großem Lebenshunger ließ ich mich auf neue Situationen ein. Unsere Kontakte im Team und die Regelmäßigkeit, mit der Klienten zu uns kamen, uns ihr Vertrauen schenkten und sich beraten ließen, machten es mir möglich, ein ganz neues Verhältnis zu mir aufzubauen. Ich erfuhr mich nicht länger als Opfer von Umständen, sondern erlebte, daß ich handeln konnte, in meiner Umgebung heilsame Wirkungen auslöste und im privaten Bereich mit Menschen sinnvoll und aufrichtig kommunizieren konnte.

Allerdings gab es noch Reaktionen in mir, die der Realität der gegebenen Situation nicht entsprachen. Ich liebte und haßte meine Kollegen, die Klienten, und meine Freunde, je nach Situation und nach dem, was in mir selber angerührt wurde. Ich übte tagtäglich zu unterscheiden, was eine realitätsangemessene und was eine irreale Reaktion war. Jemanden zu lieben, nur weil er oder sie mir ein Lächeln schenkte, war genauso unangemessen wie jemanden zu hassen, nur weil er oder sie langsamer begriff, als ich es mir vorstellte und wünschte. Ich übte, meine stürmische Gefühlswelt einerseits nicht mehr zu unterdrücken und andererseits mich auch nicht von ihr überfluten zu lassen. Das war einige Jahre lang nicht einfach, weil der Stau und der „Verwilderungsgrad" dieser Gefühle ziemlich hoch war. Ich respektierte und erfüllte mir Wünsche, die ich in mir entdeckte und harrte auch mit mir selber aus, wenn die Depression zuschlug. Wichtig war das Dableiben, das Bei-mir-Bleiben unter allen Umständen, mir selbst die Treue halten, egal, welche Stimmungen mich in Höhen oder Tiefen trugen. Selbstachtung unter allen Umständen, soviel wie möglich von mir selbst zu erkennen und mich für nichts mehr zu verurteilen, wurde wesentlicher und tragender Erlebnisgrund für mich. Diese neue Grundhaltung, die weiterhin mein Leben prägt, habe ich der Gestalttherapie zu verdanken.

ZUGANG ZU FORTBILDUNGEN

Ich hatte ja auf die Beratertätigkeit hin studiert, als Team der Beratungsstelle waren wir uns aber darin einig, daß wir uns fachlich weiterbilden mußten, wenn wir die komplexen Aufgaben einer Erziehungs- und Lebensberatungsstelle in kompetenter Weise ausfüllen wollten. Wir bekamen einen Hinweis, daß in Schleswig-Holstein eine Fortbildung in GT beginnen sollte und wir den leitenden Ausbilder vorher in Berlin auf einem Seminar kennenlernen konnten. Im April 1983 erlebten wir also eine erste Woche Selbsterfahrung. Zwei Monate später empfahl mir mein Bruder, der gerade eine Zusatzausbildung in TA machte, einen TA-Therapeuten, der Wochenenden in GT und TA durchführte. Ich nahm an einem dieser Wochenenden teil und erhielt dabei einen weiteren entscheidenden Schlüssel für meine innere Arbeit. Die guten Kräfte, die den Märchenhelden den Weg weisen, zeigen offenbar wirklich einem ernsthaften Sucher und einer ernsthaften Sucherin den Weg.

GESTALTTHERAPIE

GT arbeitet systematisch an der Erschließung unserer inneren Quellen. Der gestalttherapeutische Prozeß hat eine Art Treibhauseffekt im Seelenleben eines Menschen. Die guten Wirkungen menschlicher Kommunikation, die für Wachstum in der Seele eines Menschen sorgen, werden methodisch intensiviert. Der Seelengarten eines Menschen wird ausgefegt, ganz in Vergessenheit geratene Ecken werden zugänglich gemacht, Verbindungen hergestellt und Gewässer angelegt. GT befreit und ist eine Nachreifehilfe in konzentrierter Form. Gestalttherapeuten sind, wie andere Psychotherapeuten sozusagen „Profi-Prinzen", sie holen Menschen aus gläsernen Gefängnissen.

„GESTALT" - EINE GEISTIGE FORM

Gestalt ist ein magisches Wort. Es könnte einem Suchenden von einer weisen Frau im Märchen als Wegweiser gegeben worden sein. „Sei mutig und suche deine eigentliche Gestalt!" sagt sie. „Gib nicht auf, sondern suche immer weiter. Laß dich von der Wachheit deines Geistes leiten, geh einfach dahin, wo es dich hinzieht, dort wirst du den nächsten Baustein deiner Gestalt finden. Daß du viele der Bausteine deiner Gestalt gefunden hast, wirst du daran merken, daß es friedlicher in dir wird. Höre nicht auf zu suchen, dann wirst du deine Gestalt werden. Du wirst dich von Gestalt zu Gestalt entwickeln."

Eine Blume wächst in ihre Gestalt hinein. Wenn wir eine Knospe an einem Zweig sehen, wissen wir meistens, wie die Blüte aussehen wird, wenn sie „fertig" ist. Gestalt ist nicht die fertige Blüte, sondern die geistige Form, in die sie hinein wächst. Wir finden auch die Form eines Apfels oder einer Birne in der Form des tragenden Baumes widergespiegelt. Die „Idee" des Apfels taucht so zweimal auf.

Ich hatte einmal eine Juccapalme, die nach einer Beschädigung nur noch einen langen Trieb hatte. Dieser Trieb wuchs eine ganze Weile in der Waagerechten weiter, bis ich anfing, mir Gedanken darüber zu machen, wie ich ihn stützen könnte, bevor er abbrechen würde. Auf einmal kam auf halber Höhe ein neuer Zweig zum Vorschein, den die Pflanze in wenigen Wochen so weit austrieb, daß er mit dem alten Zweig zusammen wieder ein perfektes Gleichgewicht bildete. Für das gleiche Wachstum des Hauptstammes hatte sie Jahre gebraucht. Ich war völlig überrascht von diesem Vorgang und fragte mich, woher die Pflanze „wußte", was sie zu tun hatte, um rechtzeitig die notwendige Korrektur vorzunehmen, und wie sie das mit dem ungewöhnlichen Tempo zustande gebracht hatte. Die „Gestalt" der Pflanze war wieder heil. Ich lernte dabei auch, daß Gestalt nicht etwas Starres ist, sondern etwas Flexibles, das sich einer individuellen Situation anpassen und sich immer wieder verändern kann. Meine Palme sah jetzt anders aus als vor der Beschädigung, aber sie war wieder ein ganzes und heiles Gebilde mit einem harmonischen Platz in Raum und Zeit. Sie hatte ihr Gleichgewicht von innen heraus wiedergefunden.

Noch ein Beispiel: Gestalt ist , was sich an einer Melodie nicht ändert, ob wir sie in C-Dur oder in G-Dur hören. So werden wir zum Beispiel immer erkennen, daß es die Melodie von „What a wunderfull World" ist, die wir hören, unabhängig davon, ob das Lied von Luis Armstrong oder von einer Sopranistin gesungen wird, ob es von einem großen Orchester gespielt oder mit einfachsten Mitteln auf der Gitarre gezupft wird. Die Gestalt der Melodie bleibt gleich.

Die Gründer der Gestalttherapie, Fritz und Laura Perls, sahen sich selbst lieber als Entdecker, sie nahmen nicht für sich in Anspruch, solche Urphänomene des Lebens erfunden zu haben. Das Ehepaar Perls kam aufgrund seiner Beschäftigung mit Gestaltpsychologie, Philosophie, Zen-Buddhismus und der Psychoanalyse von Freud zu seinen Erkenntnissen über menschliches Wachsen, die wesentlich von dieser Grunderfahrung der Gestaltwerdung getragen waren: Auch ein Mensch, wenn er die seiner Natur entsprechenden Zuflüsse erhält, entwickelt sich in seine Gestalt hinein. Der Lebensprozeß selbst mit seinen hellen und dunklen Phasen, mit seinen Glücks- und Schmerzerfahrungen, läßt uns in immer neue, umfassendere Gestalten hineinwachsen. Die Perls" gingen davon aus, daß wir von unserer wesensmäßigen Form her lieber gesund, liebevoll und selbstverantwortlich sind als grausam, krank und abhängig und daß Schreckliches passiert sein muß, wenn wir die natürliche Reifung nicht erreichen. Fritz Perls hat in Abwandlungen einen wunderschönen Satz immer wieder in seiner therapeutischen Arbeit gesagt: „Reifung ist das Transzendieren der Unterstützung durch die Umwelt hin zur Selbständigkeit." Ich möchte ergänzen, daß Reifung auch ist, den Mangel an Unterstützung oder die Beschädigung, die es gegeben hat, nicht mehr weiter wirken zu lassen, sondern Selbstunterstützung zu lernen.

DER PROZEß DER GESTALTTHERAPIE - BETRACHTENDER UND EINFÜHLSAMER DIALOG IN DER GEGENWART

Die Entdeckungen, die die Perls gemacht haben, sind tatsächlich nicht neu, da es sich um menschliche Entwicklungsanreize handelt, die das Leben tagtäglich bereitstellt. Aber es bleibt ihr unschätzbares Verdienst, einen methodischen Ansatz entwickelt zu haben, der Seelenärzten effektives, gründliches und kontrollierbares Handwerkszeug in die Hand gibt, um Menschen den Zugang zur eigenen Gestaltwerdung zu ermöglichen.

Hier die aus meiner Sicht wichtigsten Aspekte der GT.

Der Prozeß menschlichen Wachsens geschieht in der Gegenwart. GT ist ein Vorgang, der sich im Kontakt zwischen Klient und Therapeut in der Gegenwart ereignet.

Diese Aussage klingt zunächst vielleicht simpel, ist aber bei näherer Betrachtung von großer Bedeutung. Meine eigene Perspektive diesen Zusammenhängen gegenüber hat sich in den Jahren meines Lernens sehr gewandelt. Zu Anfang meiner Tätigkeit in der Beratungsarbeit war ich für die wichtigste gestalttherapeutische Frage „WAS PASSIERT JETZT?" sehr dankbar, weil ich mit dieser Frage meinem Seelenleben konsequent auf der Spur sein konnte und weil sie mich immer rettete, wenn ich im therapeutischen Gespräch mit jemandem nicht mehr weiter wußte. Erst später fing ich an zu begreifen, daß die Gegenwart einen geistigen Raum bildet, der eine lebendige und Wachstum bewirkende Qualität hat. Diese Qualität hatte er auch in der Zeit, als ich noch gar nicht begriffen hatte, welche wunderbaren Kräfte in gegenwärtiger Bewußtheit wirksam werden. Diese Wirkung war sozusagen nicht auf mein Verstehen angewiesen, sondern nur auf meine Bereitschaft, mich im „Raum der Gegenwart" aufzuhalten und mein Gegenüber mit hinein zu nehmen.

Ich habe im vorherigen Kapitel beschrieben, wie mich die blitzartige Erkenntnis traf, daß es „Wirklichkeit gibt". Genau das ist die Entdekkung, die sich für mich in GT vertieft hat: Es gibt wirksame und heilsame menschliche Kommunikation in der Dimension des jeweiligen Augenblicks, die über alles Gelernte, Geglaubte, Vermutete und Phantasierte hinaus führt und in die Erfahrung von Realität versetzt.

GT bringt den Menschen in das Ge-wahr-sein des Selbst.

Mir ging es in der Gestaltarbeit manchmal auch so, daß mir die Frage nach dem, was gerade passiert, auf den Wecker fiel. Warum um alles in der Welt fragen Gestalttherapeuten ständig danach, was jetzt im Kopf, mit der Atmung oder im Rücken passiert, wie die Körperspannung ist, was der wippende Fuß mitzuteilen hat, was mit der inneren Gestimmtheit geschieht. Aber irgendwann begriff ich, daß die existenziell gefühlte Erfahrung, daß „Es mich hier und jetzt gibt", eins der größten Aha-Erlebnisse, ist, das ein Mensch haben kann und ich genau diese Erfahrung gemacht hatte, als ich fühlte, "Es gibt Wirklichkeit!".

Mit dem gefühlten "Es gibt mich!" wird der Zugang frei zu allem, was ich im zweiten Kapitel als "Erlösung des Prinzen und der Prinzessin" beschrieben habe: Die Gefängnisse der Tradition, der Gesetze und Regeln und des gewohnheitsmäßigen Denkens, wie es schon Eltern und Großeltern hatten, werden aufgebrochen. Jemand hört auf, in Wiederholungen zu denken oder Angst erstarrt in seinen Phantasien unterzugehen. Plötzlich eröffnet sich die Perspektive auf das eigene Sein an diesem Ort zu diesem Zeitpunkt. Ein Mensch kommt „zu sich", fühlt und entdeckt sich tatsächlich und wirklich im gegenwärtigen Augenblick.

Wenn sie oder er sich dort von einem Gegenüber, das das Leben liebt, angenommen und erkannt erfährt, kann dies einer der ersten beglükkenden und heilsamen Momente in einem Menschenleben sein.

Wenn wir eine Gegebenheit anschauen, sie nicht verkleinern, nicht vergrößern, nicht festhalten, nicht verurteilen, nicht verleugnen, nicht verschönern, sondern dem Augenblick des „Nichts", der „Leere" oder des innerlichen Sterbens, der dann passiert, in schlichter Aufmerksamkeit standhalten, kommen wir mit der Angelegenheit in die Realität. Wenn wir uns den begleitenden Gefühlen stellen, beginnt die Gegebenheit zu heilen und sich in Richtung auf ihre eigentliche Gestalt hin zu bewegen.

Die Denkmechanismen, die ich im ersten Teil des Satzes aufgezählt habe, bilden eine Membran, einen Filter oder eine Verzerrung in unserem Geist, durch die wir die Dinge nicht so sehen können, wie sie sind. Dazu sollen die Verzerrungen auch dienen, aber, so schmerzlich es sein mag, etwas so zu sehen wie es ist, beginnt doch im gleichen Augenblick der Heilungsprozeß. Indem ich einer Wahrheit standhalte, mich im „Raum der Realität" aufhalte, indem ich ausschließlich wahr-nehme und die Leere der Abwesenheit eines gedanklichen Kommentars aushalte, kann der Geist Verrücktes wieder an die ursprüngliche, realitätsangemessene Stelle rücken.

Die Hexen im Märchen das „Mädchen mit den goldenen Zöpfen" haben demnach der Protagonistin genau dadurch den größten Gefallen getan, daß sie ein Loch in die Kutschenwand bohrten. Sie ließen Licht herein, sie durchbrachen ihre Abschirmung vor der Realität und es wurde sichtbar, was an ihr real ist und was noch entwicklungsbedürftig ist. Und damit konnte die Arbeit im Dienst der Heilung beginnen.

Die Erfahrung des Anschauens der Gegebenheiten wird in der Gestalttherapie in klassischer Weise unter anderem dadurch ermöglicht, daß man sich das, was angeschaut wird, zum Gesprächspartner und Gegenüber macht. Es geschieht Auseinander-setzung. Das Gegebene wird auf einem Stuhl oder einem Kissen visualisiert und es beginnt ein Dialog mit dem Gegenüber. Es kann ein realer Mensch sein, mit dem jemand ein Problem hat, es kann die innere andere Hälfte sein, von der jemand sich gebremst fühlt. Es kann ein Körpersymptom sein oder ein Trauminhalt. Ich habe sehr viele Gespräche mit dem „leeren Stuhl" geführt und tue es auch noch, wenn es notwendig ist.

Die Seele will heilen und wachsen und sie schickt die dazu notwendige Information unermüdlich an unser Bewußtsein. Die Summe der inneren und äußeren Angelegenheiten, die wir mit uns herumtragen und erledigen oder nicht erledigen, setzt das Maß unseres Gesund- oder Krankseins.

F. und L. Perls entdeckten, daß es eine der Seele innewohnende Absicht gibt, seelische Prozesse zu einem Abschluß zu bringen. Immer wieder wollen „Gestalten geschlossen werden". Lebensthemen, alte Wunden, ungeklärte Beziehungen werden aus dem Unbewußten ins Bewußtsein geschickt, um erledigt zu werden. Das Bewußtmachende kann durch Träume geschehen, aber auch durch das, was die Psychoanalyse Wiederholungszwang nennt. Aus der Sicht der Gestalttherapie enthalten alle Situationen, die sich in unserem Leben wiederholen, eine Botschaft, verbunden mit der Aufforderung, diese zu verstehen. Wenn sie verstanden werden, hören sie auf. Für die Therapie bzw. jeden Heilungsprozeß bedeutet das im Wesentlichen, mitzugehen mit dem, was an Themen ins Bewußtsein gelangt und das Verständnis scheinbar sinnloser Phänomene zu ermöglichen. Wir können lernen, die täglichen Botschaften des Lebens zu verstehen und aufzunehmen. Wir träumen oder wir haben einen Streit mit dem Partner oder einem unserer Kinder, wir laufen beinahe vor ein Auto und können die in dem Erlebnis enthaltene Botschaft verstehen lernen. Wenn wir sie begriffen haben, kommt etwas Neues nach und das solange, bis wir alles Unerledigte erledigt haben und den Speicher in unserem Unbewußten ausgeräumt haben. Dann befinden wir uns für das weitere Leben auf dem „aktuellen Stand". Perls` sagen, daß unser Bewußtsein immer einen Hintergrund bildet für das, was gerade in den Vordergrund treten möchte. Es tritt das in den Vordergrund, was gerade das Wichtigste ist, sei es der schlichte Wunsch nach Essen, der alles andere beiseite schiebt, oder die Beschäftigung mit einem Konflikt, der solange unseren Geist beherrscht, bis wir uns um ihn kümmern.

An dieser Stelle möchte ich auch etwas nennen, was ich so in der Gestalttheorie nicht gefunden habe, aber aus persönlicher und beruflicher Erfahrung erkennen mußte: Die unerledigten Dinge aus dem Leben der Generationen vor uns können in unserem Unbewußten Seelenbalast bilden. Schon im vorherigen Kapitel habe ich auf den Zusammenhang der Generationen hingewiesen, denn wir bleiben in den Gefängnissen unserer Eltern und Großeltern, die diese aus Angst vor ihren Seelenwunden um sich herum geschaffen haben, solange eingesperrt, wie wir sie nicht begreifen als das, was sie sind. Erst wenn wir sie anschauen und sie in ihrem Wirkzusammenhang und ihrer realen Bedeutung erkennen, werden wir frei von ihnen.

Als ich mit meinen 26 Lebensjahren und meiner ganzen Verrücktheit anfing, so zu tun, als seien die Dinge so, wie ich es gerade beschrieben habe, hatte ich noch keinen Begriff von der tiefen Bedeutung dessen, was ich tat. Aber es funktionierte, sowohl bei mir selbst als auch bei den Klienten. Mir machte es große Freude, für mich selbst und die Klienten unermüdlich herauszufinden, was „jetzt gerade passiert" und welche Botschaften die Seelen auf welchen Wegen an den bewußten Teil unserer Persönlichkeiten sandten.

Ob es eine Wut, eine Verzweiflung, eine Freude, ein Jucken unterm Fuß, ein plötzlich auftretender Kopfschmerz, ein Augenblick geistiger Abwesenheit, das Gefühl, den Grund unter den Füßen zu verlieren oder eine Sekunde der Leere war, wir waren immer in der richtigen Zeit und am richtigen Ort, nämlich jetzt und hier. Ob es eine bedrückende Angstphantasie oder ein gehässiger Verdacht war, die den Geist einengten, wenn es in der Gegenwart ausgesprochen war, wenn es zu einem mit scharfem Auge Angesehenen wurde, war die Macht des Gedachten gebrochen. Von da aus, wo wir uns gemeinsam befanden, konnte es, wenn wir dort mit unserer Aufmerksamkeit blieben, nur besser, richtiger und stimmiger werden.

Endlich geschah Wirkung! Es gab wirklich „Erlösung"! Es wurde nicht mehr davon gesprochen, wie in meinem Kinderleben, in dem ja die Erlösung durch Christus das Thema schlechthin war. Jetzt konnte ich förmlich zuschauen, wie Befreiung durch das Erkennen wahrer Wirkzusammenhänge geschah. Jeder Tag war in meiner Arbeit und in meinem Privatleben angefüllt mit der Möglichkeit, mich von der Wirkkraft dieser Kommunikationsarbeit zu überzeugen. Es funktionierte!

TRANSAKTIONSANALYSE

TA war die zweite Therapierichtung, die ich näher kennenlernte, die mir Elemente eines neuen Menschenbildes vermittelte. Eric Berne gab mir weitere methodische Möglichkeiten, die Art, wie Menschen sich gegenseitig behindern und schädigen, völlig wertfrei sehen zu lernen und eine sachlich beschreibende Sprache dafür zu entwickeln anstelle moralisch-emotionaler Bedrückung. Das Buch „Was sagst du, nachdem du „Guten Tag" gesagt hast" habe ich wie einen Krimi verschlungen.

Eric Berne, der Begründer der TA, hat seinen Schwerpunkt auf die Analyse unserer Kommunikation gelegt. Er beschreibt die inneren Personen, die miteinander mehr oder weniger erfolgreich kommunizieren und analysiert „Lebensdrehbücher", die wir erhalten haben, von ihm „Skript" genannt. Unter anderem beschäftigt er sich mit Märchen und den Leitbildern, die wir möglicherweise über Märchen in uns aufgenommen haben. Wer die Inhalte des zweiten Kapitels für sich vertiefen möchte, kann bei Berne reichhaltige Anregungen finden. Ich möchte hier seine Gedanken zu folgenden Fragen aufgreifen. Wann gelingt Kommunikation und wann nicht? Wie sieht ein vollständig erwachsener Mensch aus? Meines Wissens ist er der erste der genialen Therapeuten der Gründerzeit, der mit seinem System allgemeinverständlich gesagt hat, was einen gesunden und erwachsenen von einem gekränkten und Kind gebliebenen Menschen unterscheidet.

Die Transaktionsanalyse sieht drei Ich-Zustände im erwachsenen Menschen: Das "Kind-Ich", das "Erwachsenen-Ich" und das "Eltern-Ich". Das "Kind-Ich" wird noch einmal unterschieden in drei Aspekte, nämlich „frei", „rebellisch" und „angepaßt". Das „Eltern-Ich" wird in seinen schädigenden und irreführenden Anteil und seinen ermutigenden und fürsorglichen Anteil unterschieden.

Ein erwachsener Mensch, der ein gut entwickeltes "freies Kind" hat, weil er von den Eltern Lebensspielraum erhalten hat, wirkt auf uns vital, offen, freundlich, neugierig und wach. Wenn das "freie Kind" eines Menschen durch Erziehung und Modelle der Eltern in seiner Lebendigkeit unterdrückt worden ist, wirkt dieser Erwachsene auf uns lustlos, antriebslos und abhängig von seiner Umgebung und ihrer Anerkennung. Sein „Kind-Ich" ist vom „angepaßten Kind" beherrscht. Ein Kind, das unterdrückt wird, kann aber auch in den Widerstand gehen, in TA: zum „rebellischen Kind" werden. Erwachsene mit einem überwiegend „rebellischen Kind" wirken auf uns aggressiv, unruhig, ständig im Widerspruch und immer auf einen imaginären Gegner eingestellt.

Im "Kind-Ich" eines jeden Menschen gibt es potentiell alle drei Möglichkeiten, da es zum vollständigen emotionalen Repertoire gehört, sich einerseits frei einem Erleben hingeben und sich freiwillig für etwas einsetzen zu können, andererseits sich Situationen gegenüber auch anpassen zu können und genauso in einer gegebenen Situation Widerstand leisten zu können. Unsere Probleme entstehen da, wo mindestens ein oder sogar zwei der Möglichkeiten nicht mehr bewußt erfahren und eingesetzt werden. Wenn jemand immer brav ist oder in jeder Situation in den Widerstand geht oder zu jeder Zeit auf der Realisierung seiner eigenen Impulse besteht, wird sein Leben schwerlich glücken.

Ganz so einfach, wie dies Modell auf den ersten Blick zu sein scheint, ist es nicht. Das merken wir z.B., wenn wir feststellen, daß jemand, der immer jammert und klagt, eigentlich nicht schwach und brav ist, sondern verdeckt aus dem „rebellischen Kind" agieren kann. Es braucht also Entschlossenheit und Ehrlichkeit, um bei sich selbst festzustellen, welches „Kind-Ich" gerade im Vordergrund ist.

Ein Mensch, der sich überwiegend im „Eltern-Ich" befindet, erscheint uns fürsorglich, warmherzig, mütterlich oder väterlich zugewandt oder, im negativen Fall, streng, dogmatisch, verurteilend und kontrollierend. Das „Eltern-Ich" ist der Zusammenfluß unserer Werte, unserer Soll-Vorstellungen und der Persönlichkeitstrukturen der Menschen, die in unserer Kindheit prägend waren. Hier wird gespeichert, wie man „richtig" oder „falsch", „gut" oder „schlecht" ist, hier geschehen die Beurteilungen eigenen oder fremden Verhaltens, im Positiven auch Ermutigung, Anerkennung, Bestätigung und Fürsorglichkeit, die wir uns selbst und anderen zur Verfügung stellen. Je nachdem, ob der Speicher des „Eltern-Ichs" überwiegend mit positiven Erfahrungen und Lerninhalten gefüllt ist oder mit negativen, wird ein Mensch diese gespeicherten Informationen zum Gelingen oder Mißlingen seines Lebens benutzen.

Das „Erwachsenen - Ich" ist die dritte Kraft und ein sachbezogener Persönlichkeitsteil. Es beschäftigt sich mit der Aufnahme von Information oder mit der sachlichen Klärung einer Situation. Ein Mensch, der gerade überwiegend in seinem „Erwachsenen-Ich" ist, erscheint als ein emotionsfreier Mensch, dem gerade etwas, das geklärt werden sollte oder eine neue Information im Kopf herumgeht, der sich z.B. beim Autofahren mit der Frage beschäftigt, wie er reibungslos durch den Verkehr kommt oder der über einen Vortrag nachdenkt, den er gehört hat.

Verletzte Menschen leben häufig ein Leben, in dem sie gar nicht oder nur sehr ungenügend wissen, daß es ein „Erwachsenen-Ich" in ihnen gibt, das sich für sie einsetzen könnte und das ihnen ermöglichen würde, Realitäten als solche zu erfassen. Gesundes Erwachsenenleben ereignet sich, wenn die verschiedenen Ich-Zustände realitätsangemessen in den Vordergrund oder Hintergrund treten und miteinander effektiv kooperieren. Also, wenn z.B. das eigene „Eltern-Ich", wenn die Situation dementsprechend ist, erlaubt, daß das „freie Kind" sich zum Ausdruck bringt. Genauso wichtig ist es, daß das „Kind-Ich" in den Hintergrund treten kann, wenn das „Erwachsenen-Ich" mit einer Sache beschäftigt ist. Das kann es in der Regel, wenn es Vertrauen zu einem „fürsorglichen Eltern-Ich" haben kann. Wenn die Kommunikation zwischen allen drei Ich-Zuständen stattfindet und positiv verläuft, haben wir einen freundlichen und zufriedenen Menschen vor uns, der einen konstruktiven Beitrag zum Leben leistet.

Eine nächste Bewußtseinsstufe haben wir dann, wenn dieser Mensch weiß, welche Qualität von Ich-Zuständen in ihm wirken und er bewußt steuern kann, welche Kräfte in welcher Zusammensetzung in eine Situation einfließen sollen. Oft kann z.B. bewußt eingesetzte „Kind-Ich"-Energie eine sachliche Situation auflockern oder "positive Eltern-Ich"- Energie sie mit Sorgfalt und Wärme ausstatten. Wenn jemand in diese bewußte Steuerungsmöglichkeit hineinwächst, ist er und sie ChefIn im eigenen Persönlichkeitsreigen geworden.

VERWUNSCHENE PRINZEN UND PRINZESSINNEN IN TA-SPRACHE

Um die folgenden Ausführungen leichter zu verstehen, ist es gut, wenn Sie die Skizzen auf der letzten Seite dieses Kapitels hinzunehmen. Die Mutter oder der Vater eines Menschen bestehen aus ihrem „Eltern-Ich", ihrem „Erwachsenen-Ich" und ihrem „Kind-Ich". Sie vermitteln sich ihrem Kind unbewußt und bewußt mit ihrer Gesamtheit. Das bedeutet, daß das „Kind-Ich" der Eltern im „Eltern-Ich" der Kinder landet! Das, was in der Kindererziehung irrational verläuft, kommt meistens aus dem „Kind-Ich" der eigenen Eltern, das im „Eltern-Ich" der mit Erziehung beschäftigten Generation verankert ist. Das ist ein Tatbestand, der schon viel Elend auf unsere Erde gebracht hat. In der Regel merken Eltern das selbst nicht und halten ihre irrationalen Verhaltensweisen für Erziehung. Dann speichert der "erzogene" Mensch diese Irrationalität wiederum in seinem „Eltern-Ich" und handelt später aus einem „Eltern-Ich" heraus, das eigentlich von einem irrenden, verzweifelten oder unwissenden „Kind-Ich" beherrscht wird.

Wie läßt sich die Situation verwunschener Prinzen und Prinzessinnen in TA-Sprache ausdrücken? Sie werden von einem feindseligen „Eltern-Ich" und dem darin enthaltenen irrenden „Kind-Ich" beherrscht. Das „Eltern-Ich" vermittelt ihnen z.B. "fromme" Botschaften, wie ich sie im ersten Kapitel beschrieben habe, oder auch einfach Botschaften wie „Laß es doch gleich sein!" oder: „Es wäre gut, wenn es dich nicht gäbe!" oder „Das Leben ist schrecklich." oder "Der Mensch ist böse von Jugend auf". „Verwunschene" haben ein gering oder gar nicht mit

Energie besetztes „Erwachsenen-Ich". Das freie "Kind-Ich" ist ebenfalls nicht mit Energie besetzt und Freude und Spontaneität sind Fremdworte. Das "angepaßte Kind" ist in Abhängigkeit erstarrt bis zum Totstellreflex und/oder das "rebellische Kind" geht in extremer Destruktivität gegen das Außen oder gegen sich selber vor. Suizidalität oder tödliche Krankheit z. B. können entstehen, wenn ein "angepaßtes Kind" seinem "negativen Eltern-Ich" endlich den Gefallen tun will, sich selbst aus dem Weg zu räumen oder wenn es endgültig glaubt, daß es besser ist, „es gleich sein zu lassen".

Nehmen wir an, jemand mit diesem inneren Konflikt (mörderisches „Eltern-Ich" , „angepaßtes Kind-Ich",kaum besetztes „Erwachsenen-Ich") bekommt, statt sich umzubringen, Kinder und speist diese Gesamtheit seiner Persönlichkeit wiederum in das Eltern-Ich seines Kindes ein. Wenn wir uns das vorstellen, können wir sehen, wie sich das Glashaus um jemanden schließt. In jeder der beschriebenen Generationen gibt es immer weniger „Erwachsenen-Ich" und statt dessen ein „Eltern-Ich" und ein „Kind-Ich", die sich immer leidvoller miteinander am Rande des Überlebens befinden. Wer sich so fühlt, hat keinen Blick mehr für sachliche Realitäten. Er kann keine Wirkzusammenhänge mehr erkennen, da er in ihnen schon fast ertrunken ist. Ohne einen guten Therapeuten oder sonst jemanden, der ihn aus seinem Gefängnis herausholt, wird er selten eine Chance haben.

ICH ENTDECKE MEINE INTROJEKTE

Diese bis hierher beschriebenen Aspekte der GT und TA werden zum Verständnis dessen beitragen, was ich im Weiteren berichten werde. Jetzt kehren wir zu meinen Erfahrungen in meiner ersten Gestaltgruppe in Berlin zurück und zu der Zeit danach, zu meinem ersten TA-Wochenende in Hannover und den aufregenden Wochen, die sich daran anschlossen.

Der Trainer des Seminars, an dem wir zu dritt in Berlin teilnahmen, war John Brinley, ein weißhaariger Jude, dessen Mutter im Deutschland des Nazionalsozialismus im Konzentrationslager umgekommen war. Sie hatte sich von ihrer Heimat Deutschland nicht losreißen können und war als einzige der Familie nicht mit in die USA ausgewandert. Zu der Zeit unseres Seminars war John 60 Jahre alt und kam jedes Jahr für drei Monate nach Deutschland, um Seminare durchzuführen. Er war unserer Gruppe von 16 Teilnehmern mit seiner ganzen Liebe und Kraft zugewandt.

Die Gruppensitzungen verliefen so, daß jemand, der gerade an seinem Thema arbeitete, auf dem „heißen Stuhl" in der Mitte des Kreises der anderen Teilnehmer saß. Gleichzeitig saß er John gegenüber, der mit in dem Kreis saß, den die Gruppe bildete. Jeder kam dran, da gab es keine Diskussion. Also war auch ich irgendwann dran.

So sitze ich also an einem Morgen in der Mitte, 16 Menschen um mich herum, den wissenden, weisen Augen dieses rundlichen Mannes ausgesetzt. Ich sage ihm, daß ich fast sterbe vor Angst vor der Situation und den anderen Menschen. Um diese meine Gegebenheit in aller Ruhe hier und jetzt betrachten zu können, fordert er mich auf, die Gruppe in meiner Vorstellung auf den leeren Stuhl mir gegenüber zu setzen. Kaum bemühe ich mich darum, taucht in meinem Kopf ein Bild von einer Verbrecherbande auf, die um die Ecke einer Häusermauer schaut und mich bedroht. Ganz tief und müde kommt bei diesem Anblick aus meinem Inneren der Satz: "Ihr wollt mich ja doch nur umbringen". John Brinley fordert mich auf, mich nun auf den Stuhl mit der Bande zu setzen und sie antworten zu lassen. Ich höre eine freundliche, kräftige Stimme aus mir heraus sprechen: "Aber Kind, was hast Du bloß, wir haben dich alle lieb!". Ich bin tief erschrocken über diese gespenstischen Stimmen, die John aus mir herausholt und lausche mit großen Augen und Ohren erst in mich hinein und dann auf Johns Erklärungen für die Gruppe. Er spricht von einer "mörderischen Mutterimago" und von Introjekten und daß es viel Arbeit bedeutet, mit ihnen fertig zu werden. Er ist voller Wärme und Innigkeit, als er mich ermutigt, den Kampf aufzunehmen.

Danach läßt er mich die anderen Mitglieder meiner Familie heranholen, so daß ich mich im Kreis weiterer vier leerer Stühle wiederfinde, auf denen meine Eltern und meine beiden Geschwister „sitzen". Ich übernehme für jede einzelne Person die Rolle. Das Gespräch, das stattfindet, hat eine Qualität, die es in unserer realen Kommunikation nie gegeben hat. Es ist ein Gefühl, als schaute ich zum ersten Mal durch geputzte Fensterscheiben. Ich kann klar sehen, durch alle Augenpaare, die zu meiner Familie gehören. In diesem Augenblick gibt es all das nicht, was sonst meine Wahrnehmung blockiert, wenn wir zusammen sind. Es fühlt sich ganz und gar fremd und völlig richtig und real zugleich an, auch wenn ich es mir nicht erklären kann.

Auf Beinen wie Pudding gehe ich auf meinen Platz zurück, noch voller Schreck, daß da jemand so in mich hineinspaziert, die inneren Gespenster dazu bringt, sich zu zeigen und uns als Familie ein Gespräch ermöglicht, das sich zu schön anfühlt, um wahr zu sein und sich doch wahr anfühlt. Tief aufgewühlt bin ich und gleichzeitig voller Dankbarkeit für diese Erfahrung von gesehen und erkannt Werden.

In der Pause spricht mich eine Kollegin an. Sie hätte auf der psychiatrischen Station, auf der sie als Psychologin arbeitet, eine junge Patientin, die immer behauptet, ihre Eltern wollten sie umbringen. Wir sprechen darüber, dafl diese Behauptung auf einer subtilen Ebene stimmt, denn eine ängstliche Kinderseele unterscheidet nicht zwischen physischem und psychischem Tod. Irgendeine wahrscheinlich unbewußte Stimme gibt es in diesen Eltern, die ihr den Lebensmut nimmt. Die Kollegin möchte von mir ermutigt werden, das Mädchen ernst zu nehmen und ihre Aussage nicht zu bagatellisieren. Sie ihrerseits meint zu mir: "In 10 Jahren hast Du es geschafft!". In meinem jugendlichen Leichtsinn nehme ich mir im Stillen sofort vor, es in 5 Jahren zu schaffen, ohne einen blassen Schimmer davon zu haben, was das denn ist, was es bis dahin zu schaffen gibt.

Von dem Tag an habe ich nie wieder ganz den Kontakt zu dieser Kinderstimme verloren, die sich bis dahin nicht bemerkbar gemacht hatte, weil sie bemerkt Werden mit getötet Werden gleichsetzte. Mörderische Mutterimago, das „Kind-Ich" im „Eltern-Ich" meiner Mutter, das den gebrochenen Lebensmut der eigenen Mutter an die Kinder weitergibt. So konnte ich es zu der Zeit noch nicht formulieren, dazu bedurfte es der Entdeckungen, die ich in den folgenden Monaten machte.

Mein eigenes „freies Kind" war noch lange mutlos und mißtrauisch der erwachsenen Petra gegenüber. Immerhin hatte die im Laufe ihres Erwachsenwerdens keine Anstalten gemacht, sich schützend vor dieses Kind zu stellen, sondern war im „angepaßten Kind" steckengeblieben.

John Brinley hatte aus meinem Unbewußten diesen mörderisch wirkenden Anteil des „Eltern-Ichs" zutage gefördert. Er verurteilte meine Mutter dabei nicht oder brachte mich gegen sie auf, sondern gab mir die Bewußtheit, die es mir ermöglichen sollte, diesen Teil meiner Seele nicht länger unbewußt in mir herrschen zu lassen. Die Grundhaltung meiner Mutter dem Leben gegenüber, die sich wie ein Gift unserer Atmenluft beigemischt hatte und die sie schon übermittelt bekommen hat, sollte ich als Lebenskiller in den nächsten Monaten entdecken. Unser "Zauberer-Gott" hatte dem Thema ein religiöses Gerüst gegeben, den Geborgenheit stiftenden Lebensraum für die Verletzte.

In den Wochen nach unserem Seminar fühlte ich, daß ich mich in kleinen Schritten dem Zentrum meines Problems näherte. Ich entdeckte, daß in meinem Kopf "Leben" und "Tod" in ihrer Bedeutung genau umgekehrt vernetzt waren. Ich experimentierte mit Sätzen, sprach sie laut aus und fühlte nach, welche Resonanz sie in mir erzeugten. Wenn ich z.B. sagte: "Es gibt mich nicht" oder "Ich bin tot", spürte ich plötzlich Lebendigkeit in meinem Körper. Ich saß am Strand der Ostsee und dachte: "Das stimmt hier alles gar nicht" und fühlte dabei so etwas wie ein Realitätsgefühl. Ich nahm die Steine vom Strand auf, häufte sie zu einem kleinen Hünengrab zusammen und fühlte mich lebendiger als vorher. Ein Seelengeschwür wollte sein Geheimnis preisgeben, und zwar nicht in Form intellektueller Erkenntnis, sondern es wollte aufbrechen, so daß der Eiter ausfließen und die Wunde mit dem Heilungsprozeß beginnen konnte.

DER SCHLÜSSEL IM TRAUM ÖFFNET DIE TÜR ZUM KELLER MEINER GROßELTERN:

An einem Abend hatte ich Besuch von einem befreundeten Psychologen. Er fragte ob ich Lust hätte, eine Phantasiereise zu machen, die er in den letzten Tagen kennengelernt hatte. Wir hatten eine leichte und vertrauensvolle Stimmung miteinander und ich war einverstanden. Ich schloß die Augen und er führte mich in meiner Vorstellung in einen Wald, in dem ich nacheinander auf Wasser, einen Bären, einen Schlüssel, ein Haus und eine Mauer traf. Hinter der Mauer hörte ich Kinder spielen, aber sie war zu hoch und endlos lang, spielende Kinder waren unerreichbar.

Die eigentliche Überraschung für mich war der Schlüssel. Er lag am Boden, lang und dunkel und ich wußte sofort, dafl der Schlüssel in das Schlüsselloch des Hauses paßte, in dem meine Großeltern und meine Urgroßmutter gelebt hatten bzw. meine Großmutter nach wie vor lebte. Lag der Schlüssel zu meiner Depression bei meinen Großeltern, meiner Urgroßmutter? Hieß das, daß ich soweit zurückschauen mußte, um mein Lebensgeheimnis lösen und die verdrehte Vernetzung von Leben und Tod richtig schalten zu können?

Ich wußte, daß mich die GT in eins der größten, vielleicht auch gewagtesten Abenteuer meines Lebens mitgenommen hatte. Also hatte ich jetzt auch genügend Vertrauen in das, was in mir nach Gesundung strebte, um den Hinweis aus meinem Unbewußten als Botschaft ernst zu nehmen.

Ungefähr zwei Wochen später hatte ich einen Traum. In diesem Traum war der Hauptschauplatz ein Keller, der so aussah wie der Keller meiner Großeltern. Ich stand außerhalb des Kellers und hörte, wie drinnen ein Mann eine Frau umbrachte. Ich erwachte mit ziemlichen Angstgefühlen, die mich an Angstzustände erinnerten, die ich als Kind häufiger abends im Bett gehabt hatte und die damals zu völliger Bewegungsunfähigkeit geführt hatten. Diesmal konnte ich mich aus der einsetzenden Starre lösen. Dann fiel mir ein, dafl ich diese Angst als Kind auch hatte, wenn ich aus dem Keller der Großeltern Mineralwasser holte. Ich befürchtete immer wieder, dafl unter dem Kohlenhaufen in der Ecke ein ermordetes Kind läge. Als ich mit dem Erinnern soweit war, entstand plötzlich die hartnäckige Vorstellung in mir: "Ich habe ein totes Kind im Bauch". Sie wurde so stark, dafl ich ernsthaft daran dachte, durch eine gynäkologische Untersuchung abklären zu lassen, ob ich wirklich schwanger und das Kind gestorben war.

Keller, Mord, "totes Kind" im Bauch. Jetzt war ich ziemlich nah an die Region meiner Seele herangerückt, die „gestorben" war und aus der die Zustände von totaler Starre und Lähmung kamen, die ich so gut kannte.

Während sich mein „Kind-Ich" mit seinem Elend langsam der erwachsenen Petra anvertraute, begannen sich in der Zurückgezogenheit meiner Wochenenden Türen in meinem Kopf zu öffnen. Die Puzzlesteine meines freikirchlichen "Geisteslebens" fingen an, sich langsam zu Inhalten zusammenzusetzen, die sich mir gleichzeitig in ihrer Bedeutung für mein Leben erschlossen. Wie in einer langsamen Morgendämmerung dämmerte mir, mit welchen fatalen Inhalten mein kindlicher Kopf angefüllt worden war. Mein Geist spuckte sachte und doch klar das Lehrgebäude aus, das ich für meine Lebensgestaltung erhalten hatte und zeigte mir, welche Wirkungen dadurch geschehen waren. Damals konnte ich es noch nicht so beschreiben, wie ich es im ersten Kapitel dieses Buches beschrieben habe, aber es formten sich doch Sätze, die ich sofort aufschrieb, um sie ja nicht mehr vergessen zu können. Wie schrecklich diese Erkenntnisse für mich auch waren, sie mußten wahr sein dürfen, weil sie in meiner Seele wahr waren. Die ganze Schwere der Botschaften samt ihrer mörderischen Wirkung kam machtvoll in mein Bewußtsein. Was ich über den Menschen und sein Sein gelernt hatte, war lebensverneinend und lebenshemmend, war mörderisch und nur dazu geeignet, Sklaven eines Zauberers zu erschaffen!

So und nicht anders sah es in mir aus: Männer und Frauen bringen sich gegenseitig um, sprich Weiblichkeit und Männlichkeit stirbt aneinander. Kinder sterben schon im Mutterleib, sprich die inneren Kinder als Ausdruck der Lebenskraft und ursprünglichen Kreativität, die „freien Kind-Ichs" der TA werden wie tote Embryos ein Leben lang mitgeschleppt. Diese Seelenlandschaft war der Nährboden meines Wachstums, meines Aufwachsens. Und über den Gräbern der Lebendigkeit stand als Grabinschrift: "IHR HABT EWIGES LEBEN!

Meine Urgroßmutter hatte in ihrem Zimmer in Holz graviert den Bibelspruch hängen: „Sei getreu bis in den Tod, so will ich dir die Krone des Lebens geben." Was hatte dieser ganze fromme Salat in meinem Kinderkopf angerichtet? Welche Seelenzimmer würden da noch auftauchen, zu denen der Schlüssel aus meiner Phantasiereise passen würde? Bald war es für mich nicht mehr verwunderlich, daß Leben und Tod in meinem Kopf umgekehrt vernetzt waren und die Bedeutungen, die Assoziationen genau andersherum funktionierten. Wollte ich leben, bekam ich Todesangst, fühlte ich mich bewußt in das Gefühl hinein, mich wie tot zu fühlen, entstand eine Ahnung von Lebendigkeit . Der Schlüssel, den ich gefunden hatte, beschäftigte mich pausenlos. Was war mit dem toten Kind in mir? Gab es in meiner Familie tote Kinder, von denen ich nichts wußte? Standen hinter den furchtbaren Gefühlen meiner

Kindheit neben den Wirkungen des Glaubenssystems zusätzlich tatsächliche Ereignisse aus der Geschichte meiner Familie?

Am Abend bevor das TA-Seminar in Hannover begann, rief meine Großmutter nach sechs Monaten zum ersten Mal an. Sie habe das Gefühl gehabt, sie müsse mich mal anrufen. Ich war völlig perplex und konnte mich des Eindrucks nicht erwehren, daß auch dieser Anruf ein Stein in einem sich langsam zusammensetzenden Mosaik sein könnte. Also begann ich sie auszufragen. Zunächst bat ich sie um ihr Einverständnis, da meine Fragen möglicherweise an schmerzliche Erinnerungen rühren konnten. Ich erzählte ihr, daß ich bis jetzt immer noch nicht mit meinem Leben zurechtkäme und mir ihre Mitteilungen vielleicht helfen könnten. Sie war bereit, sich fragen zu lassen und versprach mir, soweit sie sich selbst erinnern konnte, meine Fragen offen zu beantworten. Ich fragte sie, ob tatsächlich in ihrem Keller ein Mord geschehen sein könnte, ob sie einmal ein Kind verloren oder abgetrieben hätte und ähnliches mehr, was sie alles verneinte. Dann fragte ich sie nach ihrer Mutter, meiner Urgroßmutter, die 1978 im Alter von 96 Jahren gestorben ist und bis dahin 40 Jahre lang im Haushalt meiner Großeltern gelebt hat. Sie kam aus Pommern, als meine Mutter zehn Jahre alt war. Meine Großmutter wurde durch meine Frage nach einem toten Kind an folgendes erinnert:

Als meine Großmutter 5 Jahre alt war, war ein kleiner Bruder von ihr 2 Jahre alt. Dieses Kind ist an einem Tag, als der Vater es beaufsichtigen wollte und dabei eingeschlafen ist, in einen Teich im Garten gefallen und ertrunken. Meine Urgroßmutter konnte den Tod des kleinen Jungen nicht verarbeiten. Sie ging sehr häufig zum Friedhof, litt an Depressionen und hat in der Zeit häufig gesagt: "Lieber zwei Kinder im Bett verlieren als noch ein Kind auf diese Weise". Einige Jahre später erkrankten zwei Töchter im Alter von ca. acht und neun Jahren an Diphterie und starben. Dieses Ereignis hat meine Urgroßmutter in einen ursächlichen Zusammenhang gestellt mit dem Satz: "Lieber zwei Kinder im Bett... und konnte von da an das Gefühl nicht überwinden, schuldig am Tod der beiden Mädchen zu sein. Der Vater schuldig am Tod des Jungen, sie voller Schuldgefühle beim Tod zweier Töchter.

Meine Urgroßmutter fand eine „Lösung“ für ihre inneren Qualen, die für ihre weiblichen Nachkommen schicksalhaft wurde. Und zwar kam sie zu dem Schluß, daß es für die Mädchen eigentlich sowieso besser gewesen ist zu sterben, so ist ihnen ein Leben erspart geblieben, das im Wesentlichen nur aus viel und schwerer Arbeit bestanden hätte. Als ich dies alles hörte, breitete sich ein Gefühl von Erwartung, Faszination, Trauer und auch Hoffnung in mir aus, als hätte ich tatsächlich endlich den Schlüssel zu meinem Leben gefunden. Mit diesem Gefühl fuhr ich am nächsten Morgen zum Seminar.

Der Therapeut, ein Transaktionsanalytiker aus Frankfurt, der gleichzeitig mit Methoden der Gestalttherapie arbeitete, sagte nach kurzer Zeit, als ich mit der Einzelarbeit dran war, daß es „mich“ noch gar nicht gäbe. Ich würde aus einer einzigen Ansammlung von Introjekten bestehen. Er fragte mich, ob er mit meiner Mutter in mir arbeiten dürfe und ich bejahte das.

In der nächsten Stunde wurde ich buchstäblich meine Mutter. Ihre Erlebniswelt überflutete mein Bewußtsein. Das kleine Mädchen, das sie einmal gewesen war, begann in mir mit seiner ganzen Angst und seinem Schmerz und seiner Sehnsucht zu leben. Die "kleine Elisabeth", wie ich sie für mich danach nannte, erlebte in mir ein ähnliches Erwachen, wie ich es mit der "kleinen Petra" in Berlin erlebt hatte. Ich stellte meinen Körper und Geist zur Verfügung, so daß der Therapeut die "kleine Elisabeth" liebevoll an ihren Schmerz heran führen konnte. Er nahm sie in die Arme, ließ sie von ihrem Papa erzählen und ihrem Schmerz, daß er nicht mehr da war, von ihrer Sehnsucht zu sterben und ihren schrecklichen Gefühlen von Sinnlosigkeit.

Als wir diese Arbeit beendeten, hatte ich den Eindruck, endlich zu entdecken, was in meiner Seele herumtobte. DAS waren die Gefühle, die ich immer gehabt hatte, aber nie gewußt hatte, woher sie kamen! Diese verzweifelte Einsamkeit kannte ich und jetzt gab es eine Geschichte dazu. Die Kinderseele meiner Mutter hatte ihren Abdruck in meiner Seele hinterlassen! Das Kind in meiner Mutter hatte jahrzehntelang die Stimmung und die gesamten Interaktionen unserer Familie beherrscht. Deshalb konnte sie sich nie mitfreuen, wenn es in meinem

Kinderleben etwas zum Freuen gab, sondern tötete mit ihren Kommentaren jede Kinderfreude schon im Ansatz. Sie hing mit jeder Faser ihrer Seele an einer Todessehnsucht, die alles Gute, Schöne und Lebendige in den Himmel verlegte, in die Zeit nach dem Tod. Denn, so hatte es schon ihre Mutter von ihrer Mutter gelernt: Das Leben ist für Mädchen schrecklich und es ist besser für sie, tot zu sein. Deshalb hatte ich den Tod mehr lieben gelernt als das Leben. Deshalb gab es in meiner Seele lebendige Impulse dann, wenn es um Tod, Unwirklichkeit und Leere ging. Deshalb mußte mich die Erkenntnis, daß es lebendige Wirkzusammenhänge im „Diesseits" gibt, treffen wie ein Blitz. Zutiefst dankbar fuhr ich zurück nachhause. Zu der „kleinen Petra" war die „kleine Elisabeth" hinzugekommen. Ich war sehr aufgewühlt von der ganzen alten Verzweiflung und den Erkenntnissen, fühlte mich aber der Situation gewachsen. Ich fing ja nicht gerade erst an mit meiner Reise, sondern hatte in den letzten Monaten schon erfahren, daß meine Seele auch auf sich selbst aufpaßte, und daß die Bewußtwerdung in Schritten geschah, die ich bewältigen konnte.

„WOHNGEMEINSCHAFT" MIT URGROßMUTTER, GROßMUTTER UND MUTTER

Ich hatte sofort eine Idee, wie ich mit den Erkenntnissen des Wochenendes und dem, was ich schon wußte, weiterarbeiten wollte. Es tauchte in mir der Wunsch auf, die Vorfahrinnen in mir kennenzulernen. Ich dachte, daß es möglich sein müßte, mit den "geschluckten" Persönlichkeiten in mir in solche Gespräche und Auseinandersetzungen einzutreten, bei der diese Persönlichkeiten neue Erfahrungen machten und lernten, anders zu denken und zu fühlen. Das war ja der Ansatz des Therapeuten in Hannover gewesen. Mein Interesse war geweckt, die Geschichte der Frauen, die mich geprägt hatten, verstehen zu lernen und ich hoffte, vielleicht genug von dem Schmerz der Generationen in meiner Seele heilen zu können, um auch endlich mein eigenes Leben führen zu können.

Ich beschloß, mit meinen Vorfahrinnen zu leben und startete ein gestalttherapeutisches Großunternehmen. Ich stellte mir vor, daß wir vier Frauen, meine Urgroßmutter, meine Großmutter, meine Mutter und ich in einer Wohngemeinschaft lebten. Ich hatte ja mit allen zeitweilig gelebt und hatte mich zu der Zeit ihren Spielregeln und Lebensanschauungen beugen müssen. Jetzt sollte unser Zusammensein durch meine neu gewonnenen Erkenntnisse gestaltet werden. Ich wollte mit ihnen in eine Auseinandersetzung eintreten und solange nicht aufgeben, bis sie sich mir mit ihrer ureigenen Lebenswahrheit mitteilen würden. Ich wollte solange mit ihnen sprechen, bis sie mit mir in der Gegenwart, im wahren Kontakt mit sich selbst und mit mir zusammen sein würden.

Um sicherzugehen, dafl ich die für mich wichtigsten Ereignisse aus dem Leben meiner Urgroßeltern kannte, rief ich noch einmal meine Großmutter an. Wir unterhielten uns eine Weile und irgendwann sagte sie : "Kind, mach" dir das Leben nicht so schwer! Begrab´ das alles und freu´ dich mal so richtig". Ich horchte auf und fragte sie, ob sie das mal so gemacht habe in ihrem Leben, etwas so zu begraben. Das verneinte sie. Aber wie konnte ich auch erwarten, dafl sie diese Frage wirklich wahrheitsgetreu beantwortete! War doch diese Möglichkeit, Schmerz in den Gräbern des Vergessens zu versenken, ihr Leben lang eine ihrer wesentlichen Überlebensstrategien. Sie erzählte mir noch, wie gut es sei, einen Herrn im Himmel zu haben und daß doch alles nach dem Willen des Herrn geschehen würde und er es immer gut mit den Menschen meine. Auch ihr Paul, ihr Mann, habe es immer gut mit ihr gemeint.Ich sah ein, daß ich diese Wand des "erlösten" Vergessens nicht durchbrechen konnte. Aber ich wollte, daß ihr Geist in meinem Kopf erfuhr, daß es eine tiefere, dem eigenen Selbst nähere Betrachtungsweise ihres Lebens gab! Ich wollte den Schlüssel benutzen.

Also begann ich mit meiner Großmutter. Ich stellte mir vor, daß sie vor mir auf dem Stuhl sitzt und nahm mir fest vor, sie nicht mehr ausweichen zu lassen. Sie versuchte zunächst, mich weiter mit Sprüchen einzudecken. "Kind, wenn Du nur auf den Herrn vertraust, wird schon alles gut. Er führt alles zu deinem Besten". Abwechselnd auf meinen zwei Stühlen sitzend, versuchte ich eine Woche lang jeden Abend, die

Mauer der Sprüche zu durchdringen. Ich hatte den Eindruck, daß sie wirklich nicht wußte, was ich von ihr wollte, so tief hatte sie ihr ureigenes Erleben vergraben. Ich bekam heftige Schwindelanfälle, so viel Schwindeln seit 80 Jahren... Meine Großmutter hat die meiste Zeit, in der ich sie kannte, unter Schwindelattacken gelitten. Ich wollte, daß das Schwindeln jetzt vorbei war.

Es gab einige Fakten aus ihrer Lebensgeschichte, über die in unserer Familie ziemlich offen und frei gesprochen wurde und mit denen ich sie jetzt konfrontierte. Sie hatte mit 18 Jahren ihrem Paul ein Eheversprechen gegeben, das sie ein Jahr später von ihm zurückbekommen wollte. Statt dessen hat sie sich dann mit ihm offiziell verlobt. Ich fragte sie jetzt "Wie ist das denn für dich gewesen?" "Kind, Kind, es wird schon gut für mich gewesen sein. Kummer konnte ich doch mein Leben lang mit meinem Herrn besprechen, er hat mich immer getröstet". Ich war sprachlos. Was gab es da noch zu sagen? Wie konnte es angehen, Gott in dieser Weise zum Komplizen für Lebenslügen zu machen?

Sie war ein 18jähriges Bauernmädchen in einem Dorf in Pommern, er ein 28jähriger Polizeibeamter aus Nordrhein-Westfalen, der in ihrem Dorf Urlaub machte. Er nimmt ihr ein Heiratsversprechen ab und verschwindet für das folgende Jahr. Inzwischen entbrennt ihr Herz für einen jungen Mann aus dem Dorf und ehrlicher weise schreibt sie dem Paul, daß er sie doch von ihrem Versprechen entbinden soll. Er kommt angereist und ... sie verloben sich. Da stimmt doch was hinten und vorne nicht! Diese Geschichte wurde in unserer Familie immer so erzählt, als würde man sich über das Wetter unterhalten.

Ein weiteres Jahr später findet die Hochzeit statt und damit die Verpflanzung der gerade Zwanzigjährigen in die Stadt. Das Mädchen vom Lande, plötzlich mit einem fast fremden Mann in einer großen Stadt. Er ist immer fort zur Arbeit, sie allein. Abends kommt er nach Hause und seine größte Sorge ist, sie so schnell wie möglich zu schwängern. Als sie nach ein paar Monaten immer noch nicht schwanger ist, will er ein Kind adoptieren.

Der Paul, der "meint es gut mit mir. Und er hat ein Recht auf mich, ich bin seine Frau. Der Körper der Frau gehört dem Mann und der Körper des Mannes gehört der Frau." Das hat sie mir mal erzählt, als ich in der Pubertät war.

Und der Herr nimmt "auf sich unseren Schmerz" ...

Jetzt erkannte ich, weshalb in meiner Familie überhaupt über diese Dinge gesprochen werden konnte! Es brauchte kein Tabu geben, die Fakten konnten ausgesprochen werden, weil sie schlicht und einfach nichts bedeuteten. Die vergangenen Ereignisse konnten erzählt werden, genau wie ein Märchen, weil die damit verbundenen Gefühle nicht gefühlt wurden! Die Gefühle waren nicht wahr, also konnte über „alles" gesprochen werden. Nichts Menschliches hatte eine wesentliche Bedeutung. Ob eine Frau den geliebten oder einen ungeliebten Mann heiratete, war einfach völlig egal! Die wichtigen Fragen lagen woanders und die eigentliche Beziehung, auf die es ankam, war die zu Gott. Es war auch erlaubt, sich schlecht zu fühlen, Depressionen zu haben, suizidal zu sein, sich immer körperlich krank zu fühlen, nur durfte niemand merken, dafl das etwas mit den Lebensumständen zu tun hatte. Die Brücken im Seelengarten abgebrochen und der Lebensfluß zum Versiegen gebracht. Die Lebensnetze waren entweder zerrissen oder falsch verknotet. Das machte alles nichts, das Leiden war ja etwas, das „uns mit dem Herrn verband".

Nach Wochen, in denen ich hartnäckig weiter fragte, war sie, die Großmutter in meinem Kopf, bereit, mit mir in den Bereich der wahren Bedeutung einzutreten. Das „freie Kind" in ihr durfte endlich sprechen und sich verstanden fühlen. Ihre Überzeugung, daß man ein einmal gegebenes Versprechen halten muß, hatte zu ihrer Ehe geführt. Sie erzählte von ihrer Angst vor der Stadt, vor dem fast fremden Mann, ihrem Heimweh, den Demütigungen in der ehelichen Beziehung, das alles gestand sie mir ein. Ganz ohne Sprüche, ohne weitere Ausflüchte, einfach so, wie es wirklich gewesen war. Wir konnten zusammensein und hier und jetzt die Dinge so sein lassen, wie sie gewesen waren. Ganz ohne verbergende und verleugnende Umdeutungen aus dem „Eltern-Ich" und ganz ohne die Bravheit des „angepaßten Kindes".

Zu dem, was sicher auch schön in ihrem Leben und in ihrer Ehe gewesen war, konnte jetzt gleichwertig das daneben treten, was nicht gut gewesen war. Sie wurde bereit, sich ihre bisher verleugneten schmerzlichen Gefühle einzugestehen. Es war zum Verzweifeln gewesen, die immer traurige Mutter um sich zu haben. Es war furchtbar gewesen, das kleine Brüderchen zu verlieren und auf keinen Trost durch Mutter und Vater hoffen zu können, weil sie selber so litten. Es war tödlich für die Kinderseele, die Älteste von ganz vielen weiteren Geschwistern zu sein und später die meisten durch Krankheit und Unfälle wieder zu verlieren. Sie hat sich oft gewünscht, den Geschwistern hinterher sterben zu können.

Als sie frisch verheiratet in der Großstadt ankam, hat sie sich auf die Suche nach einer freikirchlichen Gemeinde gemacht. Damit fand sie ein Stück Heimat wieder, denn ihre Eltern hatten sie ja zu dieser Art Frömmigkeit hingeführt. Sie kannte es nicht anders aus ihrer Familie, als daß irdischer Seelenkummer mit himmlischen Mitteln behandelt wurde.

Ich hatte mit meiner Strenge und meinem Mitgefühl erreicht, daß sie, die Großmutter in meinem Kopf, sich nach all der Zeit eingestand, was die Erfahrungen ihres Lebens wirklich für sie bedeutet hatten. Wir konnten über die Jahre sprechen, in denen sie vor Kopfschmerzen nicht mehr ein noch aus wußte und plötzlich wußte sie selber, wie diese mit ihrem Paul zusammenhingen. Wie anders wäre alles gewesen, wenn sie mit ihm aufrichtig über ihre Sexualität, über ihre Gefühle zueinander oder über Kindererziehung hätte sprechen können!

Ich war überrascht, als sie mir ihre Dankbarkeit bekundete, da mir klar war, was ich ihr an Aufdeckung zugemutet hatte. Es hatte Wochen beharrlichen Weitersprechens bedurft und ich hatte nicht aufgegeben. Jetzt fand ihr Geist in meinem Kopf mehr Ruhe und Frieden, als ihr Herr Jesus ihr jemals hatte geben können. Der wäre ja auch auf ihre Aufrichtigkeit angewiesen gewesen, um ihr Frieden geben zu können...

An einem Abend, als ich im Bett lag und einschlafen wollte, tauchte meine Urgroßmutter in mir auf. Meine Großmutter und ich waren anscheinend jetzt soweit, daß wir Anna auch Raum geben konnten. Ich hatte das Gefühl, mein Körper würde von innen her von einem anderen

Körper, einer anderen Person durchflutet. Ich spürte plötzlich, daß sie ganz viel mit meinem mangelnden Körperempfinden zu tun hatte, mit dem ich immer herum gelaufen war. Irgendwie hatte ihre Not meinen Körper besetzt. Ich bekam einen großen Schrecken, spürte aber auch, dafl dieses Gefühl nicht eigentlich neu für mich war, sondern nur dessen Intensität und die Bewußtheit darüber. Meine Ahninnen hatten ja nicht erst heute angefangen, in mir zu spuken, ich erkannte es nur jetzt. Seit diesem Erlebnis habe ich einen Eindruck davon, wie weit die Überfremdung durch Introjekte gehen kann und begriff, daß es möglich ist, daß Menschen bzw. ihr eigenes Ich unauffindbar für sie selbst untergehen.

Dann begann sie zu sprechen. Sie habe schon lange auf diesen Tag gewartet und ich sei ihre einzige Hoffnung. Immer habe sie empfunden, dafl ich es sei, die ihre verlorenen Gefühle wiederfinden und stellvertretend für sie lösen könne. Neben der Angst, die diese Sache in mir auslöste, stand Wut darüber, was sie von mir erwartete. Warum sollte ich herhalten für sie und mit welchem Recht hatte sie sich in meinem Körper eingenistet, so daß ich bis dahin kein eigenes Körpergefühl hatte entwickeln können? Warum hatte sie nicht zu Lebzeiten Ordnung in ihr Gefühlsleben gebracht, statt ihrem Gott alle Verantwortung zu überlassen? Gleichzeitig hatte ich mir ja genau das vorgenommen, was sie jetzt sagte und ich war erleichtert, daß sie sich nicht so sperrte, wie meine Großmutter es getan hatte. Ich wußte, dafl ich es vielleicht schaffen konnte und damit Hoffnung für mein eigenes Leben und auf ein eigenes Leben bestünde! Also sagte ich ihr zu, daß ich es versuchen würde.

Eine Lawine von chaotischen Gefühlen wie tiefe Verzweiflung, Angst, hoffnungslose Leere, Getriebensein und von innen geschlagen Werden tauchten in mir auf. Hundert Jahre Frauenleben mit allem, was an Verlusterfahrung nur denkbar ist. Immer wieder brachen Tränen aus mir heraus, zunächst, ohne daß ich eine Ahnung hatte, woher sie kamen und mit welchen Ereignissen sie in Zusammenhang standen.

Ganz langsam gelang es mir, meiner Urgroßmutter Anna in mir zu vermitteln, daß sie nicht nur einfach ein Leben hinter sich gebracht hatte, sondern daß die Gefühle, die sie ihren Erlebnissen gegenüber hatte, etwas bedeuteten. Daß ich wollte, daß sie wichtig nahm, wie die Beziehung zum eigenen Mann gewesen ist, mit welchen Gefühlen sie ihren Kindern das Leben gegeben hat, wieviel Erfüllung ihr in den Jahren und Jahrzehnten ihres Lebens zugewachsen ist. Ich sagte ihr, daß ich wohl bei all dem Schmerz verstehen könne, daß sie sich innerlich gegen das Leben selbst entschieden hatte, aber daß sie sich damit das Schlimmste angetan habe, was man sich antun kann, nämlich sich vom eigenen Empfinden abzuschneiden. Und daß sie damit allen nachfolgenden Frauengenerationen beigebracht habe, wie man lebt, ohne zu leben. Ich stieß auf eine Wand aus Nebel. Sie fragte, wie das Leben gehen soll, wenn man acht Kinder, einen Mann und zwei Bauernhöfe durch Krieg verloren hat. Ich konnte nur immer wieder mein Verständnis und mein Dableiben anbieten. Bei allem guten Willen war es doch so, als koste es sie noch einmal das Leben, sich ihrem Fühlen zu stellen und der wahren Bedeutung, die die schrecklichen Ereignisse für sie gehabt hatten.

An einem Abend flutete die mir wohlbekannte Verzweiflung wieder in mir hoch, von der ich jetzt endlich wußte, wo sie hingehörte. Nach einigem Forschen bekam ich Kontakt zu meiner Urgroßmutter und dann gelang das, was sie sich von mir gewünscht hatte. Sie zerbrach die Schale ihrer Einsamkeit und erzählte mir unter Tränen, wie es wirklich gewesen war. Ihr kleiner Zweitgeborener, tot, durch die Schuld des eigenen Mannes. Ihre Verzweiflung und die Unmöglichkeit, mit ihm darüber zu sprechen. Wie Blei senkte sich dies alles auf ihr Leben und auf ihrer beider Beziehung. Zurückgestaute Schuld, Vorwürfe und Trauer standen von da an zwischen ihnen. Dann die anderen Kinder, immer wieder schlug der Tod zu. Es war soviel, daß sie nicht mehr wußte, wie sie damit fertig werden konnte. Wie hatte dieser Gott das alles zulassen können? Ihr Mann fand Trost bei seinem Gott und sie blieb untröstlich.

Jetzt konnte sie mir endlich sagen, daß es nicht wirklich gut für ihre Mädchen war zu sterben, dafl sie selbst das Leben eigentlich geliebt hat und es Glück für sie gegeben hat trotz oder in der Trauer und der vielen Arbeit, die ihr Frauenleben auf dem Bauernhof bestimmt hatten. Sie nahm den Mythos vor mir zurück, dafl es besser ist für Mädchen zu sterben als die Mühsal des Lebens zu durchleiden; diesen Mythos, der das Leben meiner Großmutter und meiner Mutter bestimmt und in seinem Bann gehalten hat. Meine Großmutter und meine Mutter hatten ja je zwei Mädchen geboren, denen sie in die Wiege gelegt haben, daß es eigentlich besser ist, nicht zu leben, daß sie Mitleid verdient haben, leben zu müssen...

Eines dieser Mädchen war ich. Hunderte Male habe ich als Kind irgendwo gestanden, in die Ferne geschaut und meine ganze Lebenskraft damit verbraucht, die abgrundtiefe Verzweiflung und Einsamkeit, diesen unerklärlichen Schmerz nur einfach schweigend auszuhalten. Es blieb nichts übrig zum Leben, zu wirklichen Kontakten.

An diesem Abend ist ganz viel passiert. Ich weinte für meine Urgroßmutter die erlösenden Tränen und wußte, daß es nun geschafft war. Wir fanden eine Brücke zueinander und sie fand endlich die Brücke zum Erleben der wahren Bedeutung, die die schrecklichen Erfahrungen für sie gehabt hatten. Nichts wurde mehr verleugnet und mit der Decke einer Erlösungsideologie im „Eltern-Ich" zugedeckt. Es war so gewesen, wie es gewesen war und darin lag Befreiung. Es war wirklich schrecklich gewesen und es hat sich genauso schrecklich angefühlt, wie es gewesen war! Das war die Erkenntnis eines „Erwachsenen-Ichs", das sich der Tiefe und Schwere der gefühlten Bedeutung des Erlebten stellte. Es gab auch nichts mehr zu kämpfen oder mit Hilfe einer negativen Lebenshaltung gegen das Leben an zu trotzen, in TA-Sprache: das „rebellische Kind" darüber entscheiden zu lassen, wie „das Leben ist". Was blieb, waren Schmerz und die Wahrheit des Schmerzes.

Damit konnte sie langsam wieder in die Dimensionen der Vergangenheit zurückkehren.

Nach dieser Nacht wurde das Gefühl von verzweifelter Einsamkeit in mir stetig weniger, das bisher Kontakte blockiert und mein Inneres so beherrscht hatte, daß ich mich wie aus Glas fühlte. Es sollte zwar noch einige Jahre Arbeit kosten, bis ich meinen Körper so erleben konnte wie andere Menschen, aber jetzt entstand immerhin eine wohltuende Leere in mir. Mein Innenraum stand mir selbst mehr zur Verfügung, wie ein Raum, der darauf wartete, daß ich ihn mit eigenen Möbeln ausstattete.

Diese Erfahrungen an den Abenden und in den Nächten hätte ich nicht durchgestanden, wenn nicht meine Freunde und Kollegen mit ihrem Respekt und ihrem Vertrauen täglich dagewesen wären. Sie erlebten mein Abenteuer voller Wärme und Interesse mit. Ein Freund war da, der einige Male, wenn ich Angst hatte, daß ich den Kontakt zur Wirklichkeit verlieren könnte, fest den Arm um mich gelegt hat und mich festhielt wie ein Tau, das einen Heißluftballon an der Erde hält. Auch mein Hausarzt, mit dem ich jede Woche sprach, wußte genug über Menschen, um mich nicht ins nächste Landeskrankenhaus einzuweisen, sondern mir Mut zu machen und meine "Reise" mit Freundlichkeit und Achtung zu begleiten. Er fand, daß die meisten Ärzte viele ihrer Maßnahmen an Patienten lediglich als Mittel gegen ihre eigene Angst durchführen, statt einfach dazusein. Er blieb da.

Mein Experiment war noch nicht abgeschlossen. Ermutigt dadurch, daß meine Ahninnen sich darauf eingelassen hatten, wandte ich mich jetzt meiner inneren Mutter zu.

Als erstes tauchte der Wunsch in mir auf, das Kind in meiner Mutter, die "kleine Elisabeth", wieder zu treffen. Es hat einige Tage gedauert, bis ich Kontakt zu ihr bekam, denn sie war ein Kind, das nicht gewöhnt war, daß sich jemand ernsthaft für sie interessierte. Als der Kontakt gelang, wirkte sie völlig apathisch, verloren, wie nicht auf die Welt gekommen. Ich hatte sie auf der Stelle lieb und konnte ihr Wärme und Freundlichkeit schenken. Sie erzählte mir, daß sie bei ihrer Mutter auf völlige Gleichgültigkeit stieß, als sie zur Welt kam. Sie spielte überhaupt keine Rolle. Ich sagte ihr, daß ich an ein Photo von ihr denken müsse, auf dem sie ungefähr sieben Jahre alt ist. Ihre Augen sind darauf verschleiert und wie nicht erwacht. Ich erzählte ihr von meinen Gesprächen mit ihrer Mutter und Großmutter, aber sie hatte Mühe, mir zu folgen. Ich erzählte ihr, daß die große Elisabeth, die erwachsene Frau, den Schmerz in sich nicht gefunden hat, der ja gar nicht ihrer war, sondern aus dem Schicksal der Frauen vor ihr entstanden war. Sie hat mit ihrem Mann gekämpft und ihre Kinder verprügelt, weil sie auch nicht wußte, woher und wohin mit all dem Seelenschmerz. Die „kleine Elisabeth" hörte sich das zwar an, verstand es aber nicht. Es tat ihr lediglich gut, daß ich mich um sie bemühte.

Als ich versuchte, zur erwachsenen Elisabeth in mir Kontakt herzustellen, stieß ich auf noch größere Schwierigkeiten. Sie war ja schon die dritte betroffene Generation und es wird anscheinend mit jeder folgenden Generation schwieriger, noch an die wahren Zusammenhänge heranzukommen. Ihr „Erwachsenen-Ich" war durch die Irrationalität ihrer Mutter und Großmutter nicht sehr entwickelt. Ich selbst hatte auch größere Schwierigkeiten, zu ihr genügend Distanz zu halten. Immerhin war es meine Mutter gewesen, die all das seelische Chaos nicht unter Kontrolle bekommen hatte und mein Kinderleben damit sehr in Mitleidenschaft gezogen hatte. Ich konnte im Gespräch mit ihr nicht in der Weise eine mitfühlende Haltung einnehmen, wie sie es brauchte. Sie verteidigte mit großer Hartnäckigkeit ihre Perspektive auf ihren Vater, ihre Mutter und das Leben. Das Leben war schrecklich, mußte gelebt werden und mich hatte sie immer geliebt. Damit basta! So wie ihre Eltern sie auch geliebt hatten. Immerhin hatte ihr Vater sie nicht mehr mit einer Hundepeitsche geschlagen, wie es ihm selbst geschehen war als Kind, sondern nur noch mit einer Polizeikoppel; und das ohne Affekt, in aller Ruhe durch eine Zigarettenpause vorbereitet, in der die Kinder auf ihre Prügel warteten. Sie blieb bei ihrer Auffassung. Ich hatte keine Chance, etwas an ihrer Betrachtungsweise zu ändern. Es gab weder ein „Erwachsenen-Ich", das willens und in der Lage war, sich sachlich mit den Geschehnissen zu beschäftigen, noch einen positiven „Eltern-Ich"-Anteil, der lernen wollte, sich schützend vor die „kleine Elisabeth" zu stellen. Meine Kraft und meine Unterstützung reichten auch noch nicht aus, um das, was ihr fehlte, beisteuern zu können.

Trotzdem träumte ich am Morgen meines 28. Geburtstages, daß meine Mutter nach einem schweigenden Kampf meinen Körper durch meine Füße verlassen hat. Dieser Traum war sehr beeindruckend, tröstete mich und hatte etwas sehr Verheißungsvolles. Vielleicht stand meine Mutter in diesem Traum auch für alle Ahninnen, mit denen ich in den letzten Monaten gerungen hatte.

MEIN SEELENGARTEN WIRD MEIN SEELENGARTEN

Mein Seelengarten war, als diese Zeit zu ende ging, um Wesentliches mehr mein eigener als jemals zuvor. Der Boden war durchgepflügt, viele giftige Pflanzen entfernt, die ersten selbstgesetzten Pflanzen und Blumen fanden Halt und es floß viel Wasser unter neuen Brücken hindurch. Anders ausgedrückt, hatte ich Heilung und Wahrheit in mein „Eltern-Ich" gebracht, das „KInd-Ich" meiner Urgroßmutter hatte in seinem Schmerz mit der Irrealität begonnen und sich einen Mythos geschaffen, der eine glückhafte Verbindung zwischen allen drei Instanzen verunmöglichte. Das "Eltern-Ich" meiner Großmutter hatte fraglos geglaubt, sowohl die Botschaften aus dem „Kind-Ich" meiner Urgroßmutter als auch die Frömmigkeit aus dem „Eltern-Ich" ungeprüft an die eigene Tochter weitergegeben. Ein „fürsorgliches Eltern-Ich" für menschliche Belange und ein realistisches „Erwachsenen-Ich" standen nicht zur Verfügung.

Wann ist jemand erwachsen? Wenn das „Erwachsenen-Ich" seinen ihm gebührenden Platz im Dienst der Realität einnimmt. Das bedeutet, es steht zu jeder Zeit zur Verfügung, weist das negative „Eltern-Ich" in seine Schranken und steht schützend vor dem „Kind-Ich". Wirkliche Erwachsenheit läßt sich daran messen, daß es erwachsen gewordenen „Kindern" möglich ist, sich in Gegenwart ihrer Eltern erwachsen zu fühlen. So sagt es W.F. Nerin in seinem Buch „Versöhnung mit den Eltern". Erst dann ist das „Erwachsenen-Ich" in der Gesamtpersönlichkeit stark genug, um einen Realitätsbezug stabil zu garantieren. Bis dahin brauchte ich noch viele Jahre mit neuen Erfahrungen.

Mein „KInd-Ich" lernte, sich seines Lebens zu freuen und Erfolge und glückliche Augenblicke auch als solche im Fühlen zu erleben und zu genießen. Mein „Eltern-Ich" lernte ganz langsam, sich mit dem Kind mitzufreuen, irdische Lebensfreude und irdischen Erfolg als wertvoll zu „verbuchen" und Anerkennung auszusprechen. Alle drei, „Eltern-Ich", „Erwachsenen-Ich" und „Kind-Ich", lernten allmählich, freundschaftlich , ehrlich und viel miteinander zu kommunizieren.

Damit ich soweit kommen konnte, brauchte es viele neue Erfahrungen mit Menschen, die bereit waren, dem Schmerz in meinem „Kind-Ich" in der Gegenwart die Aufmerksamkeit und das Mitgefühl entgegenzubringen, wie ich es meiner Großmutter und Urgroßmutter geschenkt hatte. Ich brauchte Menschen, die Freude am Leben und daran hatten, mein „freies Kind" zu ermutigen, es mit dem Lebendigsein im Diesseits hier und jetzt zu versuchen und die sich mit mir freuten, wenn das gelang. Und ich brauchte immer wieder Menschen, die mein „Erwachsenen-Ich" darin bestärkten, in realen Ursache-Wirkungs-Zusammenhängen zu denken.

Das alles war es, was die Kollegin auf meiner ersten Gestalttherapiewoche gemeint hatte, als sie sagte: „In zehn Jahren hast du es geschafft".

Es hat wirklich so lange gedauert, weil Geist und Seele ja tief im Körper stecken und es nicht damit getan ist, daß die Dinge im Kopf neu geordnet werden. Die Ich-Zustände des Modells der Transaktionsanalyse sind Geisteszustände, Seelenzustände und Körperzustände.

FRAGEN UND ANREGUNGEN ZUM KENNENLERNEN DER INNEREN GESTALT

UND ZU INNEREN PERSÖNLICHKEITSANTEILEN

- Kennen Sie eine Sehnsucht in sich, einen tiefen Drang, sich irgendwohin entwickeln zu wollen?

- Kennen Sie das Gefühl einer inneren Übereinstimmung mit äußeren Bedingungen und das Gegenteil? Etwa wie „hier bin ich genau richtig, dieser Beruf ist genau richtig, dieser Mensch tut mir nicht gut...."

- Kennen Sie das Gefühl, vollständig in einer Situation „aufzugehen" und ganz anwesend zu sein?

- Nehmen Sie sich ein Blatt Papier und malen Sie die sechs Ich-Zustände (EL+, EL-, ER, fK, aK und rK) im Verhältnis zueinander in Säulenform, wie Sie selber sich in ihnen gespiegelt sehen.

- Haben Sie Erfahrungen damit, innere sich widersprechende Stimmen ins Gespräch miteinander zu bringen?

- Haben Sie das Gefühl, daß Ihre Eltern sich selbst kennen und sich so zeigen wie sie sind? Spielen sie eine entfremdete Rolle, werden sie überhaupt nicht sichtbar?

- Wie erwachsen und integriert sind Ihre Eltern, Großeltern und Urgroßeltern in ihrem Leben geworden? Um sich den Persönlichkeiten Ihrer Familie zu nähern, könnten sie immer einmal länger an eine Person denken und dann das Persönlichkeitsprofil, wie Sie es im Gedächtnis haben, mit Hilfe der sechs Ich-Zustände aufzeichnen.

- Wenn Sie Gespräche mit inneren Personen führen wollen, nehmen Sie sich drei Sitzgelegenheiten und beginnen Sie mit Ihrem „Fürsorglichen Eltern-Ich" (EL+), mit dem Kind, das sich zuerst meldet (fK, aK oder rK) und dem „Erwachsenen-Ich"(ER). Dann nehmen Sie die anderen beiden Kinder hinzu und das „negative Eltern-Ich" (EL-). Wagen Sie sich erst in die anderen Generationen vor, wenn Sie das EL+, das ER und alle drei K in einem guten Kontakt erleben, der das El - deutlich begrenzen kann.

  Erlauben Sie allen zu sprechen, aber begrenzen Sie die jeweilige Redezeit. Üben Sie, daß sich die Einzelnen gegenseitig ansprechen und ihre Beziehung klären. Bleiben Sie nicht allein mit Ihren Erfahrungen, sondern erzählen Sie regelmäßig einem Menschen Ihres Vertrauens davon.

(Im Anschluß an das fünfte Kapitel finden Sie einen Fragebogen, der den Einstieg in die Erforschung der eigenen Biographie und die von Familienmitgliedern erleichtern kann.)

Meine Interpretation des TA - Modells

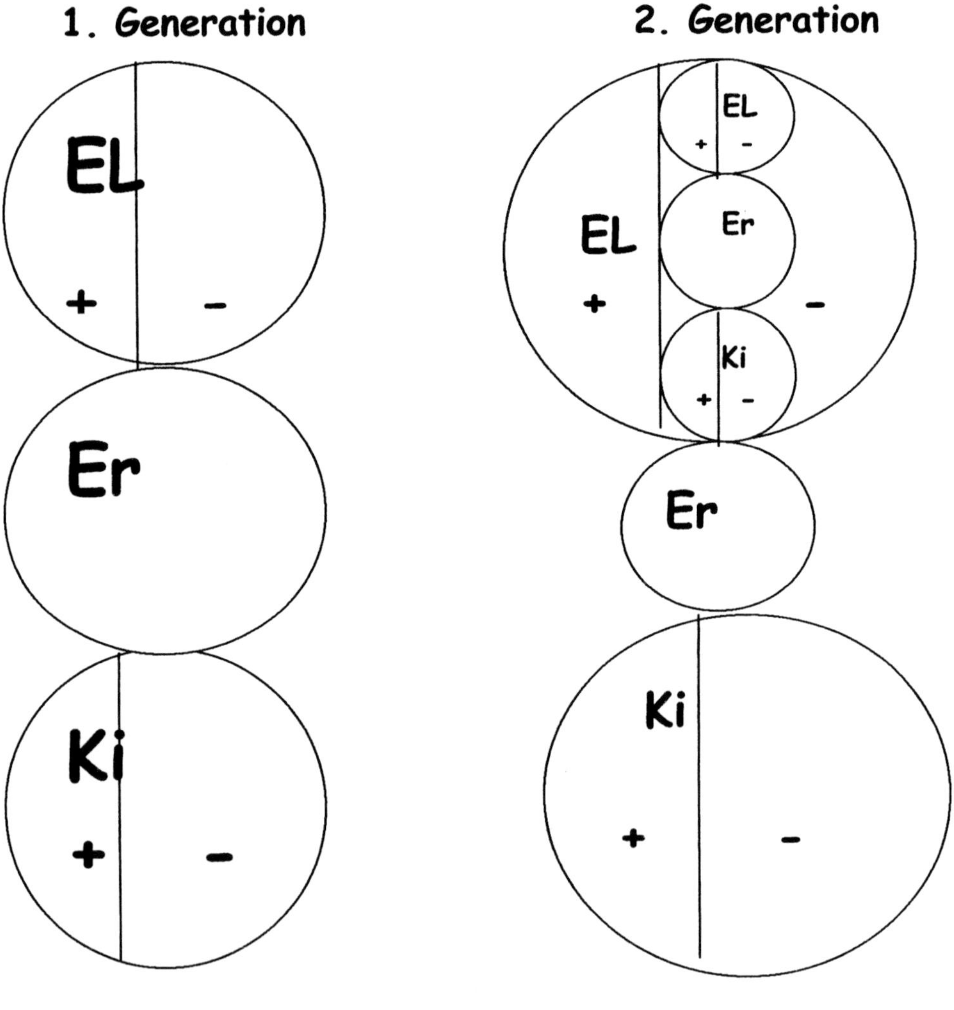

KAPITEL IV

IM KÖRPER NACHHAUSE KOMMEN

ERMÖGLICHT IM LEBEN ZUHAUSE ZU SEIN

VOM SCHREIEN ZUM SINGEN

Der gesunde Mensch, ob Kind oder Erwachsener, verfügt über Muskeln, die den Erfordernissen derSituation entsprechend das gesamte Spektrum derEmotionen zum Ausdruck bringen können. Die (ungesunden) körperlichen Spannungszustände kann man sich als eine Reihe Funktionseinschränkungen vorstellen, die dazu dienen, physische Beweglichkeit, Atmung und emotionale Erlebnisintensität herabzusetzen.

David Boadella in "Wilhelm Reich"

SINN UND UN-SINN DES LEBENS FANGEN MIT DEM KÖRPER AN

Unser Körper ist ein ganzes Leben lang das wichtigste Zuhause, das wir haben. Das Verhältnis, das wir zu unserem Körper haben; ist maßgeblich für jede Erfahrung von Sinn, von Geborgenheit; von Kontakt und von Sich im Zusammenhang mit dem Leben Empfinden. In der Regel wird in unserer Gesellschaft der Zusammenhang zwischen Sinnlosigkeitsgefühlen, Ungeborgenheit, Süchten, Krankheit und unserem Verhältnis zu unserem Körper nicht gesehen. Selbst psychotherapeutische Ansätze haben nicht immer ein Bewußtsein dafür, daß es unmöglich ist, von Menschen psychische Gesundheit zu erwarten, wenn sie keine lebendige Beziehung zu ihrem Körper haben.

Mich verbindet mit den meisten meiner Zeitgenossen und unseren Vorfahren, daß wir von Kind auf ein tiefes Bewußtsein von Körperfeindlichkeit eingeatmet haben. Die Freikirche hat in dieser Hinsicht vielleicht ein Extrem gebildet, aber die Jahrtausende, in denen die Griechen und nach ihnen die christliche Kirche körperlose Liebesideale hochgehalten haben, haben in unserer gesamten westlichen Kultur einen tiefen Mangel an Körperbewußtsein erzeugt.

C.G.Jung, einer der Gründerväter der modernen Beschäftigung mit dem menschlichen Unbewußten, hat die Verbindung zwischen Körperfeindlichkeit und Kirche deutlich erkannt. Er beschäftigte sich am Ende seines Lebens intensiv mit der Möglichkeit, die Kirche zu therapieren. Er meinte, daß es Hoffnung für die Menschheit gibt und begründete seine Ansicht damit, daß die katholische Kirche in diesem Jahrhundert ein Dogma geschaffen hat, das besagt, daß die Himmelfahrt Marias, der Mutter Jesu, als körperlicher Vorgang verstanden werden müsse. Jung sah diesen Vorgang symbolisch. Maria, Symbol der Weiblichkeit, ist mit ihrem Körper, auch einem Symbol der Weiblichkeit, in den Himmel erhoben worden, d.h. auf eine gleichrangige Ebene mit dem Geistigen, dem männlichen Prinzip, gebracht worden. C.G. Jung verstand dies Dogma als einen Ausdruck der Veränderung des kollektiven Unbewußten und verband damit die Hoffnung, daß sich eine Gleichrangigkeit von Körper/Weiblichkeit und Geist/Männlichkeit anbahnt.

Nur wenn wir unsere Körper, die materielle Grundlage unseres individuellen Seins, wertschätzen, haben wir die Chance, ebenso ein Gefühl dafür zu entwickeln, daß die Erde als materielle Grundlage unser aller Existenz unsere Liebe und Wertschätzung braucht. Wenn wir das nicht schaffen, wird die kollektive Passivität die entsprechenden Folgen haben müssen. Nur wenn wir als einzelne Menschen ein Bewußtsein der Liebe, Achtsamkeit und Wertschätzung dafür entwickeln, eine körperliche Existenz zu haben, können wir individuell, als Familien und als Menschheit unsere Existenzkrise positiv bewältigen.

Als jemand, die lange Zeit von ihrer bewußten Körpererfahrung abgeschnitten war, fühle ich mich berechtigt, auf diese Zusammenhänge aufmerksam zu machen. Aus dem inzwischen entstandenen lebendigen Verhältnis zu meinem Körper resultiert auch die Energie, die mich mit Freude meine Arbeit tun läßt. Wenn immer mehr Menschen sich in ihrem Körper heimelig fühlen, Lebensfreude und Energie haben und deshalb nicht in Süchte und Sinnlosigkeit geraten, könnten wir miteinander aktiv werden, unsere Erde zu heilen und die Zukunft unserer Kinder und Enkel zu sichern.

Ich werde davon berichten, wie sich mein Körpergefühl von dem Eindruck, gläsern zu sein, in die Erfahrung gewandelt hat, ein lebendiger, warmer, elastischer, pulsierender Organismus zu sein. Wertschätzendes Körperbewußtsein, ein vollständiges Körperbild und ein Gefühl für die Rhythmik des Lebens sind drei Aspekte, die Voraussetzung dafür sind, daß wir uns lebendig fühlen. Wir sind ein Netz, ausgespannt zwischen Rhythmen in und außerhalb von uns. Je besser wir das begreifen, desto mehr Erfüllung gibt es. Ich werde Sie als Leser mit in meine Erfahrungen mit der bioenergetischen Körpertherapie, der Primärtherapie und dem Gesangsunterricht hinein nehmen, die mir ein immer tieferes Begreifen dieser Vernetzung ermöglicht haben.

KÖRPERBEWUßTSEIN IST DAS BINDEGLIED ZWISCHEN KÖRPER UND GEIST

Wie sieht die frühe Lebenszeit eines Menschen aus, der gesunde Körpererfahrung und damit auch ein gesundes Körperbewußtsein besitzt ?

Diese Frau oder dieser Mann haben eine Entwicklung ohne tiefe Traumatisierungen hinter sich. Die Mutter hatte während der Schwangerschaft keinen Unfall, keinen Todesfall oder keine Trennung von ihrem Partner zu verkraften, hat auch nicht hochschwanger im Luftschutzkeller gesessen und keine Grundängste auf ihr werdendes Kind übertragen, die ihre Ursachen schon in den Generationen vorher genommen haben. Die Geburt ist ohne größere Komplikationen verlaufen, die Mutter konnte sich der gewaltigen Erfahrung von Öffnung überlassen und hat ihren Schmerz während des Gebärens ohne Einschränkung durch Tapferkeitsvorstellungen heraus geschrien. Das Neugeborene hat in einer Stillzeit, die beide im Einverständnis miteinander beendet haben, eine gelungene Phase von Verschmelzung mit seiner Mutter erlebt, weil seine Mutter neben der Anstrengung auch die Freude und Lust mit ihrem Kind genoß und sich in seine Rhythmik hat einschwingen können. Sie hat sich freigemacht von Erziehungsratschlägen aus ihrer Umgebung, die in der Regel unter dem Aspekt von Macht und nicht von elementarer Bedürfnisbefriedigung verabreicht werden. Sie hat einen innigen Kontakt zu ihrem Kind gefunden, der es ihr möglich machte, ihr Kind zu verstehen.

Auch in den späteren Jahren des Aufwachsens haben sich für dieses Kind Freude, Ermutigung und Frustrationen in einer Weise gemischt, die sein Vertrauen in sich selbst und das Leben entwickelt haben. Sein

Vater war präsent und hat sich zuständig für es gefühlt. So gab es genügend Herausforderungen, um mit den Erfahrungen von Spannung und Widerstand in Körper und Seele umgehen zu lernen. Es gab keine ideologischen Überfrachtungen, die dieses Kind von der Unmittelbarkeit körperlicher und seelischer Reaktionen auf Erlebnisse getrennt haben; weder die Frage:" Was sollen die Nachbarn denken?", noch die Parole „In unserer Familie sind alle Männer eisenhart !" noch die Idee, daß „alles Böse dieser Welt in uns versammelt ist und gleichzeitig auch nicht, weil wir erlöst worden sind". Dieses Kind konnte einen selbstverständlichen Kontakt zu seinem subjektiven Körpererleben bewahren, weil es von seinen Eltern Respekt und Achtung seinem Selbsterleben gegenüber erfahren hat. Auch gegen Übergriffe aus der Umwelt haben diese ihr Kind verteidigt und es nicht aus Angst vor der Schule oder den Großeltern verraten. Es gab keine Strafen, sondern Klarheit und Konsequenzen, bei denen das Kind seine Sicherheit bewahren konnte. Beide Eltern gingen selber mit ihrem Körper achtungsvoll um, in dem sie einen entsprechenden Lebensstil pflegten.

Vielleicht horchen Sie an dieser Stelle einmal in sich hinein, wie realistisch Ihnen diese Beschreibung vorkommt. An Ihrer Reaktion können sie etwas davon ablesen, wie im Verhältnis zu dieser Beschreibung Ihre Kindheitsrealität ausgesehen haben mag.

KÖRPERBEWUßTSEIN IST DIE ENTSCHEIDENDE VORAUSSETZUNG FÜR GESUNDE KÖRPERERFAHRUNG

Unter einem heilen Körperbewußtsein konnte ich mir in der Zeit, als ich mit Therapie in Berührung kam, gar nichts vorstellen. Diffus deutlich war mir nur, daß irgend etwas nicht in Übereinstimmung mit der Realität sein konnte, wenn ich mich gläsern, starr, ausgetrocknet und hohl fühlte, obwohl ich in Wirklichkeit etwas Bewegliches, Durchfeuchtetes und Gefülltes war.

Es gibt viele Menschen, für die der Verstand in ihrem Kopf alles ist, was zählt, und die ihren Körper benutzen, um von ihm ihren Geist irgendwohin getragen zu bekommen. Dieses Bewußtsein verleugnet den Körper und behandelt ihn schlechter als das eigene Auto. Es gibt auch

Menschen, die ihren Körper wie eine Maschine fit halten und schmieren oder auch lackieren wie ihr Auto. Sie erleben ihren Körper wie ein Kleidungsstück, das man vorzeigen kann und wissen nicht, welche Quelle körperlich-seelisch-geistigen Erlebens er sein könnte, wenn sie eine achtungsvolle, reife und komplexe Beziehung zu ihrer Ganzheit hätten.

Wie fühlen sich der Zustand, gleichzeitig geistig, seelisch und körperlich fühlend zu sein, von innen an? Wie sieht das Körperbewußtsein bei einer Frau und einem Mann aus, die oder der die oben beschriebenen Erfahrungen, in ihrer Ganzheit geachtet zu werden, gemacht hat? Es geht hier nicht darum, ein neues Ideal aufzustellen, sondern eine reale Erfahrung zu beschreiben, die ich heute mit vielen anderen gesunden bzw. gesund gewordenen Menschen die meiste Zeit meines Tages teile.

Er oder sie geht über einen Fußboden und erfaßt, ob dieser weich, elastisch oder hart ist. Der entsprechende leichte oder kräftigere Stoß geht durch den ganzen Körper, wird elastisch abgefedert und nirgendwo blockiert. Die Erfahrung, das eigene Gewicht an den Boden abgeben zu können, ist für diesen Menschen so elementar, daß sie eine tragende Grundlage für dessen Seinsgefühl bildet. Sein oder ihr Gefühl für den eigenen Körper und die Körperlichkeit anderer ist zusammenhängend und reicht von den Haarwurzeln bis in die großen Zehen. Die Verbindungen zwischen Rumpf und Extremitäten fühlen sich fließend an und die Wirbelsäule wird fühlbar als stützendes Element erfahren. Das Körperbild im Kopf ist mit den realen Ausmaßen des Körpers identisch und die Grenze der Haut ist auch im Kopf als Grenze zur Außenwelt verankert. Das Innengefühl ist warm, gefüllt und ein bißchen schwer, je nachdem, wie das Gewicht auch wirklich ist. Er oder sie fühlt die Existenz der inneren Organe und den Raum, den sie einnehmen. Die Atmung wird großräumig in den Dimensionen vorne-hinten und oben-unten erlebt. Die Zwerchfellbewegung wird bis in den Unterbauch und in die Flanken hinein gefühlt. Die Aufmerksamkeit ist schwebend zwischen Innenwahrnehmung und Außenwahrnehmung aufgeteilt. Körperbewußtsein und Körper wirken wechselseitig aufeinander ein. Je vollständiger das Körperbewußtsein eines Menschen ausgebildet ist, desto effektiver können Körper, Seele und Geist miteinander kommunizieren. Und wenn innerhalb eines Menschen die Kommunikation klappt, kann sie auch mit der Außenwelt gelingen.

Was unterscheidet einen körperbewußten Menschen von einem verwunschenen Prinzen und einer verwunschenen Prinzessin? Die Selbstverständlichkeit, mit der jemand interessiert daran ist, sich selbst bis in die Körperebene hinein zu verstehen, ernst zu nehmen und sich den anderen draußen verständlich zu machen. Wieder sehen wir, daß Lebendigkeit das Gelingen von Verbindungen und Kommunikation ist. In der Sprache der TA klingt der körperbezogene Zusammenhang so: Wenn das „Eltern-Ich" daran gewöhnt ist, sich mit den realen äußeren Wirkungen, die in Situationen entstehen und auch mit den inneren Signalen aus dem Körper (Kind-Ich) zu befassen, um gegebenenfalls aktiv werden zu können, kann das „Erwachsenen-Ich" sich in Ruhe mit der Angelegenheit beschäftigen und das „Kind-Ich" (Körper) mit Vertrauen, Entspanntheit und angemessenen Emotionen in der Situation präsent sein.

WIR HABEN EIN KÖRPERBILD IM KOPF, OB WIR ES WISSEN ODER NICHT

Das Körperbild ist dann in (der) Ordnung, wenn ein Mensch sich nicht kleiner, größer, dicker, dünner, ausgedehnter oder zusammengeschrumpfter wahrnimmt, als er ist und alle Bestandteile des Körpers in seinem Körperbild vorhanden sind. Wir sind dann gesund, wenn das Bild im Kopf mit der gegebenen Realität übereinstimmt.

In der Regel sind wir uns unseres Körperbildes nicht bewußt. Deshalb hat die Körperpsychotherapie Methoden entwickelt, Aufschluß über das Körperbild des Klienten zu erhalten. Z. B. legt sich jemand auf einen großen Bogen Papier, bekommt seinen Körperumriß nachgezeichnet und malt anschließend intuitiv alles hinein, was ihm in den Sinn kommt. Dabei entsteht eine Landkarte des Körpers, in der neben den Körperinhalten auch eingetragen sein kann, wo Operationen, Brüche oder Schläge passiert sind. Das geschieht sogar manchmal, obwohl die Beteiligten bewußt keine Erinnerung mehr daran haben und jetzt erst durch das gemalte Bild wieder darauf kommen. Manchmal wird deutlich, daß jemand kein Gefühl für sein Skelett hat. Ein anderes Mal habe ich ein Bild gesehen, in dem eine Klientin auf ihrem Blatt Papier ihren Oberkörper in Schlingpflanzen eingehüllt hat, die aus ihrem Kopf herauswuchsen. Sie hatte Mühe, die Interpretation an sich heran zu lassen, die für die übrige Gruppe schlüssig war, nämlich daß ihr Körper aus den Umhüllungen durch ihre Phantasien befreit werden wollte.

Auf diesen „Landkarten des Körpers" gibt es häufig weiße Stellen. Viele Menschen haben kein Bewußtsein für ihr Gehirn oder auch für ihr Herz, und der Genitalbereich ist fast nie deutlich verankert. Wenn das durch die Zeichnungen bewußt wird, beginnen die Malerinnen und Maler, diese Leerstellen auch in ihrem Körperbewußtsein wahrzunehmen. Sie sagen dann z.B.: „Hier zwischen Magen und Leistengegend ist irgendwie nichts, es ist wie tot, wie abgeschnitten, leer."

Ob der Körper-Seele-Geist- Zusammenhang in den Wachstumsjahren geglückt ist, läßt sich daran feststellen, ob Menschen Wohlgefühl kennen. Wohl fühlen Können ist ein deutlicher Hinweis darauf, daß die Lebensgrundlage "Körper" positiv besetzt ist. Das sind die gelösten Prinzen und Prinzessinnen, in deren Garten es wächst und blüht und fließt. Wenn jemand einmal weiß, wie es ist, wenn das eigene Existenzgefühl von einem warmen, vollen, strömenden Gefühl getragen ist, wird er oder sie auf jeden Fall aktiv dafür sorgen, es zu erhalten oder wiederherzustellen. Die Tragik ist, daß, wenn wir es nie erfahren haben, wir auch nicht wissen, wonach wir wirklich suchen und so sind Menschen auf der Suche und machen sich Bilder von dem, was sie suchen. Wir suchen es in Gruppenzugehörigkeiten, in Drogen, in Sex, in religiösen Erlösungsvorstellungen, in philosophischen Lösungsansätzen, in Reisen, selbst in sportlicher Betätigung. Es ist tatsächlich möglich, sich sportlich oder sexuell zu betätigen, also sogar den Körper bei der Suche aufzusuchen und doch nicht „zu Frieden" zu werden. Ich habe die „vergeistigte" Spielart kennengelernt. Aber Einseitigkeit der Suche kann unser ganz eigenes und intimes Gefühl für unseren Körper-Seele-Geist- Zusammenhang ersetzen. Und wir haben erst dann gefunden, wenn es still wird in uns, wenn wir wirk-lich und wirk-sam „gestillt" sind. Wenn wir aufhören zu suchen, weil wir angekommen sind und uns mit unserem realen Körper, unseren aus der Realität gespeisten Gefühlen und Gedanken zu hause fühlen.

KÖRPERRHYTHMIK UND LEBENSRHYTHMIK STEHEN IM ZUSAMMENHANG

Rhythmus ist etwas, das sich geheimnisvoll durch unser Leben zieht, leider ohne daß wir in der Regel ein Bewußtsein für diese Rhythmik haben. Moderne Meditationsmusik beginnt häufig mit dem Rauschen einer Meeresbrandung. Damit soll das Bewußtsein der Hörer für die Rhythmik unseres Lebens wieder geweckt werden. Der Rhythmus der Musik wird oft in einem Tempo gehalten, das dem Tempo unseres Herzschlags nahekommt. Die Musiktherapie arbeitet z.B. viel mit Musik von Mozart. A.A.Tomatis, ein französischer Arzt und Forscher, hat festgestellt, daß Mozarts Musik den menschlichen Biorhythmen in einzigartiger Weise angepaßt ist.

Wir sind Wesen, die in Rhythmen leben. Da gibt es den Lebensrhythmus, der bei Planeten, Pflanzen, Tieren und Menschen bis auf den Zeitraum, den er einnimmt, gleich ist. Wir sind jung, zart, klein und beweglich, werden groß, kräftig und stabil und später unbeweglicher bis gebrechlich. Dann sterben wir.

Es gibt den Rhythmus zwischen Wachen und Schlafen, der uns mit dem Rhythmus der Erdbewegung um die Sonne verbindet. Dieser Rhythmus von Tag und Nacht hängt für uns eng mit dem Rhythmus zwischen Spannung und Entspannung bzw. dem der Kontraktion und Expansion zusammen. In einer Meditation habe ich kürzlich die sich drehende Erde gesehen, wie immer dort, wo sie gerade von der Sonne beschienen wird, Menschen aktiv wie Ameisen sind und dort, wo es dunkel ist, Ruhe und Schlaf einkehren, in einem endlosen Kreislauf.

Wilhelm Reich, auf den ich weiter unten zu sprechen kommen werde, hat in leidenschaftlicher Entdeckerfreude herausgefunden, daß die Sequenz „Spannung-Aufladung-Entladung-Entspannung" eine „Grundform des vegetativen Lebens" ist. Diese Grundform reicht von der Fortbewegungsweise der Amöbe bis zu unserem Orgasmus. Wann wir uns dem Leben entgegenstrecken oder uns von ihm zurückziehen, wann wir essen und ausscheiden, wann wir Information aufnehmen und davon mitteilen, wann wir Sexualität haben oder uns einfach innig im Arm halten, einen Stadtbummel machen oder uns in die Stille eines Waldes zurückziehen, wann wir arbeiten und wann wir ausruhen, alles das möchte sich in Verbindung mit unserer eigenen inneren Rhythmik ereignen. Auf allen Ebenen des Geistes, der Seele und des Körpers sind unsere Rhythmen nicht beliebig, sondern sinnvoll mit größeren und kleineren Wirkzusammenhängen vernetzt.

Nach meiner Sicht fühlen wir uns gesund, wenn wir die Chance haben, unseren inneren Rhythmus und unseren äußeren Rhythmus so im Kontakt miteinander zu haben, daß wir wissen, ob wir uns gerade in Übereinstimmung oder nicht in Übereinstimmung zwischen beiden befinden. Es ist möglich, diese Übereinstimmung innerhalb unterschiedlicher Toleranzgrenzen zu verlassen, aber wenn eine nicht übereinstimmende Lebensweise von innerem und äußerem Rhythmus zu lange dauert, können wir krank werden. Es gibt viele Menschen, die kein Gefühl für ihre eigene Rhythmik und ihre Eingebundenheit in die große Lebensrhythmik haben. In der Regel hatten schon ihre Eltern und Großeltern diesen Kontakt nicht mehr und konnten dann auch ihren Kindern keine Aufmerksamkeit schenken, die diese Zusammenhänge berücksichtigt hätte. So wird die junge Generation genauso von ihrer Natürlichkeit abgeschnitten wie es die ältere ist und niemand merkt etwas von dem Vorgang.

Wenn wir in unseren jungen Jahren von Menschen umgeben sind, die selber ein gesundes Bewußtsein für ihren Körper, ein reales Bild ihres Körpers und ein Bewußtsein für seine Verbindungen zum Fühlen, zu Rhythmen und zur Außenwelt besitzen, können wir wie nebenbei und selbstverständlich das gleiche Bewußtsein erwerben.

Das ist nur bei wenigen privilegierten Menschen aller Gesellschaftsschichten der Fall. Manchmal bin ich versucht zu denken, in den oberen Gesellschaftsschichten sähe es besser aus, weil das Leben dort insgesamt komfortabler verläuft. Diesen Gedanken ziehe ich spätestens dann wieder in Zweifel, wenn mir deutlich wird, wie stark „oben" der Druck ist, oben bleiben zu wollen und unter welchem Verzicht auf eine reale Verbindung zu natürlichen Lebensbedingungen viele Familien, Väter und Großväter, Reichtum und Status erworben haben. Ein „Eltern-Ich", das Geld verdienen, Arbeiten bis zum Umfallen, Erfolg und wirtschaftliches Siegen für das Wertvollste im Leben hält, wirkt mörderisch auf die Einstellung ganzer Familien vitalen Bedürfnissen gegenüber. Wenn dieses „Eltern-Ich" die Erfüllung dieser Werte für jemanden zur Voraussetzung für das Gefühl macht, in Ordnung zu sein, kann ein Mensch keinen Frieden finden, bevor er nicht umgefallen ist. Dieses „Eltern-Ich" wirkt genauso zerstörend, wie die völlige Perspektivlosigkeit für „irdisches" Lebensglück, die ich mit den ausschließlich „himmlichen" Werten kennengelernt habe. Mein Lebensumfeld hat die Entstehung eines realen Körperbewußtseins gänzlich verhindert. Sowohl mein Glaube als auch die Strategien meiner Familienmitglieder, mit sich selbst umzugehen, haben alles dafür getan, daß ich nicht mit meinem Körper kommunizieren konnte. Der Körper war ein „Tempel des heiligen Geistes". Das hieß allerdings nur, daß man ihn von Lüsten und Süchten rein halten sollte. Die Möglichkeit, gerade diese Überzeugung zur Begründung von Achtung und Aufmerksamkeit gegenüber allem natürlich Angelegten zu machen, war unvorstellbar. In den unteren Schichten der Gesellschaft schränkt die Gefangenschaft in Lebensbedingungen, die durch zu schwere und zu viel Arbeit diktiert werden, den gelingenden Körper-Seele-Geist-Zusammenhang ein. Und dann reicht das bißchen Geld, das verdient wird, nicht einmal für erholsame Vergnügungen.

BIOENERGETIK LÖST DIE BLOCKADEN DES KÖRPERENERGIE-FLUSSES

Nachdem ich eine Zeitlang die innere Arbeit mit GT und TA fortgesetzt hatte, erkannte ich, daß ich Gefahr lief, mit meinem Kopf viele große und neue Dinge zu lernen und dabei immer noch nicht ganz in meinen Körper hineinzufinden. Allzu leicht verwickelte ich mich in Gedankenarbeit und vergaß dabei, mich lebendig und beweglich zu fühlen und verbunden mit meinem Körper. Deshalb beschloß ich, in Hamburg an einer Bioenergetikgruppe teilzunehmen.

Bioenergetik ist ein Verfahren, das von Alexander Lowen entwickelt wurde. Er war ein Schüler von Wilhelm Reich, einem genialen Forscher, der sehr umstritten war. Soweit ich weiß, war er der erste, der in die

Psychotherapie den Körper als Basis allen Seelen- und Geisteslebens mit einbezog. Er hatte sich ebenso wie das Ehepaar Perls von der Psychoanalyse abgewandt, als er merkte, daß es in dem jungen Verband meist nur noch darum ging, das Gefundene zu sichern und nicht mehr darum, weitere Entdeckungen zu machen. Reich hat schon in der ersten Hälfte unseres Jahrhunderts in außergewöhnlich kreativer Weise die Zusammenhänge zwischen den unterschiedlichsten Wissenschaften wie Physik, Medizin, Psychiatrie, Körpertherapie, Pädagogik, Soziologie und Politik erforscht, die bis heute von den etablierten Vertretern der Wissenschaften noch immer nicht zusammen gedacht werden. Er gründete Aufklärungszentren für junge Leute und Paare. Er arbeitete in der kommunistischen Partei mit, bis er erkannte, daß der einseitig materielle Denkansatz seinem Anspruch an Zusammenschau nicht folgen konnte. Er legte sich mit Physikern an, die sich weiterhin auf eine Welt-als-Uhrwerk-Vorstellung zurückziehen wollten. Er machte die Erfahrung, die fast alle Erneuerer auf dieser Welt machen, daß nämlich die Etablierten, seien es Kirchen oder Universitäten, sich mit allen Mitteln gegen Fortschritt wehren. David Boadella hat dies in bewegender Weise in seiner Reich-Biographie beschrieben.

Die Bioenergetik geht, ähnlich wie die asiatische Medizin, davon aus, daß es eine Bioenergie gibt, die im Körper fließt und in unterschiedlichem Ausmaß blockiert und gestaut sein kann. Wenn es ein hohes Maß an Blockierung gibt, entstehen genau durch die gestauten Kräfte neurotische Symptome wie Depressionen und Angst, Schmerzzustände und später psychosomatische Krankheiten. Diese Auffassung teilte Freud übrigens in seinen jungen Jahren, als er seine Libidotheorie vertrat. Libido stellte er sich zu der Zeit auch als eine fließende Energie vor. Darauf weist Boadella hin. Später ging er dann zu seinem Strukturmodell über, das leider keinen Platz mehr für fließende Kräfte hatte.

Die Arbeit in meiner bioenergetischen Gruppe war zum Teil sehr hart, immerhin ging es darum, die Grenzen zu erkennen und überschreiten zu können. Wir führten regelmäßig das von Lowen geschaffene Programm von Übungen aus, die den Fluß der Körperenergie stärken und uns die Blockaden bewußt machen sollten. Wenn ich z.B. im „Entengang" mit 15 anderen Leuten durch den Raum watschelte, kam ein tiefes Gefühl von Feindseligkeit in mir hoch und ich dachte mit zusammengebissenen Zähnen, daß ich eher tot umfallen würde, als „denen da" eine Schwäche zu zeigen. Die Freundlichkeit, mit der unsere Trainer unsere Mühen unterstützten, zeigte mir allerdings, daß meine Reaktion nicht so recht mit ihnen zu tun hatte. Ich erkannte, wie sich Macht- und Durchhaltevorstellungen und ein Reservoire von Mißtrauen und Wut zwischen mir und dem schlichten Fühlen meines Selbst befanden. Ich konnte gar nicht anders, als in den Trainern Todfeinde zu sehen. Wenn ich das und Ähnliches erkannte, zerriß wieder ein Stück meines verknoteten Lebensnetzes und löste sich in heilsamen Tränen auf.

Immer wieder führten wir die Grundstellungen der Bioenergetik aus, die den Kontakt zur Wirbelsäule stärkten und bewußt machen sollten, was an verdrängten Gefühlen mit dem Rücken verbunden ist. Ich war seit einiger Zeit damit vertraut, daß man eine Kinderseele nicht „ermorden" kann, ohne einen „Killer" im Unbewußten heranzuziehen, der auf Rache sinnt. Das „rebellische Kind" kann sehr destruktive Qualitäten und Ausmaße annehmen. Ich war froh, daß ich Chancen bekam, diesen Killer in mir kennen und verwandeln zu lernen. Je intensiver ich ein Gefühl für mein Rückgrat bekam, desto deutlicher wurde mir, wie es mir „gebrochen" worden war. Nicht allein die Botschaften des „kleinen Glaubens" und die Lebensgrundhaltungen meiner Vorfahrinnen hatten ihr Werk in dieser Hinsicht getan, sondern auch die Schlagepraxis in meiner Familie. Eine Geschichte, die mir jetzt wieder einfiel, war, daß meine Mutter des öfteren erzählt hat, daß meine Schwester und ich mit zwei Jahren im Gottesdienst nicht stillgesessen hatten und ihr später aufging, daß Zweijährige noch nicht stillsitzen können. Aber das hat sie halt erst viele Jahre nachdem sie uns aus diesem Anlaß verhauen hatte, begriffen. Diese Erkenntnis hat beide Eltern auch nicht daran gehindert, uns während der Kinderjahre bei Anlässen wie heimliches Karl-May-Lesen oder einem Winkelhaken im Anorak wiederholt mit einem Rohrstock zu schlagen.

Die Wucht meiner Empörung und meines Hasses gegenüber diesen Praktiken begann jetzt, für mich fühlbar zu werden. Auflehnung war das Stichwort und es war nicht nur ein Wort, sondern auch ein Zustand, der mir in seiner Kraft den Atem nahm. Mein Rückgrat war dazu da, daß ich mich auflehnen konnte! Das „rebellische Kind" in mir bekam sein legitimes Lebensrecht zugesprochen. Meine Kraft zum Widerstand brach sich in meinem Körper Bahn. Im Laufe vieler Wochen konnte ich spüren, wie sich Lähmung in Fluß verwandelte, zunächst in Ströme von Zorn, Wut und Haß.

Jetzt wurde mir verständlich, warum in der „Wohngemeinschaft" mit meinen Vorfahrinnen der Kontakt zu meiner Mutter nicht gelungen war. Wie sollte ich mit diesen Gefühlen ihr gegenüber, die ich jetzt in meinem Unbewußten fand, ihr gleichzeitig Verständnis für ihre Not entgegenbringen. Mir wurde klar, daß es solange zwischen meinen Eltern und mir keinen Frieden geben würde, bis sie sich von diesen Erziehungsmaßnahmen distanzieren würden.

Ich hatte in der Gruppe Gelegenheit, auf Kissen ein zu dreschen, bis ich das Gefühl hatte, etwas von dem Stau meines eigenen steckengebliebenen Widerstandes abgetragen zu haben. Wie oft wäre es nötig gewesen, meinen Eltern ein lautes „Nein" entgegen zu schreien, aber die einzigen Augenblicke, in denen Widerstand - sogar ausdrücklich - erlaubt war, waren dann, wenn wir während einer Grippe eine Schwitzkur machen mußten. Ich erinnere mich, daß mich ein komisches Gefühl beschlichen hat, wenn ich „doofe Mami" unter all den Decken heraus gerufen habe. Dabei war es erlaubt zu protestieren, aber bei all den Alltagssituationen, in denen sie uns wirklich quälte, im Affekt oder aus erzieherischer „Liebe", war Protest verboten - wortlos verboten.

Diese "Neins" und die ganze ohnmächtige Wut, die mit all diesen Erlebnissen verbunden gewesen war, steckte nun in meinem Körper und drängte nach draußen, in den Aus-Druck, um nicht mehr als Innendruck meine Lebendigkeit zu verhindern. Ich wollte es lernen, meinen Rücken gerade zu machen und in Aufrichtung zu bringen. Ich wollte der Welt draußen genau diese Aufrichtigkeit entgegenbringen können, mich ausdrücken können mit allem, was ich selbst war und mich nicht länger mit meinem Haß und all dem, was mir erzählt und angetan worden war, verbergen.

Es war wichtig für mich, daß die Bioenergetik gleichzeitig mit dem Aufdecken der Wunden auch die eigene Kraft erfahren läßt. Ich fühlte, wie unbedingt notwendig es war, die eigene „Fassung", das eigene Körperbewußtsein gleichzeitig so zu stärken und zu trainieren, daß ich jetzt nicht in Auflösung, in Fassungslosigkeit hineingeriet. Mit dem Abbauen der Staus und der Blockaden ging der Aufbau neuer starker Strukturen einher, so daß keine unfruchtbare Destruktivität, sondern kraftvoller Ausdruck entstand.

SCHMERZ AUF ALLEN EBENEN - PRIMÄRTHERAPIE

Eine andere Therapie, die ich kennen und lieben gelernt habe, ist die Primärtherapie. Ihr Begründer, Artur Janov, ist, bevor er seine Therapieform entdeckte, in der Lebensberatung tätig gewesen. Er erlebte eines Tages einen Menschen, der das getan hat, was der Primärtherapie ihren berühmten Beinamen eingebracht hat: Dieser Mensch hat einen „Urschrei" von sich gegeben, einen Schrei, der ihn bis in jede Faser seines Körpers, bis in den Grund seines Seins ergriffen hat. Dieser Schrei, den wir sonst bei verzweifelt und außer sich geratenen Säuglingen erleben, hat Janov entdecken lassen, daß es für den Ausdruck von Seelenschmerz meßbare physiologische Grundlagen gibt. Schmerz ist das große Wort der Primärtherapie und Janov`s Verdienst besteht aus meiner Sicht darin, wirksame Wege gefunden und methodisiert zu haben, daß Babyschmerz, Geburtstraumata und sogar embryonale Verletzungen aufgespürt und abgeleitet werden können.

In der Regel geschieht Primärtherapie in Räumen, die so gesichert sind, daß Menschen schreien und um sich schlagen können, ohne sich selbst und andere zu gefährden. Es geht darum, die Chance zu bekommen, sich wirklich wie ein Kind zu fühlen und die Erfahrung zu machen, verstanden zu werden, gehalten zu werden und sich voll ausdrücken zu können.

Janov nennt alles, was uns aus dem natürlichen Zusammenhang „reale Bedürftigkeit - reale Befriedigung" herausreißt, Schmerz. Er sagt, Psychose ist Schmerz auf allen Ebenen. Das heißt, es ist zu allen Zeiten der Entwicklung so ziemlich alles falsch gelaufen, was falsch laufen kann. Und die ganze unnatürliche Vernetzung, daß es auf ein natürliches Bedürfnis hin keine ebenso natürliche Befriedigung gegeben hat, muß in dem Schmerz, den er verursacht, gefühlt und nicht nur intellektuell erkannt werden. Damit, daß der Mensch bis in seine Körpertiefen hinein darüber informiert wird, wie es natürlich und richtig gewesen wäre, kann er in den Zusammenhang zwischen Bedürfnis und Befriedigung zurückkehren. Dann kann sich ein Mensch von Ersatzbefriedigungen lösen und zu sich selbst, anderen Menschen und zum Leben vielleicht zum ersten Mal Vertrauen gewinnen.

Ich bin dankbar, den „Urschrei", und seine anderen Bücher kennengelernt zu haben, Primärtherapie am eigenen Leib erfahren zu haben und auch primärtherapeutisch arbeiten zu können. Allerdings hat Janov später seinen Ansatz zu einer alleinseligmachenden Botschaft erhöht und offen bleibt bei ihm auch, wie in den meisten therapeutischen Ansätzen, wie man zu einem erwachsenen und versöhnten Umgang mit den Eltern gelangt.

Als ich primärtherapeutische Gruppen in Bayern, in Rom, in Zürich und erst zuletzt in Hamburg aufsuchte, hatte ich den Eindruck, daß ich symbolisch eine weite Reise zu meinem Schmerz machen mußte, um ihn zu finden. Immer wieder kam irgendwoher ein Impuls, von dem ich spürte, wie und wo es für mich weitergehen könnte auf meinem Weg, die Einzelteile meines Lebens zu einem sinnvollen Ganzen zu verknüpfen. Ich wollte, daß mein Körper die Mitte dieses Ganzen sein sollte, und deshalb sollte er auch nicht länger ein Abladeplatz für Schmerz sein. Der Schmerz meiner Vorfahrinnen war in mir zur Ruhe gekommen, jetzt wollte ich, daß mein eigener, von mir noch abgespaltener Schmerz, heilte.

In Rom und Zürich habe ich die Primärtherapie eines schweizerisch - italienischen Therapeutenpaares kennengelernt. Die Therapeutin stammte selber aus freikirchlichen Kreisen, ist heute mit ihrem Mann ganz in Rom ansässig und lebt sehr mutig und hingegeben an ihre Arbeit. Ihr Kollege ist Römer. Er ist ein Therapeut, der stark mit seiner Intuition arbeitet und dabei radikal offen bis zur Schonungslosigkeit ist. Beide zusammen waren für mich sehr wichtig, Sie mit ihrer Weiblichkeit und Mütterlichkeit und er mit seinen kräftigen Anstößen.

Gleich am ersten Morgen des Seminars ging die ganze Gruppe um 6.00 Uhr ins Hallenbad. Das Wasser war für uns besonders aufgewärmt und wir hielten uns zu zweit gegenseitig jeweils eine Stunde auf den Armen an der Wasseroberfläche. Dieses gehalten Werden, mich anvertrauen

Können, wärmende Aufmerksamkeit bekommen war wunderschön und schmerzlich zugleich, denn ich fühlte auch, wie sehr ich Gelassenheit, vertrauen Können und seelischen Schutz entbehrte.

Nach einer Weile kamen der Mann, der mich hielt und eine Frau, die eine andere Teilnehmerin auf dem Wasser trug, auf die Idee, mich und die andere „Getragene" mit den Köpfen zueinander zu bringen und zu sehen, was geschehen würde. Als ich die Nähe der anderen spürte, öffnete sich eine Tür in meinem Kopf und ich erinnerte mich plötzlich, wie ich in den ersten Monaten meines und ihres Entstehens mit meiner Zwillingsschwester im Bauch unserer Mutter gespielt habe. Seliges Glück, in Irgendwas zu schwimmen, von sanfter Bewegung umströmt zu werden und dabei nicht allein, sondern zusammen zu sein, öffnete die Türen meines Geistes und meines Fühlens in eine Weite hinein, die ich bis dahin nicht kannte, aber doch offensichtlich schon erlebt hatte, denn ich wußte genau, daß ich eine Erinnerung hatte und nicht ausschließlich ein spontanes Erlebnis in diesem Augenblick.

Ich floß über vor Dankbarkeit, denn jetzt wußte ich wieder ein Stück besser, in welche Tiefen es möglich ist, im eigenen Geist hinabzusteigen. Ich wußte plötzlich auch, daß ich schon einmal Glück erlebt hatte. Die Supervisorin, die während meines Studiums das Praktikum in der Beratungsstelle betreute, von dem ich schon berichtet habe, hat einmal gesagt, daß nur Menschen, die wenigstens einmal Glück erfahren haben, sich auf die Suche machen, es wiederzufinden. Jetzt wußte ich, daß es dieses ozeanische Glück vielleicht sogar einige Wochen lang für mich gegeben hatte. Und vielleicht stimmte es ja, daß dieses tief unter dem Asphalt der späteren Schrecken verborgene Glück mich auf die Suche danach hatte gehen lassen.

Mit diesen Schrecken bekam ich in der Primärtherapie noch genug zu tun. Ich wußte, daß meine Mutter auf die beiden in ihr wachsenden Kinder mit heftigen Existenzängsten reagiert hatte. Sie erfuhr sechs Wochen vor unserer Geburt, daß zwei Kinder unterwegs waren und empfing diese Nachricht wie eine Katastrophenmeldung. Wie sollte sie sich auch freuen können und sich den Anforderungen durch zwei Säuglinge gewachsen fühlen, wenn sie sich ihrem eigenen Leben nicht einmal gewachsen fühlte, bzw. es im Grunde ablehnte!

Die Zwillingsforschung kennt das Phänomen, daß schwere psychische Störungen statistisch gesehen bei Zwillingen häufiger vorkommen als bei Einzelgeborenen. Damit ist schon ein Hinweis darauf gegeben, wie schwierig es ist, zwei menschlichen Babies auf einmal gerecht zu werden. Nur wenn die Mutter im Vertrauen zu sich, ihrem Mann und dem Leben bleibt, können ihre Kinder die für sie so wichtige Erfahrung von Geborgenheit machen.

Meine Eltern hatten Geschichten von Zwillingsgeburten gehört, bei denen nur eins der Kinder überlebt hat. Auf diese Möglichkeit bereiteten sie sich innerlich und äußerlich vor; äußerlich z.B., indem sie keine Babykörbchen bereitstellten. Diese Geschichte habe ich erst viele Jahre nach meiner primärtherapeutischen Auseinandersetzung gehört, aber die Wirkung dieses Vorbereitetseins auf den Tod ihrer Kinder, wurde für mich in der inneren Arbeit mit meinem inneren Baby jetzt deutlich fühlbar. Was jetzt aus meinem Unbewußten herauskam, waren ungeheure Mengen von Angst und Todesnähe. Die Bereitschaft, mit Tod zu rechnen, war tief in der Seele meiner beiden Eltern verankert. Tote Kinder lagen ihrem Inneren so nahe, aufgrund ihrer eigenen Lebensgeschichten.

Die „toten Kinder" meiner weiblichen Vorfahren habe ich beschrieben. An dieser Stelle möchte ich etwas berichten von meinem Vater, das mir zu dieser Zeit in seiner Bedeutung für ihn und unseren Kontakt verständlicher wurde. Als er einige Wochen alt war, hat er eine solche Verbrennung mit kochendem Wasser erlitten, daß sein Leben sechs Wochen lang am seidenen Faden hing. Was hat das mit seinem seelischen auf-die-Welt-Kommen gemacht? Was hat das mit unserem verborgenen, fast heimlichen Kontakt zu tun, den ich immer gespürt habe? Mir dämmerte, wie sehr auch die väterlichen Verletzungen sich in meiner Seele wiederfinden ließen. Konnte er sich für das Leben entscheiden, angesichts dessen, daß seine Eltern ihn nicht vor beinahe tödlicher Verletzung schützen konnten ?

Ich hatte in der Zeit einen Traum. Meine Schwester und ich kamen vom Meer her und wollten ans Ufer schwimmen. Plötzlich sah ich, daß ein riesiger Ölteppich zwischen uns und dem Uferrand auf dem Wasser schwamm, der in Brand geriet. Wir hatten keine Chance, ans Ufer zu gelangen. Dieses Bildes vom ans-Ufer-Schwimmen als Symbol des geboren Werdens hat mich sehr berührt. Hier zeigte sich im Traum, daß für uns kurz vor der „Landung" tödliche Gefahr bestanden hat.

Neben dem tiefen Schmerz war mir in dieser Zeit wichtig, auch positive Modelle in mich aufzunehmen. Z.B. kannte ich inzwischen zumindest eine stolze Zwillingsmutter, die sich ihren werdenden Babies mit Glück und Freude zugewandt hatte und nicht mit Angst. Diese Mutter hat ein Photo von sich im Treppenhaus ihres Hauses hängen, das sie mit nacktem Bauch einige Tage vor der Geburt ihrer Zwillinge zeigt. Ich habe sie danach gefragt, und sie sagte, daß ihr Lachen und ihr Glück, das auf dem Photo zu sehen sind, nicht nur ein Photolachen, sondern unmittelbar aus ihrem Fühlen gekommen war. Diese Frau hat mit dazu beigetragen, daß ich heilen konnte. Zu wissen, daß es eine andere Möglichkeit hätte geben können, daß es nicht zwingend und die einzig mögliche Antwort auf zwei wachsende Kinder ist, Angst zu haben, war wieder ein Schritt zu auf ein vertrauensvolles Verhältnis meinem Leben gegenüber.

In Hamburg fand ich einen Primärtherapeuten, der von Hause aus Psychoanalytiker war. Dieser -inzwischen verstorbene- Psychotherapeut hatte sich einige Jahre vorher nach Amerika auf den Weg gemacht und einen eigenen primärtherapeutischen Ansatz geschaffen, den er gemeinsam mit seiner Frau praktizierte. Kurz nachdem ich ihn aufgesucht hatte, fand mit einer Gruppe von 10 TeilnehmerInnen eine dreiwöchige Intensivphase statt. Dreimal fünf Tage lang trafen wir uns für sechs Stunden. Die ersten zwei Stunden hatte jeder eine große Matte für sich allein, die am Kopfende an der Wand noch einmal mannshoch hinauf führte. Jeder hatte eine Decke und ein Kissen und ging durch seine Prozesse hindurch, während der Therapeut und seine mitarbeitende Ehefrau für eine Weile zu jedem Einzelnen hingingen und sie oder ihn unterstützten. Zeitweilig war ein Höllenlärm in dem riesigen Raum und manchmal war es ganz still. In den verbleibenden Stunden wurde das, was jeder erlebt hatte, analytisch durchgesprochen.

Es stellte sich bald heraus, daß das Therapeutenpaar im September 1955 Zwillinge bekommen hatten. Meine Schwester und ich sind im August desselben Jahres geboren. Diese freundliche Frau war eine weitere Zwillingsmutter, die mir vermittelte, daß es auch bei Zwillingen möglich ist, sich auf die Kinder zu freuen, wenn man das Leben liebt. Sie begleitete mich weiter auf der Reise durch meinen Schmerz und ermutigte mich, neben der Entschlüsselung meiner Vergangenheit auch kraftvoll nach einer Zukunft Ausschau zu halten. Mein Traum, irgendwann mit (m)einem Mann zusammen in unserem eigenen Haus zu leben und therapeutisch zu arbeiten, erschien ihr nicht so völlig unerreichbar wie mir. Fast flüsterte ich ihr diesen Wunsch zu, als sie mich direkt nach meinen Zukunftswünschen fragte. Ich hatte das Gefühl, diese Sehnsucht nur heimlich im Dunkeln und irgendwie an meinen Introjekten, die ich immer in meinem Kopf ihre Kommentare abgeben hörte, vorbei denken und fühlen, geschweige denn aussprechen zu können.

Nach der Intensivphase bin ich noch monatelang täglich mehrmals mit meinem Wagen an eine einsame Stelle an der Autobahn gefahren und habe Schmerz aus mir herausgelassen wie Luft aus einem Fahrradschlauch. Er war da drin und wollte nur einfach raus. Manchmal wußte ich nicht, womit er zusammenhing, aber meistens öffneten sich die Schleusen der Erinnerung und der Zusammenhang wurde deutlich. Ich fühlte nun z.B., woher das „Rauschen" kam, das meine Erinnerungen an meine ganze erste Lebenszeit umhüllte. Dieses Rauschen hatte sich aus der Panik gebildet, die den Kontakt zwischen mir und meiner Mutter bestimmt hatte. Unsere Stillzeit war gelassener Bestandteil der Geschichten gewesen, die in unserer Familie erzählt wurden: Ich wußte, daß wir trinken mußten, wenn meine Mutter das Gefühl hatte, ihr platzten fast die Brüste. Wir haben prompt die Milch wieder von uns gegeben, wenn wir gegen unseren Rhythmus geweckt wurden. Nach sechs Wochen wurde der Spuk durch eine Brustentzündung meiner Mutter beendet. Ein weiteres Thema: Als wir acht Monate alt waren, fragte sich unsere Mutter, ob wir normal sind, weil wir noch in die Hosen machten. Obwohl sie schon ein Kind hatte, unseren Bruder, hatte sie nicht begriffen, daß wir unserem eigenen Zeitrhythmus folgen mußten.

Ihr sehnlicher Wunsch, wir sollten möglichst schnell groß werden, trug nicht zur Beschleunigung unseres Wachstums, wohl aber zur Zerstörung unseres Vertrauens in uns selbst und in unsere Lebensrhythmen bei. Ein über Jahrzehnte durchgehendes Gefühl, meiner Lebenszeit entweder hinterherzulaufen oder ihr voraus zu sein, hat sich erst in den letzten Jahren zugunsten der Erfahrung, auf dem aktuellen Stand in der Gegenwart zu leben, aufgelöst. Je mehr Verbindungen ich zu dem fand, wie es gewesen war und wie ich es statt dessen gebraucht hätte, desto stabiler wurde mein Gefühl für meinen eigenen Körper und desto klarer umrissen wurde mein Körperbild. Es schwankte oft noch zwischen viel zu groß und viel zu klein, es gab auch noch immer weiße Flecken auf meiner Landkarte, aber es wurde doch etwas Zusammenhängendes und sich der Realität Näherndes. Das Gefühl, etwas Bewegliches, Warmes und Gefülltes zu sein, intensivierte sich.

> Wir können ein Bedürfnis nicht verdrängen. Wir haben nur bestimmte Äußerungsweisen dieser Bedürfnisse verdrängt. Wir haben die eine Seite abgeblockt, und dann kommt die Selbstäußerung anderswo heraus, in unseren Bewegungen, in unseren Haltungen und vor allem in unserer Stimme. Ein guter Therapeut hört nicht auf den Inhalt von dem Geschwätz, das der Patient hervorbringt. Die sprachliche Kommunikation ist gewöhnlich lauter Lüge. Die wirkliche Kommunikation liegt jenseits der Sprache.
>
> **Fritz Perls** in "Gestalttherapie in Aktion"

MEINE INNERE STIMME FÜHRT MICH ZU MEINER STIMME

Von tiefem Vertrauen in meine innere Rhythmik und der Erfahrung, mich mit der großen Lebensrhythmik verbunden zu fühlen, war ich noch weit entfernt. Aber ich lebte beharrlich mit dem Wunsch danach und mit der andauernden inneren Frage, wie es für mich weitergehen könnte. Ich wollte mich nicht mit halben Sachen zufriedengeben, mit einer halbherzigen Liebe zum Leben, zur Natur des Lebens und zu den Menschen. Immer wieder habe ich erlebt, daß das Leben wie auch immer antwortet, wenn ich fragte, und eines Tages, als ich mit dem Auto unterwegs war und einen Sonnenuntergang sah, hörte ich meine innere Stimme sagen, daß ich neue Zugänge finden könnte, wenn ich mich wieder mit Musik einlassen würde. Die Verbindung zur aktiven Musik war gerissen, als ich aufhörte, in der Gemeindejugend Gitarre zu spielen und im Chor zu singen. Der Klavierunterricht war schon, als ich dreizehn war, den mittelmäßigen Schulnoten zum Opfer gefallen. Darüber war ich allerdings damals nicht traurig, da diese Lehrerin Mittel der schwarzen Pädagogik eingesetzt hatte, von der moralischen Bewertung der Güte meines Klavierspiels bis zu Schlägen auf die Finger. Bis heute ist es mir nicht gelungen, mein Klavierspiel von der Prägung auf das „angepaßte Kind" zu befreien und aus dem „freien Kind" heraus Klavier zu spielen. Ich mußte also einen anderen Weg finden und ich achtete darauf, in welchem Zusammenhang weitere Impulse auftauchen würden.

Einige Tage später erzählte mir eine Freundin von einem Chor in Hamburg, dem „Hamburger Sängerhaufen". Sie wollte gerne mit mir zusammen ein Konzert besuchen, das dieser Chor mit einem italienischen Chor zusammen durchführen würde. Es sollte ein modernes Requiem aufgeführt werden. Die Komponistin dieses Werkes war Giovanna Marini, die gleichzeitig den italienischen Chor leitete. Als wir das Requiem besuchten, war ich von der Kraft dieses Werkes, in dem die Komponistin Kirchenmusik und moderne Elemente spannend kombiniert hat, wie elektrisiert. Der deutsche Chor sang die alten, der italienische Chor die modernen Teile. Ich entdeckte mich selbst in dieser Spannung von alt und neu, die mir entgegenkam. War ich doch selber dabei, die Spannungen zwischen alten kirchlichen Traditionen und moderner, von Psychotherapie bestimmter Menschenbetrachtung in mir zu versöhnen.

Als meine liebevolle Freundin meine glänzenden Augen sah, hatte sie die Idee, ich könnte versuchen, in diesen Chor einzutreten. Der Gedanke ließ mich nicht mehr los, so daß ich bei der Dirigentin Irmgard Schleyer anrief und um einen Vorsingetermin bat. Ich wurde tatsächlich aufgenommen, da ich eine stabile und hohe Sopranstimme besaß. Ich stamme aus einer musikalischen Familie, mein Vater ist mit zwei Jahren Klavierunterricht Organist und Dirigent in der Kirchengemeinde gewesen. Für dieses Erbe bin ich heute sehr sehr dankbar.

Mit dem Eintritt in den „Hamburger Sängerhaufen" fing das Abenteuer an, meinen Schmerz in rhythmische und vitale Kraft und in freudevollen Selbstausdruck zu verwandeln. Im Chor waren einige Frauen, die sich in einer Gesangsausbildung befanden. Ich war fasziniert, ausgebildete Stimmen aus solcher Nähe zu hören und spürte, wie schön das Gefühl sein mußte, den eigenen Körper in dieser Weise in Schwingungen zu versetzen. Das Bedürfnis, selber so singen zu lernen, wurde mit der Zeit immer stärker. Also entschloß ich mich irgendwann, nahm alle meine Minderwertigkeitsgefühle und Ängste zusammen und fuhr zum „Hamburger Konservatorium", um nach der Möglichkeit zu fragen, Gesangsunterricht zu erhalten. Im Sekretariat traf ich auf eine freundliche Frau, die, als sie mein Anliegen hörte, gleich den durch den Raum eilenden Direktor ansprach. Herr Samson ließ sich aufhalten und schlug zu meinem Entsetzen vor, daß ich ihm jetzt gleich etwas vorsingen sollte. Er begleitete mich auf dem Flügel, als ich durch das Lied „Guten Abend, gute Nacht" stolperte. Anschließend meinte er, ich hätte ein hübsches Laienstimmchen und dabei solle ich es doch belassen. Ich brauchte allen bis dahin entwickelten Kampfgeist, um zu erreichen, daß er mir doch eine der Lehrerinnen des Konsarvatoriums nannte, um mit ihr Kontakt aufzunehmen.

In den folgenden Jahren war mein Heilungsprozeß stark durch die Erfahrungen mitbestimmt, die ich im Gesangsunterricht machte. Das Singenlernen war erst in zweiter Linie für mich künstlerisch motiviert, in erster Linie wollte ich schwingen lernen und auf einer noch feineren Ebene als durch die Bioenergetik alle Verhinderungen aus mir entfernen, die dem Schwingen und dem freien Fluß der Lebensenergie im Weg standen. Ich wollte Weite in mich hereinholen, die Fähigkeit, mich auszudehnen und Raum in mir zu spüren, da ich mich immer noch sehr klein und mickrig in meinem Innengefühl wahrnahm. Ich fühlte mich zwar nicht mehr gläsern, aber mit dem Lebensgefühl, mich verschrumpelt wie eine Backpflaume zu fühlen, wollte ich längerfristig auch nicht leben.

In der Zeit führte ich mit einer Kollegin zusammen eine Frauengruppe durch. In einer Phantasiereise, die meine Kollegin anleitete, sollten wir uns mit einer Pflanze identifizieren. Ich sah mich selbst als alten, vertrockneten und knorrigen Baum und erkannte, wie groß meine

Angst war, daß es mit 32 Jahren zu spät dafür sein könnte, die Flüsse des Lebens in mir aus Rinnsalen in Ströme zu verwandeln. Ich wollte diesen Schrumpfeffekt in mir unbedingt auflösen und hoffte dabei auf das Singen.

Mit Frau Maste-Zander, meiner ersten Gesangslehrerin, erlebte ich eine Frau, die an mich glaubte. Sie konnte das, einfach weil sie genug Erfahrung damit hatte, daß „es geschieht", wenn jemand vertrauensvoll und beharrlich an das Singenlernen herangeht. Ich bat sehr bald darum, zweimal in der Woche kommen zu können und unterstützte den Prozeß durch regelmäßige Yogaübungen.

In Vierteljahresabständen bekam ich eine Grippe, immer dann, wenn es nötig wurde, daß meine Seele sich ganz tief zurückzog, um die manchmal überwältigenden Einwirkungen verarbeiten zu können. Es kam auch vor, daß, wenn ich allein war, ich aus dem Singen heraus in Tränen ausbrach und erst einmal anhalten mußte, um mein inneres Kind in seinen alten, vergangenen, aber noch schmerzenden Wunden zu trösten.

Beim Singen ist die wichtigste Aufgabe, sich im Körper zu verankern. Je höher der Ton ist, der gesungen wird, desto tieferen Halt braucht das Bewußtsein im Becken, in den Beinen und im Boden. In minutiöser Kleinarbeit lernte ich es, meinem Atem Raum zu geben und mir einen festen Stand zu nehmen. In mir drin gab es ja dieses schrumpelige Gefühl, so daß ich oft nicht glauben konnte, daß schöne Töne aus einem so verdrehten Körper kommen können.

Ich entdeckte im Singenlernen die verändernde Kraft der Aufmerksamkeit, des Präsentseins in diesem Augenblick wieder, wie ich sie in der Gestalttherapie kennengelernt hatte. Ganz allmählich floß die freundliche Aufmerksamkeit, die ich aus dem „positiven Eltern-Ich" meiner Lehrerin erhielt, in die feinen Verästelungen meines Selbsterlebens hinein. Es war, als würden neue Leitlinien, Fäden in meinen Körper hineingebracht, so daß es immer schneller ging, mit der Aufmerksamkeit vom Kopf ins Becken zu gelangen. Die endlosen Entfernungen lösten sich auf, die es zwischen Kopf und Körper, zwischen dem geistigen und dem materiellen Bereich des Lebens gegeben hatte. Endlich wurden die ausgetrockneten Gärten in mir bewässert. Abgerissene und ins Leere führende Netzteile verbanden sich miteinander, oben und unten wuchsen in mir dichter zusammen. Durch die in meinem Körper neu gelegten Energiebahnen floß es wie Wasser, wie Licht, wie Strom. Mein Atem strömte in alle Räume meines Körpers und es wurde normal für mich, meinen Innenraum aktiv und beweglich atmen zu lassen.

Die Veränderungen in meinem Selbsterleben und meinem Körperbewußtsein lösten ganz selbstverständlich auch eine Veränderung meiner Arbeitsmethoden aus. Ich begann, auch in meinen Therapien mehr mit der Stimme und der Atmung zu arbeiten und erlebte, wie viel schneller sich depressive Zustände durch die Körperarbeit auch bei meinen KlientInnen zu lösen begannen.

DIE HINTERTÜREN WERDEN ABSCHLIEßBAR

Nach drei Jahren Unterricht war es an der Zeit, mich von meiner ersten Gesangs„mutter" zu verabschieden. Dieser Schritt war nicht einfach, aber ich empfand ihn als richtig und wichtig, denn ich wollte noch andere Perspektiven auf meinen Prozeß und neue Anregungen erfahren.

Die neue Lehrerin, Gabriele Westenberger, empfand sich selbst mit ihrer Arbeit dem Bereich der Psychotherapie sehr verbunden und kannte aus eigener Erfahrung vieles von dem, was ich auf der Grenze zwischen Kunst und Seelenarbeit erlebte. Eines Tages sagte sie, daß in meinem Rücken so etwas wie ein „Loch" wäre. Sie meinte, da wäre etwas offen, wo eigentlich Geschlossenheit sein müßte. Gemeinsam fanden wir heraus, daß die Muskulatur im mittleren Rücken sehr schwach war und daß ich in den Flanken überhaupt keine Atembewegung fühlen konnte. Als ich Gabrieles Rückenmuskulatur zum Vergleich anfühlen durfte, spürte ich, wieviel mehr Volumen und Kraft ihr Rücken enthielt. Ich schenkte daraufhin meinem Rücken vertiefte Aufmerksamkeit und entdeckte dieses Loch auch in meinem Körperbild. Es war da tatsächlich noch ein Loch, das kurz unter den Schulterblättern anfing und bis zur Lendenwirbelsäule reichte. Und das, obwohl ich doch schon soviel mit Auflehnung und Aufrichtung gearbeitet hatte. Was fehlte denn noch?

Das Schlüsselwort, daß mir irgendwann einfiel, war „Geschlossenheit". Da war ein riesiges „Hintertor" offen, das ich überhaupt nicht schließen konnte. Andere haben ein Hintertürchen, das sie sich offenhalten können oder auch nicht, ich hatte bisher gar keine Wahl gehabt, es zu schließen, denn es gab keine Tür!

Jetzt wunderte es mich nicht mehr, daß ich mich immer noch so leicht umzuwerfen fühlte und daß es mir meistens so schwerfiel, einen Entschluß zu fassen. Entschluß kommt von Schließen, sich ent-schließen war ein psychischer Akt, der bedeutete, eine innere Diskussion mit einem Ent-schluß abzuschließen. End-gültig, lückenlos! Aber wie sollte ich mit einer solchen Lücke, diesem Leck in meiner Struktur, zu dieser Leistung fähig sein.

Ich machte mich an die Arbeit. Tägliches Training meiner Rückenmuskeln mit Hilfe von Yogaübungen und das Einüben von Flankenatmung zeigten mir auf einmal, daß die Dimension „vorne - hinten" nicht in meinem Körperbild verankert war. Da gab es gar keine Tiefendimension. Ich probierte verschiedene Assoziationen, um herauszubekommen, wie in mir hinten und unten verankert waren. „Hinten" war anscheinend das gleiche wie „unanständig". So wie „unten" auch unanständig war, weil „unten" für das „tierische" und Sexualität stand. Und was war „hinten"? Erlöste brauchen kein „hinten". Erstens hat es etwas mit „Hintern" zu tun und zweitens mit der Möglichkeit, etwas zu verstecken, hinterrücks zu sein. So sind „Erlöste" nicht! Also hören sie scheinbar auf, ein „hinten" zu haben, und geraten so in Schwierigkeiten, die auch andere Menschen unserer Zeit mit ihnen teilen, daß nämlich der Rücken zu einem beliebten Abladeplatz verdrängter Gefühle wird. Mein Eindruck ist, daß die Wirbelsäulenprobleme, die so weit verbreitet sind, nicht so sehr von unserem aufrechten Gang kommen, sondern eher daher, daß wir gerade von Entschlossenheit und Aufrichtigkeit zu wenig haben.

Ich freute mich schon jetzt darauf, wie ich mich fühlen würde, wenn das „Hinten" wieder zu mir gehören würde, wenn ich „hinter mir stehen" können würde und mich hinter meine Anliegen würde stellen können. Ich wurde durch mein Rückenloch an die Zeit erinnert, in der ich während des Studiums im Krankenhaus gearbeitet habe und Patienten, die einen Spritzenabszeß hatten, bei der täglichen Reinigung des kraterförmigen Loches die Hand gehalten habe. Dieser Krater von ca. acht Zentimetern wuchs ganz langsam von den Rändern her wieder zu, wenn er gut gepflegt wurde. Solch eine Pflege durch viel Aufmerksamkeit schenkte ich jetzt meinem Rückenloch. Wenn ich irgendwo angelehnt saß, fühlte ich mich in den Kontakt zur Lehne hinein. Wenn ich ging, beobachtete ich stundenlang das Spiel meiner stärker werdenden Rükkenmuskeln und beim Atmen achtete ich darauf, meinen Rücken in die Einatmung hinein auszudehnen. Langsam entwickelte sich ein Bewußtsein dafür, daß ich eine Tiefendimension besaß und war erstaunt, als auch meine Umgebung eine größere Tiefenschärfe bekam. Alles sah um mich herum irgendwie plastischer und räumlicher aus. Ich konnte mich selber immer klarer in einer Rhythmik von Ausdehnung und Zusammenziehung erfahren und damit wuchs auch mein Gefühl für den Zusammenhang zwischen meiner Rhythmik und der Lebensrhythmik. Ich kam wieder etwas mehr im Leben nach Hause, denn es gab wieder mehr Verbindung zwischen mir und dem Leben selbst.

Die intensive Hinwendung, die mein Körper von mir erfuhr, beantwortete er mit Fülle und Durchpulstsein. Mein Körper, der immer im Schatten der christlichen Körperfeindlichkeit gestanden hatte und so sehr in die Bedeutungslosigkeit geraten war, bedankte sich für meine Wertschätzung dadurch, daß er mir Geborgenheit im Sein ermöglichte.

Die „toten Kinder", die ich in meiner Familiengeschichte suchen und finden mußte, waren auf der Körperebene die verlorengegangenen Zugänge und Zuflüsse zur Lebensvitalität. Wärme, Fülle, Beweglichkeit, Durchströmtsein sind Erfahrungen, die das „freie Kind" auf der Körperebene erlebt. Von diesem Erleben trennt eine Einstellung, die alles Körperliche dem Geistigen gegenüber als minderwertig betrachtet. Der Körper wird ein „totes Kind" .

Mein Körper begann, in meinem Geist, in meinem Bewußtsein den ihm gebührenden Platz einzunehmen. Diese wachsende Achtung vor meinem Körper veränderte auch den Raum, den mein Körperbild in meinem Kopf einnahm. Es kam aus seiner schmählichen Ecke heraus und stellte sich ins Zentrum. Es war nicht länger ein Schattengewächs in einer Ekke meines Bewußtseins, sondern rückte in die Mitte.

Dabei wurde ich nicht selbstsüchtiger, sondern das Süchtige wurde immer weniger, weil ich nicht mehr suchte, sondern fand. Ich wurde nicht egoistischer, wie es mir jahrzehntelang eingeredet worden war, sondern im Gegenteil nahm ich das Außen dadurch wichtiger, daß ich das Innen wichtiger nahm. Jetzt erst, als ich mein Innen als wichtig erfuhr, konnte ich mich gelassen mit dem Außen beschäftigen.

Zu meiner Überraschung erlebte ich bei meinen GesangsmitschülerInnen altbekannte Mechanismen wieder. Für viele war mit dem Singen nicht das verbunden, was ich an Heilung erfuhr, sondern sie verstrickten sich in ehrgeizigen Idealvorstellungen von sich selbst als SängerInnen, die einen ähnlichen Effekt hatten wie meine christlichen Idealvorstellungen. Ich erkannte, daß es völlig egal ist, welche Ideen einen Menschen vom realen Selbsterleben trennen und daß jede Art von Selbstmanipulation von Wirklichkeit trennt. Ob die Frage heißt: „Wie will Gott mich haben?" oder „Wie will ich mich selbst haben?", ist nicht entscheidend. In der Sprache der Transaktionsanalyse könnte es so heißen: Sie blieben unter dem ehrgeizigen Druck eines „Eltern-Ichs" und fanden nicht zu einer sachbezogenen Beobachtung ihrer inneren Vorgänge, die das „Erwachsenen-Ich" kennzeichnet und auch nicht zum energetischen Genuß, den das freie Kind beizusteuern hätte. Auch wenn ich noch nicht alles begriffen hatte, hatte ich in der Gestalttherapie gelernt, immer intensiver nach dem zu schauen, was ist, als nach dem, was sein könnte oder sollte. So konnte es gelingen, daß ich das Singen nicht in einen neuen Raum idealisierender Selbstentfremdung verbannte, sondern daß ich es nutzen konnte, um mit mir und meinen körperlichen Vorgängen zu verschmelzen. Auch mein Verstand erfuhr dabei eine wachsende Verbundenheit mit mir selbst, und das Gefühl, über gesunden Menschenverstand zu verfügen, wurde immer kräftiger. Mein „Erwachsenen-Ich" wuchs.

DAS ABENTEUER GEHT WEITER : IDENTÄT IST VERÄNDERBAR!

Nach einem weiteren Jahr Gesangsunterricht, Yoga und Atemarbeit „verliebte" ich mich in eine andere Sängerin. Ich muß gestehen, daß ich mein eigenes Wachsen höher wertete als die Treue meiner Lehrerin gegenüber und entschloß mich - das Entschließen ging inzwischen immer besser -, den Versuch zu machen, Kontakt zu der von mir bewunderten Sängerin aufzunehmen und sie zu fragen, ob sie mich unterrichten würde. Ich hatte Helen Centner bei einer Opernaufführung in Kiel in der Rolle der Herzogin in der „Hochzeit des Figaro" und in einer Oper von Phillip Glass und Doris Lessing "Die Entstehung des Bewußtseins von Planet Acht" gehört. Mein Herz war, beeindruckt von der Kraft und Seele in ihrer Stimme, dahin geschmolzen.

Ich wußte, daß an der Kieler Oper vor jeder Premiere Sonntags morgens Matineen durchgeführt werden, um die interessierten Opernbesucher in das neue Stück einzuführen. Als ich mich erkundigte, erfuhr ich, daß Helen Centner in dem nächsten Premierenstück eine Rolle hatte und vermutete, sie könnte auch bei der Einführungsveranstaltung im Operncafé dabei sein. Ich ging also zur nächsten Matinée und meine Hoffnung erfüllte sich. Am Schluß der Veranstaltung sprach ich sie an und Helen gab mir ihre hellblaue Karte mit goldener Schrift. Ich rief sie montags an und bekam zu meiner großen Freude einen ersten Termin.

Das bedeutete, daß ich wieder von einem Menschen Abschied nehmen mußte, der mir sehr viel gegeben hatte.

Daß mein Unterricht jetzt in den Räumen der Kieler Oper stattfand, war symbolisch für die Erfahrungen mit sich ausweitendem Raum in mir selbst. Der Weg durch das Opernhaus, den Helen mich die ersten Male führte, bis ich ihn selber kannte, bewegte sich durch mindestens 6 Türen, drei Stockwerke und einige nicht enden wollende Flure. Schon dieser Weg gab mir einen symbolischen Eindruck davon, daß sich mein Leben langsam in komplexere Regionen hinein erweiterte.

Wir machten zunächst einfache Übungen, die mir bekannt vorkamen und denen ich mich gewachsen fühlte. Behutsam verankerte meine Lehrerin meine Konzentration in meinem Unterbauch. Bei jedem Ausatemvorgang sollte ich meinen Bauch durchkneten wie einen Hefeteig. Mit dieser Vorstellung konnte ich sehr lange gar nichts anfangen, soviel dynamische, entschlossene Kraft konnte ich noch nicht willentlich steuern. Aber ich spürte, wie sich unter ihrer Anleitung meine Füße förmlich in den Boden hinein verlängerten. Wir machten immer eine halbe Stunde lang zarte Summübungen und sangen kurze Sequenzen, bevor sie mir kräftigere Töne entlockte.

Nach einigen Wochen, als wir vertrauter miteinander geworden waren, erlaubte sie mir mehr und führte mich zu neuen Entdeckungen. Ton um

Ton stiegen wir höher hinauf. Je höher der Ton wurde, desto fester griff mein Körper nach dem Halt, den der Boden anbot. Ich sang und konnte gleichzeitig beobachten, was geschah. Ganz langsam gelang es mir besser, dabei nicht mehr ins Be- und Verurteilen zu gehen, sondern bei der Sache zu bleiben.

An einem Tag ließ Helen mich ans Fenster treten und zeigte auf einen Baum, der auf der anderen Seite des Teiches, der vor der Kieler Oper angelegt ist, steht. Sie forderte mich auf, diesen Baum mit meiner Stimme zu erreichen. Dann trat sie zurück und ließ mich bei jeder Sequenz lauter werden. Schrittweise sang ich mich in größere Resonanzräume hinein. Ich wurde etwas ängstlich, entschloß mich aber, nichts dadurch zu verhindern, daß ich mich kleiner machte und mich schüchtern zurückzog. Da Helen ganz gelassen blieb, vertraute ich mich ihr an. Meine einzige Aufgabe war noch, das, was geschehen wollte, nicht zu verhindern.

Ich fühlte, wie das Volumen meines Körpers anzuschwellen schien. Die Töne setzten sich, je höher wir stiegen, wie von selbst in die Tiefen meines Körpers fort, sie griffen förmlich nach dem Körper. Mit den Augen hielt „ich" mich an Helen fest, um nicht die Fassung zu verlieren. „Ich" hatte das Gefühl, mit dem, was geschah, nichts mehr zu tun zu haben. Irgendwie war „ich" das nicht, aber ganz eindeutig kamen die Töne aus meinem Körper. Der Punkt, von dem aus „ich" weiter zusah, verengte sich in meine Stirn hinein. Die Resonanzen schienen jetzt beinahe von außen auf mich zuzukommen, so eingehüllt fühlte ich mich in ein Feld von Klang. Dieser große Raum in mir und um mich herum hatte nichts mit der zu tun, als die ich mich sonst sah. Wo war die ängstliche, mit Minderwertigkeitsgefühlen ringende Person? Wo war die Fragwürdigkeit meines eigenen Selbstverständnisses, das ich als das „Backpflaumengefühl" in mir kannte? An der Hand meiner Lehrerin begab ich mich in geistige, körperliche und seelische Räume, die alles sprengten, zu dem ich bisher „ich" gesagt hatte. „Ich" war es tatsächlich nicht, weil die, die jetzt sang, nicht „ich" war. Es war ein Klangkörper aus Körper, Seele und Geist, der das bisher geprägte Verständnis von „ich" weit überstieg. Mein Körperbewußtsein, mein Körperbild, mein Selbstbild, kurz meine Identität, alles von dem ich „ich" sagte, wurde über seine bisherigen Grenzen hinaus geführt. Es entstand eine andere Form, eine neue Versammeltheit. Meine Bereitschaft, nichts zu verhindern, ließ mich eine mein bisheriges „ich" überschreitende Gesamtheit erfahren.

Es war gut, daß ich in Helens Augen lesen konnte, daß es keinen Grund zur Besorgnis gab. Irgendwann begann ein Lachen in mir zu keimen und beinahe wäre ich aus der Konzentration heraus gekippt, aber Helens Augen hielten mich fest. Die Töne, die aus dieser Gesamtheit heraus erklangen, konnten den Baum auf der anderen Seite des Teiches irgendwie leicht erreichen. Mich erfüllten ein großes Staunen und eine große Freude.

Nach dieser Gesangsstunde bin ich förmlich aus dem Opernhaus hinaus geschwebt. Es war wie frisch Verliebtsein und auch wieder nicht. Denn da war ja kein „toller Mann", der für mich der Inbegriff all dessen war, was ich für bewunderungswürdig hielt. Es war nicht draußen, sondern drinnen gewesen, was mich beglückt hatte!

Meine eigene Gesamtheit hatte diesen Klangstrom zugelassen, und diese Gesamtheit meines Selbst unterschied sich offensichtlich sehr von „ich". Diese Gesamtheit hatte keine Minderwertigkeitsgefühle, kannte kein „böse von Jugend auf", hatte keine Schranken der Scham und der Angst. „Ich" neigte dazu, sich falsch und beschränkt zu fühlen und drinnen und draußen entsprechende Situationen zu schaffen. „Ich" neigte dazu, sich einzuschränken, ein weiches lückenhaftes Rückgrat zu haben, der Welt nicht offen und mit klarer Stirn entgegenzutreten. „Ich" war die Sicht auf mich selbst, wie sie immer noch im Körpergedächtnis gespeichert war. „Ich" war in Anteilen immer noch die Vorstellung, ein kleines, sündiges und ablehnenswertes Mädchen zu sein, mein Selbstbild, das mir in vielen Jahren mühsamer Kleinarbeit von den Menschen, die mich liebten und mein „Heil" gewollt hatten, eingraviert worden war.

Da tauchte in mir eine neue Hoffnung auf: Was wäre, wenn ich aufhören würde, mich mit „ich" zu identifizieren, wenn ich entschied, und zwar sehr bewußt und nachdrücklich, daß das, wozu ich bisher „ich" gesagt hatte, nicht mehr „ich" sein sollte? Konnte sich die Identifikation dann vielleicht auflösen? War die Ich-Identifikation ein zentraler

Knoten, der mich immer noch festhielt und der größeren Vernetzung meines Seins Widerstand bot?

In den nächsten zwei Jahren identifizierte mich Helen mit dem Raum meines Schwingenkönnens. Sie sah in mir eine warmherzige junge Frau, die mit ganzer Hingabe dabei war, das Instrument ihres Stimmkörpers kontinuierlich zu verfeinern und sonst gar nichts. Und die sich in Gelassenheit jede Woche wiederholende Erfahrung, eine positive und vertrauensvolle Erwartung entgegengebracht zu bekommen, ermöglichte mir den immer noch schmerzlichen Prozeß des Loslassens der alten Identifikation. Ich ent-identifizierte mich jede Woche ein Stückchen weiter von den Gedächtnisspuren der Negativbotschaften in meinem Körper. Dabei entstand kein Bedürfnis in mir, etwas anderes an die Stelle der alten Identifikationen zu setzen. An diese Leerstelle trat im wesentlichen Raum. Ich identifizierte mich mit dem Raum und der Weite, die in meinem Geist, meiner Seele und meinem Körper entstand.

Elemente dieser Arbeit an mir selbst habe ich wie immer bald meinen Klienten in der Erziehungseratungsstelle und meiner kleinen Privatpraxis zugänglich gemacht. Zu unserer großen Freude hatten wir als Einrichtung 1989 von unserem Träger - mit Unterstützung der „Aktion Sorgenkind"- einen sehr schönen Therapieraum erhalten, eine Mischung aus Wohnzimmer und Turnhalle. Dort konnten wir mit den Gruppen, die sich sonst in die normalen Gesprächsräume gedrückt hatten, auf 80 qm arbeiten. Es gab Raum für den Ausdruck von Schmerz, für die Entdeckung des Körperbewußtseins, für die Vervollständigung der Körperbilder. Jetzt (1999) können aufgrund der allgemeinen Sparmaßnahmen in der Beratungsstelle nicht mehr so aufwendige Therapien durchgeführt werden, was alle ehemaligen und derzeitigen MitarbeiterInnen sehr bedauern. Der schöne Raum wird von externen Therapeuten aber in seinem ursprünglichen Sinn weiter genutzt.

MEIN „FREIES KIND" SINGT MIT

Nach zwei Jahren verließ Helen Centner die Kieler Oper, um freiberuflich in Süddeutschland zu arbeiten. Für mich ergab sich dadurch eine Pause, die mir ganz sinnvoll erschien. So hatten die großen Veränderungen in meinem Körper und in meinem Geist Zeit und Ruhe, sich zu festigen.

Ein Jahr danach lernte ich meinen jetzigen Mann kennen. Als ich mich auf unsere Verbindung einließ, beschloß ich, die Pause im Gesangsunterricht noch zu verlängern, da ich nicht zwei innige Beziehungen gleichzeitig beginnen wollte. Die Beziehung zwischen GesangslehrerIn und GesangsschülerIn hat sehr viel mit einer Liebesbeziehung gemeinsam, da die Arbeit im wesentlichen aus dem Miteinander-schwingen besteht. Nach weiteren zwei Jahren wurde allerdings der Wunsch, unter Anleitung weiterzulernen, so groß, daß ich wieder einmal auf die Suche ging.

In Kiel findet im Sophienhof, dem dortigen Einkaufszentrum, jeden Monat ein abendliches Konzert statt. Nachdem ich einige Male dort gewesen bin, sah ich auf der Vorankündigung, daß beim nächsten Mal der Kapellmeister der Oper auftreten würde. Meine Methode hatte sich ja schon einmal bewährt, also sprach ich den Pianisten und Kapellmeister an. Er reagierte sehr freundlich und vermittelte mich weiter, bis ich meine neue Lehrerin Eva-Christine Reimer fand. Eva ist seit vielen Jahren als Sopranistin an der Kieler Oper im Ensemble und in freier Mitarbeit tätig, singt Oratorienkonzerte, unterrichtet an der Kieler Pädagogischen Hochschule und zu meinem Glück auch freiberuflich. Wir stellten fest, daß wir uns mochten und gut zusammen arbeiten konnten. Sie wohnt nur zwölf Kilometer von meinem Wohnort entfernt und meistens unterrichtete sie mich in ihrem Haus.

Das erste, was sie sagte, nachdem ich ein paar Töne gesungen hatte, war: „Viel zu schüchtern!" Ich hatte schon selbst gemerkt, daß ich großen Raum und Weite in den Jahren ohne Gesangsunterricht wieder etwas verloren hatte. Ich freute mich über diese Bemerkung, da sie offenbar vorhatte, diese Schüchternheit mit mir anzugehen.

Meine neue Lehrerin engagierte sich in einer Weise in unserem Kontakt, die mich an meine Art erinnerte, mit der ich mit meinen KlientInnen im Einzelgespräch umgehe. Da gab es nichts mehr dazwischen, was mit Rollendistanz zu tun hatte, sondern sie schenkte sich mit allen Schätzen, die sie in ihrem Körper, ihrem Geist und ihrer Seele angesammelt hatte. Ich fühlte mich von ihr in jeder Minute, die wir zusammen waren, beschenkt. Gleichzeitig war sie ganz anders als ich. Ihr Gesicht ist fröhlich und offen, und wenn sie lacht, sehe ich das Kind in ihren Augen, das sie einmal gewesen ist. Es ist ein Kind, das in seinem natürlichen Recht auf Freude nicht gekränkt worden ist. Sie hat als junges Mädchen angefangen zu singen, als im Chor ihre Begabung entdeckt worden ist und sie singt mit Freude seit 25 Jahren immer schöner und gereifter.

Eva sitzt also am Klavier und ich stehe in knapp drei Metern Entfernung frei im Raum. Für sie ist sofort klar, daß ich mich beim Singen nicht genug freue. Also üben wir freuen. Ich bleibe zurückhaltend im Gespräch über meine Lebensgeschichte, damit sie nicht die Zuversicht verliert, an die Quellen der Freude tief in meinem Körper herankommen zu können. Ich lerne „OH, WIE SCHÖN!" sagen, rufen und singen und bringe „ OH, WIE SCHÖN!" mit nach Hause. Reinhard und ich laufen durchs Haus und wir brüllen uns wochenlang „oh, wie schön!" zu, bis „oh, wie schön!" in meiner Seele anfängt zu schwingen. Reinhard hat Heiterkeit schon eher als ich in sich gefunden, aber es macht ihm Spaß, mich dabei zu unterstützen, Staunen und Freuen zu üben. Zuerst ist da noch Scham und Peinlichkeit, auch ein bißchen Arroganz, was diese Freuerei soll. Mein „Eltern-Ich" kennt das Leben schließlich und da gibt es nichts zu lachen. Aber nach einigen Monaten wird es leichter und beim Singen sieht mein Lächeln nicht mehr ganz so zerknittert und schmerzlich aus, wenn ich bei Eva in den Spiegel gucke. Trotzdem singt immer noch das abhängige Kind, ich stehe brav oder zappelig da und spiele Freuen und Staunen. Das, was bei Eva aus jeder Pore ihrer Haut kommt, ist bei mir noch über viele Monate angelernt.

Es hat ein ganzes Jahr gedauert, bis die Verbindungen gewachsen sind, bis ich gleichzeitig singen und mich freuen konnte. Jetzt geht oft eine seelische Bewegung durch die Herzgegend und den Bauch, nicht nur eine körperliche. Freude fließt gleichzeitig mit der Stimme. Ich kann sogar manchmal stillstehen, denn das „freie Kind" fließt lebendig aus mir heraus, ohne daß das „rebellische Kind" durch Zappeligkeit den Fluß unterbricht. Das Staunenswerte und Begeisternde am Singen hat in diesem Jahr tief Eingang bei mir gefunden und auch das Staunenswerte am Leben wurde dadurch zugänglicher für mich, denn ich kann gar nicht mehr anders, als die Entdeckungen eines Bereichs auch in andere Lebensbereiche mitzunehmen.

Eine Klientin, die mich in den vergangenen Jahren immer wieder einmal singen gehört hat, hat vor kurzem ihr Haus eingeweiht. Nachdem sie mich auf ihrer Feier singen gehört hat, sagte sie: „Jetzt gibt es keinen Unterschied mehr zwischen der Petra, die singt und der Petra, die ich sonst kenne".

Lebendigsein, Staunen und Freuen sind keine Zustände, die einen besonderen Anlaß brauchen, sondern sind fließende Bewegungen, die durch wache Hingabe an sie in Fluß gehalten werden. Lebendigsein, Dasein, Mitmachen im Spiel des Lebens wurde immer tiefer Grund genug, den Fluß des Staunens und Freuens an sich in Gang zu halten.

Meine Entwicklung zu immer tieferer Verbundenheit und Verschmelzung zwischen Geist, Seele und Körper hält nach wie vor an. Immer wieder mache ich Erfahrungen, daß eine Grenze sich in mir auflöst, daß sich Erfahrungen verknüpfen, daß die Feinheit und Komplexität des Zusammenklangs wächst, daß sich mein Gefühl, in meinem Körper zu hause zu sein, vertieft.

Ich bin entschlossen, in meinem Leben lückenlos eine Grundströmung von Freuen, Staunen und Lebendigsein fließen zu lassen und nehme gerne die Geschenke, die mir z. B. durch das Singen, durch das Atmen, durch die Erfahrung von Fühlen mit dem Körper gemacht werden, so oft und so kontinuierlich an, bis es geschehen sein wird, daß Vertrauen und Wohlfühlen von selbst nicht mehr aufhören. Ich fühle mich, als dauerte es nicht mehr lange bis dahin.

Das „freie Kind-Ich" in mir und jedem Menschen ist die Kraft der Seele, die sich in spontaner körperlich-emotionaler Bewegung und entsprechendem stimmlichem Ausdruck zeigt. Es ist die ursprüngliche Kraft unseres Selbst in uns, die sich über unser Atmen und unsere Stimme offen „nach außen drückt". Um dies tun zu können, brauchen wir die selbstverständliche und achtsame und liebevolle Verbundenheit mit unserem Körper.

FRAGEN UND ANREGUNGEN ZU IHRER BEZIEHUNG ZU IHREM KÖRPER

- Haben Sie durchgängig ein Gefühl von Verbundenheit mit ihrem Körper?

- Kennen Sie ein räumliches vorne-hinten- und ein verbundenes oben-unten-Empfinden?

- Welchen Stellenwert hatte in Ihrer Ursprungsfamilie körperliches Fühlen wie z.B. Berührung, Genießen, Gesunderhaltung, Ernährung, Wohlfühlsport, Bewegung.....?

- Haben Sie Skriptsätze, die mörderisch oder krankmachend sind? (Durchhalteparolen wie „Indianer kennt keinen Schmerz" ...)

- Fühlen Sie einen Tagesrhythmus, einen Jahreszeitenrhythmus?

- Legen Sie sich entspannt hin und reisen Sie durch Ihren Körper. Fühlen Sie genau, in welche Zonen hinein Sie Kontakt bekommen und wo eine weiße Fläche in Ihrem Körperbild ist.

- Bitten Sie jemand Ihnen Nahestehendes, Ihre Umrisse auf einem großen Bogen (Pack)Papier nachzuzeichnen, während Sie darauf liegen. Tragen Sie spontan alles in Ihre Körperform ein, was Ihnen zu jeder Region einfällt. Sprechen Sie über das Blatt mit jemandem, dem Sie Vertrauen schenken.

- Kennen Sie im Detail die Geschichte Ihrer Zeugung, Schwangerschaft, Geburt?

- Kennen Sie die Lebensumstände Ihrer Eltern zu der Zeit und die Qualität ihrer Beziehung? Beginnen Sie, Ihre Eltern behutsam danach zu fragen. Fragen Sie, wie Sie als Kind waren, welche Geschichten mit Ihnen Ihre Eltern noch in Erinnerung haben und lauschen Sie auf den Klang ihrer Stimmen, um auch verdrängte Gefühle mitzuhören.

- Haben Sie in Ihrem Leben schon die Erfahrung gemacht, daß Ihnen ein „Ich" zu klein geworden ist und Sie es durch ein größeres ersetzen konnten / mußten?

- Benutzen Sie ihren Körper und Ihre Stimme, um sich selbst auszudrücken, um zu staunen, um sich zu freuen ?

KAPITEL V

FAMILIENTHERAPIE

ICH GEWINNE INTEGRITÄT UND WÜRDE

IN MEINER FAMILIE -

RÜCKKEHR UND WAHRHEITSFINDUNG

Um werden zu können was wir sind, brauchen wir keine Befreiung von der Familie, sondern eine Familie, in der die Kinder ihre Knoten zu ihrem ganz eigenen Muster knüpfen dürfen ...... eine offene Kindheit unter den Menschen, deren Leben immer zu den Grundtatsachen unserer Identität gehören werden

Theodore Roszak in „Mensch und Erde auf dem Weg zur Einheit"

FAMILIE - ORT DER LIEBE - ORT DER ANGST

Familie ist der Ort, der für die Menschen in allen Kulturen ihr engster Lebenskreis ist. Familie bildet den Raum, in dem unser Überleben gesichert wird und über unsere Entfaltung oder Unterdrückung entschieden wird. Familie kann wie eine Burg, wie ein Krankenhaus oder eine Bühne funktionieren, so beschreibt es Horst Eberhard Richter in seinem Buch „Eltern, Kind und Neurose". Sie kann ihr Zusammenleben wie ein totalitärer Staat oder eine allein selig machende Religion regeln. Sie hat ihre eigenen Mythen und Glaubenssätze, wie in den ersten Kapiteln beschrieben.

Die wichtigsten Kräfte in Familie sind Liebe und Angst. Wir entstehen im Schoß der Familie, und so, wie Familie mit unserem entstanden Sein zu tun hat, hat Familie auch mit unserem Sterben zu tun, auch wenn wir Letzteres nicht so gerne sehen. Im Gesicht unserer Großmutter oder unseres Großvaters kann uns unser eigenes Gesicht ansehen, wie es in 50 Jahren aussehen wird, und im Gesicht unserer Kinder, Nichten, Neffen und Enkel möchten wir die Verlängerung unseres eigenen Daseins in weitere 30 oder 50 Jahre hinein erahnen.

In Familie erhalten wir die Grundlagen dafür, ob wir von Realitäten oder Phantasien leben und wie sich Sinnerfüllung, Glück, Freude, Leid, Irrtümer und Zerbrechen in unserem Leben mischen. In Familie wird entschieden, ob die Realitäten des Lebens ernst genommen werden können oder ob z.B. die Schonung der Großmutter darüber entscheidet, daß die eigenen Augen, Ohren und Gedanken uns nicht mit Information versorgen dürfen, die stimmt.

Aus Liebe und Angst wird weg gehört, wenn der Großvater immer noch sagt, daß das mit den Juden nicht stimmt und daß der Krieg nur halb so schlimm war.

Wir fühlen uns in unserem Überleben unser Leben lang von Familie abhängig, obwohl das eigentlich nur einige Jahre wirklich der Fall ist. Liebe und Angst gehen in Familie eine oft verzweifelte Verbindung ein, denn das Gefühl, daß Familie unser Überleben sichert, ist so tief verwurzelt, daß wir lieber verrückt werden, als die Bindung an unsere Familie zu lockern. Was nehmen Menschen auf sich, um den Zusammenhalt mit ihrer Familie zu sichern!

In Familie werden aus Tätern Opfer und aus Opfern Täter. Gequälte, erwachsen gewordene Kinder rächen sich an ihren Kindern und noch später an ihren alt gewordenen Eltern für ihr ehemals erlittenes Leid. In Ehepartnern und Kindern erkennen wir die Eltern wieder und tun jetzt endlich das, was früher aus Liebe und Angst nicht ging: Wir schlagen zurück, wir behaupten uns endlich, wenn noch nicht gegenüber dem Ehepartner, dann wenigstens gegenüber dem Säugling. Dabei sorgen wir für Vergeltung am Falschen, wo es uns an Mut und Konsequenz dem Richtigen gegenüber mangelt.

Ron Smothermon, ein amerikanischer Therapeut, der sich intensiv mit Familienbeziehungen auseinandersetzt, sagt, daß uns unsere Eltern dann geliebt haben, wenn wir überlebt haben. Alles andere, nämlich selber das aus unserem Leben zu machen, was wir können und wollen, ist unsere Sache. Das ist ein radikaler Ansatz, der etwas für sich hat. Er kann davor schützen, sich selbst aufzugeben und für Passivität zu entschuldigen angesichts dessen, was unsere Vergangenheit an Spuren bei uns hinterlassen hat.

Dabei ist es gleichzeitig wichtig, zu erkennen, was wir bekommen haben und was gefehlt hat. Was wir an Gutem erhalten haben, gibt uns Würde, und wenn wir wissen, was gefehlt hat, können wir Verantwortung dafür übernehmen, soviel wie möglich nachträglich hinzu zu gewinnen. Für die Löcher, die wir gestopft haben, brauchen wir uns nicht mehr an der Welt zu rächen und deren Opfer werden wir nicht mehr.

In diesem Kapitel beschreibe ich, in welcher Weise mein eigener Wachstumsprozeß mit meiner Familie verzahnt war und ist. Dabei zeige ich, welche Anstrengungen und Entscheidungen es für mich gebraucht hat, um die wesentlichen „Versöhnungsaufgaben" (Helm Stierlin), die das erwachsen Werden in Familie verlangt, erfüllen zu können. Ich werde verschiedene Aspekte der deutschen und amerikanischen Familientherapie skizzieren und davon berichten, welche großen und kleinen Schritte bis dahin geführt haben, daß ich Integrität und Würde gefunden habe. Dabei werde ich besonders die systemische Perspektive vertiefen, da ich mit ihr in meinem Bewußtsein eine weitergehende Auflösungsarbeit an alten Schuld - Denkstrukturen erlebt habe. Ich konnte erkennen, daß und wie wir Menschen abhängig sind von jedem anderen Systemmitglied und dessen Persönlichkeit und Entwicklungsstand, daß und wie wir z. B. von unseren Großeltern und Urgroßeltern und den schicksalhaften Einwirkungen der Zeit abhängig sind, in der sie gelebt haben. Deshalb konnte ich nach und nach auf die Vorstellung von Schuld verzichten und die Verantwortung dafür übernehmen, für mich und meine Familie das Beste aus meiner und unserer Vergangenheit zu machen.

Ich werde auch davon berichten, daß es möglich wurde, über die Wirkungen der Familiengeschichte mit den Beteiligten zu sprechen; davon, daß ich kein Tabu mehr akzeptiert habe und wir miteinander erlebt haben, daß scheinbar Unaussprechliches nicht unaussprechlich ist und wir das Aussprechen mehr als überlebt haben, in dem alle Beteiligten dadurch heiler geworden sind.

Ich werde auch davon berichten, welche unklaren Dynamiken heute noch zwischen meinen beiden Geschwistern und mir wirken und ich mich in der Klärung durch andere Zusammenhänge und deren Wirkungen eingeschränkt fühle.

Ich werde davon berichten, wie mir die innere Arbeit mit den Ahninnen, die ich schon beschrieben habe, in der systemischen Therapie und der Arbeit, wie sie Bert Hellinger mit Familienaufstellungen durchführt, wieder begegnet ist und mich ermutigt hat, auch in der Arbeit mit meinen Klienten zielsicherer nach den Wunden und Taten der Eltern, Großeltern, Onkel und Tanten zu forschen. Das größte Geschenk, daß mir Bert Hellinger gemacht hat, ist ein Ziel für meine und andere Familien: Würde und Anerkennung für jedes Mitglied der Familie. Von diesem noch im Werden begriffenen Prozeß in mir wird der letzte Teil dieses Kapitels handeln.

DIE ARBEIT MIT DEN INTROJIZIERTEN ELTERN KANN VOR ODER STATT DER ERNEUERTEN BEGEGNUNG MIT DEN REALEN ELTERN STEHEN

"Was machen erwachsene Kinder, deren Eltern nicht mehr leben?" Das ist eine Frage, die sich in der therapeutischen Arbeit häufig stellt. Ich erlebe, daß, wenn jemand spürt, daß er oder sie heute in die Auseinandersetzung und Neubegegnung mit den Eltern gehen würde und sich und den Eltern ein Vermeiden der heiklen Themen nicht mehr gestatten würde, kann er oder sie diese Begegnung z.B. mit Methoden der Gestalttherapie durchführen, die ich in meiner Arbeit mit meinen Ahninnen beschrieben habe, oder auch mit Familienaufstellungen. Mein Mann hat z.B. einen mehrere Monate dauernden Briefwechsel mit seinen verstorbenen Eltern und seinem Großvater am Computer geschrieben und diesen durch bioenergetische Arbeit unterstützt, um den Prozeß der gedanklichen Arbeit auch auf die Körperebene zu bringen. Sinn der Sache ist, zu der Erfahrung vorzustoßen, daß man inzwischen genug Rückgrat erworben hat, einen klaren und wirklichkeitsorientierten Geist in der Anwesenheit der Introjekte zu behalten. Das bedeutet, sich nicht mehr von den einprogrammierten Entmutigungen und elterlichen Überzeugungen bestimmen zu lassen, sondern dem eigenen realitätsbezogenen Denken und Fühlen in der Kommunikation das entscheidende Gewicht zu geben. Heilung geschieht aus meiner Sicht dann, wenn die Introjekte sich damit abfinden, daß sie die Macht über die Persönlichkeit verloren haben und sich nur noch selten bis gar nicht in die Gegenwart einmischen dürfen. In der Sprache der Transaktionsanalyse heißt das, daß das negative "Eltern-Ich" einen unbedeutenden Platz am Rande des Bewußtseins erhält und statt dessen ein fürsorgliches "Eltern-Ich" und ein starkes „Erwachsenen-Ich" die Verantwortung für die Kommunikation mit der Welt übernehmen.

Auch um in einen gelingenden Kommunikationsprozeß mit den noch lebenden Eltern einzutreten, ist es notwendig, daß zunächst mit den introjizierten Eltern ein Prozeß stattgefunden hat. Solange jemand im eigenen Kopf immer noch den gleichen Reden zuhört, die er immer von den Eltern gehört hat, kann er schwerlich einen überzeugenden Beitrag dazu leisten, daß mit den heutigen Eltern wirklich etwas Neues geschieht.

William F. Nerin, ein amerikanischer Familientherapeut, sagt, daß 90 % aller Eltern, deren erwachsene Kinder mit ihnen einen wahren und liebevollen Kontakt aufgenommen haben, sich diesem Kontakt nicht verweigert haben! Das hat mich erstaunt. Kann es sein, daß der Widerstand gegen Wahrheit und Klärung mehr bei den erwachsen gewordenen Kindern vermutet werden muß und weniger bei den Eltern? Gekränkte „Kinder" haben es schwer, einen mittleren Weg von Aufrichtigkeit und freundlicher Distanz zu finden und nicht zwischen Rache und Entfremdung einerseits und Unterwerfung und Abhängigkeit andererseits hin und her zu pendeln.

Ich werde Aspekte der systemischen, der humanistischen und analytischen Familientherapie beschreiben, die ich durch die Literatur unterschiedlicher Gründerpersönlichkeiten kennengelernt habe und auch in der Praxis mit dem Team der Beratungsstelle und allein zum Teil seit vielen Jahren anwende. Dieses angewandte Wissen hat erheblich dazu beigetragen, daß ich heute einen liebevollen und reifen Kontakt mit meinen Eltern pflege.

SYSTEMISCHE FAMILIENTHERAPIE:

FAMILIENKOMMUNIKATION IST WECHSELSEITIG

VONEINANDER ABHÄNGIG

Systemisches Denken sieht die Familie als ein Gebilde, in dem jeder von jedem abhängt und alle nach gut oder weniger gut funktionierenden Gesetzen miteinander agieren. Als gesund wird ein Familiensystem aus der systemischen Perspektive dann betrachtet, wenn es offen genug ist, sich durch den Wandel des Lebens im eigenen Gleichgewicht immer wieder verunsichern zu lassen; in dem sich immer wieder neu bildenden Gleichgewicht finden dann alle Beteiligten die Möglichkeit, einen erfüllenden Platz einzunehmen. Das hinzukommende Geschwisterkind, die Einschulung, Kinderkrankheiten, die Pubertät, der Tod eines Großelternteils, Umzüge, die erste Ferienreise des oder der Kinder ohne die Eltern, all das sind Einschnitte, die die gesamte Identität einer Familie verändern und allen Beteiligten innere und äußere Umstellungen abverlangen. Wenn einerseits die Offenheit für Wandel gefordert ist, ist auf der anderen Seite die Fähigkeit gefordert, die Familie so geschlossen zu gestalten, das eine klare Abgrenzung und Unterscheidbarkeit von der Außenwelt bewahrt wird. Schule, Fernsehen, Sportvereine und Freundesgruppen nehmen permanent Einfluß auf das Familienleben. Seine Intimität und Individualität brauchen achtsamen Schutz. Familie muß sich also in zwei Richtungen bewahren: Vor der Gefahr zu großer Geschlossenheit und zu großer Offenheit.

Die systemische Familientherapie hat einen Weg gefunden, Familienkommunikation von den Bewertungen *böse, verrückt* oder *dumm* zu befreien. Meine Erkenntnis, daß im System viele Dinge Sinn machen (siehe zweites Kapitel), die von außen besehen unsinnig sind, findet in den Familientherapeuten ihre konsequentesten Vertreter: Wenn es verrückte Kommunikation gibt, steht sie in einem sinnvollen Zusammenhang. Die Aufgabe der Therapeuten ist es, diesen Sinn zu erschließen und einen Weg zu finden, Verrücktheit überflüssig zu machen.

Mara Selvini-Palazzoli ist eine bekannte Begründerin des Ansatzes, systemisches Denken auf die Arbeit mit Familien anzuwenden. Sie ist eine beherzte italienische Ärztin und Psychoanalytikerin, die ihren neuen Arbeitsschwerpunkt gesucht hat, weil die Arbeit mit magersüchtigen jungen Mädchen so extrem schwierig und langwierig war. Angeregt durch Forscher wie Gregory Bateson und Paul Watzlawik schloß sie ihre analytische Praxis und forschte auf eigene Rechnung, bis sie entdeckte, daß die Störung der jungen Mädchen tief mit dem Familiensystem verzahnt war. Sie praktizierte in Italien schon in den sechziger Jahren mit ihren neuen Methoden.

Systemisches Denken beschreibt zirkuläre Prozesse. Es werden keine kausalen oder zeitlichen Zusammenhänge gesucht, sondern lediglich beschrieben, was alles gleichzeitig passiert. Wenn A das macht, machen B, C und D das. Wenn C so agiert, läßt sich bei A und D dieses beobachten. Systemische Familientherapeuten gehen mit der Familie im

Gespräch an die Arbeit, Verhaltenssequenzen zu entdecken und zu beschreiben.

Ein konstruiertes Beispiel: Immer wenn Mutter anfängt zu weinen, geht Kathrin zu ihr und streichelt sie, Bernd verläßt den Raum und Vater verschwindet hinter seiner Zeitung. Es ist dabei kaum festzustellen, ob die Mutter immer weint, wenn Kathrin kommt oder wenn der Vater die Zeitung nimmt. Nimmt Vater die Zeitung, weil Mutter weint oder weint Mutter, weil Bernd das Zimmer verläßt? Verläßt Bernd das Zimmer, weil an Vater kein Herankommen ist oder weil Mutter von Kathrin belagert wird? Wann hat das Ganze angefangen? Die Systemiker sagen, das spielt letztlich keine Rolle. Sie fragen im Kreis herum, um die erstarrten Muster der Gewohnheiten in der Familie zu durchbrechen. Der Fachbegriff dafür ist „zirkuläres Fragen". Die Therapeuten fragen Vater, was Mutter und Kathrin tun, wenn Bernd das Zimmer verläßt. Sie fragen, was Kathrin meint, wer von beiden, Vater oder Bernd, Mutter am besten kennt. Sie fragen Bernd, was er meint, ob Vater oder Mutter mehr unter der ganzen Situation leidet usw. Dadurch ermöglichen sie der Familie, vielleicht überhaupt zum ersten Mal, in einer unverfänglichen Weise das eigene miteinander Umgehen zu reflektieren.

Am Schluß der Sitzung verlassen die klassischen Systemtherapeuten den Raum, um mit anderen Teammitgliedern, die hinter einer Einwegscheibe den Prozeß beobachtet haben, zu konferieren. So ist das Setting aufgebaut, daß M. Selvini - Palazzoli geschaffen hat. Es ist ein teures Setting, deshalb findet es keine breite Verwendung, aber Abwandlungen werden doch in manchen Kliniken und Beratungsstellen angewandt. Nach der Therapeutenkonferenz bekommt die Familie ein „Rezept". Sie bekommt z. B. in einem geschlossenen Umschlag einen Brief mit, der zu einem bestimmten Zeitpunkt von allen zusammen rituell gelesen wird. Die Familie findet dann möglicherweise den in großen Lettern geschriebenen Auftrag, daß Kathrin beim nächsten Mal, wenn Mutter weint, das Zimmer verlassen soll. Wenn die Familie sich emotional auf die Therapie eingelassen hat, befolgt sie dieses Rezept. Damit wird eine Regel gebrochen, die unbewußt und unaussprechlich ist. Vielleicht heißt diese Regel: „In unserer Familie sind die Frauen für Gefühle zuständig !" Die Systemiker wollen das gar nicht wissen, aber die Therapeuten haben diese unbekannte Regel kraft ihres Amtes außer Kraft gesetzt. Garantiert wird irgend etwas Anderes und Neues mit allen vier Beteiligten geschehen. Ohne es ausgesprochen zu haben, geben die Therapeuten durch das Ritual die Erlaubnis dazu, daß die erstarrten Familienmuster von der Familie selbst verändert werden dürfen und können.

Ich habe mich gern mit der Denkweise der Systemiker vertraut gemacht, da sie für mich eine weitere Kur gegen deutsche und christliche Schuldvorstellungen war. Zirkuläres Denken erleichtert es dem Therapeuten, sich mit jedem Familienmitglied und den Wachstumsmöglichkeiten aller zu verbünden und nicht mit einem gegen andere. Was wohl am systemischen Denken das Wichtigste ist, ist die Erkenntnis, daß jeder Mensch mit allen anderen und den Lebensbedingungen der Erde verbunden ist. Mit dem Erwachen eines systemischen Denkens, im Umweltzusammenhang „ökologisch" genannt, kommen wir einem Wirklichkeitsverständnis näher, das wir dringend brauchen. Auch dieses Verständnis der Wirklichkeit nimmt in unserer Gesellschaft zu.

ANALYTISCHE FAMILIENTHERAPIE:

WIDERSPRÜCHLICHE DELEGATIONEN KÖNNEN VERRÜCKT MACHEN

Helm Stierlin ist mit seiner „Abteilung für Psychoanalytische Grundlagenforschung und Familientherapie an der Universität Heidelberg" ein wesentlicher Vertreter der deutschen Famlientherapie-Szene. Zwei Aspekte seiner Betrachtungen im Grenzbereich von Tiefenpsychologie, Philosophie und systemischem Denken habe ich für mich als besonders wichtig erfahren. Zum einen beschreibt er als große Aufgabe für Familie die Arbeit der Versöhnung von Polaritäten. Das bedeutet, Familie muß Nähe und Distanz regulieren, muß sich zurechtfinden zwischen den Notwendigkeiten des Augenblicks und den Aufgaben, die sich in dauerhaften Beziehungen ergeben, muß mit Macht und Ohnmacht umgehen lernen und die Spannung zwischen Genießen und Arbeiten ins Gleichgewicht bringen. Dies hat er in dem Buch „Das Tun des Einen ist das Tun des Anderen" wunderbar herausgearbeitet. Zum anderen habe ich bei ihm die Bedeutung widersprüchlicher Delegationen begriffen. Helm Stierlin hat beschrieben, daß psychische Störungen häufig darin ihren Ursprung haben, daß Mütter und Väter ihre Kinder mit Aufgaben betrauen, die unerfüllbar sind. Ein Beispiel aus dem Buch „Delegation und Familie" : Wenn ein Sohn gleichzeitig ein berühmter Musiker werden, Mutters kleiner Junge bleiben und Ersatz für eine gestorbene Tochter sein soll, sind das unerfüllbare Aufgaben. Soll er dann noch die Verrücktheit seiner Mutter in für sie erreichbarer Nähe zum Ausdruck bringen, ist das eine Aufgabenstellung, die er wohl nur dann erfüllen kann, wenn er an den anderen widersprüchlichen Aufgabenstellungen schon verrückt geworden ist. Da diese Delegationen zunächst nicht bekannt sind, wirkt dieser Sohn auf einen Außenstehenden vielleicht so wie ein Schiedsrichter auf einem Fußballfeld, der ohne die Spieler mit einer Kamera aufgenommen worden ist. Er scheint verrückt zu sein. Dies Beispiel benutzen Helm Stierlin und Gunthard Weber in ihrem Buch „In Liebe entzweit", einem Bericht über Familientherapie mit Familien von magersüchtigen jungen Mädchen.

HUMANISTISCHE FAMILIENTHERAPIE :

WAHRE KOMMUNIKATION SCHAFFT SELBSTWERT

Virginia Satir, eine amerikanische Therapeutin, deren Familie aus Deutschland kommt, greift in ihrer humanistischen Familientherapie viele Themen auf, die ich aus Gestalttherapie und Transaktionsanalyse schon kannte. Einen Aspekt hat sie in besonderer Weise verarbeitet, den des unmittelbaren Zusammenhangs zwischen authentischer, kongruenter Kommunikation in der Familie und dem Gefühl für den eigenen Selbstwert. Das bedeutet: Je mehr Erlaubnis Eltern und Kinder haben, sich selbst in Übereinstimmung mit ihrem Selbsterleben auszudrücken, desto höher ist ihr Selbstwert. Andersherum stimmt es genauso: Je weniger Wahres und Kongruentes Menschen von sich selber sagen dürfen, desto leerer ist ihr Selbstwertreservoir, von Satir „Pott" genannt. Ich werde davon berichten, wie durch die Auseinandersetzung, die meine Schwester und ich in den letzten Jahren mit unseren Eltern führen, unser aller Selbstwertgefühl gestiegen ist, weil wir Authentizität und Ehrlichkeit zwischen uns geschaffen haben. Bevor das allerdings soweit sein konnte, damit zu beginnen, sind über zehn Jahre ins Land gegangen.

ICH NEHME ABSCHIED VON MEINER FAMILIE

Kurz nachdem ich das Gestaltseminar in Berlin erlebt hatte, aber noch nicht auf dem Transaktionsanalyse - Seminar in Hannover gewesen war (drittes Kapitel), feierte meine Großmutter ihren 80sten Geburtstag. Ich fuhr einen Tag vorher in meine Heimatstadt, um meine Eltern zu besuchen. Meine Mutter verwickelte mich wie üblich in lange Gespräche, die wie üblich zu nichts führten, außer daß es mir wie üblich psychisch immer schlechter ging. Am Tag nach der Geburtstagsfeier hatte ich dann wie üblich das Gefühl, leer und ausgepreßt wie eine Zitrone zu sein. Allerdings geschah jetzt etwas, das sonst nicht vorkam, denn ich sagte es ihr, bzw. ich schrie es ihr ins Gesicht. Sie rannte in die Küche und knallte die Tür hinter sich zu. Mein Bruder kam irgendwie hinzu, ging in die Küche und kam mit der Mitteilung von meiner Mutter an mich wieder, ich solle erst wieder nach Hause kommen, wenn ich sie in Ordnung fände. Ich packte meine Tasche, verabschiedete mich von meinem Vater, brüllte: „So schnell seht ihr mich nicht wieder!", und fuhr nach Hamburg zurück.

In den darauffolgenden Wochen bekam ich durch die Telefonate mit meiner Großmutter und durch das Seminar in Hannover die Möglichkeit, mehr von meinen Vorfahrinnen und ihren seelischen Verletzungen zu verstehen. Daneben stand die große Frage, wie es mit mir und meiner Familie weitergehen würde. Ich war zunächst ratlos, was meine Mutter gemeint haben könnte. Richtiger wäre zu sagen, was ihr Satz für mich für Konsequenzen haben sollte. Ich erfuhr mich in wachsendem Maße fähig, in Auseinandersetzung einzutreten, und sie schob rigoros eine Wand dazwischen, die einer Forderung nach völliger Unterwerfung gleichkam. Ich ließ mir mit der Beantwortung dieser Frage viel Zeit. Sie war mir zu wichtig, um eine überstürzte Entscheidung zu treffen.

An einem Tag, als ich mit meinen Vorfahrinnen in der „Wohngemeinschaft" im Gespräch war, sagte meine innere Mutter zu mir, daß sie von mir erwartete, daß ich ihr den Tod abnehmen solle. Angesichts der

Vertrautheit mit der Tatsache, daß „Jesus für uns gestorben ist", war es für sie anscheinend ein durchaus realistischer Gedanke, daß ich in der Lage sein müßte, ebenso stellvertretend für sie zu sterben. Ich bekam daraufhin eine kräftige und gesunde Wut und sagte ihr, daß das wohl etwas sei, das jeder Mensch für sich selber zu erledigen habe.

Trotzdem plagte mich in den Wochen danach weiterhin die hartnäckige Phantasie, daß meine Mutter sich nichts sehnlicher wünschte, als daß ich ein Grab auf dem Friedhof beziehen sollte, der zwei Minuten von ihrer Wohnung entfernt begann und der für unsere Familie in meiner Kindheit ein Park für Spaziergänge gewesen ist. Dort, so empfand ich, würde sie mich furchtbar gerne jeden Tag besuchen kommen. Ich verstand meine Phantasien nicht, fühlte aber, daß ich von meiner Mutter in unseren Endlosgesprächen regelmäßig an einen seelischen Rand des Todes geredet worden war, ohne daß ihr das bewußt war. Erst als ich die Geschichte meiner Urgroßmutter erfuhr, die tatsächlich erst eins und später viele Kinder regelmäßig auf einem Friedhof besucht hat, wurde mir der Zusammenhang klar, in dem meine Mutter steckte: Sie war selber angefüllt mit dem Schmerz ihrer Großmutter und wollte ihn so an mich abtreten. Es begannen sich für mich Lösungen abzuzeichnen. Ich saß in meinem Schlafzimmer und suchte wieder einmal in mir nach Antworten auf die Frage, wie es mit mir und der Familie weitergehen könnte. Zu meiner Überraschung hörte ich meine Mutter in mir sagen: „Geh los und finde alles heraus! Finde die Antworten auf meine Fragen!" Damit verbunden war so etwas wie eine Freigabe, eine Art Blankoscheck, mich auf alles dafür Notwendige einlassen zu dürfen.

Kurze Zeit später sagte dann auch meine eigene „innere Stimme", die ich durch den Grad ihrer Innigkeit und liebevollen Zugewandtheit deutlich von anderen inneren Stimmen unterscheiden gelernt hatte, daß es in Ordnung sein würde, wenn ich meinen Weg ohne meine Familie suchen und finden würde. Dies war für mich die eigentliche Erlaubnis zu dem Schnitt, den ich dann vollzog. Ich schrieb Abschiedsbriefe, bedankte mich für alles, was ich an Gutem erhalten hatte, teilte meiner Familie mit, daß ich mich nicht länger als ihr Mitglied betrachtete und verzichtete auf ein mögliches Erbe.

Danach sprudelte erst einmal eine Riesenerleichterung in mir hoch. Es war, als befände ich mich in einer Freiheitsblase, die ich so um mich herum fühlte, wie früher das Glashaus; mit dem Unterschied, daß mir jetzt Dinge möglich wurden, an die ich vorher nicht im Traum zu denken gewagt hätte. Ich „versumpfte" in der Großstadt Hamburg einschließlich der dazugehörigen Männerkontakte, fuhr allein über ein verlängertes Wochenende irgendwohin und spürte, daß sich mein geistiges Volumen ausdehnte. Jeder Tag war voll mit Lernen und Erfahrungen, die einen Niederschlag in meiner Seele bildeten, auf den ich mich anschließend beziehen konnte. Es war etwas völlig Neues für mich, daß das Erleben eines jeden Tages so in mir gespeichert wurde, daß es zu dem wurde, was man landläufig einen „Erfahrungsschatz" nennt.

ICH BIN ...... TOT, ERFORSCHERIN DES LEBENS, ETWAS BESONDERES UND NICHT GRÖßER ALS MEINE MUTTER

Einige Zeit später stieß ich auf das Buch von Helm Stierlin „Delegation und Familie". Helm Stierlin war mir als Autor schon bekannt, denn Familientherapie ist das Thema meiner Diplomarbeit im Studium der Sozialpädagogik gewesen. Meine Arbeit enthielt eine Mischung aus Entwicklungspsychologie, Kommunikationstheorie und Familiendynamik. Damals habe ich mich mit den Gedanken der Kommunikations- und Familienforscher beschäftigt, ohne in irgendeinen Kontakt mit der Bedeutung der Inhalte zu kommen. Ich erhielt als Note für die Abschlußarbeit eine Eins, aber nichts von den wichtigen Inhalten konnte damals in mir Wurzeln schlagen oder emotional in mir wirksam werden.

Das änderte sich, nachdem ich durch die in den vorherigen Kapiteln beschriebenen Erfahrungen gegangen war. Ich las während der Pausen in der Beratungsstelle in meinem Zimmer häufiger in den Fachbüchern, die wir angeschafft hatten. In dem Buch „Delegation und Familie" ging es um die Übernahme von Aufträgen aus der Familie. Eigentlich war mir der Gedanke, daß wir von unseren Eltern Aufträge und Drehbücher erhalten, nicht neu, denn Eric Berne, der Begründer der Transaktionsanalyse, beschäftigt sich intensiv damit in seiner Skriptanalyse.

Ich hatte inzwischen erkannt, daß meine Mutter eine Lösung für ihre Probleme darin zu finden hoffte, daß ich auf dem Friedhof liegen und gleichzeitig für sie herausfinden sollte, was es mit diesem Erdenleben auf sich hat. Ich wußte, daß ich auf keinen Fall über sie hinaus wachsen sollte. Das war unterschwellig immer klar gewesen, und zudem hatte sie mir deutlich aufgetragen daß ich „etwas Besonderes" werden sollte. Jetzt hielt ich Stierlins Buch in der Hand und begann, die Bedeutung meiner Skripte am eigenen Leib zu fühlen. Ich saß auf meinem Stuhl und brach kreideweiß und am ganzen Körper zitternd zusammen. Warum wühlte mich das Lesen dieser Inhalte so auf?

Kinder, die ein „Sei-Nicht!"-Skript mitbekommen, können es erfüllen, indem sie irgendwann sterben. Kinder, die ein „Werde-Verrückt!"-Skript oder ein „Werde-Alkoholiker!"-Skript mitbekommen haben, können in die Psychiatrie gehen oder in die Trinkhalle an der Straße. Kinder, die ein „Du-darfst-genauso-erfolgreich-wie-dein-Vater-werden-in-dem-Beruf-der-dir-Spaß-macht"-Skript erhalten haben, haben beste Chancen auf ein erfülltes Leben. Was machen aber Kinder, die alles auf einmal sollen? Dies war die Sache, die ich jetzt in jeder Faser meines Körpers spürte: Ich schlug mich, seit ich erwachsen war, nicht nur mit den Urbotschaften meiner Kirche und meiner Familie herum, sondern mit der Frage, wie es geht, gleichzeitig eine Tote, eine Lebensforscherin, etwas Besonderes und nicht größer als meine Mutter zu sein. Im Bemühen, alle diese Aufträge zu erfüllen, schien sich mein Organismus seit Jahren in einem Zustand zu befinden, für den ich weiter oben Beschreibungen gefunden habe.

Offenbar schaffte ich es jetzt, einige von meinen Aufträgen auszuführen. Ich spürte zum Beispiel, seitdem ich keinen Kontakt mehr mit meinen Eltern hatte, daß ich genau, indem ich nicht da war, in dieser Familie einen Platz ausfüllte. Konnte es sein, daß ich einen Weg gefunden hatte, für meine Mutter wie „gestorben" zu sein? Bot ich ihr eine Chance, all die traurigen Gefühle um ihr „inneres Kind" und um gestorbene Kinder, die sich in ihr angesammelt hatten, an mir festzumachen, indem ich eine „verlorene Tochter" war und mich selbst ausgestoßen hatte? So konnte ich gleichzeitig weiterleben und ihren anderen Auftrag ausführen, nämlich herauszufinden, was es mit dem Leben auf sich hat. Das tat ich ja mit Vehemenz. Ob ich dabei „größer" wurde als meine Mutter, entzog sich zumindest dem Vergleich, wenn wir uns nicht sahen, und etwas Besonderes war das Ganze auch, jedenfalls empfand ich es so. Normal war das jedenfalls nicht, was in meinem Leben geschah. In der Erfüllung all dieser Skripte hatte ich sogar eine Legitimation gefunden, mich lebendiger zu fühlen. Erforschen, was es mit dem Leben auf sich hat, durfte ich ohne weitere Bedingungen oder Einschränkungen und das ging nur, wenn ich mich wirklich auf das Leben einließ.

Jetzt konnte ich noch besser verstehen, warum ich meine Studentenbude zu einem Gefängnis gemacht hatte. Es war kein Gefängnis, es war ein Grab gewesen. Ich hatte es geschafft, mein Studium mit guten bis sehr guten Noten abzuschließen und mich dabei tot fühlen. Das Forscher-Skript konnte in den Jahren noch nicht aktiv sein, dazu ist die Nähe und Abhängigkeit zu Elternhaus und Kirche in den Jahren noch zu groß gewesen.

Die "mörderische Mutterimago", von der John Brinley in Berlin gesprochen hatte, war noch lange wirksam. Wenn ich in der Ausbildungsgruppe für Gestalttherapie als Klientin an meinen Themen arbeitete, fühlte ich mich weiterhin jedesmal wie unter einer Grabplatte und in Todesangst, wenn ich meiner Mutter gegenüber saß. Einer unser Trainer hatte davon gesprochen, daß Menschen mit Depression reagieren, wenn sie ihr erhaltenes Drehbuch nicht erfüllen. Ich verstand, daß die Tatsache, daß ich noch lebte und nicht für meine Mutter gut erreichbar auf dem benachbarten Friedhof lag, Grund genug für meine Depression war. Meine Situation war, daß ich immer, wenn ich einen Skriptanteil erfüllte, also z.B. „tot Sein", einen anderen Anteil, z.B. das "Herausfinden", nicht erfüllen konnte. Aus der Depression, so oder so, gab es anscheinend kein Entrinnen.

Ich erhielt durch das Lesen der Bücher über verrückt machende Kommunikations- und Familienstrukturen wieder ein großes Stück Wirklichkeitsbezug. Wirklichkeit gab es wirklich, von amtlicher Seite wurde mir meine Erfahrung auf schwarz bedrucktem Papier bestätigt: Es gibt Menschen, deren Beauftragung durch ihre Familie so weit ab von angemessenen zwischenmenschlichen Strukturen liegt, daß sie im erwachsen Werden scheitern müssen. Sie können sich dabei sogar noch richtig und wichtig fühlen. Stierlin schreibt über einen jungen Mann, der sein Studium zugunsten eines arbeitslosen Lebens abgebrochen hatte, das er in einer kleinen Wohnung zusammen mit einem psychiatrischen Mitpatienten führte. Entscheidend dabei war für mich, daß er sich stimmig damit fühlte, verrückt und in verrückter Gesellschaft zu sein, weil er ganz im unbewußten Einverständnis mit seiner Mutter handelte.

Ich bin dankbar, daß ich nie in die Psychiatrie geraten bin. Es ist leider immer noch selten, daß sich klinische Ärzte mit diesen subtilen Zusammenhängen auskennen. Wenn besorgte und freundliche Eltern ihre „erwachsenen" Kinder in der Psychiatrie besuchen kommen, ist es nicht einfach zu erkennen, in welcher mörderischen Weise sie, in der Regel ohne es zu wissen, mit den eigenen Kindern verstrickt sind. Gerade in einem Familiensystem, in dem die Eltern die Seele ihres Kindes in Besitz genommen haben, kann die Beziehung besonders zugewandt und liebevoll aussehen. Selbst wenn die tragische Verstrickung von den Behandlern erkannt wird, fehlt doch oft das Know-How und der finanzielle Rahmen, die Eltern in der notwendigen Weise mit in die Behandlung einzubeziehen.

Die Zeit, in der meine Schwester die einzige Kontaktperson zu meiner Familie war, dauerte 9 1/2 Jahre. Über die Tatsache, daß niemand aus der Familie oder dem Freundeskreis meiner Familie versucht hat, eine Verbindung zu mir zu pflegen, habe ich mir manchmal Gedanken gemacht. Es sind anscheinend wirklich alles so geschwächte Menschen, daß sie einen unlösbaren Loyalitätskonflikt fühlten. Ein Denken im „sowohl - als auch" war unmöglich, es konnte nur „entweder - oder" sein und bei der Fragestellung „entweder Petra oder ihre Eltern" entschieden sich alle für meine Eltern. Auch später, als ich die Verwandten und Freunde meiner Eltern wieder traf, habe ich von niemandem eine Erklärung dazu bekommen und gefragt habe ich lieber nicht.

Meine Schwester versorgte mich mit Informationen, deren Grundtenor lange gleich blieb: Meine Mutter benutzte meine Abwesenheit, um ihre Depression damit zu entschuldigen und mein Vater proklamierte als hilfreiches Erziehungsmittel für seine kleine Enkeltochter weiterhin eine Tracht Prügel.

NEUE KLÄNGE AUS DER FAMILIE

Nach acht Jahren erklangen neue Töne. Meine Eltern begannen, den Erziehungsstil, den meine Schwester ihrer Tochter angedeihen ließ, zu würdigen. Sie entdeckten, daß aus diesem „verwöhnten" kleinen Mädchen doch etwas „Ordentliches" zu werden schien und sagten dies ihrer Tochter.

Als mein Vater 70 Jahre alt wurde, stand eine größere Geburtstagsfeier an. Meine Schwester erzählte mir, daß meine Mutter einen inneren Kampf ausgeführt hatte, dieses Fest überhaupt zu feiern. Dabei war sie zu dem Schluß gekommen, sich von den schmerzlichen Gefühlen, die sie ausschließlich im Zusammenhang mit mir sah, nicht unterkriegen zu lassen, sondern sich unabhängig davon zu machen. Sie wollte feiern.

Auch im Kontakt zwischen meiner Mutter und ihrer Mutter war etwas Neues geschehen. Meine Eltern hatten einen lang gehegten Plan wahr gemacht und waren von dem Ort, an dem Sie beide ihr ganzes Leben verbracht hatten, 150 km weit weggezogen. Das hatte für meine Mutter die Entscheidung bedeutet, ihre fast 90 Jahre alte Mutter, zwar gut behütet, aber doch allein zu lassen. Die beiden hatten in den über 60 Jahren, die meine Mutter ihre Tochter war, nie weiter als 3 km auseinander gewohnt.

Ich erfuhr, daß meine Eltern nun auch den Kontakt zu der Gemeinde (am neuen Wohnort) sorgfältig reflektierten. Mein Vater spielte ab und zu vertretungsweise im Gottesdienst die Orgel, aber ansonsten übernahmen sie keine der früher selbstverständlichen Verbindlichkeiten wie das regelmäßige Besuchen aller möglichen Veranstaltungen. Offenbar waren sie inzwischen von der Unreflektiertheit, mit der in der Gemeinde soziales und religiöses Leben gleichgesetzt wird, abgerückt, denn sie fürchteten nicht mehr um ihren Platz im Himmel, wenn sie nicht jeden Sonntag in den Gottesdienst gingen. Sie suchten sich neue Freunde sogar über die Volkshochschule.

Als ich von diesen neuen Entwicklungen hörte, habe ich zum ersten Mal daran gedacht, daß es vielleicht doch möglich werden könnte, einen Kontakt auf einer neuen Ebene aufzubauen.

Zu meinem 35. Geburtstag erhielt ich ein Telegramm von meinen Eltern, in dem sie mir ein gutes Gelingen für mein Leben wünschten. In diesem Telegramm kam mir Behutsamkeit entgegen und nicht der mindeste Versuch, mich irgendwohin zu bewegen. Der Wunsch, daß mir mein Leben gelingen sollte, war von ihnen noch nie so frei von Manipulationen ausgedrückt worden wie in diesem Telegramm.

Als dann einige Zeit später meine Großmutter per Brief eine direkte Einladung an mich aussprach, nahm ich diese an und fuhr nach knapp neun Jahren zum ersten Mal an meinen Geburtsort. In der Begegnung mit dieser alt gewordenen Frau, die mir herzlich entgegenkam, war es schwierig, mir bewußt zu bleiben, welchen schicksalhaften Einfluß sie auf mein bisheriges Leben gehabt hatte. Ich spürte deutlich, wie lebenswichtig der Abstand für mich gewesen war, den ich geschaffen hatte. Wie hätte ich angesichts dessen, daß alle in meiner Familie es „gut gemeint" hatten, sonst die „unsichtbaren Bindungen" erkennen und aus den gegebenen Lebensstrukturen herauswachsen sollen.

HALBDUNKEL ZWISCHEN DEN GESCHWISTERN

Die Erforschung der Dynamik zwischen erwachsenen Geschwister wurde in der Familientherapie lange vernachlässigt; erst in den neunziger Jahren ist dazu etwas Literatur erschienen. Es würde noch ein weiteres Kapitel in Anspruch nehmen, dieses Thema gründlicher in Augenschein zu nehmen. Ich gehe davon aus, daß die meisten Aspekte der Auseinandersetzung mit den Eltern auf die Geschwisterebene zu übertragen sind. Ob sie gelingen oder nicht, ist letztlich in Geschwisterbeziehungen genauso eine Frage der Bereitschaft, mit sich selbst und den anderen aufrichtig werden zu wollen.

Meine Schwester bereitete mir in dieser Hinsicht zu diesem Zeitpunkt eine Überraschung. Ich erhielt einen Brief von ihr, in dem sie mich wissen ließ, daß sie sich freuen würde, wenn ich mich zu dem Schritt, wieder Kontakt mit den Eltern aufzunehmen, entschließen würde. Sie habe die Zeit als einzige Tochter der Familie genügend genossen, um mir jetzt wieder Raum geben zu können, innerhalb der Familie präsent zu sein. In den ganzen Jahren hat sie diesen Aspekt nicht einmal erwähnt und es ist ihr auch nicht aufgefallen, daß sie ihn nicht erwähnt hat. Durch diesen Brief fühlte ich mich frei, neue Beziehungen aufzunehmen.

Wie die Geschwisterdynamik aus meiner heutigen Sicht Anfang der Achtziger Jahre mit zu meiner Trennung von der Familie beigetragen hat, möchte ich hier kurz andeuten.

Der Tag, als ich für fast zehn Jahre zum letzten Mal bei meinen Eltern war, sah folgendermaßen aus: Meine Schwester war gerade schwanger geworden; sie hatte großes Interesse daran, mit ihrem werdenden Kind endlich einen vorrangigen Platz in der Familie einzunehmen und nicht in der Geschwisterrangfolge die dritte zu sein. Mit ihrer Tochter wuchs ihr außerdem eine Kontaktperson zu, die sie von mir unabhängig machte, so daß sie besser auf mich verzichten konnte. Mein Bruder teilte mir mit, daß meine Mutter mich nur wiedersehen wolle, wenn ich an ihr keine Kritik mehr äußere. Er übermittelte mir diese Botschaft, von der meine Mutter heute sagt, daß sie diese so nicht gemeint und gesagt hat. Welches Interesse konnte er haben, mich aus dem System auszuschließen? In den Jahren danach ist mein Bruder ein ordentlicher Psychiater und Neurologe geworden, hat eine Familie mit drei Kindern gegründet und sich der Evangelischen Kirche angeschlossen, in der seine Kinder aufwachsen. Hatte er ein existenzielles Interesse, die „Verrücktheit" unserer Familie in meiner Person zu deponieren, um ein Leben in gutbürgerlichen Strukturen führen zu können?

Frank J. Sulloway beschreibt eindrücklich in seinem Buch „Der Rebell der Familie", wie in der Regel älteste Geschwister zu Vertretern des Status Quo oder sogar zu Konterrevolutionären werden und die jüngeren Geschwister in der Gesellschaft eine innovative Rolle übernehmen. Mein Bruder hat sich bisher Versuchen, Gespräche zwischen uns Geschwistern in Gang zu bringen, konsequent verschlossen und sich hinter seinen Kindern, seiner Arbeit und vielleicht auch seiner Frau versteckt. Wir sehen uns im Schnitt einmal im Jahr bei einem Familienfest oder auch gar nicht. Wenn wir als seine Schwestern in den vergangenen 18 Jahren nach heftigem Drängen etwas von seinen Gefühlen und Gedanken uns gegenüber erfahren haben, hatten diese entweder den Charakter einer Idealisierung und Bewunderung für unsere Seelenarbeit oder den einer finsteren Phantasie von uns als Menschen, für die es keine Hoffnung gibt, daß sie auf die eigenen Füße kommen.

Systemisch betrachtet spielen sicher weitere Zusammenhänge eine Rolle: Für meinen Bruder Furcht vor der Eifersucht seiner Frau, falls er eine gute Beziehung zu seinen Schwestern hätte. Dann das ganze Familiensystem seiner Frau, das noch enger ist als unseres war. Seine Entscheidung, eine Diagnostik- und Medikamentepraxis zu führen und nicht Therapeut zu werden, spielt vielleicht die größte Rolle dabei und ragt weit über das familieninterne ins zeitpolitische Geschehen hinein. In dieser Hinsicht stehen er und wir Schwestern aus meiner Sicht an ganz verschiedenen Positionen der Gesellschaft, da er eine klare Anbindung an die Schul- und Kassenmedizin hat. Zwischen uns Zwillingen ist die Verbindung und Gemeinsamkeit so stark, daß die Beziehung alle Krisen überstanden hat. Sie ist trotz aller emanzipatorischen Spannungen, die wir hatten und haben, in den Jahren mitgewachsen. Meine Schwester hat eine familientherapeutische Praxis mit Schwerpunkt Legasthenietherapie und wir supervidieren gegenseitig unsere Arbeit. Vielleicht geben wir unserem Bruder auch gar keine Chance, einen emotional gleichwertigen Platz zu erhalten, um nicht zwischen uns beiden Eifersucht zu erzeugen? Möglicherweise möchte ich selbst auch noch nicht wirklich nahen Kontakt mit ihm, um meinen 2. Platz in unserer Geschwisterfolge, der immer der zweite bleiben wird, nicht so deutlich spüren zu müssen? Vielleicht ist die Dynamik zwischen uns Dreien so heftig, daß wir diese „Lösung" gefunden haben, um mit Eifersucht und alten Kindheitsverletzungen nicht ständig zu tun zu haben, die ja unser aller Selbstbilder kränken würden.

Ganz sicher spielt die Tatsache eine große Rolle, daß er ein Mann und wir beide Frauen sind und in unserer Kindheit die ganze Familie zuversichtlich war, daß er das „Genie" in der Familie werden würde. Die Verletzungen zwischen Männern und Frauen, die in unserer von Frömmigkeit geprägten Familie keinem einen würdigen Platz ermöglichten, sind so tief, daß es die Bemühung von uns allen Dreien erfordern würde, Brücken zwischen Schwestern und Bruder zu bauen.

Soviel zur eigenen Geschwisterdynamik, in der es noch Vieles zu erhellen gibt.

WIR BEGINNEN EINEN NEUEN WEG

Der neue Kontakt mit meinen Eltern begann mit einem Brief, den ich ihnen schrieb. Ich berichtete darin von meinem neuen Leben, von meiner Tätigkeit als Erziehungsberaterin und, um mich gar nicht erst vor heiklen Themen zu drücken, auch davon, was ich über das Schlagen von Kindern heute dachte. Meine Mutter ließ mich in einem Antwortbrief wissen, daß sie viele Schritte, die sie in den letzten neun Jahren gemacht hatte, ohne meine Entscheidung, die Familie zu verlassen, nicht gemacht hätte. Die Tatsache, daß sie mir das im ersten Brief so freimütig schrieb, erstaunte und freute mich, denn solche Eingeständnisse gehörten nicht zu meiner bisherigen Erfahrung mit ihr. Ihr Eingeständnis enthielt auch so etwas wie ein Versprechen, daß der Bruch zwischen uns nicht Gegenstand von billigen Vorwürfen werden sollte. Sie wußte, daß mein Weggang ihr die Tür zu innerer Auseinandersetzung zwangsweise geöffnet und offengehalten hat. Daß mein Vater sich nicht zu Wort meldete, war zu normal, um mir aufzufallen.

Unser Wiedersehen war voller Trauer um die verlorenen Jahre, Wärme und vorsichtigem Mut, es miteinander zu wagen. Wir brauchten die nicht leichten Erfahrungen weiterer fünf Jahre, bis alle Beteiligten das Vertrauen entwickeln konnten, daß niemand von uns noch einmal die Lösung familiärer Spannungen im Abbruch des Kontaktes suchen würde, sondern wir uns den Freuden und Schmerzen wahrhaftiger Beziehungen konsequent stellten.

In unserer zweiten Begegnung fragte ich, wie sie heute zum Schlagen von Kindern und zum Schlagen ihrer Kinder stünden. Beide Eltern sagten ausdrücklich, daß sie es sich selber heute nur aus dem Gehorsam den eigenen Eltern und ihrer Lebensphilosophie gegenüber erklären könnten, und daß sie heute das Schlagen als Teil der Erziehung ablehnen würden. Diese Aussage brachte mir große Erleichterung. Damit war das eine Thema, das für unsern Kontakt kritisch hätte werden können, aus der Welt. Für das andere Thema, das mich immer wieder aus dem Dunkel meiner Tiefe bedrängte, reichte mein Mut nicht. Es anzugehen, dazu bedurfte es noch einmal kräftiger Anstöße durch das Leben.

Nun wurde es möglich, neue Begegnungskonstellationen zu haben. Ich erlebte, wohl zum ersten Mal in meinem Leben, daß meine Eltern und ich allein zusammen waren. Ich ging allein mit meinem Vater spazieren. Die Frauen, sprich meine Mutter und wir Schwestern, trafen uns für einen Tag in Hannover, der Stadt, die in der Mitte zwischen unseren Wohnorten liegt. Dabei tauchten immer wieder Gefühle auf, die besprochen wurden, Projektionen, die gesehen und zurückgenommen werden konnten. Meine Schwester drohte z. B., wieder in ein Gefühl von Bedeutungslosigkeit zurückzufallen; meine Mutter hatte Mühe, der Versuchung, mich zu idealisieren, zu widerstehen, aber es gelang uns, immer klarer und offener miteinander umzugehen.

LETZTE TABUISIERTE RÄUME WERDE ERSCHLOSSEN

Zwischen uns Töchtern und unserem Vater gab es eine alte Ebene von erotisch gefärbter Kommunikation, die von meiner Mutter in unserer Kindheit mit einem Lächeln und dem Spruch „Ihr wildert in meinem Garten" kommentiert worden war. Umarmungen, die wir mit ihm hatten, wirkten harmlos und hatten doch eine versteckte erotische Seite. Klar war immer, daß wir Töchter wildern und nicht etwa der erwachsene Vater, und daß dies Wildern zwar offiziell nicht in Ordnung, aber mit dem mütterlichen Lächeln sanktioniert wurde. Meine Mutter sagt heute, daß sie ganz bewußt gestattet hat, daß wir uns als heranwachsende Mädchen bei unserem Vater solange männliche Zuwendung abholten, bis wir selber Freunde hätten. Obwohl ich auch nach unserem Wiedersehen spürte, daß hier Kräfte eine Rolle spielten, die uns allen nicht guttaten, blieb es schwierig, über diese verdeckte Dynamik zu sprechen, die immer noch wirkte. Beide Töchter liebten ihren Vater, und er legte eine ihm eigene Unschuld an den Tag, wenn er Bemerkungen machte, die in unserer Zeit „sexistisch" genannt werden. Diese Unschuld hatte er sich auch in allen anderen Lebenszusammenhängen, die mit menschlichen Belangen und nicht mit dem Bau von Industrieanlagen zu tun hatten, bewahrt, und seine Scherze konnten so wirken, daß das Gegenüber verletzt wurde, ohne daß er selbst begriff, was er angerichtet hatte. Auch unsere Ehemänner versuchten, ihrem Schwiegervater zu verdeutlichen, daß es Bemerkungen gab, die nicht in einen Vater-Tochter-Kontakt paßten, betonten humorvoll, daß sie jetzt unsere Männer seien, aber kamen nicht zu ihm durch. Ich war froh, daß immerhin Vieles wirklich anders war als früher, und ließ die Sache auf sich beruhen.

Drei Jahre später fingen die Ereignisse an, sich zu überschlagen. Meine Schwester und ich erlebten, daß wir in unseren therapeutischen Praxen zur selben Zeit mit KlientInnen, die Übergriffe und Mißbrauch erlebt haben, wie nie zuvor befaßt waren. Mein Mann und ich machten eine dreitägige Reise mit meinen Eltern nach Polen, da meine Mutter den Ort gerne wiedersehen wollte, in dem sie als Kind vier Monate lang während des Krieges im Rahmen einer Evakuierung in einem katholischen Stift gelebt hatte. Von dieser Reise kehrte ich in einem Zustand zurück, den ich seit der Trennung von der Familie nicht mehr erlebt hatte. Ich hatte mich in meine Einzelteile aufgelöst. Mein Bewußtsein war zersprengt, mein Körpergefühl hing wie ein nasser Sack an mir und tiefste Dunkelheit floß durch meine Adern. Nach drei Tagen Abstand von den Eltern war der ganze Spuk vorbei, aber ich war alarmiert, daß irgend etwas geschehen mußte, wenn ich nicht die Wachstumsmöglichkeiten, die ich mir in vielen Jahren hart erarbeitet hatte, wieder verlieren wollte.

Ich mußte endlich einsehen, daß es ein Leck in meiner Seele gab, durch das altes Gift ungehindert in mir wieder fließen konnte, und daß es irgendwie geschlossen werden mußte.

Es gab noch das Thema, daß ich ebenso bisher vor mir selbst fest verschlossen hatte: Meine Schwester und ich haben als Kinder immer wieder erlebt, daß unser Großvater die körperlichen Grenzen seiner pubertierenden Enkeltöchter nicht respektiert hat. Er hat die wachsenden Mädchenbrüste berührt und Versuche gemacht, uns Zungenküsse zu geben. Gemessen daran, was andere Frauen und Männer an sexuellen Übergriffen und Mißbrauch erlebt haben, hatten wir später immer das Gefühl, noch einigermaßen gut davongekommen zu sein, und uns mit diesem Gedanken der Notwendigkeit entzogen, diese Tatsache offen ins Gespräch zu bringen.

Meine Schwester hat, als sie 21 Jahre alt war, einmal den Versuch unternommen, unserer Mutter davon zu erzählen. Diese hat das Gespräch damals sofort mit der Bemerkung abgebrochen, sie wolle das Andenken an ihren Vater nicht beschmutzt sehen. Meine Schwester hat mir erst 10 oder 12 Jahre später von diesem Gespräch erzählt. Bei mir reichte das Tabu unserer Mutter so tief, daß ich bis zu diesem Zeitpunkt den Gedanken an Klärung, der immer wieder aufgekeimt war, nie konkret ins Auge gefaßt hatte.

Meine Schwester, unsere Männer und ich gehen davon aus, daß die Ereignisse, die um uns herum geschehen, einen inneren Zusammenhang mit unseren Wachstumsthemen haben und reflektieren unser Erleben daraufhin. Zu dieser Zeit hatte ich ein Erlebnis mit einer Klientin, das den letzten Anstoß bildete, mich nicht länger vor dem Angehen dieses Themas zu drücken. Diese Klientin kam in die Gruppe und erzählte, daß sie vor einer Woche eine blitzartige Erinnerung an sexuellen Mißbrauch durch ihren Vater gehabt hatte. Zwei Tage später ist sie zu ihren Eltern gefahren, um sie damit zu konfrontieren. Ich hielt sie an diesem Gruppenabend in meinen Armen und erlebte mit ihr, wie es sich innen anfühlt, wenn die Tabus in bezug auf sexuelle Grenzüberschreitungen in einer Familie eingerissen werden. Sie sagte, daß sie bewußt nicht erst mit mir oder meinem Mann Kontakt aufgenommen habe, da sie befürchtete, wir könnten sie von diesem Schritt, ihre Eltern zu konfrontieren, abhalten. Ich mußte zugeben, daß wir ihr wahrscheinlich den Hinweis gegeben hätten, noch etwas abzuwarten und erst einmal die schreckliche Erinnerung zu verarbeiten, bevor sie in die Auseinandersetzung mit den Eltern gehen würde. Jetzt hielt ich diese junge Frau im Arm und fühlte, wie sich auch in meinem Körper ein Gefühl für die Befreiung ausbreitete, die sie erlebt hatte. Ich erkannte, daß ich bisher immer noch keine klare Vorstellung davon gehabt hatte, wie es sich innen anfühlt, keine Lebenslüge mehr mit sich herumzutragen. Es ist so schwierig, eine Zielvorstellung zu entwickeln von etwas, daß man noch nie erlebt hat! Ich kannte völlige Aufrichtigkeit inzwischen in meiner Beziehung mit meinem Mann, hatte mich längst endgültig entschieden, in meinem Leben ein transparentes Verhältnis mit dem Finanzamt und mit Freunden zu haben und genoß seit längerem die Helligkeit und Freiheit, die als Innenzustand mit diesen klaren Verhältnissen verbunden war. Die Tatsache, daß ich meiner Mutter seit 25 Jahren gestattete, ein Tabu über mich zu verhängen, hatte ich offenbar in ihren Auswirkungen unterschätzt. Konnte es tatsächlich so sein, daß die schwarzen Schlieren, die ich in meinem Körper herumgeistern fühlte, von diesem Geheimnis in mir festgehalten wurden? Hatte die

Tatsache, daß ich etwas Unaussprechliches in meinem Leben duldete, eine solche negative Kraft?

Woher kam das Leck in meiner Abgrenzung? Meine Eltern waren zu dem Zeitpunkt 66 und 73 Jahre alt. Sollten und konnten wir ihnen diese Auseinandersetzung zumuten? Mein Vertrauen, daß Aufrichtigkeit eine Kraft ist, die nicht tötet, sondern heilt, wenn sie mit Liebe gepaart ist, wurde für mich ausschlaggebend. Mein Vater hatte Probleme mit seinem Herzrhythmus und seinem Blutdruck, meine Mutter leidet schon lange an Muskel- und Gelenkrheuma. Weitere Gespräche mit meiner Schwester führten dazu, daß wir es uns, unseren Eltern und unseren Männern nicht länger ersparen wollten, das heiße Eisen der Grenzen zwischen Geschlechtern und Generationen auf den Tisch zu bringen.

Jede schrieb einen Brief, in dem sie zunächst deutlich machte, daß sie nichts zerstören wollte, was bis jetzt miteinander an heilem und liebevollem Kontakt zwischen erwachsenen Menschen aufgebaut worden war. Jede von uns beschrieb auf ihre Weise den Wunsch und auch die Forderung, daß die Tabuisierung der Ereignisse aus unserer Kinderzeit aufgehoben werden müsse und wir eine klare und erwachsene Stellungnahme von unseren Eltern erwarteten. Zweites Thema war, unseren Vater dafür zu sensibilisieren, was an erotischer Energie für ihn unbewußt noch immer zwischen ihm und seinen Töchtern floß, und ihn darauf hinzuweisen, daß diese Zeiten endgültig vorbei seien.

Meine Eltern reagierten zunächst heftig und aggressiv. Die Vorwürfe meiner Mutter bezogen sich darauf, daß wir therapiesüchtig seien und dramatisierend an uralten Geschichten festhielten. Mein Vater überlegte angesichts dessen, daß er anscheinend in den Geruch eines Sexualverbrechers geriet, ob er nicht die Beziehung zu seinen Töchtern ganz abbrechen sollte. Das erfuhren wir von unserer Mutter. Von ihm hörten wir erst einmal gar nichts. Unser Briefwechsel dauerte 5 Monate, jede Seite nahm sich nach dem ersten Schlagabtausch Zeit, über Stil und Inhalt des nächsten Briefes noch besser nachzudenken, um nicht neue Verletzungen zu schaffen statt alte zu heilen. Auch mein Vater ließ sich nach einem nachdrücklichen Appell dazu bewegen, uns seine Wut und seine Abgrenzung brieflich zukommen zu lassen. Dieser Brief war die erste persönliche Stellungnahme, die ich jemals von ihm erhielt. Meine Mutter fand sich bereit, schriftlich ihre Meinung zu dem Verhalten ihres Vaters kundzutun. Es fiel ihr schwer, sie drückte aber dann doch klar aus, daß sie seine Übergriffe auf die Enkelinnen nicht in Ordnung fand. An diesem Punkt angekommen, vereinbarten wir eine Begegnung, in der wir abschließend über den ganzen Prozeß miteinander reden und auch eine Grundlage für unsere weiteren zukünftigen Zusammentreffen schaffen wollten. Da meine Eltern auch bis oben hin voll sind mit „Böse-von-Jugend-auf" - Vorstellungen, war es für alle mühsam, erst einmal eine Grundlage von Sich-in-Ordnung-Finden herzustellen. Das schlichte Benennen von Wirklichkeit im Sinne von „Wenn das und das passiert, macht das die und die Spuren" war für sie auf einer sachlichen Ebene kaum vorstellbar. Außer für berufliche Belange hatten sie nie viel „Erwachsenen-Ich" erworben. Es war auch schwer für sie zu verstehen, daß ihre Töchter und Schwiegersöhne heute einen Kontakt zu ihnen suchen, der auch ihre Gefühle und ihre Geschichte mit berücksichtigen will in den Wirkungen, die sie erfahren haben. Ehrliches Benennen von wahren Wirkungen empfanden sie immer wieder ganz schnell als gemein und die Wahrheit sagen löste sofort Assoziationen von Grausamkeit aus. Sie haben beide ihre Eltern fast bis zur Selbstaufgabe mit Auseinandersetzungen verschont. Liebe in Familie war für sie, wenn man sich nicht sagt, was man fühlt und denkt.

Die ersten positiven Wirkungen, die wir anschließend miteinander erfahren haben, sahen so aus: Meine Mutter strahlte Erleichterung und Befreiung aus. Sie hat mit der Abgrenzung ihrem Vater gegenüber einen großen Schritt in die Unabhängigkeit von ihrem Vater-Gott-Introjekt gemacht, indem sie sich auf die Seite ihrer Töchter gestellt und ihren Vater vielleicht vor sich selbst zum ersten Mal wirklich kritisiert hat. Mein Vater hat in seinem Leben zum ersten Mal Frauen gegenüber lautstark protestiert. Für ihn war vielleicht das Wichtigste, daß er um seiner selbst willen die Möglichkeit eines Kontaktabbruchs in Erwägung gezogen hat. Dieses sich selbst wichtig Nehmen in der Abgrenzung seinen Töchtern gegenüber hat ihm etwas von der Integrität gegeben, die wir uns für unseren Kontakt so sehr wünschten. Auch bei ihm ist ein Stück Freiheit und Unabhängigkeit spürbar, die wiederum meiner Mutter sehr imponiert. Sie hätte dieses Aufbegehren von seiner Seite gerne 50 Jahre eher erlebt, damals seiner Mutter gegenüber. In den Monaten danach war es für uns alle eine überraschende und schöne Erfahrung, daß nicht Groll, Wut und Schmerz von dieser harten Auseinandersetzung übrig blieben, sondern Klarheit, größere Achtung und ein tieferes Vertrauen zueinander.

Mein Entschluß, auch diesen Abschnitt unserer gemeinsamen Erfahrungen in meinem Buch auftauchen zu lassen, bildete noch einmal einen Anlaß, die Zeit dieser hinter uns liegenden Auseinandersetzung 1 1/2 Jahre später im gemeinsamen Gespräch Revue passieren zu lassen. Besonders meine Mutter trägt noch schmerzliche Gefühle in sich, sich solchen Wirklichkeiten stellen zu müssen, zieht die Notwendigkeit dazu aber nicht mehr in Zweifel. Mein Vater zeichnet sich weiterhin durch eine Präsenz und Unmittelbarkeit im Kontakt aus, die wir bis dahin alle nicht von ihm gekannt haben.

BERT HELLINGERS GROßE ZIELE: DAS "NEHMEN" DES LEBENS UND WÜRDE UND ACHTUNG FÜR ALLE FAMILIENMITGLIEDER

In den letzten Monaten habe ich mich mit einem systemischen Therapeuten beschäftigt, Bert Hellinger, der mir zu meiner Überraschung zu einer Entwicklung verholfen hat, die meine Identität in Bezug auf meine Familie mit einer neuen Qualität erfüllt. Es ist Stolz in meine Seele eingezogen, Mitglied meiner Familie zu sein. Die lange gefühlte Scham, aus einer Fünfgenerationen-Baptistenfamilie zu stammen, hat sich in Selbstbewußtsein verwandelt. Das konnte geschehen, weil ich mich habe ermutigen lassen, mich innerlich vor den Menschen zu verneigen, die mir ihre Gene, ihre Lebenserfahrungen, ihre Schicksale und ihre verborgenen wilden Seelen weitergereicht haben. Sie haben mir das Leben geschenkt und, so entdecke ich, das ist ein Akt, der letztlich jenseits von Beurteilung ihrer Biographien und ihrer Erziehung eine Würde hat, die, wenn ich sie achte, mir möglich macht, das Leben selbst tiefer zu würdigen und meine eigene Würde zu fühlen. Dieser Prozeß ist noch im Gang (November 1998) und davon möchte ich im Folgenden berichten. Ich beginne mit einer kurzen Darstellung der Arbeit Bert Hellingers.

Bert Hellinger ist ein systemischer Familientherapeut und lebt in Süddeutschland. Er ist 1926 geboren, hat Philosophie, Theologie und Pädagogik studiert und 16 Jahre lang als katholischer Ordensmann bei den Zulus in Afrika gearbeitet. Später verließ er den Orden und wurde Psychoanalytiker. Auch bei der Psychoanalyse blieb er nicht stehen, sondern wandte sich der Gruppendynamik, der Transaktionsanalyse, der Primärtherapie und dem Neurolinguistischen Programmieren zu. Alle diese biographischen Entwicklungen und fachlichen Methoden hat er in seiner Persönlichkeit zu seiner phänomenologischen systemischen Psychotherapie verschmolzen. Heute bereist er die Welt und arbeitet auch in wirtschaftlichen und politischen Zusammenhängen mit systemischen Aufstellungen.

Ich hatte in den letzten Jahren ab und zu etwas von Bert Hellinger gehört, dabei aber vermieden, mit ihm in nähere Berührung zu kommen, ohne zu wissen, warum. Eine meiner Kolleginnen hatte mich sogar mehrmals auf die Verwandtschaft im Werdegang und auch in der Arbeitsweise aufmerksam gemacht, die sie zwischen ihm und mir wahrnahm. Ich vermute jetzt, daß ich mich dem starken Mann deshalb nicht genähert habe, um in aller Ruhe mein Eigenes weiterzuentwickeln und nicht in den Sog dieser kraftvollen Seele zu geraten, die ich als mir verwandt empfinde. Als ich ihn dann im Oktober 1997 in Hamburg 3 Tage lang im Audimax mit 500 KollegInnen zusammen erlebt habe, hatte ich immer noch eine große Scheu vor ihm. Ich hatte das starke Gefühl, aus gleichem „Stoff" gemacht zu sein wie er und gleichzeitig das Bedürfnis, einen Sicherheitsabstand von 15 Metern zu wahren.

In der darauffolgenden Zeit habe ich mich intensiv mit Büchern über und von ihm und mit Videos beschäftigt, die seine Arbeit zeigen. Ich fühle mich von ihm darin ermutigt, meine Klienten aufzufordern, ihre Familiengeschichte gründlich zu erforschen. Das habe ich zwar getan, seit ich meine eigenen Ahninnen therapiert habe, bin aber entschiedener darin geworden.

Bert Hellinger ist in der Fachwelt umstritten. Er wird oft als autoritär und als Verkünder absoluter Wahrheiten dargestellt. Ich verstehe diese Wahrnehmung, kann sie aber nicht teilen. Er ist ein Priester durch und durch, kein katholischer, sondern eine Mischung aus Medizinmann, Häuptling, Arzt, Seelsorger, Prophet und medial begabtem Hypnotiseur. Das ist schon eine etwas erschreckende Mischung, doch wenn man ihn lächeln und menschliche Bande knüpfen sieht oder eine seiner

Geschichten erzählen hört, kann sich meiner Meinung nach jeder, der möchte, von seiner Integrität überzeugen. Die „Wahrheiten", die er sagt, wirken dann aufreizend, wenn man davon ausgeht, daß er sie ein für alle mal so meint, wie er sie sagt. Er sagt sie aber ausdrücklich in eine Situation hinein, und für diesen Augenblick können sie eine heilende Kraft entwickeln. Diese Wahrheit soll initiieren und die Menschen von einem inneren Standort an einen anderen bringen. In einer neuen Situation kann sie sich ganz anders anhören und dort dann Heilung bringen. Heftig wird zum Beispiel in Fachkreisen diskutiert, daß Hellinger eine vom Vater mißbrauchte Tochter auffordert, zum Vater zu sagen: „Ich habe es gern für dich getan." Allerdings gibt Hellinger zu, daß nur wenige Töchter den Mut haben, diesen Heilungsweg zu benutzen. Er bringt meines Erachtens in diesem Satz die Eigenverantwortlichkeit ohne die fatale Schuldfrage und die Liebe statt des Hasses wieder in die Beziehung hinein. Und nur darum geht es ihm, daß alle Beteiligten einander ab jetzt mit Würde begegnen können.

Große Ziele, wie sie für ihn selbstverständlich sind, sind leider auch für sehr viele therapeutisch Arbeitende unvorstellbar: Würde für sämtliche Systemmitglieder jenseits von Groll, Rache und Macht und das Wiederanknüpfen der "Hinbewegung", wie er es nennt, die durch Schuldphantasien oder wirkliche schicksalhafte Ereignisse unterbrochen war. Die Wiederaufnahme ausgeschlossener Systemmitglieder in das Familiensystem, das sind z. B. verheimlichte tote und weggegebene Kinder, manchmal auch abgetriebene Kinder, verschwiegene erste Ehepartner oder Verlobte, ist ihm ein dringendes Anliegen. Er ermutigt Adoptiveltern, selbst aktiv dafür zu werden, den Kontakt zwischen den erwachsen gewordenen Kindern und ihren leiblichen Eltern herzustellen, ihn notfalls auch wieder aufzugeben, wenn er sich als aussichtslos herausstellt. Nach Hellingers systemischen Forschungen ist es bei gestorbenen und ausgegrenzten Personen sehr wichtig, daß diese wieder einen würdevollen Platz im Bewußtsein der Familienmitglieder erhalten, daß z.B. ganz selbstverständlich und achtungsvoll von ihnen gesprochen wird. Dann kann ein Kind, das unbewußt von der Mutter oder dem Vater mit dieser aus dem System ausgeschlossenen Gestalt identifiziert wurde, zu seinem eigenen Leben gelangen. Er ermutigt dazu, in fernen Ländern nach verlorenen Elternteilen und Halbgeschwistern zu suchen und proklamiert auch, daß in manchen Fällen Familienmitglieder, die z.B. einen Mord oder politische Verbrechen begangen haben, das System konsequent verlassen sollten.

Eine Vokabel, die in den Familienaufstellungen von Hellinger häufig vorkommt, ist das Wort „nehmen". Und zwar „nehmen" die Kinder ihre Eltern und von den Eltern ihr Leben, die Eltern „nehmen" ihre Kinder vom Leben, ein Mann „nimmt" seine Frau, eine Frau „nimmt" ihren Mann. Er unterscheidet von diesem tiefen und aktiven Akt des „Nehmens" ein billiges „Annehmen" ohne innere Kraft. Das „Nehmen" des Lebens, des Ehepartners, der Eltern oder der Kinder kann durch Verschiedenes blockiert sein. Schwere schicksalhafte Ereignisse wie frühe Tode, Tod der Mutter bei der Geburt der/des Betroffenen, das Sterben eines Geschwisters, Familiengeheimnisse, Schuld, Identifikationen mit anderen Familienmitgliedern und stellvertretendes Leiden des Kindes für einen Elternteil sind die häufigsten Ereignisse, die es aus Bert Hellingers Sicht erschweren oder unmöglich machen, daß „genommen" wird. Nach Ereignissen, die in dieser Weise in der jetzigen oder vorausgegangenen Generationen blockierend wirken, ist er konsequent auf der Spur.

Für mich waren die Erkenntnisse, die ich aus der Arbeit Bert Hellingers gewonnen habe, sehr wichtig. Ich fühlte mich wie nie zuvor in dem Prozeß meiner „Wohngemeinschaft" verstanden. Ich möchte kurz andeuten, wie sich meine Geschichte mit meinen Ahninnen in der Sprache Bert Hellingers anhört:

1. Die Mutter meines Urgroßvaters ist bei seiner Geburt gestorben. Kinder, deren Mütter bei ihrer Geburt gestorben sind, tragen fast immer ein tiefes Schuldgefühl mit sich herum und „nehmen" ihr Leben nicht. So muß man davon ausgehen, daß dieser Urgroßvater mit seinem kleinen Sohn, der ertrunken ist, zum zweiten Mal die subjektive Erfahrung gemacht hat, schuldig am Tod eines nahen Menschen zu sein. Vielleicht ist es sogar so, daß dieses Kind in eine Identifikation mit der toten Großmutter, der Mutter seines Vaters, hineingeraten ist. Depression und Flucht in die religiöse Gemeinschaft können sein Weg gewesen sein, seine innere Situation zu bewältigen.

2. Die Tatsache, daß der Vater einen Anteil am Tod des zweitgeborenen Kindes hat, wird in der Familie tabuisiert und ich erfahre erst davon durch intensives Befragen meiner Großmutter, nachdem ich von

Mord und toten Kindern geträumt habe. Tabuisierte Ereignisse haben die Tendenz, sich zu wiederholen und als psychische Energie Lähmung oder sogar körperliche Krankheiten zu erzeugen.

3. Kinder haben ein starkes Loyalitätsproblem, wenn ein Geschwister stirbt und sie selbst weiterleben. Es entsteht eine Tendenz, dem toten Geschwister hinterher zu sterben. So verliert meine Großmutter im Laufe ihrer Kindheit nach dem ersten weitere drei Geschwister durch Krankheit und Unfall. Das schwächt ihren Mut, das Leben zu „nehmen" und erzeugt auch in ihr einen tiefen Sog, das Schuldgefühl, selber noch zu leben, durch Nachfolgen aufzulösen: Die Mutter meiner Mutter, meine Großmutter, spricht während der gesamten Kindheit meiner Mutter davon, wie schön es wäre, tot zu sein. Erst heute ist meine Mutter in der Lage, sich einzugestehen, welche Schauer ihr immer über den Rücken gelaufen sind, wenn sie ihre Mutter reden gehört hat und sie kann sehen, daß sie dieses Drama in sich aufgenommen und an ihre Kinder weitergegeben hat. Nach Hellinger versuchen Kinder aus Liebe, ihren Eltern Last oder Schuld abzunehmen, indem sie stellvertretend krank werden oder sterben. So war meine Großmutter doppelt belastet, einmal durch den Tod der vielen Geschwister und durch die Trauer ihrer Mutter. Die Todessehnsucht ist von einer an die nächste Generation weitergegeben worden und das „Nehmen" des Lebens unterblieben.

Immer wieder kommt Hellinger auf gegenseitige Achtung und Würdigung zurück. Beziehungen können nur gelingen, wenn Frauen Männer und Männer Frauen würdigen. Häufig stellt er die Würde im System dadurch wieder her, daß er Menschen auffordert, sich vor den bisher ausgeschlossenenen Personen zu verneigen. So sieht man in seinen Videos, wie Menschen sich in der Familienaufstellung vor den Vertretern der vergessenen Onkel und Tanten, oder der vergessenen ersten Ehepartner oder den Vertretern der ermordeten Juden verneigen, an deren Tod ihre Väter Mitschuld haben. Eßsüchtige junge Mädchen fordert er auf, ihre Väter als Väter zu würdigen, auch wenn ihre Mütter bisher eifersüchtig darüber gewacht haben, daß sie selber bei den Töchtern den wichtigsten Platz einnehmen.

Meine Erfahrung ist, daß in den Jahren, in denen ich keinen Kontakt zu meinen Eltern hatte, es mir nicht gelungen ist, eine tragfähige Partnerschaft aufzubauen. Erst nach meiner Rückkehr in die gelebten Familienbeziehungen ist eine Partnerschaft entstanden, die nicht mehr von Bindungsängsten und Rivalität überschattet war, sondern die von Vornherein auf der Grundlage eines gegenseitigen rückhaltlosen „Nehmens" und Achtens gegründet war. Damit bestätigte meine eigene Erfahrung Hellingers These.

Weiterhin war es bemerkenswert, wie stark ich auf das Thema „Würdigung aller Familienmitglieder" reagierte und wie stark mich das berührte, was Hellinger über eßgestörte Frauen zu sagen hatte.

Ich hatte zwar keine klinisch diagnostizierbare Eßstörung, aber ich fand, daß ich dem Halten meines Gewichtes zuviel Aufmerksamkeit widmete. Ich wünschte mir schon lange, daß das Thema sich verflüchtigen sollte und beschloß, daraus ein Experiment zu machen. Konnte es möglich sein, daß sich diese Aufmerksamkeit für das Essen bzw. Nichtessen auflösen würde, indem ich die Würdigung der Männer in meiner Familie nachholte, die die Ahninnen schon vor vielen Jahren von mir bekommen hatten? Was würde geschehen, wenn ich sie in ihren Möglichkeiten und Grenzen sehen, achten, ehren und ansprechen würde? Da gab es meinen Ururgroßvater, der Wanderprediger gewesen ist. Da gab es meine Urgroßväter, meine Großväter. Beim Gedanken, daß auch meine Mutter, mein Vater und mein Bruder auf einen solchen Akt der Würdigung warteten, wurde mir ziemlich mulmig. Plötzlich sah ich auch die Klage meiner Schwester im Licht dieser Frage nach der Würdigung. Sie beklagt sich immer wieder darüber, daß ich sie noch meine „kleine Schwester" nenne und sie mit ihrem aus unserer Kindheit stammenden Namen anrede. Zum ersten Mal tauchte der Gedanke in mir auf, daß die Würdigung, die sich die Männer und Frauen meiner Familie nicht gegenseitig haben geben können, weil alle „Ehre dem Herrn allein" gehört hatte, sich noch immer in den schwierigen Beziehungen zwischen uns Geschwistern widerspiegelte.

Als ich soweit war mit meinen Überlegungen, begann ich, meine Eltern nach den „Vätern" zu fragen. Mein Vater ließ seine Kindheit wiederaufleben und machte sich gewissenhaft an die Arbeit, mir die Fragen, die ich ihm mit Hilfe eines Fragebogens zu seiner Beziehung zu seinem

Vater stellte, zu beantworten. Ich erlebte, daß er dies Gespräch schon als eine Würdigung seiner Person erlebte, die er so noch nie erfahren hatte und die ihn offen und emotional beteiligt von seinem Leben sprechen ließ. Auch das Bild von seinem Vater bekam durch unser mehrstündiges Sprechen von ihm und seinem Lebensweg eine Lebendigkeit, die es in meinem Bewußtsein bis dahin noch nie hatte. Gewöhnlich kam in Familiengesprächen wohl der Vater meiner Mutter vor, selten aber der Vater meines Vaters. Ich entdeckte, daß in gleicher Weise, in der meine Mutter mein Leben lang eine Vordergrundposition einnimmt und mein Vater eine Hintergrundposition, auch die Würdigung ihrer Familien eine ähnliche Verteilung gehabt hat.

„Zufällig" erhielt meine Mutter zum gleichen Zeitpunkt von ihrer Schwester einen Aufsatz, den ihr gemeinsamer Bruder, der drei Jahre vorher verstorben war, mit 17 Jahren über seine beiden Großväter geschrieben hat. Da sie ja wußte, daß mich gerade die Männer der Familie besonders interessierten, gab sie mir diesen Aufsatz zu lesen. Ich lernte die Sicht eines 17jährigen und 1925 geborenen jungen Mannes auf seine Großeltern kennen. Er beschreibt, wie das Schicksal mit ihnen umgegangen ist und wie sie darauf geantwortet haben. Heldenhaft ziehen die Väter in den Krieg, tapfer fliehen sie von einer Minute zur anderen mit ihren vielen Kindern vom Hof, wandern vom Westerwald nach Pommern aus, von da nach Holstein und schlagen ihre Kinder, um sie zu guten Deutschen und guten Christen zu erziehen. Nach ihren Seelen zu fragen, scheint ihnen selbst und auch meinem Onkel niemals in den Sinn gekommen zu sein. Er schreibt: „Durch eine harte Erziehung hat er (der Vater seines Vaters) sie (seine Kinder) zu pflichtbewußten, mit beiden Füßen im Leben stehenden Menschen erzogen". Das schreibt dieser Junge, nachdem sein eigener Vater ihn ebenso mit dem Polizeigürtel zu einem pflichtbewußten jungen Mann erzogen hatte. Die zweite Stelle bezieht sich auf den Verlust der drei Töchter meiner Urgroßeltern, deren Verarbeitung durch meine Urgroßmutter er so beschreibt: „Sie mußten in acht Tagen drei ihrer Kinder auf den Kirchhof tragen. Meine Großmutter war schier untröstlich, doch ihre anderen Kinder bedurften ihrer. Sie hatte soviel zu tun, sie gesund zu pflegen, daß sie gar nicht dazu kam, ihrem Schmerze nachzuhängen". Zu keinem Zeitpunkt seines Lebens ist es meinem Onkel möglich geworden, seine eigenen schweren körperlichen Leiden, die seiner Schwestern und auch die seines Vaters in einen ursächlichen Zusammenhang mit der „harten Erziehung" zu bringen, die sie erhalten hatten.

ICH WERDE STOLZ AUF MEINE AHNEN

„Meine Väter und Mütter, Onkel und Tanten, ich möchte Euch ehren, in dem ich Euch nach Euren Seelen frage. Nach diesem zarten Gespinst möchte ich Euch fragen, das in uns allen wohnt, das seufzt und jubelt, das zürnt und zärtlich ist, das aufbegehrt und umarmt, das hofft und enttäuscht ist, das weint und lacht, das verzweifelt ist und mutig vertraut, das sich sehnt und sich entschließt, das verachtet und bewundert, das liebt und haßt. WO SIND EURE SEELEN IN ALL DEM GEBLIEBEN? Welche Würdigung Eures eigenen Erlebens konntet Ihr Euch selber zukommen lassen? Vor lauter Aufbauen und wieder Zerstörung Erleben und wieder Aufbauen, vor lauter Anbetung des Einen und Einzigen, der Würdigung verdient, gab es da mal ein paar Minuten, um zu fühlen? Um sich selber zu befragen, was das Erlebte alles innen drin bewirkt? Was das alles mit Eurer Seele macht? Mit dieser zarten, pflegebedürftigen Blume, die in Euren Körpern ein Zuhause haben wollte? Die von Euch, der Härte der Erziehung und der Härte des Lebens durch die Lande und die Zeit gehetzt worden ist, ohne jemals Atem holen zu können. Die keine Fragen stellen durfte, weil keine Zeit dafür war und weil alle Antworten schon vorgefertigt da waren.

Aber ich möchte Euch nicht nur in Bausch und Bogen ansprechen, sondern gerade Euch, meine Väter, möchte ich mit Eurer Seele würdigen, Euch und ihr Ehre erweisen angesichts dessen, daß Ihr „alle Ehre dem Herrn" gegeben habt.

Ich möchte Dich ehren, mein Urgroßvater! Du hast 2000 Menschen zu Baptisten gemacht, während andere zur gleichen Zeit die Revolution für Freiheit und Gleichheit voran brachten, und hattest dabei eine wilde, abenteuerliche Seele! Als ich Deine Lebenserinnerungen gelesen habe, habe ich Deine Seele als meiner verwandt gespürt. Mit welcher Kraft hast Du die Liebe zu Deinem Herrn bezeugt!

Aber Dein Sohn mußte schon in einem Brief bekennen, daß es in seinem Kinderleben keine Freude gegeben hat, nur Härte, Strenge, Arbeit und Einsamkeit. Hattest Du Deine wilde Seele so sehr Deinem Herrn Jesus überantwortet, daß Du blind wurdest für die Seelen Deiner Kinder? Deine Tochter hat meine Großmutter, die Mutter meines Vaters auf die Welt gebracht. Die hat dann keinen Mann, sondern einen Baptisten geheiratet und meinen Vater zur Welt gebracht. Wie sollte die Seele meines Vaters blühen können, wenn Du Deine und die Seelen Deiner Kinder und Enkel schon dem Himmel geweiht hattest? Ich verneige mich vor Deiner Lebenszeit, und der Kraft, mit der Du Deine Antwort auf das Leben gefunden hast.

Ich ehre Dich, mein Urgroßvater, Vater des Vaters meiner Mutter! Deine sechs Kinder waren zu viele, als daß Ihr noch auf dem väterlichen Bauernhof im Westerwald hättet bleiben können. Und Du hattest den Mut, mit Deiner Frau und sechs Kindern nach Westpreußen umzusiedeln. Dort kamen noch weitere sechs Kinder dazu, davon zweimal Zwillinge. Du hattest die Kraft, immer wieder neu anzufangen und Leben zu schaffen. Wie schön wäre es gewesen, wenn auch Deine Kinder dieses „Ja" zum Leben mehr hätten spüren dürfen! Die „Furcht des Herrn" ist kein nahrhafter Boden für Seelen, nicht für Deine eigene und nicht für die Deiner Kinder. Kannst Du Dir vorstellen, daß Dein Gott Deine Seele gerne mit Dir und Deinen Kindern geteilt hätte? Ich achte Dich für Deine Kraft, Deine Entschlossenheit und Deinen Mut!

Ich ehre Dich, Großvater, Vater meiner Mutter, der Du in der Schlacht von Tannenberg gekämpft hast, der Du die Härte Deiner Kindheit in die Härte an Deinen Kindern verwandelt hast und dabei das Leben geliebt hast! Deine Liebe zum Leben habe ich in all Deinem Schmerz und Deinem eigenen Kranksein, als ich ein Kind war, oft gespürt. Ich verneige mich vor Deiner Seele und ziehe Dich nicht zur Rechenschaft, wenn ich davon spreche, daß ein Ledergürtel kein menschenwürdiges Erziehungsmittel ist, auch dann nicht, wenn er „für den Herrn" in Aktion genommen wird. Wo war Deine Seele hingeraten, als Du meintest, es Deinem Vater gleich tun zu müssen und Deine Kinder aus Liebe alle drei nacheinander zu schlagen? Und hättest Du nicht gerne eine Frau gehabt, die aus vollem Herzen „Ja" sagt zu Dir ? Was war mit Deiner Würde geschehen, auf dem Hof im Westerwald, auf dem Schlachtfeld, daß Du Dich mit ihrem halben Herzen zufriedengegeben hast? War das der Grund, daß Du die Würde Deiner Enkelinnen nicht unberührt lassen konntest? Im Beruf und in der Gemeinde hast Du später viel Männerehre erfahren und in der Ehe und Familie und in Deinem Körper sammelte sich der verschwundene Schmerz Deiner Seele. Ich achte Dich für Dein Weitermachen, für Dein Feuer, Dein großes „Trotzdem", mit dem Du gelebt, geliebt und gelitten hast.

Ich ehre Dich, Vater meines Vaters, mein Großvater. Aus dem Krieg schwerverletzt heim kommend, nahm Deine Frau Dich und nicht den Gutsbesitzer zum Mann, weil Du Baptist warst. Das hat sie Dir vielleicht im hohen Alter verziehen, vielleicht gar nicht. Du fandest Deine Würde und Deine Durchsetzung Deiner Frau gegenüber in Deiner Güte, die Du den in Deiner Stadt Hungernden, den bettelnden Kriegsversehrten an der Haustür und den Arbeit suchenden Menschen, die in Deine Amtsstube kamen, geschenkt hast. Du lerntest fast alle Betriebe Deiner Stadt kennen, als Du jeden Arbeitsplatz persönlich eingeworben hast. Aber keinmal hast Du Deinen Kindern sagen können, daß Du sie liebst. Außer Bibelversen bei der Familienandacht ist nichts zwischen Euren Seelen ausgetauscht worden. Daß auch in Dir eine wilde Seele tobte, konnten sie manchmal daran merken, wenn Du mitten in der Nacht im Streit mit Deiner Frau das Haus verlassen hast. Ich ehre Dich für deine Menschenliebe."

Soweit der Text, den ich spontan geschrieben habe, als ich mit meinem Experiment begann.

Der innere Umgang mit dem Thema „Achtung und Würdigung in Familie" hat bis jetzt einen Zeitraum von vier Monaten eingenommen und wird weitergehen. Mein Gefühl zu diesem Zeitpunkt ist so, daß die Würdigung der Lebenden sicher eine andere Form bekommen wird als die von Briefen. Wahrscheinlich wird sie sich in Handlungen und nicht so sehr in Worten ausdrücken, aber vielleicht auch in Worten. Ich werde sehen. Zu diesem Zeitpunkt kann ich sagen, daß der neue Stolz auf meine Vorfahren mich von innen heraus kräftigt. Ich beschäftigte mich in den letzten Wochen nur noch wenig mit meinem Gewicht und es blieb trotzdem stabil.

Gleichzeitig vertrete ich meine eigene Würde mit einem neuen Selbstbewußtsein. In meine berufliche Identität ist eine größere Autorität eingezogen, die bei den Klienten etwas Verwirrung stiftet, die erst lernen müssen, Autorität und autoritär Sein zu unterscheiden. Ich verstehe meine neu gewonnene professionelle Würde als Herausforderung für meine Klienten, sich selber mir gegenüber so hoch aufzurichten, wie sie real gewachsen sind und sich daran zu freuen. Für mich ist es äußerst befriedigend, wenn ich ihnen, wie bisher nicht möglich, an meinem Modell zeigen kann, wie weit sich ihr eigenes Leben in Achtung und Würde hinein entwickeln kann, wenn sie sich Achtung und Würdigung in ihren Familien erarbeiten.

Meine Familie ist für mich inzwischen ein Ort an dem differenzierter Austausch zwischen erwachsenen und heranwachsenden Menschen stattfindet, die miteinander wachsen und das Leben anpacken. Bis heute (Dez.1999) wird es immer selbstverständlicher, daß meine Schwester, unsere Eltern und ich mit Achtung, Aufrichtigkeit und Würde miteinander umgehen. Dafür bin ich dankbar.

FRAGEN UND ANREGUNGEN ZUM GEGENWÄRTIGEN UMGANG MIT IHRER FAMILIE

- Wie schätzen Sie das **Maß** an aufrichtiger und tiefer Kommunikation ein, das es in Ihrer Familie gibt? Können Sie sich Würde für alle Familienmitglieder vorstellen?

- Können Sie sich in Gegenwart Ihrer Eltern erwachsen **fühlen**?

- Haben sich Ihre Eltern zu einer erwachsenen Kommunikation mit ihren Eltern durchgearbeitet? Hat es jemals zwischen ihnen Beziehungsklärung gegeben?

- Nehmen Sie sich die Zeit und malen Sie einen Familienstammbaum, der bis zu Ihren Urgroßeltern reicht. Tragen Sie **alle** Personen ein und lassen Sie sich dabei von Ihren Eltern unterstützen.

- Nehmen Sie Kontakt zu ausgestoßenen Familienmitgliedern auf und lassen Sie sich deren Sicht auf die vergangenen Geschehnisse erzählen.

- Akzeptieren Sie nicht, wenn Ihre Eltern von Ihnen Loyalität und Parteinahme als Liebesbeweis fordern.

- Fragen Sie Ihre Eltern allmählich und behutsam nach ihrem eigenen Schicksal. (Zeugung, Geburt, Geschwisterfolge, Erwünscht- oder Unerwünschtsein, frühe Erfahrungen mit Verlust durch Tod, Kriegserlebnisse...). Gewinnen Sie ein Verständnis für Generationenketten und sprechen Sie mit Ihren Eltern über diese Perspektive.

- Fragen Sie nach, wenn Sie die Vermutung haben, daß Männer der Familie im Nationalsozialismus zu Tätern wurden. Auch hier gilt, daß genaues Wissen Sie vor Auswirkungen eher schützt als Verdrängung. Je mehr Ihre Familie damit zu tun hatte, um so wichtiger ist es, daß Sie sich gründlich und würdigend mit den Opfern beschäftigen. Besuchen Sie Gedenkstätten, lesen Sie entsprechende Literatur und öffnenSie sich dafür, kein Geheimnis mehr daraus zu machen.

- Jede Tatsache über Ihre Familie, die Sie klar in Ihrem Kopf haben, bringt Ihnen mehr Übersicht und Kontrolle in Ihrem Leben. Fragen Sie Ihre Eltern nach vorherigen Verlöbnissen oder Ehen, nach gestorbenen Kindern, Selbstmorden, Morden, Unglücken mit Todesfolge zurück bis in die vierte Generation. Zählen Sie ein gestorbenes Geschwister wieder mit, wenn Sie Ihren Platz in der Geschwisterfolge feststellen und bewahren Sie dies Kind in Ihrem Gedächtnis, ebenso wie gestorbene Geschwister ihrer Eltern.

FRAGEBOGEN ZUR EINLEITUNG VON ELTERNGESPRÄCHEN, DER ZUNÄCHST TABUISIERTE THEMEN AUSKLAMMERT UND VON DAHER ALS EINSTIEG BENUTZT WERDEN KANN. KANN AUCH ALS EINSTIEG IN DIE EIGENE LEBENSGESCHICHTE BENUTZT WERDEN

ERÖFFNUNG

Du würdest mir (und meinen Kindern) sehr helfen, mit dem Leben zurecht zu kommen, wenn Du mit mir über die inneren Belange Deines Lebens sprechen würdet. Können wir uns in den nächsten Wochen Zeit nehmen, um einige Male zusammen zu kommen und zu reden? Ihr wart die ganzen Jahre meine Eltern und ich habe das Gefühl, doch viel zu wenig von Euch zu wissen. Vielleicht berühren meine Fragen schmerzliche Aspekte Eures Lebens. Ich möchte Euch nicht weh tun, aber das Leben enthält einfach Schmerzen. Ich möchte Schmerz nicht länger umgehen, sondern wünsche mir, daß wir ihn teilen, wie auch die Freude des Lebens.

1. Wie waren die Umstände Deiner Zeugung? (Ehelich/unehelich, erwünscht/unerwünscht, richtiger/falscher Zeitpunkt)?
   Wie wurde in der Familie darüber gesprochen?

2. Haben Sich Deine Eltern zu der Zeit geliebt?

3. In welcher Geschwisterreihenfolge stehst Du?

4. Wie waren die Lebensumstände während der Schwangerschaft (Krieg, Hunger, Todesfälle, Umzüge, Krankheiten, viel Arbeit...)?

5. Was weißt Du von Deiner Geburt? Wo, wie lange, Vater anwesend, Komplikationen?

6. Was weißt Du über Deine ersten Lebensjahre (Stillzeit, Mutter anwesend, herumgereicht, Kindermädchen, Todesfälle, Streß durch viele Geschwister, Gleichgültigkeit, Vater innerlich abwesend, Umzüge,...)?

7. Warst Du im Kindergarten? Welche Erinnerungen hast Du an Kinderkontakte/ Geschwisterkontakte in der Zeit?

8. Welche Rolle spielten die Großeltern in diesen Jahren? Wie fühlten sich diese Kontakte an? Wie war der Kontakt zwischen Deinen Eltern und ihren Eltern?

9. Wie war für Dich der Schulanfang? Wie wurde er gefeiert?

10. Wie war für Dich die Grundschule?

11. Gab es Sportverein, Musikschule,...?

12. Gab es in den Jahren Ausflüge? (Natur und Kultur) ?

13. Waren Deine Eltern irgendwo engagiert?
In Partei, Kirche, Veren,Feuerwehr?

14. Gab es Religiosität, Philosophie, Lesen, Gespräche?

15. Gab es einen Freundeskreis der Eltern?

16. Hast Du Dich geliebt gefühlt von Mutter und Vater
und den Geschwistern?

17. Wie war für Dich die Hauptschule, Realschule, Gymnasium ?

18. Kamst Du auf die Schule, auf die Du selber wolltest?
Wer hat den Schultyp ausgesucht und warum?

19. Warst Du gut, im Mittelfeld oder ein Schlußlicht in Deiner Klasse?

20. Welcher Lehrer war der Geliebteste, welcher der Gehaßteste für Dich?

21. Gab es Freunde der Familie, Paten, Onkel oder Tante, die für Dich eine wichtige emotionale Rolle gespielt haben neben den Eltern?

22. Wie war Deine Aufklärung? Haben sich Deine Eltern verantwortlich gezeigt? Fand sie vor der ersten Menstruation/ vor dem ersten Samenerguß statt? Wie war Dein Kontakt zu Deinem "Aufklärer"?

23. Gab es sexuelle Verführungssituationen mit Familienmitgliedern und/oder außerhalb der Familie?

24. Wann warst Du das erste mal verliebt? Glücklich oder unglücklich?

25. Wann fand Dein erster sexueller Kontakt statt?

26. Wann hast Du zum ersten Mal mit jemandem geschlafen?

27. Hattest Du (Schul)Freunde?

28. Hattest Du eine Leidenschaft, ein Hobby?

29. Hast Du politische, religiöse, sportliche Überzeugungen und Anbindungen gefunden?

30. Wie war für Dich die Schulentlassung? Wurde sie gefeiert.?

31. Wußtest Du, welchen Beruf Du ergreifen wolltest?
Hattest Du freie Wahl?

32. Hast Du beruflich erreicht, was Du erreichen wolltest?

33. Wann ist Dir zum ersten Mal der Tod begegnet?
Wie waren die Umstände, wer hat Dich getröstet?

34. Wann und wie habt Ihr beide Euch kennengelernt?
Wie lange hat es gedauert, bis Ihr wußtet, daß Ihr zusammen bleiben wolltet? Habt Ihr Euch geliebt? Bin ich / sind wir Wunschkind/er? Waren die Umstände und Zeitpunkte der Schwangerschaften für Euch willkommen?

35. Wie ging es Dir als Erwachsenem mit Deinen Eltern?

36. Was weißt Du von den Kindheiten Deiner Eltern?
Können wir diesen Fragebogen zu einem anderen Zeitpunkt für Deine Mutter und für Deinen Vater durchgehen? Was weißt Du von Deinen Großeltern und ihren Kindheiten? Können wir diesen Fragebogen zu einem anderen Zeitpunkt für Deine Großmütter und für Deine Großväter durchgehen?

37. Wie geht es Dir mit dem älter Werden ?

38. Wie geht es Dir mit der größeren Nähe zum eigenen Lebensende?

39. Wie geht es Dir jetzt mit unserem Gespräch?
Können wir es zu einem späteren Zeitpunkt fortsetzen? Könnte dies Gespräch der Anfang sein zu tieferen und aufrichtigen weiteren Beziehungen zwischen uns?

40. Ich danke Dir ganz herzlich für Deinen Mut und Deine Bereitschaft zu diesem Gespräch! Mir geht es jetzt mit Dir und all dem Gehörten........

KAPITEL VI

DIE ASTROLOGIE

ERÖFFNET MIR EINSICHT

IN ÜBER MICH HINAUSWEISENDE

ZUSAMMENHÄNGE

Ich bekenne es gern, daß ich für meine psychotherapeutische Tätigkeit -und nicht nur für diese- der Astrologie viel verdanke; das Erkennen der schicksalhaften Verflechtung von Charakter und Lebenslauf, von fälligen Reifungskrisen, von innerem Wesen und äußerem Ereignis;... all das sind Chancen, die wir uns nicht entgehen lassen sollten, ja dürften.

Fritz Riemann in „Lebenshilfe Astrologie"

WARUM JETZT NOCH ASTROLOGIE?

Liebe Leserin, lieber Leser, Sie sind mir bis hier hin gefolgt in dem Bericht über die abenteuerlichen Zeiten meines Lebens bis heute. Wir haben bei den großen Einschränkungen begonnen, die die Botschaft der Freikirche für meine geistige, körperliche und seelische Entwicklung bedeutet haben, dargestellt an den Energiezentren und Lebensthemen, wie sie das asiatische Chakrensystem spiegelt. Wir haben uns die Verwunschenheit meines Kinderlebens angeschaut und den großen Aus- und Aufbruch, den ich wie eine Erlösung aus Märchengefängnissen empfunden habe. Sie haben sich mit hinein nehmen lassen in die "Ausgrabungsarbeiten", die mich die Zwänge und geistigen Muster vieler Generationen meiner Familie haben finden lassen. Sie haben die großen Entdeckungen miterlebt, die ermöglicht haben, daß Wirklichkeitssinn und die Fähigkeit zu komplexem Begreifen und differenziertem seelischem Empfinden freigesetzt wurden. Wir haben gemeinsam erforscht, wie verschiedene „Personen" in meiner Seele ihre Macht- und Einigungskämpfe geführt und sich zu einer versöhnten Seelengestalt vernetzt haben. Die Befreiung setzte sich fort in meinen Körper hinein, der erst zu sich selber und zum Genießen finden konnte, zum Singen und zur Freude fähig wurde, nachdem die Familienlasten abgeworfen waren. Sie haben dem Bericht über die Emanzipation von und über den neuen Zugang zur Familie gelauscht und an meinem Ringen teilgenommen, um Aufrichtigkeit, Achtung und Würde im Umgang miteinander in unseren gegenwärtigen Beziehungen zu erreichen.

Im folgenden Kapitel und auch im letzten Kapitel möchte ich Sie hinein nehmen in einen Teil meines inneren und äußeren Weges, der den psychotherapeutischen Rahmen überschreitet. Diese Entwicklung ergibt sich für mich folgerichtig aus den Erfahrungen meines Prozesses.

Ich möchte meine Erkenntnis mit einem Satz so umreißen:

MENSCHLICHES LEBEN STEHT IN EINEM ÜBER DIESEN PLANETEN UND ÜBER EIN LEBEN HINAUSREICHENDEN GRÖßEREN ZUSAMMENHANG.

Diese Aussage ist sicher nicht auf Anhieb aus dem bisher Beschriebenen heraus verständlich, sondern sie nimmt ein Ergebnis der Erfahrungen vorweg, die ich im weiteren beschreiben möchte.

Welche Bedeutung kommt für mich der Astrologie zu?

Die Begegnung mit der Astrologie hat dazu beigetragen, meine weltanschauliche Dickschädeligkeit aufzuheben, die ich mir in Reaktion auf meine religiöse Kindheit zugelegt hatte. Sie hat mir zu verstehen gegeben, daß spirituelle Fragen meine Sache sind. Viele Entdeckungen haben mich dahin gebracht, nach Jahren des Widerstandes endlich zu bemerken, daß ich über spirituelle Intelligenz verfüge. Es gibt anscheinend unterschiedliche Intelligenzformen und unterschiedliche Begabungen für die unterschiedlichen Intelligenzformen. So wie jeder Computerfreak, jeder Fernseh- und Radiotechniker da etwas weiß und sieht, wo ich nur schwarze Löcher im Kopf habe, nehme ich inzwischen das Recht für mich in Anspruch, etwas zu wissen und zu sehen, wo andere Mitglieder unserer Spezies nur schwarze Löcher im Kopf haben. Zum Glück für mich gibt es diese Intelligenz für Technik, denn ohne meinen Computer wäre dieses Buch vielleicht nicht entstanden. Für jeden Menschen gibt es Bereiche, die wir umgangssprachlich „höhere Mathematik" nennen, ohne daß wir deshalb behaupten, das besagte Gebiet wäre Schwachsinn. Im Gegenteil scheint es eher angemessen zu sein, zuzugeben, daß uns das dann „zu hoch" ist. Diesen Respekt bekommen Menschen mit spiritueller Intelligenz in unserer Gesellschaft in der Regel noch nicht. Auch mir ist es schwergefallen, sie bei mir zu entdecken und zu akzeptieren.

Die Astrologie hat mir in den letzten neun Jahren hinreichend bewiesen, daß sie ein wunderbares psychotherapeutisches Mittel und eine direkte Lebenshilfe ist. Ohne sie wäre ich nicht oder noch nicht an dem Punkt meiner Lebensentwicklung angekommen, an dem ich jetzt stehe. Ich werde sehr subjektiv davon berichten, wie meine Erfahrungen mit der Begleitung der inneren und äußeren Lebensumstände durch einen Astrologen ausgesehen haben. Ich bin ein gebranntes Kind im Hinblick auf einengende Vorurteile und habe mir nicht erlaubt, mich lange an Vorurteilen festzuhalten, als meine Erfahrungen mir zeigten, daß ich von dem astrologischen Wissen über mich und meine Lebenslandschaft profitieren konnte. Ich habe mir diese geheimnisumwitterte alte „Wissenschaft" zunutze gemacht und im Selbstversuch erforscht, ohne zu wissen, wo um alles in der Welt die Astrologie und der mir gegenüber sitzende Astrologe die Informationen hernehmen, die eine solche Kongruenz zu meinem Leben aufwiesen. Diesen Selbstversuch habe ich ebenso in verschiedenen Bereichen der Psychotherapie gemacht. Man kann weder Therapeuten noch Astrologen dafür verantwortlich machen, wie effektiv Menschen diese Möglichkeiten für sich nutzen oder nicht nutzen.

Ich werde mit meinem Bericht also keinen Beitrag zur Diskussion über die Astrologie leisten. Die wird aus meiner Sicht deshalb meist fruchtlos geführt, weil die Diskussionsteilnehmer keine gemeinsamen Voraussetzungen mitbringen. Um dem Phänomen der Astrologie näherzukommen, braucht es die Bereitschaft, sich über Wirkebenen zu unterhalten, die von den meisten Menschen, die sich heute als Wissenschaftler verstehen, als nicht vorhanden betrachtet werden.

Alles, was nicht chemisch oder mechanisch wirkt, Homöopathie, Pflanzenessenzen, Meditation, Psychotherapie und auch die Astrologie können nur begrenzt mit üblichen wissenschaftlichen Methoden erforscht werden, da die üblichen Kriterien und Herangehensweisen wissenschaftlicher Forschung diesem Forschungsgegenstand nicht gerecht werden. Hans Peter Dürr, ein Physiker, der in Grenzgebieten forscht, hat das sehr plastisch am Beispiel eines Fischernetzes beschrieben: Wenn die Wissenschaftler mit einem Netz auf Fischfang gehen, das Maschen mit einem Durchmesser von 5 cm hat, brauchen sie sich nicht zu wundern, daß sie zu dem „wissenschaftlichen Ergebnis" gelangen, daß es nur Fische im Meer gibt, die größer als 5 cm sind. Aus meiner Sicht können wir solange keine realistischen Erklärungen über die Astrologie erwarten, wie wir die Wirkebene nicht genügend kennen und erforschen.

Eines Morgens hörte ich eine Radiosendung über Depressionen und ihre Behandlungsmöglichkeiten. In dieser Sendung sprach ein beherzter Psychiater über Antidepressiva, und sagte, daß die Ärzteschaft zwar oft nicht weiß, warum und wie ein Stoff wirkt, aber daß er wirkt, das sei bekannt. Das Recht auf diese Unterscheidung möchte ich für die Wirkweise der Astrologie ebenso in Anspruch nehmen und mich rein phänomenologisch an meinen Erfahrungen entlang bewegen.

DIE GRUNDELEMENTE DER ASTROLOGIE

Die Astrologie arbeitet mit dem Geburtshoroskop, das heißt mit der Sternenkarte zum Zeitpunkt der Geburt und den Planetenüberläufen über das Geburtshoroskop, Transite genannt. Das Geburtshoroskop ist eine Art Landkarte und enthält drei Elemente: Den Tierkreis, das Häusersystem und die Planeten unseres Sonnensystems. Des weiteren bilden die Planeten Winkel miteinander, die Aspekte genannt werden. Die Winkel, die die Planeten zueinander bilden, machen eine Aussage darüber, ob sich die Seelenkräfte gegenseitig unterstützen, verstärken, hemmen, blockieren oder sogar bekämpfen.

Ich werde den Tierkreis, die Planeten und die Häuser im folgenden ganz knapp beschreiben.

Den **Tierkreis** könnte man eine in den Himmel projizierte Landschaft unserer unbewußten Seelenprinzipien nennen. **Widder** als feuriges Prinzip des Aufbrechens und Voranschreitens macht naturgemäß im

Frühling den Anfang. **Stier** ist ein erdig-passiver Sammler und Bewahrer. **Zwillinge** erobert mit luftig-wachem Geist die Welt durch Verstehen. **Krebs** bildet wässrig-gefühlsbetont das Mütterlich-ärmende. **Löwe** bietet die feurige Möglichkeit des in sich selbst Zentriertseins. Die erdige **Jungfrau** steuert ordnend und systematisierend ihre Sachlichkeit bei.

In der zweiten Hälfte des Tierkreises finden wir die Herbst-Winterzeichen, die insgesamt introvertierter angelegt sind. Die **Waage** bereichert uns mit luftiger Schönheit und Eros sowie mit schönen Idealen, von denen Gerechtigkeit und Ausgewogenheit ihr am meisten entsprechen. Schon kommt **Skorpion**, der Spannungen sucht und die wässrigen Abgründe der Seele aufreißen will. **Schütze** strebt über sich selbst hinaus und richtet sich feurig auf Höheres aus. **Steinbock** tritt bescheiden hinter das eigene Schaffen, Leisten und Dienen zurück, glücklich, sich erdig am Widerstand zu erproben. **Wassermann** möchte gerade das nicht, sondern drängt weg von Erdenschwere und muß in luftige Unabhängigkeit hinein. **Fische** sehnt sich danach, alles Ichhafte und Trennende in wässrige Selbstvergessenheit hinein aufzulösen.

Diese Prinzipien des Tierkreises treten uns noch einmal in den Planeten entgegen. Fritz Riemann, den ich oben zitiert habe, nennt die Planeten die Vermittler der im Tierkreis ruhenden archetypischen Ideen. Sonne und Mond werden in der Astrologie auch als Planeten gesehen, so haben wir es, seit 1930 Pluto entdeckt wurde, mit 10 Planeten zu tun. Die **Sonne** ist Symbol der Wesensmitte, sie zentriert alle anderen Strebungen der Persönlichkeit, um sie auf ein umfassendes Bild hin zu gestalten. Sie bildet eine schöpferisch-zeugerisch-männliche Kraft. Der **Mond** repräsentiert das gegenteilige Prinzip, er ist empfangend, beeindruckbar, empfindend, gegründet, weiblich. In den südeuropäischen Sprachen ist das Geschlecht von Mond und Sonne umgetauscht, „der Sonne" und „die Mond" ist eine Beschreibung, die diesen Prinzipien angemessener ist als die deutsche Sprachform. **Merkur** steht für Auffassung, Verstehen, Informationsübermittlung, die Denkfunktion an sich. **Venus** ermöglicht uns Liebe, Eros, Bewunderung, die Erfahrung von Schönheit und Gleichmaß im Leben und in den Künsten. **Mars** bildet dazu einen scharfen Gegensatz und läßt sich mit folgenden Begriffen assoziieren: Urkraft, Vorwärtsdrang, Wille, Trieb und Getriebensein, Trennung, Aggression, Zerstörung. Mit **Jupiter** freuen wir uns am Leben und unseren Wachstumsmöglichkeiten. Echte reifende Früchte des Glücks, die uns Weisheit schenken, sind Ausflüsse des Jupiterhaften. **Saturn** ist der große Former und Begrenzer, er gibt den Dingen Festigkeit und Form und Unausweichlichkeit und sorgt für Verdichtung, Dauer und Bewahrung.

Die nächsten Planeten wurden erst in den letzten 120 Jahren entdeckt. Fritz Riemann fragt: „Ist es ein Zufall oder hat es tieferen Sinn, daß man die neu entdeckten Planeten mit den mythologischen Namen von Göttern benannte, vielleicht benennen „mußte", denen seelische Bereiche zugeschrieben waren, die erst mit der Entdeckung der neuen Planeten bewußtseinsfähig wurden?" Und dann: „Und wie die transsaturnischen Planeten unser Sonnensystem mit anderen kosmischen Räumen in Verbindung bringen, es transzendieren lassen, so haben sie auch im individuellen Leben eine entsprechende ausweitende Wirkung."

Uranus ist Merkur in höherer Gestalt. Er erhöht unsere geistigen Fähigkeiten zu blitzartiger Erkenntnis und Eingebung, zu intuitiven Einsichten von komplexen Zusammenhängen. Er führt in ungewohnte Denkkombinationen hinein und aus gewohnten heraus und läßt uns unsere Einzigartigkeit erkennen.

Neptun ist Venus in höherer Gestalt. Er ermöglicht uns die Erfahrung von Entgrenzung, die Grenzen des eigenen Ich als auch Zeit- und Raumgrenzen. All-Liebe und All-Eins-Sein, Hellfühlen und seelische Durchlässigkeit sind Erfahrungen, die mit Neptun assoziiert sind. Noch einmal Fritz Riemann: „.....- nirgends sonst ist die Grenze zwischen genialen Visionen und Inspirationen einerseits, realitätsflüchtiger Wundergläubigkeit und Wahnsinn andererseits so schmal wie hier. Es kann aber auch geschehen, daß der Zeitgeist heute etwas als „irrational" und sogar als „psychotisch" ansieht, was morgen sich als visionär geschaute Wahrheit herausstellt." (S.201)

Pluto ist Mars in höherer Gestalt, wobei sich die Astrologen darin einig sind, die plutonische Energie in ihren Geheimnissen noch längst nicht vollständig erkannt zu haben. Pluto setzt elementare Kräfte frei. Pluto, der mythologische „Wächter der Unterwelt", eröffnet den Zugang zu den „Toten". Die Toten können Ebenen des kollektiven Unbewußten sein, Ebenen des persönlichen oder familiären Unbewußten, die, wenn wir sie integrieren, ungeahnte Kraftpotentiale bereitstellen. Bevor wir allerdings ernten können, müssen wir in gewisser Weise bei lebendigem Leib sterben.

Das **Häusersystem** beschreibt die verschiedenen Lebensbereiche, in denen wir uns zu bewähren haben. Es gibt insgesamt 12 Häuser, die sternförmig über dem Tierkreis und der Planetenkonstellation im Horoskop eines Menschen liegen. Ich bringe hier lediglich eine knappe Aufzählung:

1.Konstitution, Ich-Persönlichkeit 2.Vermögen, Talente 3. Mitmenschen, Geschwister 4.Tradition, Familie 5.Erotik, Spiel, Kind 6.Beruf, Anpassung 7.Partnerschaft 8.Wandlung, Verlust 9.Religion, Philosophie 10.Öffentlichkeit, Image 11.Verbindungen, Gruppen 12. Angst, Einsamkeit, Unbewußtes, Transformation.

Im folgenden möchte ich davon berichten, in welcher Weise ich mich mit der Kenntnis meines Grundhoroskops auseinandergesetzt habe und wie meine Erfahrungen mit Transitbesprechungen ausgesehen haben, die ich viermal im Abstand von einem Jahr in Anspruch genommen habe.

WIR HABEN UNS NOCH NIE GESEHEN UND ER WEIß (FAST) ALLES VON MIR !?

Ich machte 1990 gerade einen Kurs am Theater „Monsun" in Hamburg über „Stimme und Bewegung", der mein singen Lernen unterstützen sollte. Die Kursleiterin erzählte mir, daß sie bei einem Astrologen gewesen sei, der sie mit seinen Ausführungen beeindruckt hatte. Bis zu diesem Zeitpunkt reichte mein Wissen über und meine Erfahrung mit Astrologie nicht über das Wissen hinaus, in welchem Zeichen meine Sonne steht. Irgend etwas in ihrem Erzählen zog meine Neugierde dorthin. Neugierde war in den letzten Jahren eines meiner starken

Wesensmerkmale geworden. Ich dachte, daß es nicht schaden könne, mal hinzugehen und mir mein Geburtshoroskop erklären zu lassen. Ich machte also einen Termin, der in sechs Wochen stattfinden sollte, und gab mein Geburtsdatum, Geburtsort und Geburtszeit an.

Manfred Richelmann, ein Mann mit blitzenden Augen und mir höchstens ein paar Jahre voraus, empfing mich mit einem freundlichen Lächeln. Die hellen Räume, in denen er seine Astrologie- und Heilpraxis betrieb, waren mir sympathisch. Der folgende Bericht stützt sich auf die Tonbandaufzeichnungen unserer Sitzungen im Verlauf von vier Jahren.

In einem kurzen Vorspann sagte er, daß die Kenntnis unseres Geburtshoroskops helfen kann, die Ur-Rhythmen unseres Lebens besser zu verstehen.

Daneben könnten wir auch Widersprüche und Spannungen unserer Persönlichkeit leichter benennen und handhaben und würden, wenn wir sie auch nicht immer ändern, doch eine andere Einstellung zu ihnen entwickeln können. Er gehe davon aus, daß wir nicht zum ersten Mal leben, sondern jedes Leben ein Glied in einer sich entwickelnden Kette ist. Wenn ich das nicht „mitspielen" wolle, könne ich die Themen, die er als aus früheren Leben kommend beschreibe, auch in meinem gegenwärtigen Leben finden. Er betonte, daß wir keine Schuld an Eltern und Ehepartner oder an sonstige Menschen um mich herum verteilen wollten, sondern schauen, welche meiner Lebensthemen durch sie auf meine Lebensbühne gebracht würden. Außerdem wollte er seiner Klientin ein schönes Erlebnis schenken und wünschte mir, daß es mir Freude machen würde.

„In Kindheit und Jugend sehe ich bei Ihnen vor- und nachgeburtlich folgende große Themen: Kampf um den Lebensraum, große Enge, Angst und tiefe Skepsis in der Umgebung weit über das normale Maß an Befürchtungen vor einer Geburt hinaus. Im weiteren Verlauf der Kindheit: große psychische, mentale und erzieherische Enge, nicht böse gemeint, aber sehr schädlich. Was Sie rettet, was Ihr erstes Überlebensmuster ist, ist Ihr Kopf, der sehr früh beginnt, das alles verstehen zu wollen und Sie damit über Wasser hält. Ich sehe als zweites Grundmuster eine starke Konkurrenzsituation mit einer männlichen Figur, bei der Sie verloren haben. Das ist meistens auch ein Thema im Kopf im Sinne eines Kampfes zwischen den männlichen und weiblichen Energien, wird aber häufig auch von einem Bruder auf die Lebensbühne gebracht, der älter ist oder vorgezogen wird. Dadurch gibt es in Ihnen ein autoaggressives Muster, einen Trend zur depressiven, aggressionsunterdrückenden Energie. Im Erwachsenenleben wirkt sie als starker Angstaspekt, der die Handlungsenergie blokkiert. Die Ersterfahrung, sowieso zu verlieren, kann Sie lähmen. Als drittes Grundmuster sehe ich: Ich kann mein wahres Gesicht nicht zeigen. Es ist zu gefährlich, ich werde sowieso nicht verstanden. Im Erwachsenenleben führt dies zu Unklarheiten über Ihre Absichten, Ihre Motivationen, zu einer Ausstrahlung von „Ich sage Euch nicht alles". Viertes Grundmuster: Ganz viel Charme und Erotik machen Ihre Kontakte erfolgreich. Letzter Aspekt: Sie sind ein Einzelgängertyp. In früheren Leben haben Sie immer alles allein gemacht, eigentlich verwunderlich, daß Sie in die astrologische Beratung kommen. Das Muster ist Rückzug, um klar zu werden, Meditation, eigene Gärung, Nachfühlen und die daraus folgenden Konsequenzen ziehen. Ruhe, Stille, Muße ist nichts Nerviges für Sie, sondern macht Sie schöpferisch. Wenn Sie nicht in die Stille gehen, wenn Sie sich nicht die Zeit nehmen, um zu fühlen, werden Sie krank!

Jetzt zum Vater: Er ist liebevoll, unterstützend, bejahend, aber abwesend, keine Zeit oder früh gestorben. Ihr Gefühl, Vater mag mich nicht oder verläßt mich, stimmt nicht, fühlt sich für Sie aber so an und löst in späteren Partnerschaften die Erwartung aus, demnächst doch wieder allein zu sein. Schwache Verbindungslinie aus früheren Leben, vielleicht nahe Freundschafts- oder Familienbindung, sicher positiv gefärbt.

Zur Mutter: Es gibt eine starke Bindung aus früheren Leben, sie ist vermutlich im letzten Leben Ihre Tochter gewesen. Sie sind sehr verclincht miteinander und Sie haben wahrscheinlich sehr früh ein Verantwortungsgefühl für ihre Mutter entwickelt. Ihre Mutter überträgt Muster auf sie, die Sie für sie fortleben sollen. Meine erste Aufforderung oder Hausaufgabe für Sie ist: Klären Sie, was Sie von Mutters Angelegenheiten übernommen haben. In späten Jahren kann sie über Krankheit versuchen, die Bindung zu verstärken. Die große Lebensaufgabe für Sie beide lautet: Jede übernimmt die Verantwortung wieder für sich, keine unbewußten Angeln und Festhaltetricks mehr. Meine Empfehlung für Sie ist: Erst einmal räumliche Distanz herstellen, um den Prozeß voran zu bringen.

Beruflich: Sie gehören in einen mental-beraterischen-heilerisch-therapeutischen Sektor mit Schwerpunkt auf geistiger Information, nicht so sehr medizinisch. Eine künstlerische Linie gibt es beruflich auch, feinstofflich wie z.B. Schauspielerin. Alles Selbstdarstellerische und nicht so sehr bildnerisches Gestalten paßt zu Ihnen. Die heilerische Linie ist ganz stark, die Energie wird Ihr Leben lang fließen, Sie haben ganz viel Zugang zu tiefen Heilquellen, in Ihrer Aura können Menschen tanken. Der Jupiter-Sonne-Aspekt fließt so überreich, daß es schon eine Frechheit ist. Da haben Sie sich in früheren Leben eine wunderbare Konstellation erarbeitet. Mit Mars und Jupiter wird der Aspekt in den ersten 35 Lebensjahren meistens zu sehr für andere verausgabt. Danach lernt man erst, Grenzen zu setzen. Langfristig sehe ich für Sie die Notwendigkeit eines ganz selbständigen beruflichen Weges, das hat aber noch Zeit.

Es gibt einen Schlüssel zu Ihnen: Wer Sie als die Größte-Tollste-Klügste wirklich und echt empfindet, bekommt alles von Ihnen, was er möchte und braucht. Für die- bzw. denjenigen geben Sie sich völlig hin und werden die größte Dienerin. Wer Sie allerdings kritisiert, bekommt nichts, dann werden Sie arrogant und geben nichts mehr her.

Sie sind ausgesprochen beharrlich, langfristig an etwas zu arbeiten, bis es so ist, wie Sie es haben wollen.

Mit Merkur verfügen Sie über eine mächtige Sprache, es ist wichtig für Sie, über Ihre Stimme zu leben und zu arbeiten. Dabei bekommt Ihre Persönlichkeit einen starken Ausdruck.

Mit Venus gibt es viel Liebe, Erotik, Sex, Spielen in Ihrem Leben. Sie sind leicht, katzig, und alles muß niveauvoll, stilvoll, gehoben, großzügig, voll Charme und Ästhetik sein. Sie haben eine tiefe Liebesfähigkeit.

Mars zeigt an: viel Power, Sie sind verschwenderisch nach draußen, in späteren Jahren mit dem Saturnüberlauf vorsichtiger. Es gibt ein Autoritätsproblem mit negativer Übertragung, aggressiv, stammt aus der Familie, wird häufig politisch agiert, meint eigentlich die Ursprungsfamilie. Das Ziel ist, die Autoritätsstruktur zu durchschauen, Sie sind eine typische Entlarverin von Papptigern!

Saturn zeigt, wovor Sie am meisten Angst haben: Es ist verboten, sich gut zu verkaufen und auszudrücken. Ihre Familie hat Ihnen das Sprechen verboten. Ihr Partner muß immer wieder das Schweigemuster durchbrechen! Er muß nachhaken und fragen: Was ist mit dir los? Ihr Partner muß sogar nachbohren, wenn Sie ihn wegscheuchen! Ihr Schweigen kommt immer, wenn es schwierig wird.

Zweites Angstmuster: Festhalten von Geld, Gut und Gedanken. Mein Vorschlag ist, einmal im Jahr mentalen Sperrmüll zu machen. Ideen sind für eine Zeit gut, aber vielleicht nicht für die Gegenwart oder die Zukunft. Ein Beispiel: Wenn Sie Vegetarierin sind, kann es sein, daß das irgendwann nicht mehr richtig für Sie ist. Prüfen Sie, woran Sie gedanklich festhalten und längst loslassen müßten. Fließen Lassen ist die Lösung!

Jupiter sagt uns, wann Sie glücklich sind: Wenn Sie Ihre aggressiven und dynamischen Seiten ausleben dürfen, wenn Sie sprechen dürfen und wenn Sie die Königin sein dürfen. Sie möchten immer die zentrale Figur sein, es kann Probleme geben, wenn andere das auch wollen.

Durch den Mond sind Sie sensibel, schwammartig, aufnehmend. Das ist ein Künstleraspekt. Singen und Schauspielerei sind Wege, sich zum Ausdruck zu bringen. Problematisch ist, daß Sie in der tieferen Ebene unabgegrenzt sind. In Ihren Liebesbeziehungen ist für Sie immer wieder nötig zu klären, wo Sie anfangen und wo der Partner aufhört. Erste Hausaufgabe dazu: Üben Sie zu fühlen, ob ein Gefühl, das Sie haben, gerade Ihres ist oder von der Umgebung übertragen worden ist. Zweite Hausaufgabe: Sind die Ziele, die Sie verfolgen, Ihre eigenen oder die aus ihrer Umgebung? Beispiele: Die Entscheidung, ob eine Reise in die Berge oder an die See führt, ob Sie auf dem Land wohnen oder in der Stadt. Die Frage ist, passiert das, was Sie wollen, oder das, was Ihr Partner möchte?

Anderes Mondthema ist folgendes: Um sich als Frau zu fühlen, brauchen Sie einen konkreten Mann, der Sie in ihrer Weiblichkeit spiegelt. Schöne Kleidung und ein Friseurtermin reichen dazu nicht aus.

Mond-Neptun-Aspekte zeigen Ihre Schwierigkeiten, das Gefühl zu einer Sache, das so komplex und so tief in Ihnen da ist, im Gespräch über das Wort rüberzubringen. Entweder Sie sagen gar nichts oder nur einen Sie selbst nicht befriedigenden Teil dessen, was Sie fühlen. Das kann dazu führen, daß Sie sich unverstanden und allein fühlen, wie es ja für Ihr Grundgefühl immer schon gewesen ist.

Aszendent und Aszendentkonstellationen zeigen, daß Sie mental, kopfbetont, aufgeräumt, strukturiert und durchorganisiert sind. Ihre Wirkung auf andere muß stimmen. Schattenaspekt dabei ist, daß Sie sehr kontrollorientiert und sehr mächtig sind. Wer sich nicht unterordnet, wird gehen müssen, und wer sich nicht transparent macht mit seinen Karten, wird Ihre Kooperation verlieren.

Der Mondknoten zeigt uns, woher Sie kommen und wohin Ihre seelisch-geistige Entwicklung gehen soll. In frühreren Leben waren Sie sehr außenorientiert und kopfbetont, durch Ihre Familie in diesem ebenso kopfbetont. Dies Leben soll Sie mehr auf den Grund bringen, soll den Schwerpunkt auf eine spirituelle geistige Ausrichtung legen, soll Sie Ihren spirituellen Weg finden lassen.

Ihre Elementeverteilung ist: Viel Kraft und Begeisterung (Feuer) , viele Ideen (Geist), viel Gefühl (Wasser), Schwächung in der Realisierung (Erde). Mein Rat: Hierarchisieren Sie die Ideen, weil nicht alles, was im Kopf denkbar ist und wofür Sie sich begeistern können, verwirklichbar ist.

Transitüberläufe zur Zeit sind so, daß das Kinderthema ganz groß ist. Sie dürfen Kinder bekommen, müssen aber nicht. Es gibt Konstellationen, in denen muß man Kinder bekommen oder sollte es besser nicht. Wichtig für Sie ist, mental zu klären, ob Sie wollen oder nicht.

Sie befinden sich schon seit vielen Jahren in einem großen Prozeß des Lernens, in dem Sie sich von Fixierungen und mentalen Blockaden befreien. Das Partnerschaftsthema ist nicht stark besetzt, Sie können wählen, ob Sie eine Partnerschaft wollen, hat aber keinen zwingenden Charakter. Ihre Befreiungsprozesse und Familienwünsche müssen sich nicht gegenseitig ausschließen. Was Sie brauchen, ist allerdings viel Freiraum, auch dann, wenn Sie Partnerschaft und Kinder wählen, sonst werden Sie leiden."

Herr Richelmann lächelte mich immer noch freundlich an, nur mir war nicht mehr so freundlich zumute. Soviel hat noch nie jemand über mich gewußt und dieser Mann saß mir zum ersten Mal in meinem Leben gegenüber und plauderte munter über mich darauf los, als wäre er einer meiner besten Freunde. Es war ein unheimliches Gefühl, soviel Vertrautheit und soviel Fremdheit im gleichen Kontakt zu erleben. Wenn ich mich in Therapie begab oder sich jemand in der Therapie mir anvertraute, war es immerhin der Klient, der bestimmte, wieviel der Therapeut oder die Therapeutin auf einmal zu wissen bekam. Jetzt sah es so aus, daß mir jemand mein Leben aufblätterte wie einen Satz Karten, und ich hatte keinen Einfluß darauf, was mir eventuell zu intim oder zu peinlich war.

Wie war es möglich, daß ich diesem Mann drei Daten über meine Geburt gab und er daraufhin soviel über mich wußte? Wieso wußte er, daß ich eine enge Kindheit hatte, daß es um meine Geburt herum soviel Angst gegeben hatte, daß ich eine so problematische Beziehung mit meiner Mutter hatte, daß räumliche Distanz zu ihr die einzige Lösung war? Woher nahm er seine Kenntnisse über den Geschlechterkampf, den ich ja in den Anfangszeiten meines therapeutischen Prozesses auch in mir vorgefunden habe? Mir fiel der Traum ein, in dem ein Mann eine Frau umbrachte und wie sehr mich dieser Traum bewegt hatte. Daß mein Bruder eine problematische Rolle in meinem Kinderleben und bis heute einnahm, daß es mit Familiengründung und Männern nicht so recht klappte und daß mein Kinderleben kopfbetont, wie er es nannte, gewesen war, woher wußte er das? Daß ich in den letzten Jahren Befreiung in Hülle und Fülle erlebte, mein Leben schier von unten nach oben umgestülpt wurde, wieso konnte er mir das sagen?

Was war das außerdem mit Lebensbestimmung, mit einem Drehbuch, das mehr oder minder feststand? Ich hatte doch endlich das Drehbuch meines Lebens selber zu schreiben begonnen! Da behauptete er, daß meine Befreiung in den Sternen zu sehen sei. Wenn das stimmte, wie sollte das noch etwas mit Freiheit zu tun haben? Wo nahm dieser Pseudowissenschaftler nur den Gleichmut her, solche Ungeheuerlichkeiten zu sagen, die vor allem deshalb so ungeheuerlich waren, weil sie stimmten!

Nein, nicht schon wieder irgendwelche Götter, die meinten, bei mir mitmischen zu können, die Zeitpunkte bestimmten, zu denen sich Gefängnistüren schlossen oder öffneten, die etwas mit den Beziehungen zu Eltern und Geschwistern zu tun hatten, die Männerbeziehungen glücken oder scheitern lassen konnten! Nicht mehr mit mir!

In meinem Kopf explodierte eine schwarze Wolke, die sich dort festsetzte wie Klebstoff. Ich wurde finster vor Mißtrauen und Erinnerung an den Gott meiner Kindheit, der ja auch immer wußte, was gut für mich war und mich damit ins Unglück ritt.

Gleichzeitig hielt mich diese Erfahrung in ihrem Bann und ich hörte das Tonband, daß ich von Manfred Richelmann bekommen hatte, wochenlang immer wieder an. Ich merkte voller Widerwillen, wie ich begierig daraus lernte und ärgerte mich darüber, weil ich nicht schon wieder in eine geistige Abhängigkeit geraten wollte. Aber gerade die Tatsache, daß ich mich so sehr ärgerte und daß die schwarze Wolke aus meinem Kopf nicht weichen wollte, war etwas, das zu verleugnen ich mir nach gut acht Jahren Auseinandersetzung mit meiner Seele nicht mehr so einfach gestattete.

Es wurde schnell klar für mich, daß ich versuchen wollte, dieser Sache auf den Grund zu gehen. Also meldete ich mich einige Zeit später zur Transitbesprechung an. Transitbesprechung hieß, daß der Astrologe mir berichten würde, wie die Sterne zum gegenwärtigen Zeitpunkt über mein Grundhoroskop laufen. Darin, so die Behauptung der Astrologie, könnte sichtbar werden, welche Entwicklungen, Themen oder Spannungen in meinem Leben gerade geschehen.

DIE STERNE SAGEN: „WERDE GLÜCKLICH, SONST HELFEN WIR NACH!"

Herr Richelmann wußte ja nichts von meinen zwiespältigen Gefühlen und kam mir ohne Vorbehalte entgegen. Es war zu spüren, daß er sich nicht einfach als Sterndeuter verstand, sondern sich auch einer therapeutischen Verantwortung für seine Klientin bewußt war.

Er begann wieder mit einem kurzen Vorspann, in dem er mich mit dem Sinn der Transitbesprechung vertraut machte. Den zeitlichen Rahmen des Gesprächs sollte ein Jahr von jetzt an bilden, er wollte etwas zurück- und auch etwas darüber hinaus schauen. Er sagte, das Gespräch sollte mir helfen, in der augenblicklichen Zeit für die Entwicklungen in Beruf, Partnerschaft, Gesundheit und in der persönlichen inneren Entwicklung besser gerüstet zu sein. Er meinte: „Wenn wir wach und aufmerksam sind und innerlich darauf eingestellt sind, können wir bestimmten Härten des Lebens weicher begegnen. Wir können pudelnaß werden beim Lernen oder nur ein paar Regentropfen abbekommen, um das gleiche Lernziel zu erreichen." Er forderte mich auf, mir nach der Sitzung im Jahreskalender Eintragungen zu den entsprechenden Daten zu machen und die Kassette mehrmals zu hören.

„Saturn zeigt uns im Transit, worum wir uns ganz praktisch auf der materiellen Ebene kümmern müssen, an was wir mit mehr Energie, mit mehr Aufmerksamkeit und Verantwortung herangehen sollten. Bei Ihnen heißt das wichtigste Thema Schwangerschaft und Kinder. Die grobstofflichste Ebene ist die tatsächliche Schwangerschaft, es kann aber auch bedeuten, eine größere Verantwortung für Menschen zu übernehmen, die wie Kinder sind. Das Thema hat noch zwei andere Ebenen, nämlich zum einen die Frage, wieviel „Kind-Ich" leben Sie eigentlich, was ist mit der Petra, die Spaß haben will, Leichtigkeit, Unbeschwertheit? Saturn sagt, übernimm mehr Verantwortung dafür, lebe das Kind intensiver und bewußter, geh heraus aus Sorge, Belastung, Pflichten. Das Thema wird lauter werden und später - das ist die letzte Ebene - in das Thema der beruflichen Selbständigkeit einmünden. Hierzu müßten wir die Frage stellen: Gibt es in Ihrem Leben einen Bereich, in dem Sie sich bevormundet, abhängig, reglementiert fühlen? Wenn nicht, wird Saturn dort nicht zum Tragen kommen, aber wenn es so ist, wird es in dem Bereich zu mehr Auseinandersetzungen und Spannungen kommen. Es geht für Sie darum, mehr Unabhängigkeit zu erreichen, mehr Eigenes zu entwickeln. Eigene Ziele, eigene Wünsche, eigene Lebenslinien, Aufgaben. Hier wird es Konfrontation geben, da sie im Zuge dessen auch mutiger und dynamischer werden.

Saturn geht im April 1992 in ein neues Feld und schwächt ihre Konstitution für ein halbes Jahr. Nicht panisch werden, aber sorgfältiger auf Pausen achten, Urlaub machen, längeres statt kürzeres Wochenende machen. Genug trinken, warm halten, sich um Ernährung kümmern. Das ist kein Krankheitsaspekt, lediglich eine konstitutionelle Schwächung.

Beruflich sehe ich Folgendes: Hier geht es um die angestellte Tätigkeit. Mit diesem Aspekt werden wir vor die Anforderung gestellt, die abhängige Arbeit aufzugeben. Wir fühlen uns nicht mehr wohl und nörgeln. Der tiefere Sinn der Sache ist, im heilerisch-beraterisch-therapeutischen Bereich selbständig zu werden. Ab April des nächsten Jahres wird es stärker, zur Zeit ist es latent da. Sie kommen nicht drum herum, einen Standpunkt zu beziehen. Sie haben Zeit dafür bis Frühjahr `93. Neben der Ängstlichkeit, die vielleicht da ist, gibt der Aspekt auch Mut zum Aufbruch. Daneben gibt es als eine weitere Aufgabe, mehr in die kleinere Lehrtätigkeit zu kommen. Dies ist nicht zwingend, sondern eine Möglichkeit, die von außen auf Sie zukommt.

In Januar 1992 und März 1992 sehe ich Partnerauseinandersetzung. Eine Zeit der Prüfung der inneren Partnerfähigkeit, in Ihnen taucht die Frage auf, wie zufrieden Sie mit ihrer Partnerschaft sind. Reicht auch in die Familie hinein, auch in nahe, gefühlsbetonte Klientenbeziehungen. Es ist für Sie zu prüfen, wer noch paßt und wie es weitergeht. Der Aspekt läuft schon in diesem Jahr, bringt Verluste, wenn Menschen nicht mehr zu Ihnen passen.

Noch mal das Thema Partnerschaft: Ich sehe in Ihrem Horoskop drei Phasen in diesem Jahr, in denen es Ihrem Mann nicht gut geht, er kleine Knicks hat, die sich auf Sie auswirken. Sprechen Sie mit ihm, kümmern Sie sich um ihn, seine Probleme bleiben mehr innerlich verborgen, berühren Sie aber stark.

Mars-Jupiter-Saturn-Aspekt: Mitte Februar und Oktober 1992: Umzug, große glückliche Erneuerung Ihres Lebens.

Jupiter: läuft das ganze Jahr über den Aszendenten und zwingt auch dazu, die Beziehung auf ihre Qualität zu hinterfragen. Ich als Ihr Astrologe sehe, daß Sie glücklich werden, aber nicht, ob in der Beziehung oder durch eine Trennung, die vielleicht längst ansteht. Es geht um den großen Vertrag, Ehevertrag, und wenn er nicht mitmacht, geht es auseinander. Auf jeden Fall sind Sie gut drauf, es haut Sie nicht um und Sie sind ganz glücklich darüber. Auch die berufliche Erneuerung ist hier angezeigt. April bis Juni 1992 ist alles klar."

Als ich ihm meine Ängste vor einer beruflichen Selbständigkeit schildere, sagt er: „Lassen Sie das Thema los, es wird auf Sie zukommen, Sie werden es fast nicht verhindern können und es wird Sie glücklich machen! Auch wenn ich selbst vorsichtig bin mit der Astrologie, möchte ich bei diesen Aspekten dafür fast die Hand ins Feuer legen.

Uranus und Neptun an der Spitze des fünften Hauses: Sie symbolisieren das innere Kind, das geboren werden möchte, Seelenwunsch nach der intensiven inniglichen Bindung, Verbindlichkeit, wird innerlich immer lauter. Sehnsucht nach der Traumliebe. Zu einem konkreten Kind möchte ich Ihnen in dieser Zeit eher nicht raten, da sehe ich viele Komplikationen, aber Ihr „Kind-Ich" auszudrücken in Form von Kunst und beruflicher Verselbständigung läuft wunderbar.

Pluto im dritten Haus: Zeigt, daß Sie schon lange in einem großen tatgtäglichen Lernprozeß stehen, der langfristig in Wissensvermittlung mündet. Es reichert sich ganz viel in Ihnen an. Ein Wiederholungsaspekt, der mit den anderen Aspekten zusammen einen zunehmenden Trend bildet."

Als ich ihn diesmal verließ, war ich beruhigt. Daß meine Partnerschaft schwierig war, wußte ich sowieso und alles andere empfand ich nicht als besonders passend. Beruflich lief alles harmonisch, schon seit Jahren.

Ich sollte mich geirrt haben. Denn was in den behutsamen Worten des Astrologen irgendwie harmlos klang --Spannungen am Arbeitsplatz, kommt von selbst auf Sie zu, Herausforderung, Stellung zu beziehen--, nahm in diesem Jahr Dimensionen an, die ich mir nie hätte träumen lassen.

Ich hatte vor zwei Jahren eine halbe Stelle von meiner Sozialpädagogenstelle in der Beratungsstelle freigemacht. Wir hatten seitdem einen neuen Kollegen. Das Team wußte inzwischen, daß er an mehreren Arbeitsstellen nach zwei bis drei Jahren hatte gehen müssen, weil er jedesmal nach einiger Zeit seine Dienststelle in einer Weise versucht hatte zu revolutionieren, die anscheinend nicht so sehr die Erneuerung der Arbeitssituation, sondern seine Entlassung zur Folge gehabt hatte. Er hatte uns selbst davon erzählt und wir anderen wiegten uns in Sicherheit, daß es bei uns gar nichts zu revolutionieren geben könne, weil wir gute Arbeit machten. Jetzt trat dieser Kollege mit einem 11-Punkte-Plan an das Team heran und wollte Veränderungen. Dazu gehörte als dramatischster Punkt, daß der Gründerverein der Beratungsstelle eigenhändig Spenden einnahm und davon Honorarkräfte für externe Gruppen- oder Kindertherapeuten bezahlte. Diese Mittel bewegten sich jährlich um 4000,- bis 5000,- DM und wurden immer komplett ausgegeben, weil es, gemessen am Bedarf, sowieso viel zu wenig war. Ein Punkt, der mich persönlich betraf, war, daß ich im Gruppenraum der Beratungsstelle, gegen eine Spende an den Förderverein, private Gruppentherapie durchführte. Der Raum war wunderschön, aber nicht voll ausgelastet, und so bekam der Förderverein von mir durch diese Nutzung noch zusätzlich einen Betrag. Wir als Gründerteam waren froh, unseren Klienten auf jede erdenkliche Weise helfen zu können und dachten an nichts Schlimmes dabei.

Unserem Kollegen gelang es innerhalb von 12 Monaten, die Existenz der Beratungsstelle ins Wanken zu bringen, indem er unseren Chef fast davon überzeugte, daß alle Teammitglieder außer ihm kriminell sind und er nicht mehr verantworten könne, unsere Machenschaften zu decken.

Im Hinblick auf das, was mir Herr Richelmann angekündigt hatte, sah ich diesen ganzen Vorgang persönlich noch aus einer anderen Sicht. Bei allen Katastrophen, die uns geschahen, empfand ich unklar, daß es mir ungemütlich „gemacht" wurde, damit ich den Mut fand, mich ganz selbständig zu machen. Das Thema „Herausforderung zur Selbständigkeit" betraf außer mir in ähnlicher Weise den Kollegen, der als ehemaliger Baptistentheologe vor zehn Jahren der Initiator der Beratungsstelle gewesen war. Wir hingen beide sehr an „unserer Einrichtung" und hatten die ganzen Jahre in ihr ein warmes Nest. Die Tatsache, daß die Evangelische Kirche die Trägerschaft hatte, fanden wir zwar nicht besonders toll, aber wir konnten frei von ideologischen Zwängen unsere Arbeit tun. Selbst in Haushaltsfragen hatten wir freie Hand und unser Ruf unter den Erziehungsberatungsstellen des Landes war makellos bis vorbildlich. Nun ging es anscheinend für uns beide darum, jegliche Bindungen an Institutionen aufzugeben.

Die Astrologie geht davon aus, daß der Gegenwind, den jemand vom Schicksal erfährt, genau dem Widerstand entspricht, den jemand ihm entgegensetzt. Demnach entsprachen diese orkanhaften Ereignisse meiner Angst davor, den Sprung aus der fast familiären Gemütlichkeit unseres Teams in die Kühle der Selbständigkeit zu wagen. Mir leuchtete ein, daß die Kraft der Symbiose nur durch eine entsprechende Sprengkraft aufgelöst werden konnte. So fühlte ich mich in dieser Zeit einerseits als schwer Betroffene, andererseits in dem Bewußtsein, daß mir und uns zu unserem Glück verholfen wurde. Gab es diesen Durcheinanderbringer in unserem Team, der unsere Einrichtung an den Rand der Existenz brachte, um auch mein Schicksal auf die Lebensbühne zu bringen? Sollte ich mich auf den Weg in die Freiheit begeben und mein Glück finden!? Hatten wir uns ihn ins Team geholt, weil er für jeden von uns genau in die gegenwärtigen Aufgabenstellungen paßte?

Jupiter bringt berufliche Erneuerung.... Ich wurde jetzt sehr an die Zeit erinnert, als ich mich von meinen Eltern, der Freikirche und meinem Mann fast zeitgleich trennte. Damals habe ich gesagt: „Ich fühle mich verdammt zum Glück und ich habe keine Wahl!" Jetzt erging es mir wieder ähnlich: Ohne Netz und doppelten Boden in die Freiheit und Selbständigkeit zu springen, löste wieder das alte Grundgefühl aus, daß es keine Chance zum Überleben gäbe.

Ich bekam eine Grippe, von der ich drei Wochen lang im Bett festgehalten wurde. Ich wurde einfach nicht gesund. Da tauchte irgendwann das Bild eines Hochhauses vor mir auf und ich fühlte, daß ich jetzt nicht mehr anders konnte als springen. Ich sprang.... und es war so, wie ich mir Fallschirmspringen vorstelle. Ich glitt ruhig und schwerelos durch die Luft, ohne irgendwann aufzuschlagen. In gewisser Hinsicht befinde ich mich seitdem pausenlos „in der Schwebe", die Schwerelosigkeit hört nicht auf. Sie hindert mich nicht, Konkretes zu tun oder zu entscheiden. Sie verhindert nicht, daß mich manchmal die Angst packt. Und doch ist sie immer da.

Als ich wieder gesund war, faßte ich mit zwei Kollegen einen Entschluß zur Veränderung unserer beruflichen Situation. Eine Kollegin, die gerade eine Schwangerschaftsvertretung in unserer Beratungsstelle beendete, mein Freund, der als Lehrer gerade eine Ausbildung zum Familientherapeuten abgeschlossen hatte, und ich entschieden uns, eine Praxengemeinschaft zu gründen. 100 Meter von der Beratungsstelle entfernt gab es schöne Räume, die wir mieten konnten, und Mitte September unterschrieben wir den Vertrag.

Wie ging es mir in dieser Zeit mit der Astrologie ? Sie war für mich in relativ weite Ferne gerückt. Mich interessierten wohl psychologische Persönlichkeits-beschreibungen und ich wußte inzwischen mehr darüber, wie die Astrologie die Spannungen beschreibt, die in meiner Partnerschaft am Werk waren, aber die Beschäftigung mit ihr reichte nicht einmal aus, um zu bemerken, daß sich mit dem Beginn der Praxengemeinschaft Richelmanns Ankündigung von beruflicher Erneuerung und glücklichem Umzug exakt ereignete. Das Problem allerdings, inwieweit ich Opfer eines fremd bestimmenden Schicksals bin oder selber entscheiden kann, wo mein Leben lang geht, fraß weiterhin an mir. Ich konnte kaum aufhören, jeden Tag darüber nachzudenken und meine Umwelt damit zu traktieren, sich mit mir darüber zu unterhalten. Sollte es wirklich Kräfte geben, die Himmel und Hölle in Bewegung bringen, damit ich auf einem Kurs bleibe, der mir bestimmt ist?? Das „Jupiterglück", das Herr Richelmann mir angekündigt hatte, hatte eine Härte und Unerbittlichkeit, die ich mit meinem landläufigen Begriff von Glück nicht zusammenbringen konnte. Ich fühlte mich eher wie in einem Geburtskanal, den ich mir nicht ausgesucht hatte und von dem ich nicht wußte, wo ich am Ende herauskomme. Ich mußte ihm allerdings insofern recht geben, als ich fast immer innerlich glücklich war. Es war eine ganz neue und irgendwie komische Erfahrung, daß mich eine leichte und fröhliche, oft glückliche Stimmung angesichts der dramatischen Ereignisse erfüllte. Ich hatte mit der Astrologie angefangen und wollte jetzt mehr erfahren, da ich inzwischen auch tief dankbar dafür war, daß mich unser beruflicher Existenzkampf nicht völlig unvorbereitet getroffen hatte. Ich machte also wieder einen Termin bei ihm für die Transitbesprechung des kommenden Jahres.

FINDE ICH MICH AB ODER GEHE ICH IN DIE FREIHEIT ?

Als ich im Oktober 1992 wieder zu ihm komme, leitet er unsere Sitzung etwas anders ein. Er spricht von den Ur-Rhythmen des Unbewußten, die er im Horoskop erkennen kann und die sich erstaunlicher weise in äußeren Ereignissen spiegeln. Er sagt, was er sehen kann, sind Trends, Strömungen, Wahrscheinlichkeiten aufgrund seiner Erfahrung mit der Astrologie, nicht aber, was tatsächlich geschieht, denn das hängt von weiteren Faktoren ab. Wenn wir uns für schwierige und spannungsreiche Aspekte Unterstützung holen, bewältigen wir sie besser, werden vielleicht nicht krank daran und geben nicht auf. Wenn wir auf positive Aspekte „noch ein paar Briketts drauflegen", gelingt alles noch besser. Vor allem gibt uns die Astrologie die Möglichkeit, Unvereinbarkeiten zwischen unserem bewußten Wollen, unserem aktiven Planen und Handeln und unseren unbewußten Strömungen zu versöhnen. In diesem „Spielraum" sieht er auch die großen Möglichkeiten der Psychotherapie.

„Saturn, Symbol für das materielle Kümmern: Ab Mitte Dezember 92 geht er in ein neues Feld bis Frühjahr 1994. Danach sind höchstens noch Nachklärungen, Nachkorrekturen notwendig, aber die Form ist schon gegeben. Und zwar ist es das Arbeitsfeld, sechstes Haus in Korrespondenz mit dem zwölften Haus: Alles, was keine reale Sinnerfüllung bringt, muß weg! Es kann beruflich eine Krise geben, die Frage ist da zu stellen, ob Sie die Kraft haben, noch einmal Ihr berufliches Leben so nachzukorrigieren, daß Saturn eine große Chance für Sie wird oder ob Sie sich mit dem Gegebenen abfinden müssen wegen Alter, Familie, Haus usw. Wenn Sie es schaffen, bringt Saturn Ihnen jetzt alle Erfüllung, die Sie sich wünschen, wenn nicht, kann das nach meiner Erfahrung sehr tragisch sein. Die dritte Variation ist, daß alles in Ihrem beruflichen Leben schon sinnerfüllt und befriedigend ist, dann wirkt Saturn sich nicht aus.

Weitere Saturn-Themen: Frage, wie sieht es in der Beziehung aus? Saturn zeigt, daß es viele Irritationen gibt, mit Jupiter sehe ich eine Scheidungsachse.

Saturnüberlauf klassisch ins sechste Haus löst Pluto aus in der Zeit von April 93, Mai 93, Mitte August bis Mitte September 93, dann noch mal Mitte Dezember 93 im beruflichen Bereich." Herr Richelmann fragt mich, wie es aussieht im beruflichen Bereich. Ich berichte ihm, daß ich Anfang Januar 93 mit zwei Kollegen eine Praxengemeinschaft eröffne. Er rät mir: „Bauen Sie ganz viel Absicherungselemente ein, Lebensversicherungen o.ä. abschließen, ganz viel tragende Struktur schaffen, gut durchstylen, damit Sie mit den tiefen Existenzängsten zurechtzukommen! Neptun zeigt mir, daß Sie manchmal zu naiv und verschwommen mit Geld umgehen und damit Ihre Ängste verstärken, deshalb betone ich diesen Rat so stark! Rentenberatung, einen freien Versicherungsvertreter aufsuchen, Wenn Sie Klarheit schaffen und nicht im Nebel bleiben, werden Sie keine großen Angstattacken erleben müssen." Ich erzähle ihm, daß ich immer noch mit einem Bein in der Angestelltentätigkeit und in der Kirche stecke, obwohl es inzwischen so ungemütlich ist, wie er mir angekündigt hatte.

Er sagt: „Auch wenn Sie Angst haben, möchte ich Sie sehr ermutigen! Die Ur-Rhythmik ist reif, Ihre Uhr steht auf einer Zahl, in der Sie den Mut haben sollten, in die Selbständigkeit zu gehen. Ich gehe nicht davon aus, daß es schief geht, zurückgehen ist notfalls ja auch möglich. Als Alternative dazu sehe ich: akzeptieren Sie Ihre Ängste, freuen Sie sich an der Kirche und Ihren Möglichkeiten. In 6 1/2 Jahren kommt wieder eine ähnliche Konstellation, dann können Sie es noch einmal anpacken. Aber wenn Sie es jetzt tun, kommt dann schon das Nächste. Wenn Sie es tun, müssen Sie aber mit heftigen Existenzangstschüben rechnen, es wäre nicht in Ordnung, wenn ich Ihnen das nicht auch sagen würde. Packen Sie sich selber am Schopf, trösten Sie sich, reden Sie sich gut zu und sehen Sie, daß es zu Ihnen gehört, Angst zu haben. Noch einmal ganz praktisch: Bilden Sie Rücklagen!

Uranus und Neptun im fünften Feld: Der Trend geht ganz stark zu Schwangerschaft und Kindern."

Wieder beschreibt er mir die drei Ebenen, auf denen der Aspekt gelebt werden kann. Ich soll nachdenken, ob ich ein Kind möchte oder mit Kindern arbeiten will oder die Wünsche meines inneren Kindes und der Frau nach Lust, Freude, Heiterkeit, Sinnlichkeit, Lebenskünstlerischem verwirkliche. Kinder bekommen kann auch symbolisch gelebt werden, indem ich z.B. eine eigene Praxis habe. Sie ist dann mein geistiges Kind, weil dort meine Kreativität zum Tragen kommt.

Er sagt: „Wir können auch gegen die Sterne leben, aber dann kommen die Menschen zum Psychologen oder auch zum Astrologen und sagen: „Ich weiß nicht, was mit mir los ist, ich habe zu nichts mehr Lust..." Sie haben viele ihrer inneren „Geister" weggepackt, aber alle wollen gehört, gesehen und gelebt werden!

Pluto: läuft ja bei Ihnen schon Jahre im dritten Feld. Sie bleiben weiterhin im Bereich Beratung und Lehre tätig, daran ändert sich in den nächsten Jahren nichts. Sie bleiben weiterhin auf dem Weg nach innen, der Transformation und Vertiefung. Das ist Ihr Schicksal.

Ein schöner Aspekt Pluto-Mond: Das ganze nächste Jahr 1993 wunderbarer Transformationsaspekt für die Frau, die Sie sind. Große Herausforderung an den Partner, weil Sie mehr fordern, weil Sie jetzt alles haben wollen! Wenn Ihr Partner nicht mitmacht, geht es auseinander! Wenn er auch will, wird es ganz wunderbar. Jetzt wollen Sie aus der 12.Haus-Isolation raus, in die Nähe, in die Familie, in die Gemeinschaft. Jetzt soll die Überwindung des Einzelgängers passieren. Sie brauchen auch dann noch Rückzugsmöglichkeiten, ein eigenes Zimmer, viel Raum, es geht nur, wenn der Partner das versteht. Aber Sie suchen auch die Symbiose, enge Verbindlichkeit, emotionale Absicherung, Pluto ermöglicht das jetzt alles.

Jupiter: Läuft ins Geldhaus, ist schon drin. Wunderbare materielle Unterstützung aus der Familie."

Ich erzähle ihm, daß ich 20.000,- DM von meinen Eltern für die Praxisgründung erhalten habe, und er freut sich mit mir. „Auch Ihr Selbstwertgefühl wächst, Sie fordern ein höheres Honorar oder erhalten eine Gehaltserhöhung und erfahren mehr Achtung von außen.

Gesundheitsfragen spielen keine Rolle, weil so starke flankierende Aspekte da sind. Sie sollten nur auf die Existenzängste achten."

Ich frage nach dem Mondknoten, der etwas über meine Lebensbestimmung aussagen soll. „Der Mondknoten steht bei Ihnen im vierten Haus. Das besagt, raus aus der Isolation, in starke familiäre Bindungen hineingehen."

Ich frage nach meinem Bruder und er sagt: „Das Sie gegen Ihren Bruder verloren haben, spielt jetzt keine Rolle mehr, es ist eine alte Verletzung. Wenn Sie heute den Mut finden, die Größte und Beste zu werden, und wenn Sie die Gewohnheit aufgeben, immer die Zweite zu sein, ist der Aspekt inaktiv. Gehen Sie einfach nicht mehr in die Konkurrenz hinein, achten Sie ihn aus der Distanz."

Ich frage nach meiner Zwillingsschwester und er sagt: „Die Erfahrung zeigt, daß sich Zwillinge manchmal das Horoskop teilen. Da Ihre Schwester 45 Minuten später geboren ist, lebt sie noch innerlicher, noch näher am 12. Haus als Sie." Ich erzähle ihm, daß meine Schwester eine Tochter hat und Familien- und Kindertherapeutin ist, also viel stärker mit realen Kindern ihren Kindanteil lebt, den er mir als so bedeutsam für mich beschrieben hat.

Mit gemischten Gefühlenm verließ ich die Beratung. Ich war inzwischen etwas empfindlich geworden, wenn Herr Richelmann mir Jupiter - Glück ankündigte. Und „Nachkorrekturen mit Saturn" begeisterten mich auch nicht gerade. Wie auch immer: Im April entschieden mein Freund und ich, unsere inzwischen sechs Jahre lang laufenden Bemühungen, aus uns ein Paar zu machen, aufzugeben. Wir wollten uns frei sein lassen, damit jeder von uns es mit jemand anderem noch einmal versuchen konnte.

Zum Thema „Nachkorrekturen" : Als mein Kirchenchef erfuhr, daß wir im selben Ort, an dem unsere Beratungsstelle war, eine Praxis eröffnet hatten, war er wie vom Donner gerührt. Das gesamte Team, lauter Helfer und keine Arbeitsrechtler, war sich nicht darüber klar gewesen, daß es eine Sitte gibt, im Umkreis von 15 km Entfernung von der eigenen Institution keine private Einrichtung zu gründen, die aus dieser Nähe einen finanziellen Vorteil durch Vermittlung von Klienten ziehen kann. Wir wußten zwar nicht, was die 15 km Distanz daran änderten, und auch nicht, welcher Schaden zu befürchten war, wenn Vermittlung geschieht. Wenn das zur Gesundung von Menschen beitrug, konnte unser Verhalten doch kein Unrecht sein! Aber dem Kirchenfürsten ging es um den Eindruck, der in der Öffentlichkeit entstehen konnte. Ich wurde zwar nicht in eine kriminelle Ecke gerückt, aber nachdrücklich darum gebeten, mich zum Jahresende abfinden zu lassen und aus der Beratungsarbeit zu verabschieden.

Im Sommer verliebte ich mich, - ein einziges Mal in 18 Jahren - sehr heftig in einen meiner Klienten. Wir brachen die Therapie ab und gingen eine sehr romantische Beziehung ein. Ich lebte in Zukunftsträumen und Hoffnungen, wurde dabei selber weicher und sanfter und schmolz dahin. Aus lauter Angst und Vorahnung, diese Beziehung könnte wieder schiefgehen, meldete ich mich noch einmal zum Transitgespräch an. Gleichzeitig nahm ich mir vor, meinen Astrologen ganz klar danach zu fragen, wie er den Zusammenhang zwischen Schicksal und Freiheit im menschlichen Leben sieht. Inzwischen hatte ich der Möglichkeit gegenüber, daß ein spiritueller Weg für mich lebensbestimmend sein könnte, eine gewisse Milde eingenommen. Ich konnte ja längst nicht mehr darüber hinwegsehen, welche Bücher, welche Filme, welche Gespräche mich interessierten. Schließlich war nicht die Astrologie „schuld" daran, daß mich Sinnfragen und große oder tiefe Zusammenhänge des Lebens brennend interessierten. Mein Astrologe hatte es mir nur beschrieben.

- DIE KULISSEN DER LEBENSLANDSCHAFT SIND BEWEGLICH - UND - „IN IHRER LEBENSLANDSCHAFT WARTET DER PRINZ!"

Ich berichte Herrn Richelmann also davon, wie sehr mich die Frage nach Freiheit und Bestimmung quält, und er geht gerne darauf ein. Er sagt, daß er immer deutlicher sieht, daß wir viel stärker vorbestimmt sind, als er selbst es vor ein paar Jahren noch gedacht hat. Das Horoskop bietet eine Möglichkeit, die vorgeprägten Schicksalsstrukturbilder sichtbar zu machen und an der Kunst des Astrologen hängt es, eine Sprache dafür zu entwickeln, die für den Klienten verstehbar ist. Der Weg ist vorbestimmt, der Schienenstrang ist unsichtbar.

Weiter sagt er:

„Ich stelle mir das so vor: Wir reisen im Postkutschentempo durch unsere Lebenslandschaft. Die Pferde sind Symbole für Lebenskraft, Feuer, Sexualität, aber wir sind die Wagenlenker. Es gibt eine Offenheit, mehr rechts oder mehr links zu gehen, es gibt Holperwege, Bergwege, Wiesenwege. Wir haben die Wahl, ob wir unerledigte Dinge mitschleppen oder Überflüssiges rausschmeißen, ob wir stehenbleiben oder weitergehen. Da gibt es eine Menge Entscheidungsspielraum, ob wir an uns arbeiten und einen flotten aufgeräumten Wagen haben, der beweglich ist, oder ob wir einen überlasteten Wagen haben mit müden Pferden und vielleicht nicht einmal wissen, daß wir die Zügel in der Hand haben. Das macht eine Menge aus in der persönlichen Schicksalgestaltung. Die Poststationen tauchen zu einem festgelegten Zeitpunkt an einem bestimmten Ort auf. Mir fällt immer mehr auf, wie viele Menschen am falschen Platz sind. In Kiel würden sie Hans kennenlernen, aber sie bleiben in Bremen und dann kann es nicht passieren. Im Horoskop steht dann, daß sie die Aufgabe haben, den richtigen Platz zu finden. Dafür müßten sie sich auf den Weg machen, sie müßten loslassen.

Das Spannendste ist: Wenn wir uns viel Bewußtheit und Klarheit erarbeiten und die nötigen Schritte zum richtigen Zeitpunkt tun, beginnen wir, unsere Lebenslandschaft zu verändern! Wenn Sie viele Jahre lang mitgehen mit den Zeitrhythmen Ihres Weges, fängt die Lebenslandschaft verrückterweise an, sich zu verändern. Wenn Ihre Lebenslandschaft vorsieht, daß Sie über einen Berg und an einem See entlang fahren und an einer Poststation vorbeikommen, wird das auf jeden Fall geschehen. Aber wenn Sie Ihre Hausaufgaben machen, wird der Weg allmählich gerader und der nächste Berg taucht so auf, daß Sie nicht drüber müssen, sondern dran vorbeifahren können. Sie kommen sicher auf Ihrem Weg an Berg, See und Poststation vorbei! Aber Sie haben Einfluß auf die Bedingungen. Sie entscheiden durch mangelnde Bewußtseinsarbeit, ob Sie im klammen Wetter durch tiefe Schluchten kaum vorankommen und Ihre müden Pferde durch den Schlamm zerren müssen, weil der See übergelaufen ist, ob Sie kaum über die Brücke kommen und die Poststation verlassen ist. Durch Bewußtseinsarbeit, wenn Sie aufgeräumt haben und Entscheidungen nicht verzögert, sondern zum richtigen Zeitpunkt getroffen haben, wenn Sie Kontakt zu Ihren Tiefen, Ihrem inneren Selbst haben, erreichen Sie, daß Sie dieselben Elemente bekommen, aber ohne Probleme. Dann liegt der See rechts von Ihnen in der Sonne, der Berg links und die Leute von der Poststation kommen Ihnen auf Ihrer gut ausgebauten Strecke schon entgegen gelaufen!

Sogar Eltern können ihren Kindern, wenn sie selber aufgeräumt haben, helfen, daß deren Leben leichter und glatter verläuft, weil sie sich dann nicht mit elterlichen Altlasten beschäftigen müssen."

Nach dieser Einleitung geht es wieder los mit Saturn:

„Erste Ebene: Wieder Arbeitsklärung. Im helferisch-heilerischen Beruf günstig, in anderen Berufen fließt die Energie nicht so leicht. Bei Ihnen auslaufendes Thema, die Hauptphase der Neuorientierung müßte hinter ihnen liegen, es ist noch 40 bis 50 % Restenergie in diesem Thema. Bis Ende 94 sollten Sie sich darauf konzentrieren, noch berufliche Feinkorrekturen durchzuführen. Beschäftigen Sie sich ganz konkret mit der Frage, ob die Räume stimmen, ob der Schreibtisch stimmt, die Liege, und schauen Sie auch innerlich, wie Sie Ihren Beruf noch freudiger und erfüllender leben können.

Nächste Ebene: Sie stehen an einer sehr wichtigen Zone, die erst in sieben Jahren wiederkommt und an ihren Grundhoroskopthemen Opferrolle und Babybedrohung anknüpft. Ihre große Aufgabe ist, Mut zum Leben zu bekommen, sich willkommen im Leben und im Universum zu fühlen. November, Dezember 93 wird es ausgelöst und dann kommt die Befreiung. Danach wagen Sie das Leben mutiger als jemals zuvor. Damit verbunden taucht das Kinderthema wieder auf, Schwangerschaft nicht zwingend, aber Sie sollten gut verhüten, wenn Sie nicht schwanger werden wollen. Insgesamt ist es ein Tod- und Auferstehungsaspekt, mehr innen, vielleicht wird er durch Kollegen im Berufsbereich ausgelöst, es ist eine „Mini-Geburt" mit einer Entscheidung zu mehr Leben. Saturn wird das Thema puschen.

April, Mai und Juni 94 zunehmend, danach leicht abschwächend, ganz stark Januar Februar 95: ein großer privater Umzug, Aspekt von Umzug durch Beziehungsklärung. Wenn Sie keinen Partner haben, kann es sein, daß Sie jemanden kennenlernen, mit dem es ganz schnell in diese nahe Zone läuft."

Etwas beklommen wage ich die Bemerkung:

„Sie haben mir das im letzten Jahr auch so ähnlich gesagt!" Er schaut mich mitfühlend an und sagt: „Ja, so sehe ich es hier, das sind die Planetenschleifen, die sich wiederholen und jedes Mal eine höhere Verwirklichung erreichen. Das Ganze geht von Sommer 93 bis Sommer 94 und in einem weiteren Bogen bis Sommer 95. Es geht um eine immer erfülltere private Familienkonstellation. Wundern Sie sich nicht, wenn Sie sich von Franz oder Hans wieder trennen, wenn er nicht der Richtige ist für eine langfristige, lebenslange Beziehung, denn in Ihrer Lebenslandschaft wartet an sich „der Prinz". Es muß ganz doll stimmen und sie gehen wieder auseinander, wenn es nicht stimmt! Lassen Sie los, denn auf Ihrer Fahrt begegnen Sie mit sehr hoher Wahrscheinlichkeit dem, der es ist. Kommen Sie mal rum zu mir!" Er ergreift meine Hand und zieht mich auf seine Seite des Schreibtisches: "Schauen Sie, hier steht Saturn, und er läuft jetzt ins Partnerschaftshaus! Das wird was!" Er möchte mich trösten, aber ich bin nicht sehr getröstet....

„Uranus und Neptun lösen aus, daß Sie es mit schwereren Fällen zu tun bekommen. Wenn Sie nicht im heilerischen Bereich tätig wären, würde Ihre Schwester durchdrehen oder ihre Mutter in die Demenz gehen. Sie haben in Ihrem Schicksal die Negativströmungen dadurch erlöst, daß Sie beruflich mit Kranken zu tun haben. Andere Ebene: Sie kriegen mehr mit Künstlern zu tun, haben selber mehr Spaß an Kunst, Kunstreisen u.ä. Das Leben immer mehr von der heiteren Seite zu sehen, Lebenskünstlerin werden, ist ein wichtiger Auftrag. Wenn Sie das nicht tun, werden die Uranus-Neptun-Strömungen ziemlich nörglerisch! Drei Tage Paris oder Kopenhagen, mit Schatzi in der Stadt schicke Hüte kaufen usw. Auch wenn es Ihnen langweilig wird, haben wir wieder die eigene Schwangerschaft als Thema, es ist eine Ereignisströmung und hängt an Ihrer Entscheidung. Bis Ende des Jahres 1994 wird die frauliche Seite, Nähe und Inniglichkeit, Symbiose wünschend, immer noch stärker, gepaart mit Freiheitswünschen, die wir aus dem Grundhoroskop kennen. Ist machbar!

Pluto-Aspekte kommen in wichtige Konstellationen. Beginnt Dezember 93 und läuft bis November 94. Kriegt man nur einmal im Leben, wenn überhaupt. Mit allen Frauen der Herkunftsfamilie gibt es eine Verwandlung, eine Abnabelung im harmonischen Sinne. Wir können uns jetzt wieder sehen, die Spannungen sind aufgelöst, es ist gut miteinander. Spannungsaspekt dazu: Existenzangstthema. Dramatisch formuliert: Sie hängen bis jetzt noch zwischen Leben- und Nicht-lebenwollen und bekommen durch den Plutoüberlauf mit Bombenwirkung eine Verwandlung und Öffnung der Sicht, die Erleuchtungskraft hat. Passiert ganz still, die Fruchtblase platzt, die Geburt passiert und wir liegen wach und erfüllt und willkommen im Lebensbett. Im November begegnet Ihnen noch einmal Leben und Sterben und dadurch wird Ihnen noch einmal stark bewußt, daß es Zeit wird, Ja zu sagen zu allem, was Freude und Leben bedeutet. Das Leben ist kurz und Ihnen wird bewußt, daß es ein Jammer ist, es nicht voll auszuschöpfen. Vielleicht werden Sie von einer Person losgelassen, so daß Sie dann alles Positive erst ausschöpfen können. Ich rate Ihnen, dafür zu sorgen, daß Sie diesen Aspekt nicht über die Frage nach Schwangerschaft oder Abtreibung leben.

Erbschaft bzw. Geld aus der Familie kann ich sehen und auch sonst positive Entwicklung im Zusammenhang mit Geld. Ende Dezember 93 bis Ende Dezember 94 wird Rede, Vermittlung von Erfahrung und Wissen, Bücher schreiben, Medien, ganz erfolgreich sein. Der andere Teil ist, selber lernen, auf der Schulbank sitzen, Fortbildungen machen. Ist erfolgreich und macht Ihnen viel Spaß, wird sich auch finanziell positiv auswirken. Schöne Gespräche, Reisen, etwas Neues kennenlernen ist die dritte Möglichkeit, diesen Aspekt zu leben."

Immer noch ist es so, daß ich ihn nicht ganz ernst nehme mit dem einen Blatt Papier mit den Symbolen und Linien in meinem Lebensrad.

Ich kann mehr mit seinen Aussagen über das anfangen, was wir an Eigenarbeit zu einem günstigen Lebensverlauf beitragen können, denn das habe ich jahrelang selbst so erlebt und das ist mein Job mit den Menschen, die in meine Praxis kommen: aufräumen, Altlasten abwerfen, Widerstand aufgeben, dem Leben „zuvorkommender" begegnen, damit das Leben ihnen zuvorkommend begegnet. Dafür brauche ich keine Astrologie.

Und es kommt so, wie er es mir gesagt hat. Ende November zieht sich mein sanfter Gefährte von mir zurück. Ich bin ihm viel zu stark und fordernd und störe seine Ruhe, in der sein Leben dahin fließt. Ich fühle mich, als müßte ich sterben, meine Schwester und meine Katze sind die einzigen, denen ich meinen Schmerz zeige. Dieser Mann hat meine innere Fee so tief berührt wie niemand zuvor.

Mitte Januar versiegen die Tränen, und ich bekomme neuen Mut. Was hat der Astrologe gesagt? „In Ihrer Lebenslandschaft wartet der Prinz!" Mich beschäftigt die Frage, wie ich dem Schicksal helfen kann, sich zu erfüllen, wenn der Prinz auf mich wartet. In meinem Geist beginnt sich eine Anzeige zu formulieren und ich greife sofort zum Stift, um den Text nicht zu verlieren:

„Welcher unabhängige Mann um 40 J. hat Lust, im Sommer mit mir eine (Kunst)-Reise zu machen? Ich bin 38 J ., Psychotherapeutin, stark, blond, attraktiv, klug, sprituell und brauche ein nachgiebig-unnachgiebiges Gegenüber".

Jawohl, du da draußen, du sollst gleich wissen, was ich mache und daß ich jemanden brauche, der Freude daran hat, mir Widerstand zu leisten und nicht immer herum stöhnt, daß ich einen Dickkopf habe! Du sollst es als dein verdammtes Glück empfinden, mir den Gegendruck geben zu dürfen, den ich brauche! Einen anderen will ich nicht mehr! Ich bin gerne stark und will so stark geliebt werden! Und du sollst dich an meiner Stärke freuen! Und du sollst genauso gerne reisen wie ich, in die Tiefen der plutonischen Höllen und in die hohe Weite der Lüfte des Geistes! Und wenn es dich nicht gibt, dann gehe ich ins Kloster und liebe nur noch das Universum, das wird mich noch verkraften können!

Mit klopfendem Herzen gab ich diese Anzeige telefonisch an die Hamburger Rundschau mit dem Auftrag durch, sie dreimal im Abstand von vierzehn Tagen erscheinen zu lassen. Ich erhielt insgesamt elf Briefe. Nach dem zweiten Erscheinen der Anzeige bekam ich einen Brief, bei dem ich, nachdem ich ihn gelesen hatte, sofort dachte: „Das ist ER!" Dieser Brief war in Gedichtform geschrieben:

Ich reise gern

im Bulli

nicht der Kunst wegen

doch begegnet mir die Kunst

einer Kraft

die all dies schafft

im Staub der Straße

im schwankenden Tropfen des Meeres

im Schamhaar einer Schnecke

in der Entwicklung eines Selbst

das Ich Bin fühlt

und seine Grenzen erweitert

bis nicht mehr ausgegrenzt werden muß

Wenn wir einander genehm sind, steht unserer Reise nichts entgegen, doch sollten wir schnuppern aneinander.

Mann, 43 Jahre, auch Künstler

Eine Stunde später habe ich mit ihm telefoniert, einen Tag später haben wir uns getroffen, eine Woche später wußten wir, daß wir zusammen weitergehen wollten. Vier 1/2 Monate später haben wir geheiratet, sechs Monate später haben wir unsere Junggesellenwohnungen aufgelöst und sind in unser erstes gemeinsam gemietetes Haus gezogen. Wir versprachen uns, uns ganz aufeinander einzulassen im Wissen, daß wir einander nicht versprechen konnten, unser ganzes Leben zusammen zu bleiben. Sieben Monate später haben wir unsere erste gemeinsame Therapiegruppe angefangen.

Es wurde langsam Zeit für mich, Respekt vor der Astrologie zu entwickeln. Mit dem „Umzug im Zusammenhang mit Beziehungsklärung" sind wir, dachte ich, meinem Astrologen zuvorgekommen, den hatte er erst für Anfang Januar gesehen.

Mit den Frauen in unserer Familie hatte ich tatsächlich harmonische Begegnungen wie selten zuvor und das Hochzeitsgeschenk meiner Eltern rundete die positiven „Gelderfahrungen aus der Familie" ab.

Dafür wurde es schnell schwierig in der Praxengemeinschaft. Meine beiden Kollegen mochten meinen Mann zwar gerne, hatten aber jetzt mit zwei starken Leuten zu tun statt nur mit mir. Hatte mein Astrologe nicht etwas von „Feinkorrekturen" gesagt und daß alles, was dem Fluß der freien und erfüllenden Kräfte im Weg steht, aus meinem Leben verschwinden wird? Noch ein viertes Mal suchte ich ihn auf, denn ich wollte nicht von Jupiters, Saturns oder Plutos Glücksgaben überrascht werden.

GLÜCKLICHE HAUS- UND NESTBAU-SITUATION

Manfred Richelmann legt in seinem diesjährigen Vorspann großen Wert darauf, mich zur Sorgfalt bezüglich meiner Gesundheit aufzurufen. Er weist darauf hin, daß Aspekte scheinbar widersprüchlich sein können, wie zum Beispiel: Januar bis Mai Dissonanz mit Geld. Gleichzeitig zeigt ein anderer Aspekt eine Superzeit für Geld. Beides kann nebeneinander stehen, wie ja auch der Berg in der Lebenslandschaft auf der einen Seite und der See auf der anderen Straßenseite liegen können.

Dann beginnt er mit den Saturnrhythmen: „In den letzten zwei Jahren war die Berufssituation angestrengter und härter, das reicht noch bis Mitte Januar. Das große Thema Verselbständigung ist zu ende, es entsteht jetzt eine entlastetere und entspanntere Situation, bei Beibehaltung aller Vorsicht. Sie bekommen Mitte Februar `95 bis April `95 einen kardinalen Umzugsaspekt. Es gab einen vorläufigen

Auslöser, den Sie vielleicht schon benutzt haben und es rund gemacht haben, dann ist dieser Aspekt nicht weiter wirksam.(Wir sind ihm also doch nicht zuvorgekommen.)

Mitte Januar gibt es einen neuen Grundton bis Frühjahr `96. Er heißt: Prüfen der Beziehungen zu Partner, Familie, Kollegen, Freunden. Dieser Aspekt enthält starke Herausforderungen und Ihren Wunsch, durch eigene Wachstumsprozesse Beziehungen zu intensivieren. Es ist erst einmal ein innerer Prozeß des Sondierens. Freundschaften werden in Frage gestellt, Sie werden noch bewußter in Ihrer Weiblichkeit und gehen auf Ihren Partner herausfordernd zu. Wenn Ihr Partner mitzieht, wird es immer inniger, schöner, tiefer, leidenschaftlicher, ist es ein Bindungsaspekt. Wenn nicht, kann es kritisch werden.

Anfang Januar bis Mitte April und Anfang Juni bis Anfang August, auch Frühjahr 96 taucht wieder das Kinderthema auf. Sie müssen sich auseinandersetzen, was Sie wollen! Wenn Ihre Beziehung in ihren überwiegenden Anteilen harmonisch ist, schweißt Saturn Sie jetzt zusammen. Wenn Ihre Beziehung zu Zweidritteln schlecht ist, wird Saturn sie beide auseinanderbringen.

Weiter kommt ein schicksalhafter Winkel mit langfristiger Bedeutung: Ende Februar bis Mitte März, prägnant und kurz: Geldbewegung auf der Seite des Partners, ich kann nicht sehen, ob positiv oder negativ. Es kann eine Berufsveränderung sein, Aussteigen aus Superjob oder Einsteigen in Superjob, hat auf jeden Fall große Folgen für Sie. Parallel dazu in der ersten Hälfte Februar: wichtige große Verträge, ebenso neutral. Deutet sich beides schon November und Dezember 94 an. Anfang Februar bis Ende April: harmonisch ausgelöster Aspekt für den Beginn von Freundschaft, gemeinsam beruflich etwas beginnen, Gemeinschaft vertiefen.

Frühjahr 94, war schon 93, wird 95 konstant, reicht bis 96: Medien, Artikel schreiben, wird erfolgreich sein. Ob es ein Kind im materiellen oder geistigen Sinn ist, ist dabei egal. Die Wirkung der Schwangerschaftsaspekte geht dann, wenn Sie sich gegen ein Kind entschieden haben, in kreative Bereiche hinein. Große Welle Mitte Dezember 94 bis Juni 95, zweite große Welle ab Januar 96, ganz langfristiger, innovativer Aspekt für die Verwirklichung von Ideen. Ich empfehle

Ihnen, den Aspekt auszunutzen und das zu tun, was sie in der Richtung immer schon tun wollten. Es ist ein powervoller Aspekt, der Energien mobilisiert und mutig macht."

Ich erzähle ihm, daß mich in den letzten Wochen immer stärker der Gedanke bewegt, ein Buch anzufangen. Er wirft mir einen scharfen Blick zu und meint, das sei eine gute Möglichkeit, diesen Aspekt zu verwirklichen.

„Uranus kommt jetzt, November 94, in eine neue Zone, geht in Wellen in einem großen Bogen durch das ganze Jahr. Ist prägnant zwischen 38 und 42 Jahren und hat etwas mit einer inneren Bilanz des bisher gelebten Lebens zu tun. Es ist eine Konstellation von großer innerer Klärung und Filterung: Was will ich wirklich mit meinem Leben, was will ich nicht mehr, wie will ich die nächsten Jahrzehnte im Blick auf meine Sinnerfüllung vor programmieren. Ich habe hier oft Menschen sitzen, die bisher weit weg von ihrer inneren Aufgabe und ihrem wirklichen Schicksal gelebt haben. Bei denen passieren unter diesem Aspekt komplettes Ausbrechen, Verrückheiten, extreme Verhaltensänderungen. Die haben bisher lange Jahre nicht auf ihrer wahren inneren Schiene gelebt und das muß jetzt in einer uranischen Dramatik und Hektik nachkorrigiert werden. Da wird aus dem Manager der Heilpraktiker usw. Wenn der Versuch gemacht wird, auf der alten Fährte zu bleiben, bricht alles zusammen in deren Leben. Ist bei Ihnen nicht zu erwarten, weil Sie in den letzten Jahren die Bewegungen in Richtung auf tiefere Sinnerfüllung durchgeführt haben.

Mondknotenposition: Aus dem Grundhoroskop wissen wir, daß Sie zu einer ruhigen Erdung in spiritueller und materieller Hinsicht kommen sollen. In den nächsten Jahren ist es für Sie wichtig und richtig, in eine gute Vierziger - Souveränität hinein zu wachsen. Uranus hilft Ihnen dabei, sicherer, ruhiger, stolzer, stärker, selbstbewußter und dadurch auch erfolgreicher zu agieren.

Pluto macht auch einen großen Überlauf, der nur alle 15 Jahre passiert. Von Dezember 94 bis April 95, dann bis September rückläufig, dann für 15 Jahre vorläufig. Ich möchte noch mal an die Themen erinnern, mit denen Sie im Grundhoroskop angetreten sind: Babyängste, das Leben ist vernichtend, Gefühl von Opfersein, Geld- und Existenzangst, ständige Bedrohung, gar nicht wissen, ob Sie hier sein und Sex,

Essen und Trinken, Lebendigsein usw. genießen wollen. Pluto ist bis jetzt 15 Jahre durch den Skorpion gewandert und geht endgültig ab September 95 ins Feuerfeld Schütze. Ein riesiger Transformationsprozeß, der die Entscheidung endgültig für das Leben treffen läßt. Wieder kritisch, wenn die Partnerschaft nicht glücklich verläuft, aber Ihr Partner ist ja schon in dieser herannahenden Zeit in Ihr Leben getreten.

Jupiter läuft ins vierte Haus und heißt „glückliche Haus- und Nestbau-Situation". Viele Menschen kaufen da ihr erstes Reihenhaus, auf jeden Fall fühlen sie sich wohl, lieben das Häusliche mehr, bleiben lieber mal zu hause statt wegzugehen. Meine Hausaufgabe für Sie: Haben Sie Mut, es sich gemütlich zu machen. Auch Jupiter fordert Sie dazu auf - und es wird automatisch passieren -, sich auch mal zu erlauben, kein Fachbuch zu lesen, sondern etwas zu tun, was zu nichts nütze ist. Das muß nicht kindisch sein, es darf aber mal kindisch, bürgerlich, verrückt, gemütlich, langweilig sein. Eine zweite Hausaufgabe: Zeigen Sie Ihr Profil, haben Sie Mut, sich mit Ihrem ganzen Potential zu zeigen, auch wenn mal jemand dabei aus Ihrem Leben herausfällt. Kommen Sie heraus mit sich, überwinden Sie Ihre Unsicherheit, Ihre Ängste, Ihre extreme Perfektionslinie, die aus Ihrer starken 12. Haus - Besetzung kommt."

Als ich dieses Mal meinen Astrologen verlasse, fühle ich mich einfach gestärkt und bestätigt in dem, was alles hinter mir liegt und was vor mir liegt. Es ist, wie mich „von den Sternen" sanft und deutlich wie von einem Rückenwind weitergebracht zu fühlen, nachdem es so lange heftigste Gegenwinde, Tornados, Seitenattacken gegeben hat, die meinen Lebenskurs neu eingerichtet haben.

Wieder erlebe ich, wie sich die Dinge so ereignen, wie er sie mir gesagt hat. Unsere „glückliche Nestbauphase" findet ihren vorläufigen Abschluß, in dem ich mit meiner Praxis in unser Haus umziehe und ich mit meinem Mann gemeinsam auch den Arbeitsplatz habe, der für mich 100%ig stimmt. Es ist für uns reines Glück, zusammen zu leben und zu arbeiten und uns in diesem Neuen kennenzulernen und aufeinander so tief einzulassen wie auf keinen Menschen vorher. Den Berufs- und Geldaspekt auf Seiten meines Mannes erleben wir so, daß er zu der angegebenen Zeit seine ersten Einzelklienten bekommt. Damit weitet sich seine Arbeit über die Gruppen- und Paararbeit, die er bis dahin mit mir zusammen durchgeführt hat, aus.

Am 5. Januar 1995, als ich meinem Mann wieder die Ohren mit „meinem Buch“ voll quengele, sagt er: „Geh` rauf in dein Zimmer und schreibe die erste Seite!“

In den nächsten drei Jahren trug mich der Rückenwind, ohne daß ich das Gefühl hatte, meinen Astrologen zu brauchen. Erst als ich dies Kapitel anfing zu schreiben, habe ich ihn wieder aufgesucht, um ihn am Entstehen zu beteiligen.

MEIN ASTROLOGISCHES ZUHAUSE:

DAS ZEHNTE, ELFTE UND ZWÖLFTE HAUS

Die meisten LeserInnen dieses Buches werden ein Geburtshoroskop schon einmal gesehen haben und wissen, daß es mit einem Zifferblatt verglichen werden kann. Die zwölf Segmente lassen sich in unterschiedlichster Weise unterteilen. Eine Unterteilung ist die in vier gleich große Quadranten, denen verschiedene Grundthemen zugeschrieben werden. Peter Orban, Astrologe und Psychotherapeut, beschreibt sie so, daß die Menschen, die viele Planeten im ersten Quadranten haben, ihren wesentlichen Lernschwerpunkt bei sich selbst haben. Sie und ihr Körper sind sich die größte Lebensaufgabe. Die Menschen des zweiten Quadranten bemühen sich ihr Leben lang, ihre Emotionen und ihre Beziehungen zu anderen verstehen zu lernen. Die Menschen des dritten Quadraten lernen geistige Sachverhalte kennen, sie pflegen einen starken mentalen Schwerpunkt. Die Menschen des vierten Quadranten üben sich im Über sich selbst Hinausgehen in die Öffentlichkeit (10), in gesellschaftliche Gruppen (11) und ins Transzendente (12). In ihrem Leben bekommt alles Stoffliche etwas Relatives. Das Bewußtsein für die Relativität der stofflichen Existenz vertieft sich, je weiter die „Uhr“ voranschreitet. Das heißt, je mehr Planeten jemand im zwölften Haus hat, desto „jenseitiger“ ist sein Existenzgefühl geprägt. Für mich war es wichtig, zu erfahren, daß sich in meinem Geburtshoroskop sieben Planeten außer Mond, Saturn und

Neptun im vierten Quadranten befinden und Sonne, Mars und Pluto im zwölften Haus gedeutet werden müssen.

Tracy Marks, eine amerikanische Psychotherapeutin und Astrologin, hat das Buch „Dein verborgenes Selbst" geschrieben, das sich ausschließlich mit der Thematik des zwölften Hauses beschäftigt. Sie konnte deshalb so tief in das Verständnis des zwölften Hauses eindringen, weil sie es aus eigener Erfahrung kennt. Sehr ehrlich schreibt sie, wie sie durch die entsprechenden Krisenzeiten gegangen ist.

Als ich ihr Buch las, war ich komplett überrascht. Wie konnte es angehen, daß ich mich in dieser differenzierten Weise in ihrem Buch beschrieben finden konnte? Mit wieviel Kampf hatte ich mich dorthin vorgearbeitet, die tiefen Zonen meiner Seele zu finden und zu reinigen, und hier beschrieb eine Frau Elemente meines Lebens, als wäre sie mit durch meine Hölle gereist. Ich habe in meinem Horoskop Pluto und Mars im 12. Haus und die Sonne im 11. ist aber wegen der Grenzstellung im 12. Haus zu deuten.

S.17 : „Das 12. Haus ist das Haus der Beschränkungen und der Einsamkeit. Viele Menschen mit einem starken 12. Haus haben ein Leben im Ashram oder an einem einsamen Ort gewählt. Andere sind in Gefängnissen, Spitälern oder Nervenheilanstalten eingeschlossen. ....fühlen sich dazu berufen, in Anstalten zu arbeiten und dadurch an den Problemen der Insassen teilzunehmen."

S.22 : „Jene unter Euch, deren Uranus, Neptun oder Pluto im 12. Haus steht, tragen vielleicht etwas von der Last des größeren Kollektivs; eure inneren Kämpfe mit diesen Energien können manchmal als aussichtslos erscheinen, weil ihr dem verleugneten Schatten der Menschheit gegenübersteht - den anarchistischen, chaotischen und gewalttätigen Energien, die diesen Planeten oft zu beherrschen scheinen. Vielleicht haben deine eigenen Erfahrungen, wie man mit diesen Energien umgeht, sie nutzbar macht oder umwandelt, einen Einfluß auf die planetarische Evolution; vielleicht kannst du deinen Schmerz leichter ertragen, wenn du daran glaubst, daß deine inneren Kämpfe eine Bedeutung haben, die über dich selbst hinausgeht. Howard Sasportas ist der Meinung, daß die Planeten des zwölften Hauses nicht nur Probleme der frühen Kindheit widerspiegeln, sondern auch das Leben im Mutterleib. Das Wesen deiner 12. Haus-Energie weist jene Erfahrungsdimensionen deiner Mutter auf, welche du im vorgeburtlichen Zustand absorbiert hast und die deine frühesten Wahrnehmungen in diesem Erdenleben gefärbt haben.

Die Sonne im 12. Haus läßt auf Eltern schließen, die die Entwicklung deines Ego nicht gefördert haben und dir beim Aufbau deines Selbstvertrauens keine Hilfe waren. Wenn du Mars im 12. Haus hast, war es dir vielleicht nicht erlaubt, deinen Ärger auszudrücken oder körperlich aktiv zu sein. Mars verkörpert das Gefühl des „Ich bin"; deine Persönlichkeit wurde möglicherweise nicht als eigenständig, sondern mit den Eltern verbunden angesehen.

Pluto (im 12. Haus) schließlich bedeutet häufig ein elterliches Verbot, den Urdimensionen des Lebens ins Gesicht zu sehen und diese auch zum Ausdruck zu bringen, die ungestümen Energien der Leidenschaft und Sexualität ebenso wie die zutiefst emotionalen Themen, die sich um Geld, Tod, okkulte Erfahrungen und den Gebrauch von Macht drehen. Weil du nicht fähig warst, die Energien des 12. Hauses als Kind frei auszudrücken, empfindest du sie wahrscheinlich als beunruhigend und verleugnest sie. Aber dadurch, daß du sie nicht an die Oberfläche deines Bewußtseins kommen läßt, wirst du sie nicht los; durch ein solches Verhalten werden sie eher veranlaßt, in der Dunkelheit des Unbewußten weiter zu gären und sich auf entstellte, unangemessene Weise zu entwickeln."

S. 35 : „Die psychische Wurzel eines Problems, wie es eine Lähmung darstellt, kann dir ganz klar werden, wenn du einige Planeten oder Mond, Merkur oder Neptun im 12. Haus hast. Höchstwahrscheinlich fühlst du dich dann oftmals psychisch gelähmt oder überwältigt, weil du mehr aufnimmst als du verarbeiten kannst. Von Natur aus medial und leicht zu beeindrucken, registrierst du jede emotionale Schwingung und jede feinste Schattierung des Ausdrucks deiner Umgebung. Wenn du nicht einen starken Saturn im Horoskop hast, kann es dir an einem Filter-Mechanismus fehlen, um den Energie-Einstrom zu kontrollieren. Dann empfindest du die Gefühle, Bedürfnisse, Probleme und Erfahrungen anderer Menschen, als ob es deine eigenen wären. Wenn du diese Sensitivität beherrschen kannst, hast du die Anlage für einen außergewöhnlich guten Lebensberater oder Psychologen.

Befinden sich Merkur oder Pluto in deinem 12. Haus, besitzt du eine bemerkenswerte psychologische Einsicht."

Zur Sonne im 12. Haus äußert sich Tracy Marks wie folgt:

S. 68 : „Weil du fühlst, daß du nicht zu deiner Umwelt gehörst, schaffst du dir eine ruhige, geschützte Welt für dich allein, wo du deiner inneren Stimme treu bleiben und dem Pfad deiner psychologischen oder spirituellen Entwicklung folgen kannst. Vielleicht vermittelten dir deine Eltern schon früh den Eindruck, daß du kein Recht hast zu existieren, daß deine persönlichen Wünsche egoistisch und unwesentlich sind und daß du für diese büßen mußt, weil du von Natur aus böse und nichts wert bist.

Wenn du religiös bist, kann dein Glaube an Gott oder an spirituelle Kräfte ein Weg sein, dich mit dem Vaterprinzip zu verbinden, das du im Hinblick auf deinen leiblichen Vater niemals wirklich erfahren hast. Vielleicht war dieser während vieler Jahre deiner Kindheit abwesend, ...wobei er es jedoch nicht schaffte, dir im Hinblick auf den Umgang mit der Realität ein starkes Vorbild zu sein."

Zu Mars im 12. Haus ein paar Stichworte:

„Konfliktvermeidung, Angst vor Wut, verspätete Reaktionen, Kontaktverlust zu Körper und Leidenschaft, sexuelle Zudringlichkeiten von einem Verwandten, ...trägst du eine „Komm-mir-nicht-zu-nahe-Tafel vor dir her. Yoga, Karate, Bioenergetik können dich befähigen, deine aggressiven und sexuellen Energien zu handhaben."

Im Zusammenhang mit Pluto im 12. Haus möchte ich Tracy Marks noch einmal ausführlicher zitieren:

S. 136 ff. : „Wenn Transite deinen Pluto aspektieren, erlebst du Perioden starker explosiver Energie, einen vulkanartigen Ausbruch deines unbewußten Selbstes in dein Bewußtsein. Jene von uns, die Pluto im

12. Haus haben, können die Träger des Kollektiv-Schattens der Menschheit sein. Durch die Begegnung mit den dunklen dämonischen Kräften in uns können wir einen bedeutsamen Beitrag zur Aufrechterhaltung des allgemeinen psychischen Gleichgewichtes leisten.

Anfälle von Selbsthaß können dich gegen deinen Willen zu selbstzerstörerischem Verhalten, zur Beschäftigung mit Selbstmord und Tod veranlassen. Dein Leben ist ein fortlaufender Prozeß der Selbsttherapie, oftmals von psychotherapeutischen Erfahrungen ergänzt, denen du dich rückhaltlos widmest in dem Versuch, den Ursprung deiner Probleme zu finden und deine alten Wunden zu heilen.

Aufgrund deines Zugangs zu den archaischen Tiefen in dir hast du eine fast unheimlich anmutende Fähigkeit, die unterschwelligen Energien in anderen zu erkennen.

Weil du den „Familienschatten" trägst, leidest du nicht nur an deinen unterdrückten Wünschen und Gefühlen, sondern auch an jenen deiner Eltern. Weil sie mit ihren ursprünglichen Energien nicht umgehen konnten, benötigten sie einen „Behälter" für ihr abgelehntes Selbst und eine Zielscheibe für ihre Vorwürfe. Infolgedessen kann es Teil deines psychischen Integrationsprozesses sein, deinen Schatten von ihrem zu trennen.

Manchmal, wenn du zu deinen verschütteten Energien keinen Zugang findest, ziehst du traumatische Lebensumstände an, um dich dadurch selbst zu zwingen, deine inneren Hilfsquellen einzusetzen; wie Persephone verlangst du vielleicht von Pluto Entführung und Vergewaltigung, um die nächste Entwicklungsstufe zu erreichen.

Du brauchst eine Lebenseinstellung, welche die Dunkelheit achtet, und ein Selbstbild, das die menschliche Begrenztheit und Schwäche und das Böse akzeptiert. Du mußt deinen inneren Teufel ins Freie hinaus lassen, um ihn beobachten zu können, zu entdecken, wie er fühlt und was er will. Du mußt es ermöglichen, daß die frische Luft des Bewußtseins und die Wasser des Mitgefühls ihn in einen wertvollen inneren Führer verwandeln."

Diese Persönlichkeitsbeschreibungen zu finden, hat mich sprachlos und dankbar zugleich gemacht. Hier wird gesagt, daß ich nicht einfach verrückt gewesen und einer Psychiatriekarriere noch eben von der Schippe gesprungen bin, sondern daß die transformatorische Arbeit mit meinen seelischen Tiefenschichten von der Astrologie in einen zwar schweren, aber sinnvollen familiären und sogar kollektiven Zusammenhang gestellt wird. So leicht es sich sagen läßt: ich habe Sonne, Mars und Pluto im 12. Haus, so schicksalhaft für mein ganzes Leben sind die Bedeutungen, die damit zusammenhängen. Aus meiner heutigen Perspektive bin ich zum Teil froh, zum Teil traurig, die Informationen aus der Astrologie erst so nach und nach in einem Zeitraum meines Lebens erhalten zu haben, in der die Phasen des Zerbruchs bereits hinter mir lagen. Vielleicht hätte ich bei so viel Wissen den Mut verloren, vielleicht wäre Vieles auch leichter gewesen....

KNOTENPUNKTE IM LEBENSZYKLUS

Die Astrologie beschreibt verschiedene Lebenszyklen. Es gibt den Siebener-Zyklus, nach dem alle sieben Jahre eine neue Lebensphase beginnt, es gibt aber auch die Zyklen, die von bestimmten langlaufenden Planeten und von wiederkehrenden Transiten gesetzt werden. Im Gespräch mit Herrn Richelmann war mir deutlich geworden, daß wir, je nachdem, welche Entscheidungen wir treffen, diese Rhythmik auf unterschiedlichen Niveaus leben können. Meine Entscheidung, 1995 in die Selbständigkeit zu gehen, wird sich aus astrologischer Sicht zum Beispiel in meiner gesamten zweiten Lebenshälfte auswirken, weil ich zu diesem Zeitpunkt meine Entwicklung nicht aufgehalten habe, sondern „gesprungen" bin.

Jedes Individuum erfährt zu ungefähr den gleichen Lebenszeitpunkten wie alle anderen besondere Knotenpunkte seiner Entwicklung. Diese für alle gleichen Zyklen werden generisch genannt.

Das Buch „Kosmische Zyklen" von Alexander Ruperti enthält sehr klare Beschreibungen dieser Zyklen. Ruperti bezieht sich stark auf Dane Rudhyar, den Begründer der „Humanistischen Astrologie".

Zwei der wichtigsten Knotenpunkte im menschlichen Leben kann ich aus eigener Erfahrung beschreiben, die Auswirkungen des zweiten und den dritten deshalb nicht, weil ich noch nicht alt genug bin, um diese Zonen meines Lebens schon erlebt zu haben.

Der erste Knotenpunkt liegt zwischen dem 27. und 30. Lebensjahr. In der Zeit laufen folgende Aspekte und Transite zusammen:

Kurz vor Beginn des 30sten Lebensjahres beendet Saturn seinen ersten Zyklus und beginnt seinen zweiten. Ein Saturnzyklus dauert gut 29 Jahre und der erste symbolisiert die Begegnung und Auseinandersetzung mit den gegebenen Formen in Familie, Gesellschaft und Weltanschauung. Wenn wir am Anfang gesagt haben, daß Saturn der große Formgeber ist, heißt das, daß er mit Beginn seines zweiten Zyklus eine höhere und reifere Form in Angriff nimmt.

Im 28. Lebensjahr ist der erste Uranuszyklus zu ende, der in uns das Bestreben geweckt hat, unsere wahre Identität schöpferisch auszudrücken und alle dafür notwendigen Veränderungen geschehen zu lassen. Dieses Bestreben bringt heftige Konflikte zwischen der ursprünglich angelegten Identität und dem familiären und gesellschaftlichen Erbe mit sich. Mit dreißig Jahren sollten wir, so Dane Radhyar, eine „zweite Geburt" vollendet haben und uns aus den Abhängigkeiten von vorgegebenen familiären Strukturen, gesellschaftlichen Gewohnheiten und mentalen Allgemeinüberzeugungen befreit haben. Wir sollten uns soweit mit ihnen auseinandergesetzt haben, daß wir wissen, mit was wir uns persönlich identifizieren wollen und können. Den Rest sollten wir abgelegt haben.

Das Maß der Einengung in den ersten 27 Jahren, das durch Familie, Gesellschaft und weltanschauliche Gruppenzugehörigkeiten entstanden ist, setzt das Maß des „Aufbruchs", der dann notwendig wird, wenn der Prozeß der Individualisierung noch gelingen soll. Für mich hat das bedeutet, mich von Familie, Ehemann, Ahninnen, Kirche und Freundeskreis zu trennen und mich in ungeheurer zeitlicher Dichte neuen Erfahrungen und Informationsquellen auszusetzen. Aus astrologischer Sicht hat meine Familie, dort besonders meine Eltern und die freikirchliche Nachkriegs-Gemeinde, den Lebensrahmen bzw. die Bühne bereitgestellt, auf der mein Lebensdrama seinen ersten Akt hatte.

Zwischen dem 28. und 42. Lebensjahr wird zum wichtigsten Thema „die eindeutige Formung des Selbst als eine integrierte Persönlichkeit, die auf neue und individuelle Art und Weise in ihrer Gemeinschaft arbeitet, und die in der Lage ist, etwas Wertvolles innerhalb dieser Gemeinschaft hervorzubringen". So beschreibt es Ruperti (S.58). Für mich hat das bedeutet, durch all die Verluste, Neuanfänge und Lernerfahrungen zu gehen, die ich bisher beschrieben habe.

Der zweite Knotenpunkt liegt in der Zeit zwischen 36 und 42 Jahren. In der Zeit beendet der Mondknoten seinen zweiten Zyklus und wir bekommen Gelegenheit, unsere Bestimmung in einem neuen Licht zu sehen. Ruperti sagt, man sollte „bestrebt sein, sich ein Bild zu machen über das Ausmaß des Erfolgs (oder Mißerfolgs) bei den Versuchen, das persönliche Lebensziel bzw. seine Ideale durch konkretes Handeln zu verwirklichen" (S. 82).

Bei 36 Jahren liegt das zweite zunehmende Saturn-Quadrat, das zu folgendem Prozeß auffordert: „Bevor ein Individuum seine volle Kraft nutzen kann, muß es das Selbst von den auf ihm lastenden gesellschaftlichen Erwartungen und Wunschvorstellungen befreien." (S.182).

Im 36. Lebensjahr vollendet sich der Jupiterzyklus. Ruperti beschreibt die Zyklen des Jupiter so: „Der Rhythmus dieser Zyklen wird als eine potentiell aufwärtsstrebende Spirale den Versuch des Individuums beschreiben, heranzuwachsen um „mehr als ein Individuum" zu sein. Diese Zyklen beschreiben offenbar nicht nur einen nach außen, sondern auch in die Höhe gerichteten Expansionsdrang. Jeder einzelne Jupiterzyklus ist potentiell mehr als eine Wiederholung des vorangegangenen. Es entsteht eine neue Welle, die die Beziehung des Individuums zur Gesellschaft und die Art und Weise der Teilnahme an ihr beeinflussen wird." (S.154)

In den Jahren zwischen 36 und 42 Jahren haben sich folgende Dinge in meinem Leben ereignet: Ich habe den Kontakt zu meiner Familie auf einer neuen Ebene wieder aufgenommen. Ich habe den Mann gefunden, der meinen persönlichen Lebensschwerpunkt teilt. Ich habe eine Entscheidung gegen leibliche Kinder und für geistige Kinder (Praxis, Bücher Schreiben...) getroffen. Ich habe mich weiter von geistigen Abhängigkeiten befreit, indem ich den Arbeitsplatz bei der Evangelischen Kirche aufgegeben habe und wir uns ein eigenes Haus gekauft haben, in dem wir leben und arbeiten. Ich habe dieses Buch geschrieben, mit Hilfe dessen ich die Bilanzierung meines bisherigen Lebens im zunehmenden Saturnquadrat vorgenommen habe. Es ist nicht so, daß ich diese Dinge deshalb getan habe, weil ich mich nach astrologischen Informationen richte. Keine der Entscheidungen außer der, in die berufliche Selbständigkeit zu gehen, waren konkret mit Herrn Richelmann durchgesprochen und von ihm angeraten. Er hat lediglich beschrieben, welche kosmischen Konstellationen meine Lebensthemen spiegeln.

Die verschiedenen Zyklen, in denen die Planeten Uranus, Saturn, Jupiter, Neptun und Pluto über unser Leben laufen und währenddessen verschiedene Winkelstellungen zueinander einnehmen, bilden Knotenpunkte. Dort und dann passieren die größten schicksalhaften Veränderungen im inneren und äußeren Leben von uns Menschen. Wenn wir bis zu dem jeweiligen Zeitpunkt die Aufgabenstellungen der Lebenszeit bewältigt haben, kommen wir -um das Bild von Manfred Richelmann noch einmal in Erinnerung zu bringen- mit etwas Sturm, ausgewechselten Pferden, holpriger Straßenlage und einigen wechselnden Passagieren in unserer Postkutsche davon. Wenn wir viel innere und äußere Arbeit versäumt haben, kann die Postkutsche in dem Überschwemmungsgebiet des Sees umkippen, können wir die Mitreisenden auf die eine oder andere Weise ganz verlieren, gehen wir unseres Reisegepäcks verlustig und führen unsere lahmenden Pferde am Zügel über den steilen Berg.

DIE FREIWILLIGE ERFÜLLUNG DES SCHICKSALS ENTHEBT MICH DER OPFERROLLE, DIE VERBINDUNG MIT MEINEN TIEFSTEN LEBENSZIELEN GIBT MIR IDENTITÄT

Um die Bedeutung der Astrologie an dieser Stelle nicht überzubetonen, möchte ich sagen, daß die Erfahrung menschlichen Lebens und Schicksals auf die astrologische Beschreibung verzichten kann. Die schlichte Volksweisheit braucht für das Ganze nur einen Satz: „Wer nicht hören will, muß fühlen". Aber es ist so, daß wir Gelegenheiten brauchen, bei denen wir etwas von dem zu hören bekommen, was wir sonst, wenn wir es nicht hören, zu fühlen bekommen! Ob wir es in der

Sprache der Transaktionsanalyse, der Gestalttherapie, des Singen Lernens, der Astrologie etc. zu hören bekommen, ob wir eine Firma gründen oder auf unsere Kinder hören, ist letztlich egal, wenn wir darauf horchen und darauf antworten! Eleganz bekommen wir in unser Leben nur, wenn wir dem fühlen Müssen durch Hin- und Gehorchen zuvorkommen. Diese Erkenntnis wurde für mich der Schlüssel zu einer vorläufigen Antwort auf meine Frage nach dem Opfersein dem Schicksal gegenüber:

Je intelligenter und entgegenkommender ich mit dem Leben umgehe und je reflektierter ich mit meiner persönlichen Entwicklung umgehe, desto mehr Übereinstimmung erlebe ich mit kosmischen Rhythmen und desto bestimmender werden Freude, Würde und Eleganz in meinem Leben.

Statt eines Opfergefühls ist ein tiefes Gefühl von Eingewobensein in ein größeres Ganzes in mir entstanden; ein Gefühl, eine lebendige und einmalige Verdichtung von Energien zu sein. Ich bin sonnenhaft, mondhaft, merkurisch, plutonisch, marsisch usw. und alle diese starken Energien vereinigen sich in mir in ganz spezifischer Weise.

Ein Tennisspieler würde auch nicht sagen, daß er Opfer der Tennisspieldynamik ist, sondern er steht mitten im Spannungsfeld der Kräfte und handhabt alle Facetten, die dazugehören. Es gibt Spielregeln, es gibt einen begrenzten Zeitraum, es gibt einen Gegner, es gibt einen Schläger, es gibt einen Ball, es gibt ein Publikum. Auch das Leben hat seine Spielregeln, die komplexer sind als die eines Tennisspiels, aber indem ich sie tiefer verstehe und die Aufgaben freiwillig anpacke, brauche ich immer weniger Opfer zu werden. Es ist also nicht so, bzw. es ist immer weniger so, daß ich voller Angst, alles richtig zu machen, durch eine unterdrückte Existenz krieche, sondern mit klarem, vorausschauendem Blick die Einsicht, die ich beim Hinhören gewinne, an der optimalen Stelle zum optimalen Zeitpunkt einsetze, um meine tiefsten Lebensziele zu erreichen. Hier taucht noch ein Schlüsselbegriff auf, nämlich der der „tiefsten Ziele". Therapeutische Wege und eben auch die Astrologie können uns helfen und haben mir geholfen herauszufinden, welches meine tiefsten Lebensziele sind. Denn während eine oberflächlichere Ebene unserer Persönlichkeit damit beschäftigt sein mag, auf dem Weg des geringsten Widerstandes beinahe unsichtbar durch unsere Existenz zu huschen, können tiefere Ebenen beschlossen haben, keinem Kampf und keinem Verlust aus dem Weg zu gehen, wenn er denn zu neuen Einsichten und Erkenntnissen über uns selbst führt und dem lebendig Sein dient. Mir hat genau dazu die Astrologie geholfen, nämlich zu begreifen, daß ich bereit gewesen war, alle Äste, auf denen meine beengte Existenz sich bis dahin abgespielt hatte, unter mir abzusägen, um des Zieles willen, das mir aus der Zukunft entgegenkam und entgegenkommt: Befreiung aus Enge in die Weite eines globalen und universellen Lebensraums und Lebensverständnisses.

In der Sprache der Astrologie heißt das für mich so: Angetreten mit Sonne im Löwen, zu deuten im Zwölften Haus (Der gefangene Löwe). Sieben Planeten im 10. 11. und 12. Haus (der Lebensvollzug hat seinen Schwerpunkt im kollektiven und spirituellen Bereich). Aufsteigender Mondknoten (Lebensbestimmung) im vierten Haus im Schützen (heimisch werden in meiner Seele durch Einblick in universelle Wahrheit), Biquintil Uranus Mondknoten (Quintessenz des Lebens ist Befreiung). Sonne, Pluto und Mars im 12. Haus: Mitarbeit am kollektiven Befreiungskampf durch Vollzug „am eigenen Leib".

Wenn die tiefsten Ziele so beschrieben werden können, brauche ich mich nicht mehr zu wundern, daß alle Knotenpunkte meines Lebenszyklus angesichts der Enge, mit der ich angetreten bin, in meinem bisherigen Leben eine solche Heftigkeit hatten, wie ich sie beschrieben habe. Ich sehe voller Dankbarkeit auf die Erhellung meines Lebensweges, die ich der geheimnisvollen uralten Wissenschaft der Astrologie zu verdanken habe.

KAPITEL VII

MEINE WELTANSCHAUUNG HEUTE:

WIR SIND VERBUNDEN IN EINER

INDIVIDUELLEN UND KOLLEKTIVEN

GIGANTISCHEN EVOLUTION

> Heute ist man sich ziemlich einig darüber, und auf der physikalischen Seite der Wissenschaft fast ganz einig darüber, daß der Wissensstrom auf eine nicht-mechanische Wirklichkeit zu fließt; das Weltall sieht nämlich mehr wie ein großer Gedanke als wie eine große Maschine aus. Der Geist erscheint im Reich der Materie nicht mehr als ein zufälliger Eindringling; wir beginnen zu ahnen, daß wir ihn eher als den Schöpfer und Beherrscher des Reiches der Materie begrüßen sollten.
>
> **James Jeans** zit. bei Theodore Roszak „Mensch und Erde.."

> Die biologische Geburt scheint demnach so etwas wie eine Umwandlungsstation zu sein, die bewirkt, daß die immateriellen „morphogenetischen Felder" (in der spirituellen Literatur auch als „akasha" bezeichnet) in das biopsychische Leben des betreffenden Menschen eintreten.
>
> **Stanislav Grof** in „Abenteuer der Selbstentdeckung"

BIN ICH KRANK UND ALLES IST SINNLOS? BIN ICH SPIRITUELL BEGABT UND ALLES HAT EINEN „GUTEN GRUND" ?

Als ich 11 Jahre alt war, habe ich mich freiwillig zur Erwachsenentaufe in unserer Baptistengemeinde gemeldet, um meinen Wunsch, Christ zu sein, zu dokumentieren und mich durch Untertauchen initiieren zu lassen. Manfred Richelmann hat in meinen Transitüberläufen in dieser Zeit eine erste Phase der Selbstfindung gefunden.

Wenn wir an der Ostsee Urlaub machten, ich war so ca. 12 bis 14 Jahre alt, packte mich mitten im hellen Sonnenschein das drängende Bedürfnis, die katholische Kirche in einer Allee unseres Badeortes aufzusuchen, um mit irgendwas irgendwie in Kontakt zu sein.

In den ersten 10 Jahren nach meinem Aufbruch war es für mich klar, daß dieser Zug meiner Persönlichkeit krank und nur krank sein kann; daß mein eingeschlossen Sein im gläsernen Gefängnis mich schon als Kind in religiöse Wahnideen verstrickt hatte. Wie sollte es anders sein bei meiner Prägung durch die Freikirche über mehrere Generationen

hinweg. Die Verletzungen durch Familien- und kollektives Schicksal wie die beiden Weltkriege, die meine Familie hart getroffen haben, hatten, so dachte ich, ihr Übriges getan.
Die Beschäftigung mit philosophischen Fragestellungen, die zunehmende Erfahrung mit der Tiefe therapeutischer Prozesse bei mir selbst und bei anderen, die Begegnung mit der Astrologie und mit verschiedenen Denkansätzen, die ich auf den nächsten Seiten beschreiben werde, hat in mir die Grundüberzeugung wachsen lassen, daß nichts, was mir in meinem bisherigen Leben begegnet ist, nur sinnlos und negativ war und mich nur einfach krank gemacht hat, sondern daß mein Leben von Anfang an in einen sinnvollen, Ort und Zeit transzendierenden Kontext gehört.
Ich möchte beschreiben, welche Erkenntnisschritte und Begegnungen es mir ermöglicht haben, mich dem Gedanken zu öffnen, daß alles so, wie es gewesen ist, perfekt gewesen sein kann, um mir zu bestimmten Entwicklungen zu verhelfen. Und diese sehe ich heute wiederum als in einen evolutionären Zusammenhang gehörig an.
Meine beschränkte Sicht von mir selbst als an der Religion erkrankt erhielt eine erste bedeutende Korrektur, als ich im Sommer 1988 einen Kollegen kennenlernte, der Gestalttherapeut und Theologe gleichzeitig war. Eine Kollegin hatte mich gebeten, sie in der Zusammenarbeit mit ihm zu vertreten, und so fand ich mich plötzlich auf einem einwöchigen Fortbildungsseminar für kirchliche Mitarbeiter als Co-Therapeutin eines Theologen wieder. Wie sich herausstellte, war dieser Mann über ein Physikstudium zur Theologie gekommen, was ihn sehr von kirchlichen Menschen unterschied, die ich bis dahin näher kennengelernt hatte. Die Gespräche, die wir während des Seminars hatten, bildeten für mich den Anfang einer ganz neuen Auseinandersetzung mit dem religiösen Bestandteil meiner Kindheit. Sie passierten auf einem intellektuellen Niveau, das meinem jetzigen Entwicklungsstand entsprach und nicht mehr von meinem Trotz gegen meine Geschichte gekennzeichnet war. Die Freundschaft, die dort begann, ist eine der wichtigsten in meinem Leben geworden und sie dauert an.
Ich ließ mich in unseren ersten Gesprächen davon überzeugen, daß ich nicht ein „kleines und dummes Baptistenmädchen" war, das viel zu beschränkt war, um sich mit den großen Fragen des Lebens zu beschäftigen, sondern daß ich eine geistige Originalität besaß, die mich im Ge-

genteil ausgesprochen dazu befähigte, in Freiheit zu eigenen Schlüssen und Antworten zu kommen.
Erst die allmähliche Auflösung dieses Identitätstraumas, von dem es noch bis heute Reste in meinem Geist gibt, hat mir den Mut gegeben und den Zugang dazu eröffnet, mich intellektuell und spirituell hochstehenden Denkern und Denkerinnen zuzuwenden. Seitdem ist kein Jahr vergangen, in dem ich nicht durch das Lesen von Büchern, durch Fortbildung und viele Gespräche eine immer weiter wachsende Freude daran gefunden habe, mein Bewußtsein von den Schlacken engen Denkens zu reinigen und seine Aufnahmekapazitäten und Vorstellungsmöglichkeiten zu erweitern. Damit habe ich Platz in mir geschaffen für eine neue Schau auf die Welt.
Weltanschauung ist für mich nicht ohne einen Bezug zu den elementaren Fragen des Menschseins für mich denkbar. Erst die Begegnung mit der Astrologie machte mir möglich, das zu akzeptieren. Bis dahin war immer noch ein Rest des freudschen Denkens in mir, daß jegliche Religion und Spiritualität unmittelbarer Ausfluß eines neurotisierten Geistes und daher abzulegen ist.

Das AHA-Erlebnis, das ich gleich zu Beginn meiner Berufstätigkeit hatte, hieß für mich: „Es gibt Wirklichkeit!" Dieser Blitzschlag, der die Spinnweben und Glaswände in meinem Geist getroffen hatte, hatte mir einen ersten Kontakt mit einer Ebene meines Bewußtseins ermöglicht, die ich als einen Einbruch einer anderen Dimension in meinen Erfahrungsraum erlebte. Da ich den Kampf mit meinem jüdisch-christlichen Gott allerdings gerade erst begonnen hatte, wäre ich nie auf die Idee gekommen, in dem Erlebten eine mystische Dimension zu erkennen. Aber es geschahen Wirkungen In mir, die ich auf der Ebene des Körpers, meines Bewußtseins und meiner Gefühlswelt erfuhr und als wirkende Wirklichkeit beschreiben konnte. Nach dieser von allem bisher Erlebten unterschiedenen Erfahrung war für mich klar, daß ich nie wieder an etwas oder jemanden glauben würde, sondern daß der Maßstab für meine geistige und emotionale Entwicklung und mein Verständnis der Welt aus der Beobachtung von Ursache und Wirkung in mir selbst und anderen erwachsen sollte. Wirklich und wahr sollte alles das für mich sein, was mich mich ganz, heil, gerundet, stimmig, sinnvoll und lebendig fühlen lassen würde und falsch alles das, was mich krank, brüchig, unstimmig, sinnlos oder leblos machen würde. Ich wollte, um Wirklichkeit kennenzulernen, mein eigenes Versuchskaninchen sein. Was mich wirklich machen würde, sollte für mich Wirklichkeit sein. So konnte ich irgendwann nicht mehr umhin, anzuerkennen, daß es mir besser ging, wenn ich mich mit spirituell - weltanschaulichen Fragen auseinandersetzte, die den Rahmen einer rein psychotherapeutischen Betrachtung meiner Selbst und der Menschen um mich herum überschritt. Auch die Frage, was Heilung der Seele eigentlich ist, ließ mich konsequent einen größeren Bezug suchen. Ich stellte fest, daß ich mich licht, weit und sinnvoll fühlte, sowohl in meinem Kopf als auch in meinem Körper, wenn ich den Gedanken zuließ, daß mein Leben und das Leben und die Heilung auch der Menschen, mit denen ich arbeitete, in einen mich und sie überschreitenden Wirkzusammenhang gehörte.

Die Erfahrung von immer mehr Helligkeit in meinem Körper war für mich erstaunlich und machte es erforderlich, auch mein Bild vom Körper als Träger des Kopfes und des Kopfes als Träger des Geistes zu korrigieren. Ich fand Geist in meinem Körper, fühlte, daß meine Zellen Träger von Information sind, die mit meinem „Kopfprozeß" mit lernten und manchmal beim Erleben sogar völlig ohne den Kopf auskommen konnten und ihn währenddessen immer lichter machten! Ich mußte anerkennen, daß ich meine Vorstellungen vom Zusammenhang und Zusammenwirken von Geist, Seele und Körper und damit von Geist und Materie weiter lockern mußte. Diesmal nicht deshalb, weil von mir erwartet wurde, an eine erlöste und unsterbliche Seele zu glauben, sondern weil ich anfing zu spüren, daß psychologische Begriffe wie Identität, Selbstbewußtsein, Selbstfindung, Selbstausdruck noch eine tiefere Dimension hatten.

Ob bzw. in welchem Ausmaß mein Weg zu meiner größeren Wirklichkeit objektiven Charakter hat, entzieht sich meiner Kenntnis. Es scheint so zu sein, daß keine Wirklichkeitssicht vollständig objektivierbar ist, es sei denn, wir fassen den Ausschnitt, den wir betrachten, klein genug. Damit wird er aber auch zu eng, um damit Aussagen über das größere Ganze verbinden zu können.

Diesen Gedanken möchte ich an zwei Beispielen verdeutlichen:
Erstes Beispiel: Wenn Gegenstände fallengelassen werden, kann bei genügend Versuchen das auch wissenschaftlich akzeptable Ergebnis festgestellt werden, daß alle Dinge, die schwerer sind als Luft, nach unten fallen. Das ist - auf dieser Ebene - objektiv richtig. Sobald ich allerdings die Perspektive wechsele, z. B. mir vorstelle, ich sähe jemandem vom Mond aus dabei zu, wie er einen Stein fallenläßt, stelle ich möglicherweise fest, daß der Stein von unten nach oben fällt, weil derjenige, der den Stein fallen läßt, sich auf der Seite der Weltkugel befindet, die gerade für meine Perspektive unten ist. Oben und unten erweisen sich so als subjektive bzw. relative Kategorien. Die verbindende Ebene ist die Anziehungskraft, die den Stein an jedem Ort unseres Planeten zum Erdmittelpunkt hinzieht. Die Sicht auf die Anziehungskraft hebt die Frage nach dem Oben - Unten auf bzw. schließt sie in sich ein, sie relativiert das Oben - Unten. Ich meine, daß es genauso auch eine Ebene von Wirkung geben kann, die die Anziehungskraft in sich einschließt und dann diese Betrachtungsweise relativiert.

Zweites Beispiel: Wir erleben jeden Tag, daß die Sonne auf- und wieder untergeht. Ich habe in den letzten Jahren, wenn ich einen Sonnenuntergang am Meer erlebt habe, des öfteren geübt mir vorzustellen, daß nicht die Sonne sich bewegt, sondern daß die Erde unter meinen Füßen mich mitnimmt, während sie sich um sich selber dreht und meinen Standort von der Sonne entfernt. Das habe ich als eine sehr bewußtseinserweiternde Erfahrung erlebt, weil sie mir zeigte, wie relativ meine Weltsicht ist und daß ich sie unbedingt so relativ gestalten lernen mußte, wollte ich komplexeren Wirklichkeiten auf die Spur kommen. Allerdings spürte ich auch, wie mir erst einmal jegliche Romantik des Erlebnisses „Sonnenuntergang" dabei verloren ging. Ich kann verstehen, daß die Europäer erst, als es gar nicht mehr anders ging, bereit waren, die Wirklichkeit des heliozentrischen Weltbildes zu akzeptieren. Es hat Jahrhunderte vor Kopernikus schon Mathematiker gegeben, die wußten, daß die Erde sich um die Sonne und nicht die Sonne um die Erde dreht. Warum dies nicht an die Öffentlichkeit gedrungen ist, darüber läßt sich spekulieren. Hat die Kirche diese Information unterdrückt? War das Kollektiv noch nicht in der Lage, das Bewußtsein, im Zentrum des Universums zu stehen, aufzugeben?

Trotz des Verlustes an Romantik habe ich mich weiterhin der Aufgabe gewidmet, gewohnte Weltanschauungen anderen, größeren Perspektiven zur kritischen Hinterfragung auszusetzen.

Meine Sicht von Objektivität und Relativität noch einmal in einen Satz gebracht:
ICH NEHME MEIN PSYCHOPHYSISCHES ERLEBEN ALS WIRKLICHKEIT UND DAS, WAS SICH FÜR MICH AN MEINEM HEUTIGEN WIRKLICHKEITSVERSTÄNDNIS OBJEKTIV ANFÜHLT, WIRD MÖGLICHERWEISE BZW. SEHR WAHRSCHEINLICH IN EINE UMFASSENDERE WIRKLICHKEITSEBENE WIEDER „AUFGEHOBEN".
Dieses Wort des aufgehoben Werdens stammt aus der Dialektik des Philosophen G.W.F.Hegel und ich finde es sehr beeindruckend. Eine Wirklichkeitsebene wird durch eine andere und in einer anderen und in eine andere hinein aufgehoben. Wenn wir es schaffen, sie ineinander zu schachteln, ist die eine in der anderen sogar gut aufgehoben. Wenn nicht, gibt es schlimmstenfalls Glaubenskrieg, bestenfalls fruchtbare Diskussionen darüber, wie die verschiedenen Wirklichkeiten ineinander geschachtelt werden könnten.
Allerdings tun wir uns noch sehr schwer mit diesem Vorgang, denn wir haben bisher angenommen, daß entweder das eine oder das andere stimmt. Entweder der Stein fällt von oben nach unten oder er fällt von unten nach oben. Entweder der Mensch ist gut oder er ist böse. Entweder etwas ist richtig oder etwas ist falsch. Entweder die Christen oder die Buddhisten haben recht. Wenn die Wissenschaftler recht haben, müssen die Religiösen unrecht haben usw..
Ludwig Ebersberger, Arzt, Philosoph und Psychologe, beschäftigt sich in seinem Buch "Der Mensch und seine Zukunft" damit, daß wir die Grundfunktionen des Denkens, nämlich das Trennen und das Verbinden, nach 5000 Jahren Denkgeschichte endlich zum Verbinden benutzen sollten.

Ich möchte in diesem letzten Kapitel ein Bild davon malen, wie ich auf den Menschen in seiner Entwicklung in dieser Welt und unserem Universum schaue. Ich möchte auch in Ansätzen den Weg skizzieren, den ich in meiner Begegnung mit Erfahrungen und Denkern gegangen bin, um zu diesem Bild, dieser Anschauung von Mensch und Welt, zu gelangen. Noch einmal: So scheint es mir zu sein, ob es wirklich so ist, weiß ich nicht.

Dazu werde ich verschiedene Personen vorstellen, die meinen geistigen Raum mit ihrem Schaffen erweitert haben. Hier vorab die wichtigsten:

Ken Wilber, Jahrgang 1947, ist Amerikaner und seit zwanzig Jahren einer der umfassenden „Zusammendenker" unserer Zeit. Bei ihm habe ich einen Denkrahmen von größter Einfachheit und Klarheit gefunden, der die Entwicklungsmöglichkeit des heutigen Menschen aus seiner Geschichte her kommend und in eine Zukunft hinein gehend umreißt. Mit Hilfe dieses Denkrahmens möchte ich meine bisherige spirituelle Entwicklung beschreiben und ebenso die Art und Weise, wie ich die psychologischen und psychotherapeutischen Ebenen menschlicher Entwicklung als in der spirituellen Entwicklung „aufgehoben" ansehe.

Der erste, dessen Denken mich regelrecht elektrisiert hat, war **Teilhard de Chardin,** ein französischer Jesuit, Archäologe, und Mystiker, der 1955 gestorben ist. Durch sein Werk lernte ich, eine evolutionäre Sicht und eine religiöse Sicht auf die Welt in meinem Geist zu verschmelzen. Er ist bis heute von der katholischen Kirche nicht anerkannt und wird als Geheimtip gehandelt. Seit ich ihn studiert habe, kann ich die Entwicklung jedes einzelnen Menschen als in den großen Zusammenhang der Evolution gehörig betrachten.

Rupert Sheldrake, englischer Biologe, Jahrgang 1942, hat mit seiner Idee der „morphogenetischen Felder" ein überraschend einfaches Modell geschaffen, wie Geist und Materie verbunden sein könnten, bzw. wie der Geist Materie formt. In sein Modell der „morphogenetischen Felder" paßt sehr viel von dem hinein, für das es bisher ausschließlich mythologische Sprachformen gegeben hat.

Stanislav Grof, Jahrgang 1931, ist Arzt, Medizin - Philosoph, Psychiater und Psychoanalytiker, und lebt und arbeitet seit 1967 in Amerika. Er gelangte über die wissenschaftliche Auswertung von LSD-Erfahrungen zur psychotherapeutischen Arbeit und Theorienbildung. Er entdeckte u.a., daß das Wiedererinnern und Integrieren von Geburts- und Gebärmuttererfahrungen Durchbrüche in von allen Mystikern der Welt beschriebene Geisteszustände ermöglicht. Eine seiner wichtigsten Botschaften ist, daß es viele Menschen gibt, die sich in einer spirituellen Wachstumskrise befinden, die als solche unerkannt bleibt. Diese Menschen werden oft tragischer weise in den Psychiatrien der Welt an ihrer „Wiedergeburt" gehindert.

Durch genaue Reflexion ist für mich deutlich geworden, in welchem Ausmaß spirituelle Erfahrungen im psychotherapeutischen Prozeß und auch im Vorgang des singen Lernens enthalten sind. Davon werde ich berichten. Weiter werde ich von meinen Erfahrungen mit Reinkarnationstherapie berichten.
Als 1981 die innere Arbeit begann, habe ich mich bewußt auf einen Grundgedanken gestützt, um einen einzigen festen Punkt zu behalten. Dieser Gedanke hieß, daß alles, was mir geschieht, sinnvoll und logisch ist und daß das Universum letztlich einen „guten Grund" hat. Das war ein nicht zu beweisender Satz, der wohl in der völligen Entwurzelung der folgenden Jahre meine Persönlichkeit noch zusammenhielt. Meine Wißbegierde, „es" herauszufinden, war der Antrieb und diese Grundannahme war die Plattform, ohne die das Anfangen wohl nicht möglich gewesen wäre.

DIE STUFEN MENSCHLICHER ENTWICKLUNG, WIE SIE KEN WILBER WELTUMSPANNEND IN DEN GEISTIGEN SCHULEN GEFUNDEN HAT

Ken Wilber, Jahrgang 1947, war gut 20 Jahre alt, als er in sein Elternhaus zurückkehrte, weil er seinem naturwissenschaftlichen Studium nichts Essenzielles abgewinnen konnte. Und nach Essenziellem war er auf der Suche. Er begann, viele Bücher über Psychologie, Philosophie, Mystik, Anthropologie, Soziologie, Religionen und Physik zu verschlingen. Gleichzeitig praktizierte er Zen-Meditation. Dabei kam sein erstes Buch „Das Spektrum des Bewußtseins" heraus. Als dieses Buch nach 20 Absagen von Verlagen endlich verlegt wurde, war Wilber 28 Jahre alt. Sein Buch fand in der denkerischen Fachwelt sofort große Beachtung. Es hatte zum ersten Mal jemand geschafft, Ordnung in die verschiedensten Denksysteme über menschliches Sein in Ost und West zu bringen. Wilber zeigte, daß da, wo es bei den einen aufhört,

es bei den anderen anfängt. Heute ist er von Vielen als der große Systematiker und Vordenker anerkannt und bemüht sich, seine Betrachtung in verschiedenste Sprachen zu kleiden, um sich Normalbürgern, Philosophen oder Naturwissenschaftlern in ihrer Sprache verständlich zu machen. Für Normalbürger fand ich das Buch „Vom Tier zu den Göttern" und „Eine kurze Geschichte des Kosmos" am spannendsten und verständlichsten.
Ken Wilber lebt sehr zurückgezogen, nachdem er gemerkt hat, daß er in der Gefahr stand, die Lobpreisungen, die sein Werk und damit seine Person erreichten, selber zu glauben und er fand, das schade seiner eigenen Entwicklung. Er schreibt und meditiert und schreibt und meditiert. Das Schicksal schlug hart zu, als eine Woche nach der Hochzeit 1983 bei seiner Frau Treya Brustkrebs festgestellt wurde. Der Kampf dauerte gut fünf Jahre und er hat nach dem Tod seiner Frau ein tief anrührendes Buch über ihren gemeinsamen Weg geschrieben, mit dem Titel „Mut und Gnade". Ihm ist in dieser Zeit nichts Menschliches ferngeblieben. Dieses Buch hat ihn einer breiteren Öffentlichkeit bekanntgemacht.
Er fand, als er Denksysteme in Ost und West miteinander verglich, zehn Stufen möglicher menschlicher Entwicklung, die allerdings nicht von allen erreicht werden und auch in den verschiedenen Kulturen unterschiedliches Gewicht haben.

Die Evolutionstheoretiker und Entwicklungspsychologen sind sich meines Wissens darin einig, daß jedes Individuum die Stufen der Evolution in seiner eigenen Entwicklung wiederholt und daß die überwachsenen Stufen nicht einfach verschwunden sind, sondern, von der gewachsenen Persönlichkeit umschlossen, darin „aufgehoben" bleiben.
Die erste Stufe ist die **archaische Stufe**, in der die Menschheit bis etwa vor 200000 Jahren und jedes Embryo und Baby, noch kein Bewußtsein von Raum und Zeit und vom getrennt Sein von seiner Umgebung hat.

Die zweite Stufe ist die **magische Stufe**, in der eine symbiotische Verbundenheit erfahren wird, aber auch schon erste Unterscheidungen. Die Unterscheidung zwischen Ganzem und Teilen,zwischen innen und außen und zwischen Abbild und Wirklichkeit ist verschwommen. Die

Jägerzeichnungen unserer Vorfahren zeigen zum Beispiel, daß in der magischen Stufe der Menschheit zwischen dem Bild des zu jagenden Tieres und dem realen Tier noch nicht unterschieden wurde. Es hatte Zauberkraft, das Tier dingfest zu machen, indem man es malte. Das Denken geschah im wesentlichen in Bildern.

Die dritte Stufe ist die **mythische Stufe**, die sich dadurch von den vorherigen unterscheidet, daß die Sprache hinzukommt. Das Wahrnehmen von Vergangenheit und Zukunft setzt ein, das Kleinkind will Dinge und will sie „selber machen". Menschheitsgeschichtlich ist das der Beginn des Ackerbaus. Jetzt konnte man miteinander sprechen und für den Winter vorsorgen. Damit entstanden erste kulturelle Traditionen und der Überschuß der Ernten ließ die Idee von Tausch, Geld und beruflichen Spezialisierungen entstehen. Es entstand eine erste Sehnsucht nach Einheit mit Höherem, da jetzt auch die Endlichkeit des eigenen Lebens realisiert werden konnte. Die mit der Erkenntnis des Todes einher gehende Angst wurde mit Kulthandlungen gedämpft. Menschen begannen, sich in „Unsterblichkeitsprojekte" zu flüchten, so nennt Ken Wilber den Versuch, den Gedanken an den Tod dadurch zu vermeiden, daß Projekte wie Bauvorhaben oder Eroberungskriege in Angriff genommen werden. Die Mythologie dieser Zeit enthält auch das Thema des stellvertretenden Sterbens. Zunächst wird die Muttergottheit mit Menschenopfern darum gebeten, selber weiterleben zu dürfen, später geschieht das Gleiche mit Hilfe von Tieropfern.
Der Zusammenhang zwischen menschlicher Grausamkeit und verleugneter Todesgewißheit wird hier deutlich. „Was dir geschieht, braucht mir nicht zu geschehen, bzw. was ich dir antue, kannst du mir nicht antun." ist eine unbewußte Einstellung, die hierher gehört. „Wenn Du stirbst, muß ich nicht sterben" ist ein Thema, das viele Menschen heute noch unbewußt als „Lösung" für ihre Todesangst ansehen. Fundamentalistisches christliches Denken speist sich möglicherweise an der Basis aus dieser Entwicklungsphase, indem der Tod Christi als ein stellvertretender Tod empfunden wird. Ich habe diese Dynamik z. B. in meiner Seele als ein Thema zwischen meiner Mutter und mir gefunden und weiter vorne beschrieben.

Die vierte Stufe ist die **rationale Stufe**. Die große Mutter Natur wurde besiegbar, männliche Gotthelden befreiten sich aus den verschlingenden Armen der blutig Gebärenden und verstrickten sich prompt in blinde Rache: Das Weibliche, das Körperliche wurde nicht einfach überwachsen und in die höhere Stufe hinein gehoben, sondern bekämpft und verdrängt. Die Ratio, die Vernunft begann, „sich die Erde untertan" zu machen. Es gab Krieg zwischen dem Denken und den intuitiven, erdverbundenen Ebenen. In der Entwicklung des Kindes ist dies nach Wilber die Zeit der großen Liebe zum gegengeschlechtlichen Elternteil, die in jedem Fall unglücklich verläuft, ja verlaufen muß, wenn das Kind sich gesund weiterentwickeln können soll. Papa oder Mama sind nicht zu haben. Wenn sie doch zu haben sind, weil sie selbst im Mangel sind und sich mit ihrer Bedürftigkeit an ihr Kind wenden, bleibt dieses auf einer naturhaften, vorrationalen Stufe gebunden. Im Normalfall gewinnt das Kind jetzt die übliche Ratio, gefärbt von Wertevorstellungen im Sinne von "Sollte" und "Müßte", mit Schuld- und Schamgefühlen, im unbewußten Krieg zwischen Körper und „Vernunft", gefangen zwischen einer abgewerteten Weiblichkeit und einer absolut gesetzten männlichen Ratio. Die meisten heutigen Erwachsenen zeigen diesen Entwicklungsstand. Kurz gesagt: Frauen dürfen nicht denken können, Männer dürfen nicht fühlen können.
Auf der rationalen Stufe wird aber auch die Fähigkeit, Rollen zu übernehmen und Aufgaben nach Regeln zu bewältigen, erworben. In der Entwicklung des Kindes ist das die Zeit, in der es schulreif wird. Sozialgeschichtlich ist dies die Zeit der Imperatoren und der Kolonialisierung.

Die fünfte Stufe ist die **reflektierte Stufe**. Diese Stufe ist für die westlichen Menschen in der Regel die höchste erreichbare Stufe. Sie geht einher mit der Fähigkeit zu Erkenntnissen und geistigen Schlußfolgerungen und der Möglichkeit, sich selber zu reflektieren und ein sozial konstruktives Verhalten zu zeigen. Diese fünfte Stufe ist die Stufe mit der größten sozialen Akzeptanz. Wer sie nicht erreicht, wird als „zurückgeblieben" empfunden, wer sie überschreitet, befremdet.

Die sechste Stufe ist die **integrative Stufe**, in der der Mensch fähig wird, Begriffe, Ideen und Wahrheiten in einen Zusammenhang zu stellen und miteinander zu verbinden. Dies ist die Stufe, die allgemein im Westen als die Höchstmögliche angesehen wird und sie ist auch eine hohe Stufe. Kürzlich hörte ich in den Nachrichten (Juni 1998), daß es bald einen Weltgerichtshof geben wird, der sich um die kriegerischen Brandherde der ganzen Welt kümmern wird. Ich fühle auch jetzt, während ich das schreibe, daß mein Herz ganz weit wird und ich den Gedanken habe, daß wir berechtigte Hoffnung für unseren Planeten und seine Lebewesen haben können, wenn großherzige und kluge Köpfe jetzt in der Lage sind, solche Projekte nicht nur zu denken, sondern auch zu realisieren. Es zeigt mir auch, daß es inzwischen eine große Gruppe von Menschen geben muß, die wirksames Interesse an einer weltumspannenden Verbindlichkeit für den Frieden hat. Es gibt Stimmen, die sagen, daß es bei dieser Institution lediglich um die Ausweitung westlicher Machtinteressen geht, diese Ansicht teile ich nicht. Ich gehe davon aus, daß möglicherweise zweifelhafte Hintergrundmotivationen der Gründer nicht werden verhindern können, daß globale Vernetzungen sich langfristig zum Wohle aller auswirken werden. Warum ich mich zu diesem Optimismus berechtigt fühle, wird auf den folgenden Seiten deutlicher werden.

Um zur siebten Stufe überzuleiten, noch ein paar Aspekte zu den vorherigen Stufen:
Die Entwicklungsmöglichkeiten in unserer Gesellschaft führen im allgemeinen zu einem Menschen, der sich selber nicht besonders gut kennt und statt dessen ein Bild von sich hat, das ihn oder sie in helleren oder dunkleren Farben malt, als es der Wirklichkeit entspricht. Meistens gehört der Ausschluß tiefer und intensiver Emotionen dazu, was seinen Grund darin hat, daß der Körper, Sitz unserer Emotionen, als offensichtlich sterblicher Teil von uns insgesamt verleugnet oder vernachlässigt wird. Das ist der Mensch auf der vierten Entwicklungsstufe. Dieser Mensch wird in unserer heutigen Sprache als egozentrisch und neurotisch bezeichnet und ihm wird empfohlen, eine Psychotherapie zu machen. Diese Empfehlung bekommen nicht alle, denn manchen gelingt es, sich zum Beispiel als Workaholic oder gut angepaßte Familienmutter ein unangreifbares und bewundertes Ego zu schaffen. Im besten Fall, nach einer Kindheit mit sehr ausgereiften Eltern oder evtl. nach Abschluß einer Therapie finden wir einen Menschen vor, der

die Entwicklung bis zur sechsten Stufe durchlaufen bzw. nachgeholt hat. Er hat sich zu einem voll integrierten Menschen entwickelt, der sich ausdrücken und reflektieren kann, der seinen Körper integriert hat, weil er den Tod integriert hat, der lieben und Verantwortung tragen kann, natürliche und gesellschaftliche Rollen freiwillig übernimmt und niemandem schadet. Er hat bis dahin die Erfahrung gemacht, daß er nicht sein Selbstbild ist, sondern daß im besten Fall sein Selbstbild seiner Wirklichkeit einigermaßen entspricht. Das ist eine große Sache und bedeutet einen großen Schritt zu Reife und Identitätsfindung.
Er „ist" sein Körper, er „ist" seine Gefühle, er „ist" seine Gedanken. Trotzdem ist das noch nicht die höchste Stufe menschlicher mentaler und Herzensentwicklung, denn es hat zu allen Zeiten Menschen in Ost und West gegeben, die darüber hinaus gegangen sind. Ken Wilber postuliert vier weitere Stufen und er findet sie bei den Weisen, Mystikern, Heiligen und Philosophen vieler Jahrhunderte und vieler Kulturen verwirklicht. Ab der siebten Stufe unserer Entwicklung gelangen wir auf feinere Ebenen. Hier beginnen wir, „über uns selbst hinaus" zu wachsen. In Wilbers Buch „Vom Tier zu den Göttern" erscheint an dieser Stelle ein Zitat von Albert Einstein: „Ein menschliches Wesen ist ein Teil des Ganzen, das wir Universum nennen, ein in Raum und Zeit begrenzter Teil. Es erfährt sich selbst, seine Gedanken und Gefühle als etwas von allem anderen Getrenntes - eine Art optische Täuschung seines Bewußtseins. Diese Täuschung ist für uns eine Art Gefängnis, das uns auf unser persönliches Verlangen und unsere Zuneigung für einige wenige uns nahestehende Personen beschränkt. Unsere Aufgabe muß es sein, uns aus diesem Gefängnis zu befreien."
Ken Wilber nennt die siebte Stufe die **übersinnliche Stufe**. Auf dieser Stufe können mediale Fähigkeiten zutage treten als Anfangserfahrung dessen, daß unsere Verbindungen miteinander sehr viel subtiler und umfangreicher sind, als es der allgemeinen Vorstellung entspricht. Heutzutage werden Telepathie und Telekinese zum Beispiel wissenschaftlich untersucht. Auf dieser Stufe kommt es auch zu ersten blitzartigen Erkenntnissen von höherem Geist im Universum und zur Erfahrung einer tiefen Verbundenheit mit der Natur. Ich kann mich noch sehr genau an den Augenblick erinnern, an dem ich in den Kelch einer Amaryllis hinein schaute und plötzlich nicht mehr nur annahm,

sondern zutiefst „wußte", daß das Universum von Sinn und Ordnung getragen ist.

Wilbers achte Stufe, die **feinstoffliche Ebene**, ermöglicht innere Erfahrungen von Licht und intensiver Liebe, die nicht an ein äußeres Ereignis und nicht an eine Person, die man subjektiv braucht, gebunden ist. Die siebte und achte Stufe sind als mit einem inneren Seelenkern verbunden vorstellbar. Auf dieser Ebene erfährt der Mensch: Ich bin nicht meine Gedanken, ich bin nicht meine Gefühle, ich bin nicht mein Körper, sondern ich bin der Zeuge all dessen, was an Körperlichem, an Emotionalem und Gedanklichem in Erscheinung tritt. Die meisten östlichen Meditationsmethoden wollen unmittelbar den Zugang zu dieser Ent-Identifizierung ermöglichen. Für mich haben diese Erfahrungen in meiner therapeutischen und in meiner Gesangsarbeit stattgefunden, wie ich sie weiter vorne beschrieben habe. Der Mensch fühlt ab dieser Ebene u.a. eine Verbundenheit mit einer Tiefenschicht, die alle Menschen „unterirdisch" verbindet, die aber bis dahin nicht bewußt erfahren wird. C. G. Jung hat diese Ebene das „kollektive Unbewußte" genannt und Stanislav Grof habe ich von dieser Schicht als der archetypischen Schicht sprechen hören. Auch die Erfahrung einer tiefen personhaft erfahrenen Liebesbeziehung zur Schöpferkraft, wie sie von vielen Heiligen beschrieben wird, gehört hierher.

Die neunte, die **kausale Stufe**, und die zehnte, die **Stufe der Nichtzweiheit**, lösen das Seelische zugunsten des Geistigen, das Personhafte zugunsten des Unpersönlichen ab. Wilber sagt, auf der neunten Stufe geschieht die „Vereinigung mit Gott". Hier wird kein Ichgefühl mehr erlebt, sondern reines unpersönliches Gewahrsein, die „Leere" der Buddhisten. Der Zeuge ist auf der neunten Stufe noch da, aber er bezeugt „nichts" mehr. Diese Leere ist gleichzeitig höchste Fülle. Die zehnte Stufe ist durch die Abwesenheit einer Spaltung in Subjekt und Objekt gekennzeichnet, es gibt auch keinen Zeugen mehr. Diese Ebene schließt alle anderen Ebenen in sich ein und ist deshalb eigentlich keine Stufe in dem Sinne. Der Tänzer wird zum Tanz. Es ist das, was im Zen schlicht so beschrieben wird: Vor der Erleuchtung trinkst du deinen Tee, ißt deinen Reis und trägst deine Kleider. Nach der Er-

leuchtung trägst du deine Kleider, ißt deinen Reis und trinkst deinen Tee.
Ken Wilbers Grundidee ist, daß wir uns alle auf dem Weg durch diese Stufen befinden. Berühmt geworden ist sein Satz:" Gott schläft im Stein, er atmet in der Pflanze, er träumt im Tier und er erwacht im Menschen". Wilber sieht uns in der „Halbzeit der Evolution", so lautet der Titel eines Buches von ihm. In seinen neueren Werken hat er eine gigantische Matrix entworfen, in deren vier Quadranten er eine Evolutionshierarchie entwirft. Hierin enthalten sind die subjektive (also z.B. Wahrnehmungsfähigkeit) und objektive (also z.b. Hirnentwicklung) Ebene des Individuums und die subjektive (hier gehören die schon beschriebenen Stufen hinein) und die objektive Ebene (also z.B. Stammesentwicklung, Industrialisierung...) des Kollektivs. Wilber denkt so voluminös und so klärend, daß es ganze Konferenzen gibt, die sich ausschließlich mit seinem Werk befassen.

RUPERT SHELDRAKES MORPHOGENETISCHE FELDER UND TEILHARD DE CHARDIN`S EVOLUTION AUS GEOSPHÄRE, BIOSPHÄRE, ATMOSPHÄRE IN DIE NOOSPHÄRE

Rupert Sheldrake ist mir in meinem Prozeß später als Teilhard de Chardin begegnet, seine Idee von den „morphogenetischen Feldern" half mir aber, die Gedanken Teilhard de Chardin`s, die mich tief berührt hatten, in einen materiellen Vorstellungsrahmen einzuordnen. Dadurch rückten geistige und materielle Welt in meinem Kopf näher zusammen und deshalb nehme ich die Beschreibung seiner Grundgedanken vorweg.
Rupert Sheldrake ist Biologe und stieß bei seinem Forschen auf die Frage, wie die Lebewesen zu ihren körperlichen Formen und ihrer spezifischen Einbindung in das Ökosystem kommen. Dabei entstand aufgrund der Entdeckung verschiedener Phänomene die Idee, daß es eine geistige Ebene geben könnte, die an der Erschaffung und Erhaltung natürlicher Systeme beteiligt ist. Diese angenommene Ebene nannte er „morphogenetische Felder".
Er behauptet nicht, daß die Dinge so sind, wie er sie beschreibt, sondern gibt Einblick in Wirkzusammenhänge, die einen solchen Rückschluß zulassen. Ich finde es spannend, wenn Wissenschaftler heutzutage so

verfeinert denken, daß sie nicht mehr davon sprechen müssen, etwas Feststehendes entdeckt zu haben, sondern einen Wirkzusammenhang in seiner Erscheinung beschreiben.
Rupert Shaldrake hat in seinem Buch „Das Gedächtnis der Natur" einen Weg gefunden, die sehr komplexen Vorstellungen für fachliche Laien verständlich darzustellen. Die Physiker sind sich einig darüber, daß wir in Feldern leben. Felder sind nichtmaterielle Einflußzonen physikalischer Größen. Das Gravitationsfeld umgibt unsere Erde und ist verantwortlich für die Krümmung des Universums in die Raumzeit hinein; so „wissen" wir es seit Einstein, auch wenn es schwerfällt, das zu verstehen. Elektromagnetische Felder organisieren Galaxien und Atome, wir wissen aber nicht genau, wie sie das machen. Felder sind das Medium der Fernwirkungen, die wir nicht direkt sehen können, deren Wirkung wir aber z. B. beim Radiohören oder Fernsehen erleben. Die Quantenfeldtheorie kennt Elektronenfelder, Neutronenfelder usw. Shaeldrake zitiert einen Wissenschaftler namens Davies, der sagt: „Die Welt, so scheint es, kann mehr oder weniger aus strukturiertem Nichts erbaut werden."
Seit den zwanziger Jahren gibt es verschiedene Wissenschaftler, die davon ausgehen, daß auch die Entstehung und Ausformung lebendiger Organismen von Feldern organisiert wird. Diese Felder wurden „morphogenetisch" genannt, also formschaffend. Die Regeneration verletzter Embryos ließ die Wissenschaftler auf diesen Gedanken kommen: „Dasjenige, was uns als lebendes System gegeben ist, bestünde demnach aus dem sichtbaren Keim (oder Ei) und aus einem Feld." Das Feld wirkt wie ein Tal in einer Landschaft, so beschreibt es ein Wissenschaftler namens Waddington und nennt diese formgebenden Täler Chreoden (Sheldrake S. 134). Die Evolution morphogenetischer Felder, die wir vorfinden, läßt die Wissenschaftler eine Art Gedächtnis vermuten. Sheldrake gerät erst an der Stelle aus der Übereinstimmung mit seinen Kollegen, an der er vermutet, daß die Felder selber in Evolution begriffen sind durch die Informationen, die die in ihnen enthaltenen Wesen durch Erfahren und Denken in das Gedächtnis des Feldes zurückfließen lassen. Damit wird das „Credo" der feststehenden Naturgesetze aus den Angeln gehoben - und wer gibt schon gerne sein Credo auf!

Jetzt einige Beispiele für die Wirkweise morphogenetischer Felder.
Beispiel eins: Als auf einer Insel ein Affe anfing, Kartoffeln mit Meerwasser zu waschen, lernten innerhalb einer bestimmten Zeit viele andere auf dieser Insel dies ebenfalls. An einem Punkt der Lernentwicklung dieser Tiergesellschaft tauchte das Verhalten, Kartoffeln mit Meerwasser zu waschen, auf einer Nachbarinsel auf, obwohl die Affen dort kein Vorbild des Verhaltens hatten.
Beispiel zwei: In der englischen Stadt Southampton begannen ca. 1921 die Meisen, um an die Milch heranzukommen, die Aluminiumdeckel von den Milchflaschen herunter zu picken, die morgens vor den Haustüren der Menschen abgestellt wurden. Dieses Verhalten der Meisen wurde bis 1947 dokumentiert und festgestellt, daß es sich bis dahin auf mindestens 89 weitere Städte ausgebreitet hatte. Da Meisen einen Lebenskreis von höchstens 25 km haben, war es erstaunlich, daß auch Meisen in weiter als 25 km entfernten Städten damit begannen. Noch erstaunlicher war die Ausbreitung nach Skandinavien und Holland. In Holland wurde die Verteilung von Milch während des Krieges eingestellt. Nach dieser Pause, als es 1947 wieder Aludeckel auf Milchflaschen vor Hausüren gab, begannen die Meisen sofort wieder damit, sich die Mich zu holen, obwohl keine der Vorkriegsmeisen noch am Leben sein konnte, um dies Verhalten vorzumachen.
Das Öffnen von Milchflaschen setzt sich wohl aus verschiedenen Gewohnheiten der Vögel zusammen, nämlich dem Erforschen auffälliger Gegenstände, dem Öffnen von Nüssen und dem Abziehen von Rinde von einem Zweig. Hat eine einzelne Meise vielleicht zufällig diese Verhaltenssequenzen in dem Flaschen Öffnen miteinander verbunden, -das ist die Idee- eröffnet sie ein neues morphogenetisches Feld, ein höheres Verhaltensfeld, eine Synthese aus dem bisherigen. Diese Information wird dem gesamten Meisenfeld eingespeist.

Beispiel drei: Als das Windsurfen aufkam, benutzten die Forscher die Gelegenheit, diese geheimnisvollen Dynamiken weiter beim Menschen zu erforschen. Was ließ sich kollektiv beobachten, wenn sich eine völlig neue Lernerfahrung weltweit ereignete? Es stellte sich im Verlauf der Jahre heraus, daß die Lerngeschwindigkeit von Anfängern kontinuierlich zunahm. Wenn die ersten Anfänger relativ lange brauchten, um sicher mit einem Surfbrett umzugehen, brauchten die späteren Anfänger, nachdem es zehn Jahre lang immer mehr Menschen gab, die sich mit dem Surfbrett erfolgreich herum geplagt hatten, nur noch einen erheblich kürzeren Zeitraum, um zum gleichen Erfolg zu gelangen. (Das gleiche Phänomen ist auch im Zusammenhang mit dem Umgang mit dem Computer beobachtet worden. Die Kinder, die heute (1998) um die 15 Jahre alt sind und die danach Geborenen setzen sich dran und können das fast sofort, was meine Generation nur mühsam lernt oder sich gar nicht zutraut).

Beispiel vier: Immer wieder in der Geschichte geschieht das Phänomen, daß Erfindungen und Ideen auf unserem Globus an mehreren Punkten zur gleichen Zeit auftauchen, obwohl die Beteiligten keine Kenntnis voneinander haben. Sogar neue Viren sind in Laboratorien gleichzeitig entdeckt worden und es gibt abenteuerliche Erklärungen, wie sie von einem Labor ins andere übertragen worden sein könnten.

Sheldrakes Grundgedanke ist nun in Erweiterung des physikalischen Feldgedankens, daß es um das sichtbare Geschehen herum ein Informationsfeld gibt, in das Information eingespeist wird und aus dem Information abgerufen wird. Also: Ein Gruppe von Affen kreiert eine neue Verhaltensweise und speist diese Information in das morphogenetische Feld aller Affen ein. Wenn eine genügend große Menge dieser Erfahrung erschaffen worden ist, füllt sich das morphogenetische Feld mit dieser Information auf. Damit steht dem „Affenfeld" rund um den Globus diese Information zur Verfügung, daß Kartoffeln sauber und gesalzen besser schmecken als sandig und ungesalzen. Folge davon ist, daß bald an anderen Stellen ohne eine direkte Informationsvermittlung gleiches Verhalten auftaucht. Wenn wir uns vorstellen, daß eine genügend große Anzahl von Meisen die Milchdeckel - Erfahrung als neues Spezialfeld in das morphogenetische Feld aller Meisen eingespeist haben, wird es verständlich, daß die neuen Meisen in Holland nach dem Krieg wußten, was zu tun ist, als sie Milchflaschen mit Aludeckeln vor Eingangstüren sahen.
Ich kann mich erinnern, wie begeistert ich im Sommerurlaub 1989 auf Kreta war, als ich das Buch „Das Gedächtnis der Natur" von Rupert Sheldrake las. Hier war ein Wissenschaftler, der bereit war, außersinnliche Phänomene mit wissenschaftlichen Methoden zu untersuchen

und auch offensiv mit anderen Wissenschaftlern in eine Diskussion darüber einzutreten, wie sie ständig mit Phänomenen umgehen, die nur geistig genannt werden können. Sheldrake betrachtet auch die gängigen Evolutionstheorien und ihre Vertreter. Es ist sehr spannend, dieses geschichtliche Ringen um eine Erweiterung unseres Verständnisses der Entstehung der Welt und ihrer Lebewesen einschließlich unserer Spezies ins Geistige hinein nachzuvollziehen.
Schafft die sich entwickelnde Materie den Geist oder der Geist die Entwicklung der Materie? Ist erst die Idee dagewesen oder hat sich alles im Rahmen einer "natürlichen Auslese" ereignet? Anscheinend wird es noch etwas dauern, bis auch hier die Hitzigkeit der Diskussion des „Entweder - Oder" zugunsten einer Betrachtungsmöglichkeit des „Sowohl - Als auch" abkühlt. Ich bewundere all die, die es sich leidenschaftlich auf ihre Fahne geschrieben haben, es herausfinden zu wollen. Zu dieser Entscheidung, sein Leben für die Erforschung dessen, was ist, einzusetzen, gehört eine große Liebe zu allem Seienden und ein Grundverständnis von der Welt als sinnvoll. Wenn ich als Kind populäre naturwissenschaftliche Sendungen im Fernsehen gesehen habe, haben mich damals schon die Liebe zum Faktischen und die bescheidene Sachlichkeit der Wissenschaftler berührt, die im Gegensatz zu den frommen Leuten, die ich kannte, immer wieder die Verunsicherung durch weiteres Forschen suchten und wagten. Daß es auch in der Wissenschaft Dogmatismus gibt, habe ich erst später erfahren.

Kürzlich habe ich gehört, daß im „Ewigen Eis" des Süd- oder Nordpols ein Nagel gefunden worden ist. Dieser eine Nagel droht wieder alle Evolutionstheorien über den Haufen zu werfen, weil es ihn eigentlich nicht geben dürfte. Ein Nagel aus Eisen ist ein zweckorientiertes Werkzeug auf einem sehr intelligenten Niveau und zu der Zeit, zu der dieser Nagel ins Eis gelangt sein muß, darf es nach den heutigen Evolutionstheorien noch keine intelligenten Lebewesen auf unserem Planeten gegeben haben.

Zurück zu den „morphogenetischen Feldern", meiner Freude an und meiner Auseinandersetzung mit ihnen. Diese Beschreibung von Informationsfeldern stieß in meinem Kopf auf einige andere Ebenen, in denen ich schon gewohnt war, in Feldern zu denken, die aber bis dahin einen sehr hohen Abstraktionsgrad und fast eher den Charakter einer Bildersprache hatten. Das ganze systemische Denken der Familientherapie zum Beispiel wurde für mich plötzlich realer faßbar. Wenn es ein morphogenetisches Familienfeld gab, in das alle Mitglieder über viele Generationen Information einspeisten und Information abriefen, wurde die Mehrgenerationenwirkung plötzlich viel realer verständlich.

In mir entstanden viele Fragen, bzw. die morphogenetischen Felder waren irgendwie eine Antwort auf diese Fragen. Wuchsen Kinder in die Information hinein, die das Familienfeld bereitstellte? Wenn ich mir ein morphogenetisches Feld aller Frauen und eines aller Männer vorstellte, das über Jahrhunderte mit Information gefüttert worden ist, wurde die Verständnislosigkeit der Geschlechter füreinander plötzlich viel verständlicher für mich. Vielleicht gab es aber auch ein morphogenetisches Feld aller Paare, deren Partnerschaft gelungen ist und die ihr Know-how in das Feld „gelungene Partnerschaften" eingespeist hatten? Waren die introjizierten Eltern in der Einzelpersönlichkeit Felder? Sind das „Eltern-Ich", das „Kind-Ich" und das „Erwachsenen-Ich" Felder? Wie mochten diese verschiedenen Felder verbunden miteinander sein? Wie kommunizierten sie miteinander und wie wurde die Entscheidung getroffen, welches wirksamer als ein anderes ist im Leben des Einzelnen? Wenn ein Junge vaterlos aufwächst, kann er sich trotzdem an das morphogenetische Feld der „Väter" anschließen? Wenn Kinder aus unglücklichen Ehen stammen, können sie einen Weg finden, die Information aus dem morphogenetischen Feld „gelungene Partnerschaften" für sich abzurufen? Wie wird das entschieden und wie entsteht die Verbindung, der Kontakt?

Ist die „Gestalt", mit der ich in der Gestalttherapie umzugehen gelernt hatte, ein morphogenetisches Feld? Ist die Idee einer vollständigen „Gestalt" eines individuellen Menschen nichts Abstraktes, sondern ein Informationsmuster, das wir mitbringen, um hinein zu wachsen? Ist das Unbewußte eines Einzelnen das morphogenetische Feld seiner individuellen Erfahrung und das seiner Familie? Ist das „kollektive Unbewußte", das C. G. Jung postuliert, das morphogenetische Feld der Menschheitserfahrung? Diese Frage beantwortet Sheldrake vorsich-

tig mit „Ja". Unsere Märchen und Mythen, sind sie die Sprache, in die sich unser Wissen aus unserem „kollektiven Unbewußten" kleidet?
An dieser Stelle möchte ich auf Teilhard de Chardin zu sprechen kommen, denn bei ihm waren mir, das entdeckte ich, die morphogenetischen Felder unter anderem Namen schon begegnet.
Mein Theologenfreund, von dem ich weiter oben erzählt habe, begann, mich in den Jahren nach unserem Kennenlernen mit Büchern zu versorgen. Eines der ersten, das er mir schenkte, war „Der kosmische Christus", ein Buch über Teilhard de Chardin, geschrieben von Günther Schiwy, einem ehemaligen, später verheirateten Jesuiten. Nachdem mich dies Buch sehr fasziniert hatte, setzte ich mit der ebenfalls von Günther Schiwy verfaßten Biographie Teilhard de Chardin`s fort. Danach erst griff ich zu Teilhard de Chardin`s Hauptwerk „Der Mensch im Kosmos". Ich gewöhnte mich langsam an seine Größenordnungen des Denkens, allerdings nicht ohne daß ich, ähnlich wie auch beim Singen, immer wieder einmal eine schwere Grippe bekam, die mir ermöglichte, im Bett liegender weise die schwere und ungeheuer aufwühlende Kost zu verarbeiten. Mein ganzer Körper war an diesem Prozeß beteiligt. Immer wieder raubte mir die Möglichkeit, daß an den beschriebenen Vorstellungen etwas dran sein könnte, den Atem. Mein Herz machte Sprünge und ich fand mich wieder in einer so tiefen und beglückenden Freude, wie ich sie nie vorher erlebt hatte.
Teilhard de Chardin hat von 1881 bis 1955 gelebt und hat in einem vermutlich
einmaligen großen Verschmelzungsvorgang folgende Identitäten in sich vereinigt: Mystiker, Mönch, Theologe, Selbsterfahrer, Archäologe, Evolutionstheoretiker, und Anthropologe. Diese Ebenen hat er nicht als voneinander getrennt in sich behandelt, sondern sie haben sich in ihm gegenseitig befruchtet. Als Soldat im ersten Weltkrieg hatte er auf dem Schlachtfeld visionäre Erlebnisse und hat sie dort niedergeschrieben. Er hat seine große Liebe zu einer Cousine zu seiner „Selbsterfahrung" genutzt, so würden wir es heute ausdrücken. Er beschreibt sich selbst ganz offen als durch die Frauen in seinem Leben Gewordener („Briefe an Frauen"). In China hat er archäologische Forschungen betrieben, nachdem er von seiner Kirche aufgrund seiner Anschauungen dorthin verbannt worden war. All das hat nur dazu beigetragen, sein visionäres Denken von der geistigen Evolution der Mensch-

heit voran zu bringen. Sein schon 1940 fertig geschriebenes Buch „Der Mensch im Kosmos" ist erst nach seinem Tod 1955 von der Zensur der Katholischen Kirche zur Veröffentlichung freigegeben worden und 1959 in Deutschland erschienen.
Was war für mich beim Lesen dieses Buches das Wichtige? Zum einen hat es mir eine Vorstellung über den Gesamtzusammenhang der Evolution vermittelt, denn bis dahin hatte ich mich nicht besonders mit Naturwissenschaften beschäftigt. Hoimar von Ditfurth hatte mir etliche Jahre vorher einen Eindruck von den großen Zahlen, die uns in Zeit und Raum begegnen, ermöglicht, aber hier kam zur naturwissenschaftlichen eine geistige Perspektive hinzu. Teilhard de Chardin brachte in seinem Denken eine Betrachtung zum Ausdruck, die mich in meinen Fragen nach dem Woher und dem Wohin des Menschen emotional erreichte.

Was ist seine Grundthese?
Der Mensch ist der bis jetzt erreichte Höhepunkt einer Entwicklung, die nicht abgeschlossen ist. Immer wieder haben sich Ebenen der erreichten Entwicklung verdichtet und wurden zum Sprungbrett für eine neue Stufe der Evolution. Der moderne Mensch in seiner Vermassung verdichtet sich in einem Vorgang der „Kompression" zur „Menschheit" und bietet der Evolution damit eine Plattform für eine nächste qualitative Stufe. In dieser noch nicht absehbaren neuen Ebene wird die vorherige Stufe „aufgehoben" bleiben, so wie in uns das Tier, die Pflanze und die mineralische Ebene „aufgehoben" sind. Die Evolution ist ein Prozeß, in dem wir rückwärts schauend auf allen Ebenen rudimentäre Spuren von Bewußtsein entdecken können und mit wachsender Komplexität wächst das Niveau des Bewußtseins des Entstandenen.
So wie in der Atmosphäre, der Lufthülle, die Biosphäre, die Welt des Lebendigen, entstehen konnte, konnte in der Biosphäre die Noosphäre entstehen. Die Noosphäre hüllt in Teilhard de Chardins Sicht die Erde ein und besteht aus dem Denken und Reflektieren der ganzen Menschheit. Elemente dieser Noosphäre sind die verschiedenen Welten wie Macht, Öffentlichkeit, Recht, Bildung, die Welt der Forschung, der Kunst und der Religion. Wenn die Noosphäre sich bei genügend großer Dichte zu einer bestimmten Qualität um unseren Globus herum verdichtet, entsteht etwas bis dahin nicht Dagewesenes, das das Vorhergehende in sich einschließt und über unsere physikalische Ebene ins

Psychisch/Geistige führt. Teilhard meint, diese Entwicklungsperspektive müßten andere Kenner der Evolution mit ihm teilen, sieht aber auch, daß er es leichter hatte, zu dieser Sicht zu gelangen, da er sich über die gleichzeitige tiefe Beschäftigung mit seiner Religion mit der Möglichkeit der Evolution ins Geistige hinein schon auseinandergesetzt hatte. Er spricht dem Christentum eine besondere Bedeutung zu, da hier zum ersten Mal großflächig Öffentlichkeit und Liebe zusammenkommen. Er meint, daß sich an einem Punkt, dem Punkt „Omega" der Entwicklung die menschliche Noosphäre und das „Christusbewußtsein" verbinden. Das Christusbewußtsein ist in seiner Sicht ein Feld, daß sich der Erde aus dem Geistigen heraus annähert und eine Verbindung mit der Noosphäre eingehen kann und will, wenn sie genügend entwickelt ist.

Unsere technischen Möglichkeiten der Informationsvermittlung konnte Teilhard de Chardin erst ahnen. Ich vermute, er bekäme glänzende Augen, könnte er sehen, wie rasant die „Noosphäre sich verdichtet", seit wir den Computer und das Internet haben (in Rupert Sheldrakes Buch „Cyber-talk" taucht dieser Gedanke auf und Sheldrakes Gesprächspartner sind tatsächlich begeistert).

Drei Hauptlinien der Weiterarbeit an unserer Noosphäre forderte Chardin als Weg zum Ziel der „Zusammenfassung aller Geister zum Geist und aller Nationen und Rassen zur Menschheit" (S.287 ff). Erstens: Die Organisation der Forschung. Er beklagt, daß wir auf der ganzen Welt nicht soviel Geld für Forschung ausgeben wie für einen einzigen Panzerkreuzer. Er fragt: „Werden unsere Urenkel nicht mit Recht behaupten, wir seien Barbaren gewesen?" Wenn ich mich selbst als zu seiner Enkelgeneration gehörig betrachte, bin ich nicht sicher, ob die Generation der jetzt Heranwachsenden schon soweit von der Barbarei abgerückt sein wird, wenn sie am Ruder sitzt. Aber was Teilhard nicht wissen konnte, ist, daß wir in vielen Staaten des Westens seit zehn Jahren deutlich weniger Mittel für die Kriegsmaschinerie ausgeben und wirklich mehr und teurer forschen. Es bleibt trotzdem noch bis heute viel „Barbarei" übrig, die änderungsbedürftig ist. Noch immer sind meines Wissens Forschungsgegenstände und Forschungsziele ziemlich unkoordiniert, haben mehr mit militärischen als mit

Überlebensfragen zu tun und die globale Zusammenarbeit läßt zu wünschen übrig.
Die zweite Hauptlinie ist die „Konzentration der Forschung auf das Objekt Mensch". Teilhard de Chardin beschreibt, daß mit der Zunahme der Reflektion und des Denkens beim Menschen sich andere Zweige der Evolution in ihrer Entwicklung verlangsamt haben. Es sei unsere Aufgabe, den Menschen zu erforschen und damit die Antwort auf alle unsere Fragen und den Schlüssel zu den anderen Naturwissenschaften in die Hand bekommen. Er meint, daß die Physik nicht weiß, ob es reine Energie oder reines Denken ist, was am Schluß bleibt, und daß die Biologie sich dem Menschen als augenblicklich letzte Form der Schöpfungen der Evolution gegenüber sieht. Wenn wir das Werden des Menschen entziffern, können wir auch folgern, wie es weitergeht. Zur Erforschung des Menschen gehört medizinischer und sittlicher Fortschritt, da wir durch moderne medizinische Methoden eine natürliche Evolution blockieren. Eine humane und edle Form von Eugenik (Förderung des menschlichen Erbguts) ist für ihn selbstverständlich, hohe ethische Maßstäbe vorausgesetzt. Chardin´s Schaffenszeit lag vor den faschistischen Auswüchsen in diesem Jahrhundert und von unserer heutigen Genforschungsdiskussion hatte er keine Kenntnis. Ich schätze aber, daß er sich nicht von Ängsten und schlechten Erfahrungen am Weiterdenken hindern lassen würde.
Der Katalog seiner Forderungen für die Bewältigung unserer Probleme klingt so, als sei er heute geschrieben. Wenn die Menschheit eine Zukunft hat, kann er sich diese Zukunft nur vorstellen „in der Richtung eines harmonischen Ausgleichs zwischen Freiheit, Planmäßigkeit und Gesamtheit. Verteilung der Schätze des Erdball. Regelung des Dranges nach den freien Räumen. Bestmögliche Verwendung der durch die Maschine freigewordenen Kräfte, Physiologie der Nationen und Rassen. Geoökonomie, Geopolitik, Geodemographie. Die Organisation der Forschung erweitert sich zu einer rationellen Organisation der Erde."
Sein dritter Aspekt: „Ob wir es wollen oder nicht, alle Anzeichen und alle unsere Bedürfnisse konvergieren im selben Sinn: was wir brauchen, und woran wir bereits unaufhaltsam arbeiten, mittels und jenseits unserer ganzen Physik, unserer ganzen Biologie, unserer ganzen Psychologie, das ist eine menschliche Energetik. Und bei diesem Aufbau, der im Stillen schon begonnen hat, begegnet unsere Wissenschaft, die bis da-

hin gelangt ist, sich auf den Menschen zu konzentrieren, immer unausweichlicher der Religion" (S. 293).

Teilhard kommt zu dem Schluß, daß in den letzten zwei Jahrhunderten, in denen sich Wissenschaft und Religion bekämpft haben, es beiden nicht gelungen ist, sich gegenseitig herabzusetzen : „Weder in ihrem Antrieb noch in ihren Theorien kann die Wissenschaft bis an ihre Grenzen gehen, ohne sich mit Mystik zu färben und mit Glauben aufzuladen." Er findet, das Forschen selbst beruht schon auf der unbeweisbaren Grundannahme, daß das Universum einen Sinn hat. Forscher glauben an den Fortschritt und an den Sinn des Daseins.
Die Synthese von Wissenschaft und Religion wird für Teilhard die Vorwegnahme der Zukunft sein und wird zur Auseinandersetzung mit dem All führen. Wir werden herausfinden müssen, woher unser Antrieb kommt, uns als Menschen einigen zu wollen und aus welchem Stoff das vitale Bindemittel besteht, das es uns möglich macht, uns zu verbinden, ohne uns zu verbiegen. „Religion und Wissenschaft: die Verbindung der beiden Seiten oder Phasen eines einzigen vollständigen Erkenntnisaktes - des einzigen, der Vergangenheit und Zukunft der Evolution zugleich umfaßt, um sie zu betrachten, zu messen und zu vollenden." (S.295)
(Ken Wilber meint, daß wir überhaupt nur da von Realitäten sprechen können, wo Wissenschaft und Religion zu den gleichen Aussagen kommen. So berichtete Stanislav Grof in einem Seminar bei den „Lindauer Therapiewochen" 1994.)

Wie stellt sich Teilhard de Chardin das Ziel dieses Prozesses vor? Wenn sich genügend Menschen zur „Person" entwickeln, gibt es keine Individuen und keine Völker mehr, sondern eine Synthese. Das „Individuum" ist jemand, das sich willkürlich nach seiner Ideenwelt und Stimmung ausrichtet und sich nicht an seiner universellen Bestimmung orientiert, nicht sein tieferes inneres Selbst verwirklicht. Die „Person" ist eine Sucherin und Verwirklicherin ihres universellen Selbst. Diese Unterscheidung zwischen Individuum und Person habe ich später bei Theodore Roszak wiedergefunden, in seinem Buch „Mensch und Erde auf dem Weg zur Einheit". Die Menge verwirklichter Personen, nicht identifiziert mit ihrem Ego und auch nicht mit ihrer

Volkszugehörigkeit, sondern mit ihrem tiefsten Selbst, schafft ein neues morphogenetisches Feld, um es in der Sprache Rupert Sheldrakes auszudrücken. Dieses morphogenetische Feld erreicht irgendwann eine Qualität, für Teilhard der Punkt „Omega", die es der Menschheit ermöglicht, ihre Evolution in die geistige Welt hinein fortzusetzen.

So wie es den evolutiven Samen für die Geogenese gegeben hat, für die Biogenese und die Psychogenese, wird in den letzten zwei Jahrhunderten die Noogenese sichtbar. Aus der Atmosphäre die Biosphäre, aus der Biosphäre die Noosphäre, aus der Noosphäre..., ja, da streiken unsere Vorstellungsmöglichkeiten erst einmal. Sicher ist für Teilhard de Chardin nur, daß der Kern der Person, der Einzelne, darin erhalten bleiben wird und daß die Noosphäre die Basis für geistiges Leben bildet. Die morphogenetischen Felder, so sahen wir bei Sheldrake, ermöglichen die Idee, daß die Aufladung mit Information Feldern einen qualitativen Sprung möglich macht. Bei Chardin und bei Wilber wird diese Grundidee auf die Evolution angewandt. Was ist, wenn „Gott im Menschen erwacht....?

STANISLAV GROF ENTDECKT BEI LSD-VERSUCHEN EINEN SYSTEMATISCHEN ZUGANG ZU BIOGRAPHISCHEN UND TRANSPERSONALEN EBENEN UNSERES BEWUSSTSEINS

Nach diesen Ausflügen ins Kollektive möchte ich mich wieder den Tiefen der Einzelperson zuwenden. Wie Sie sich erinnern werden, habe ich im vierten Kapitel von meinen Erfahrungen mit der Primärtherapie berichtet. Dabei ging es darum, in einen Prozeß zu kommen, in dem die Grunderfahrung des eigenen Werdens und Auf die Welt Kommens erinnert und in die bewußte Psyche integriert werden kann. Ich fühlte damals die Enge, in der ich mit meiner Zwillingsschwester im Bauch unserer Mutter buchstäblich wochenlang kaum noch eine Bewegung machen konnte. Ich erlebte die Todesangst wieder, die wir alle drei, Mutter und Kinder, empfunden haben. Daran anknüpfend möchte ich nun einen Forscher vorstellen, der entdeckt hat, daß in unserer unbewußten Psyche noch erheblich weiterreichende Ebenen gefunden werden können. Dabei geht es um all die Ebenen, die der menschlichen Kultur schon lange bekannt sind und die Ken Wilber in die zehn Bewußtseinsstufen gefaßt hat. Die folgenden Erfahrungen zeigen, wie weitreichend wir uns die Verbundenheit mit morphogenetischen Feldern vorstellen können.

Stanislav Grof, Jahrgang 1931,tschechischer Arzt, mußte sich nach dem Abitur zwischen seiner Liebe zum Zeichentrickfilm und einer gerade geweckten Faszination für die Psychoananlyse entscheiden (Tonbandprotokoll Lindauer Therapiewochen 1994). Ein Freund hatte ihm ein Buch von Sigmund Freud gegeben, eine Lektüre, die im tschechischen kommunistischen Regime verboten war. Nach dem Lesen dieses Buches entschied er sich für ein Medizinstudium und begann gleichzeitig eine eigene Analyse. Er fand sehr bald Mängel in der Freudschen Behandlungskonzeption heraus, die viel Geld und Zeit kostet und daran gemessen relativ wenig echte Verbesserung der Lebensqualität für die Analysanden bringt. Diese Entdeckung verunsicherte ihn zunächst in seiner Entscheidung, Psychiater zu werden.

Er arbeitete an seiner Universität in der Forschung als studentische Hilfskraft. Sein Labor bekam aus der Schweiz eine Probe des neu entwickelten Lysergsäurediethylamid zugeschickt, kurz LSD genannt, um es als mögliches Heilmittel zu erkunden. Stanislav Grof stellte sich als Versuchsperson zur Verfügung und machte nach Einnahme des Stoffes und unter Einwirkung eines Stroboskops (einer blinkenden, sehr hellen Lichtquelle) die Erfahrung, sich außerhalb seines Körpers wiederzufinden und durch das Weltall zu reisen. In einem Vortrag während der Lindauer Psychotherapiewochen sagte er, daß diese Erfahrung ihm in wenigen Minuten mehr über seine unbewußte Psyche mitgeteilt hat als die ganze Analyse. Aus dieser Erfahrung erwuchs eine bis heute über dreißig Jahre andauernde Beschäftigung mit den unbewußten und transzendierenden Aspekten der menschlichen Psyche und ihren Zusammenhängen.

Grof ist Mitbegründer des wissenschaftlichen Zweiges der Transpersonalen Psychologie in Amerika. Die meisten anderen Mitbegründer kamen aus der Riege der Humanistischen Psychologen, die es durch ihre Arbeit als notwendig erkannt hatten, ihr Menschenbild um eine spirituelle Dimension zu erweitern. Toni Schwartz, ein amerikanischer Journalist, ist vielen von ihnen begegnet und hat in seinem Buch „Was wirklich zählt" in sehr lebendiger Weise Menschen beschrieben, die an der Entstehungsgeschichte der Transpersonalen Psychologie beteiligt sind.

Was sind Stanislav Grofs wesentliche Erkenntnisse? Mit Hilfe von bewußtseinserweiternden Drogen und methodisch eingesetzter Atmung können wir Zugang zu transpersonalen, d.h. die Person überschreitenden Ebenen des Bewußtseins bekommen. Die Erfahrungen auf diesen Ebenen werden in allen Mythen, Initiationsritualen und mystischen Zweigen der Religionen beschrieben. Ken Wilber hat sie zusammen gedacht und Grof ist ein Fan von Wilber. Unsere heutige Zeit unterscheidet von anderen Zeiten die Tatsache, daß transpersonale Erfahrungen gehäuft vorkommen. Sie sind nicht mehr auf Geheimzirkel und Klöster beschränkt. Viele Menschen gehen heute, ohne es zu wissen, in ihrem Alltag durch spirituelle Wachstumskrisen. Neben seiner wissenschaftlichen Arbeit hat Grof mit seiner Frau Christina ein Netzwerk zur Unterstützung von Menschen in spirituellen Krisen aufgebaut. Bei vielen Betroffenen wird von der psychiatrischen Fachwelt angenommen, daß sie eine psychotische Phase haben. Grof nennt unsere heutige wissenschaftliche Perspektive deutlich beim Namen: In 40 000 Jahren Menschheitsgeschichte hat es vor uns noch keine „Kultur" gegeben, die sämtliche veränderten Bewußtseinszustände unter Geisteskrankheit verbucht hat. Die Betroffenen werden in der Psychiatrie mit dämpfenden Medikamenten in einer schwierigen inneren Situation festgehalten, die ohne Medikamente in wenigen Wochen oder Monaten zu einem guten Ende und einer positiven Metamorphose der Gesamtpersönlichkeit führen würde.

Die Öffnung zu transpersonalen Ebenen des Bewußtsein geschieht bei Menschen heute oft durch Erlebnisse, bei denen sie die Erfahrung machen, daß sie sich außerhalb ihres Körpers befinden. Die Berichte sind inzwischen durch sehr viele Beweise abgesichert. Ich finde besonders beeindruckend, daß blinde Menschen, wenn sie aus ihrem Körper austreten, sehen können und später, wenn sie wieder in ihrem Körper und blind sind, alles, was sie gesehen haben, den Tatsachen entsprechend beschreiben können.

Wie sieht Grof die neue umfassende Kartographie der Seele? Zunächst ist da die persönliche biographische Ebene der Erinnerung an die Kindheit, an die Geburt, an embryonale Zustände. Wenn man von dort weiter zurückreist, erleben Menschen Stadien ihrer Geburt wieder, machen Lichterfahrungen, begegnen guten oder bösen Mythen- und Göttergestalten. Immer empfinden sie ihre Persönlichkeit als bekannt und wohl vertraut, auch in einem körperlosen Zustand. Wenn sie weiter zurückreisen, können sie sich in einem anderen persönlichen Lebenszusammenhang wiederfinden, sprich in einem "früheren Leben". Meine Schwester erzählte kürzlich, daß der Heilpraktiker, bei dem sie zur Zeit eine Ausbildung macht, in einer Hypnosebehandlung von einer Patientin die genauen Daten ihres letzten Lebens mitgeteilt bekam. Beide waren davon überrascht. Er ging den Spuren nach und fand auf den Ämtern einen Menschen mit dem genannten Namen und den persönlichen Daten desjenigen. Dieser Heilpraktiker wurde durch diese Erfahrung auf eine sehr schlichte Art und Weise von Reinkarnation überzeugt.

Reinkarnationserfahrungen sind der eine Strang, auf dem die Reise nach Grof weitergehen kann, archetypische Ebenen sind der andere. Archetypen sind nach C.G.Jung gute und böse Wesenheiten im kollektiven Unbewußten, die wir aus verschiedenen, z. B. griechischen oder indischen Mythologien kennen. Es können Erfahrungen mit einer suprakosmischen Leere auftauchen, die als leer und gleichzeitig alles enthaltend erfahren wird (9. und 10. Ebene nach Wilber) und das Gefühl auslösen, nach Hause zu kommen und Frieden zu finden.

Diese Erfahrungen weisen Parallelen zu Elementen der Initiationsriten von Naturvölkern auf. Die Übergänge von der Kindheit zum Erwachsenen und der Prozeß, mit dem „Medizinfrauen und -männer" ihre Berufung erkennen (Schamanismus), enthalten veränderte Bewußtseinszustände, wie Grof sie bei ganz normalen Menschen unserer Zeit gefunden hat. In seinem Buch „Abenteuer der Selbstentdeckung" unterscheidet er 32 verschiedene Arten von Erfahrungen, die er in veränderten Bewußtseinszuständen entweder selbst erlebt oder miterlebt hat. Verbindendes Thema ist geboren Werden, Sterben und wiedergeboren Werden. Das Kind stirbt in den Erwachsenen hinein, der normale Mann oder die normale Frau stirbt in die Heileridentität und in die Verbundenheit mit den kosmischen Kräften hinein. Der Unfallverletzte stirbt in den hinein, der plötzlich über das Woher und Wohin Bescheid weiß und der nie mehr der werden kann, der er vorher war und es auch gar nicht will. Der Intellektuelle stirbt in die Erfahrung hinein, mit den tiefen Bildern seiner Seele Bekanntschaft zu machen und mit den Gefühlen des Neugeborenen, des Embryos, der er selbst einmal gewesen ist, vertraut zu werden. Er erlebt, wie ein tiefes Mitgefühl nicht nur mit diesem Baby, sondern mit den Gequälten der ganzen Welt ihn überflutet. Die Erfahrung der meisten Menschen ist, daß es etwas gibt, daß durch alle Tode hindurch erhalten bleibt, nämlich die Erfahrung, kontinuierlich die gleiche Person zu sein. Diese Erfahrung eines Kontinuums eröffnet die Möglichkeit, sich selbst, seine Rollen, sein Schicksal, den eigenen sterblichen Körper aus der Distanz zu betrachten. Bei aller sich wandelnden Dramatik erlebt der Einzelne, daß es einen Teil in ihm gibt, der immer schon, selbst im Mutterleib und beim geboren Werden, bewußt und beobachtend dabei war.

Eine spezielle Entdeckung von Grof bezieht sich auf die möglichen Grunderfahrungen, die wir Menschen im Verlauf unserer Geburt machen bzw. machen können. Er nennt die vier Grunderfahrungen Matritzen und stellt fest, daß wir nach ihnen in der Regel unsere Lebensgestaltung ausrichten. Im Entdecken und therapeutischen Bearbeiten dieser Matritzen sieht es große Chancen für die kollektive Heilung der Menschheit.
Die erste Matrix ist die einer kosmischen Geborgenheit, geprägt durch das Erleben, daß der Mutterleib uns ohne Mühe mit allem versorgt, was wir in unserem kleinen Leib-Seele-Zusammenhang benötigen. Hier kann durch Krankheit, Ernährung, Gifte oder Schockerlebnisse die erste Störung geschehen, die dann die Urerfahrung vorgibt, daß es Mangel und Schädigung gibt bzw. sogar, daß das ganze Leben eine Katastrophe ist.
Die zweite Matrix wird in der Phase geprägt, in der die Gebärmutter beginnt, das Kind auszutreiben, der Muttermund aber noch nicht geöffnet ist. Diese Zeit bildet eine Grunderfahrung von Ausweglosigkeit. Das Kind erfährt sich als passives Opfer von unfaßlichen Urkräften um sich herum, die lebensbedrohlich auf es einwirken - und es gibt kein

Entkommen. Menschen, die diese Matrix aufgrund eines sehr langen Aufenthalts in dieser Phase vorherrschend leben, werden ständig Opfer katastrophaler und auswegloser Situationen, bzw. erfahren Situationen als ausweglos, die jemand anderes mühelos zu beenden versteht. Sie erleben ihre gesamte Umwelt als Täter, deren Opfer sie werden, und das oft für Jahrzehnte. In ihren Träumen gibt es masochistische sexuelle Strukturen, Gefängnisse und Konzentrationslager als beherrschende Motive.

Die dritte Matrix wird in der Phase gebildet, in der der Muttermund sich geöffnet hat und Mutter und Kind zusammenarbeiten, um den Prozeß des Gebärens bzw. geboren Werdens voran zu bringen. Hier wird im günstigen Fall vertrauensvoll etwas bewegt, im ungünstigen Fall ist es ein verzweifeltes Vorwärtskämpfen, auf der Stelle Treten, von der Mutter durch Verkrampfen oder Festhalten des Kindes erschwert. Beide können von Medikamenten an den Rand der Besinnungslosigkeit gebracht sein oder das Kind muß gewaltsam mit Zange oder Saugglocke geholt werden. Diese Matrix spiegelt sich im Leben des Menschen als viel vergebliches, langsames sich Abmühen wieder oder als Erfahrung eines dauernden Kampfes. Im veränderten Bewußtseinszustand tauchen hier Revolutionen und Kriege auf. Grof hat aus dieser Überblendung von dritter Geburtsmatrix und Kriegsbildern die Hoffnung abgeleitet, daß wir eine kriegsverursachende Dynamik wirklich bannen können, wenn immer mehr Menschen die Gelegenheit bekommen, ihr Geburtstrauma in der Therapie aufzulösen („Geburt, Tod und Transzendenz").

Die vierte Matrix ist der eigentliche Augenblick von Tod und (Wieder)Geburt. Das Kind erfährt zunächst den krisenhaftesten Moment des Geschehens und fühlt, daß es gleich sterben wird. Statt dessen tritt es aus den Unbilden des Geburtskanals aus und erfährt dann einen Augenblick, der frei von Druck und Schmerz und Todeskampf ist und in dem es zum ersten Mal mit Licht konfrontiert ist. Dieser Augenblick kann ekstatisch erlebt werden, wenn die Stadien vorher nicht zu zehrend waren. Im veränderten Bewußtseinszustand können hier sehr positive kosmische Erfahrungen mit Licht gemacht werden.

Bei der Reflexion dieser vier Phasen, die Grof in der Arbeit mit veränderten Bewußtseinszuständen entdeckt hat, kam mir der Gedanke, ob sich in der individuellen Erfahrung der Geburt eines Menschen schon

sein Schicksal oder seine Lebensaufgabe abzeichnet. Ich stellte fest, daß sich in meiner Geschichte die Erfahrung von Enge und Ausweglosigkeit, die Grof als zweite Matrix vorstellt, weit zurück in die Zeit der Schwangerschaft hinein verlängert hat. Sechs Wochen vor unserer Geburt erfuhr unsere Mutter von ihrer Zwillingsschwangerschaft und erlebte dies als Katastrophe. Bis zur Niederkunft hatte sie wachsende Ängste, sie könnte platzen. Die dritte Phase der Austreibung war bei meiner Geburt relativ leicht und dauerte ca. vier Stunden. Ebenso erlebe ich, wenn es denn erst einmal „losgegangen ist", Trennungen und Abschiede leicht. Aber die Zeit, in der ich in meinen ersten drei Lebensjahrzehnten bis dahin Angst, Enge und Ausweglosigkeit ausgehalten habe, ist immens lang, wie es in meiner Biographie sichtbar wird. Den Augenblick der Befreiung habe ich häufig fast suchtartig gesucht, was mich schließen läßt, daß er für mich eine Glückserfahrung enthielt, die im Kontrast zu den sechs Wochen Todesangst euphorisch gewesen sein muß.
Wenn mein Astrologe sagt, daß mein Weg in diesem Leben von der Enge in die Befreiung geht, ergibt sich die Frage, ob sich dieses Thema seine Strukturen in meinem Kopf schon vor und während meiner Geburt bereitet hat? Ließe sich hier eine Synchronizität zwischen perinataler Situation und Persönlichkeitshoroskop feststellen, die nicht nur bei mir zu finden wäre, wenn man diese Frage systematisch erforschen würde? Könnten Astrologen bei gründlicher Erforschung aus dem Horoskop von Menschen eine Beschreibung ihrer Geburt ableiten? Ich finde dies einen faszinierenden Gedanken. Sehr gefreut habe ich mich, als ich den am Anfang dieses Kapitels zitierten Satz von Grof fand, der mir meine Idee bestätigte. Und dann brachte er diese Idee auch noch in Verbindung zu Sheldrakes morphogenetischen Feldern!
Meine vier Geburtsphasen meine ich auch in meiner Art, geistig zu arbeiten, wiederzufinden: Nach wochenlangen Phasen des Rumorens in Bauch und Kopf, in denen ich das Gefühl habe, es geht gar nichts vorwärts oder rückwärts, kommt plötzlich ein Augenblick, in dem sich explosionsartig Gedanken lösen, die aufs Papier wollen und praktisch fertig sind. Wenn ich alles geschrieben habe, was heraus wollte, fühle ich eine große, atemlose Begeisterung, verbunden mit dem Gefühl, mich selber wieder neu kennenlernen zu müssen. Es ist jedes Mal ein kleiner Sterbe- und Geburtsvorgang.

NOCH EINMAL DAS „TOTE KIND" - MEINE ERFAHRUNGEN MIT RÜCKFÜHRUNGEN IN „VERGANGENE LEBEN"

Die erste Erfahrung, mich an ein „vergangenes Leben" zu erinnern, habe ich während eines primärtherapeutischen Seminars gemacht, das von Schülern des Gurus und Philosophen Baghwan, später Osho genannt, in der Nähe von München durchgeführt wurde. Ich lag auf meiner Decke und hatte nur einen Gedanken im Kopf: „Ich habe die Todesstrafe verdient!" Ich sagte dies weinend der Leiterin des Seminars. Sie forderte mich auf, meine Beine auseinanderfallen zu lassen und nach inneren Bildern Ausschau zu halten, die etwas mit der Frage zu tun hatten, warum ich die Todesstrafe verdient haben könnte. Plötzlich sah ich mich als eine mondäne Frau, die dabei war, ihr gerade geborenes Kind in einer Regentonne zu ertränken. Dies Kind paßte nicht in ihr Leben, das sie mit reichen und mächtigen Männern teilte, die abends in ihren Salon kamen. Ich sah die Bilder wie in einem alten und schlecht belichteten Film, unklar und dunkel, die Gefühle allerdings und auch das Erfassen der Situation hatten eine unzweideutige Klarheit. Reinkarnation war für mich bis dahin nur ein Wort. Ich beschäftigte mich zunächst auch nicht weiter mit der Erfahrung, stellte aber fest, daß sie deutlich Einfluß nahm auf meine depressive Grundstimmung. Wieder, wie schon in der Begegnung mit den toten Kindern in meiner Familie, wurde es nach diesem Erlebnis in meiner Seele heller und das tiefe Grundgefühl von schuldig Sein wurde schwächer.
Hat mich ein Kindesmord in einem früheren Leben in Resonanz mit einem Umfeld gebracht, in dem die Menschen „tote Kinder" in ihren Seelen trugen?

Die Reinkarnationslehre enthält das Gesetz des Karma, nach dem wir uns in nachfolgenden Leben mit starken negativen Wirkungen aus vorhergegangenen Leben auseinandersetzen müssen und die Früchte von guten Ursachen ernten können. Mord und extreme negative psychische Bindungen machen es nötig, daß die Betroffenen diese Erfahrungen in späteren Leben zum Ausgleich bringen. Grof unterscheidet von diesem Aspekt die Erfahrung, daß es tiefe Prägungen gibt, die z.B. während eines Todes durch Vulkanausbruch oder durch Tiere verursacht sind. Viele Menschen haben, während er mit ihnen arbeitete, solche Trauma-

tisierungen in ihren morphogenetischen Feldern gefunden und durchgearbeitet (Abenteuer...S. 113 ff).
1992 war mein Interesse, tieferen Zugang zu diesen Zusammenhängen zu finden, soweit gediehen, daß ich auf die Suche nach jemandem ging, der oder die Erfahrung damit hatte, Menschen auf die Reise in frühere Leben zu schicken. Mir wurde Monika Tafel empfohlen, eine spirituelle heilpraktische Psychotherapeutin, die in Hamburg in ihrer Privatpraxis Atem- und Reinkarnationssitzungen durchführt. Als ich zu unserem ersten Termin bei ihr klingelte, war ich sehr aufgeregt. Sie wohnt an einer verkehrsreichen Straße in Winterhude, mitten im Getümmel der Großstadt. Als sie mir ihre Haustür öffnete, stand eine schlanke und zarte Frau vor mir, die jung und älter zugleich auf mich wirkte. Später erfuhr ich, daß sie beinahe zehn Jahre älter ist als ich. In ihr begegnete mir zum ersten Mal die Erfahrung, daß Menschen, die sich viel in transpersonalen mentalen Dimensionen bewegen, anders altern als durchschnittliche Menschen. Sie bekommen etwas Zeitloses in ihren Körper und ihre Ausstrahlung.
In der Einführung in unser Arbeitsvorhaben sagte sie mir, daß die Motive, die aus früheren Leben in einer Sitzung auftauchen, für die Klärung heutiger Fragestellungen nützlich und wichtig sind; daß es also nicht einfach darum geht, sich in irgendwelchen Vergangenheiten zu tummeln, sondern Klärungshilfe zu erhalten, um Themen des heutigen Lebens besser bewältigen zu können. Nachdem wir uns eine Weile kennengelernt hatten, legte ich mich auf dem Lager mitten im Raum hin. Monika führte mich ein in eine liebevolle Haltung mir selbst und dem ganzen Universum gegenüber, ließ mich in der Stirn ein helles Licht und einen sehr hohen Ton visualisieren und schickte mich dann in einen tiefen warmen See, in dem ich unter der Wasseroberfläche weiter atmen konnte. Der Grund des Sees sollte so flach sein, daß ich beim Durchschreiten des Wassers mit dem Sonnenlicht in Kontakt blieb. Dann forderte sie mich auf, am anderen Ufer aus dem Wasser zu steigen und zu sehen, wie es dort aussieht. Dieses Eingangsritual benutzten wir in jeder der zehn Sitzungen, die ich mit ihr erlebt habe.
1. Sitzung: Am Ufer steht ein Wald aus Stahl. Ich berichte Monika davon und sofort verwandelt sich dieser Wald in ein Heer aus Soldaten in Rüstung. Ich bin eingeklemmt zwischen Meer und Heer. Monika fordert mich auf, zu der Situation dieses Lebens zu gehen, in der dies

Gefühl entstanden ist und festzustellen, ob ich ein Mann oder eine Frau bin. Zunächst erinnert mich dieses Bild an den Traum, den ich während meiner Primärtherapie hatte. Damals gab es den brennenden Ölteppich auf dem Meer, der meine Zwillingssschwester und mich am „landen“ hindern wollte. Dann fühle ich plötzlich einen mir fremden Frauenkörper um „mich“ herum und sehe mich auf einem brennenden Scheiterhaufen sterben. Monika fordert mich auf, weiter zurückzugehen und ich finde mich wieder in einer heimlichen Versammlung von Menschen, die ein religiöses Ritual in weißen Kleidern zelebrieren. Es ist klar, daß wir von der katholischen Kirche verfolgt werden, besonders von einem Priester. Ich gehe weiter zurück und finde mich als junges Mädchen im Gespräch mit meinen Eltern wieder, die mir vor Augen führen, was mir geschehen kann, wenn ich ihrer heimlichen Glaubensgemeinschaft beitrete. Sie beschreiben mir, daß, wenn man einen Heiligungsweg geht, man automatisch die Verfolgung durch den dunklen Pol auf sich zieht. Trotzdem wähle ich die zölibatäre Askese ohne Fleisch und ohne Alkohol und nehme dies Schicksal an. Monika fordert mich auf, eine Erfahrung mit diesen Eltern zu entdecken, in der es nicht so gekommen ist, wie sie es gesagt haben, damit ich sehe, daß die Dinge nicht zwingend so ablaufen müssen, wie sie es prophezeit haben. Ich sehe, wie sie mir versprechen, immer für mich da zu sein und dabei ihren Tod nicht berücksichtigen. Monika meint, daß der heiligste und der unheiligste Weg zum Tod führt.
Als ich zurückkehre, fühle ich ein mir bekanntes Gefühl zwischen Heiligkeit und Scheinheiligkeit und die alte Frage nach Gut und Böse, die mich schon 37 Jahre begleitet. Einige Tage später löst sich dieser Knoten weiter auf zugunsten der stärker werdenden Ahnung, daß Gut und Böse nicht das Letzte ist, sondern in einer Wirklichkeitsebene aufgehoben sein könnte, die sich außerhalb der Polaritäten befindet.
2. **Sitzung**: Wieder stehe ich dem gerüsteten Heer gegenüber und bin eine Frau. Monika schickt mich zu dem Ereignis dieses Lebens, das das Gefühl von „es geht nicht vor und nicht zurück“ ausgelöst hat. Ich finde mich wieder als sehr arme Mutter schrecklich vieler Kinder. Diese Frau fühlt die feste Überzeugung, daß das Leben so ist und unabänderlich so sein muß. Als Monika mich weiter zurückschickt, sehe ich mich mit meiner Mutter zusammensitzen, die mich ohne viel Worte in dieses Lebensgefühl der Armut und Unabänderlichkeit einspinnt. Wir gehen

weiter zurück und ich sehe mich als Zweijährige im Kinderbett einen Beischlaf der Eltern miterleben. Der Mann stöhnt und grunzt, die Frau liegt apathisch und mit Selbstmordphantasien beschäftigt unter ihm. Ich als das Kind fühle in meinem Bett stehend die Verzweiflung der Mutter mit, bin völlig ohnmächtig, ihr zu helfen und gebe keinen Laut von mir.

Wir beenden die Sitzung an diesem Punkt. Ich bin sehr peinlich berührt und fühle mich an meiner wundesten Stelle gepackt. Zu dem Zeitpunkt verstehe ich dies Bild noch nicht, spüre aber, wie sich in den Tagen danach in großer physischer Tiefe Lösung andeutet. Ich spüre etwas Friedvolles, Sanftes, bisher nicht Gekanntes. Erst viel später, als ich die Arbeit von Stanislav Grof kennenlerne, verstehe ich, daß hier auf der Ebene der zweiten Matrix, der völligen Ausweglosigkeit, ein weiteres kleines Stück des Traumas in Lösung gekommen ist.

3. Sitzung: Ich komme aus dem warmen See als siebenjähriges Mädchen und fühle mich wie gefesselt oder bandagiert. Um mich herum ist totales Dunkel. Langsam teilt sich mir die Umgebung mit. Ich bin das Kind einer Strafgefangenen, die mich in ihrer Zelle geboren hat und ich kenne kein Tageslicht. Meine Mutter ist beinahe verblödet, seelisch und körperlich verwahrlost. Ich kann nicht sterben, weil sie mich festhält. Dann fühle ich, wie sie sich einen Ruck gibt und mich frei gibt. Mein Selbstgefühl hat sich durch den Lichtmangel nie ganz mit meinem Körpergefühl verbunden, sondern ist identifiziert mit einem runden Gebilde um meinen Körper herum, das ich wie phosphoreszierend sehen kann. In dem Augenblick, in dem meine Mutter mich freigibt, löst sich dieses Gebilde, das ich sowieso als „ich" empfinde, leicht von dem gefolterten Körper, der dann in sich zusammenfällt. Ich fliege weg, komme ins Licht und sehe von oben eine toskanische Landschaft. Ich bin aus einer jetzt unter mir sichtbar werdenden Burg gekommen. Ich fühle noch das Elend der vergangenen Jahre in mir, aber auch ein Siegesgefühl, weil ich das geschafft habe, was ich mir für dieses Leben vorgenommen hatte, nämlich mich nicht mit meinem Körper zu identifizieren, obwohl ich einen Körper habe. Monika fordert mich auf, das Glück zu fühlen, im Licht der Sonne zu sein und ich merke, daß ich es kaum fassen kann. Es ist „zu schön, um wahr zu sein". Nach Beendigung dieser Reise fühle ich deutlicher, wie wenig bei mir Körper und Geist bei mir bisher zusammengepaßt haben und lerne durch die drastischen Bilder, diesen Tatbestand tiefer zu verstehen. Wieviel hat meine Körpertherapie und das Singen da schon verändert und ins Gleichgewicht gebracht! Aber auch die nächste Sitzung gibt mir weiteren Einblick und zeigt mir, daß der Komplex des Körper-Seele-Zusammenhangs mich sehr beschäftigt.

4. Sitzung: Am Ufer des Sees steht ein sonnendurchfluteter Wald. Ich bin ein Mann, eine trapperähnliche Gestalt, braungebrannt, untersetzt, kräftig, allein, alle anderen sind tot. Es hat einen Kampf gegeben, bei dem er sich versteckt hatte und alle anderen umgebracht worden sind. Er hat schreckliche Schamgefühle, ich, Petra, auch, ich sperre mich gegen diesen „Film". Monika fordert mich auf, zurückzugehen zu dem Zeitpunkt in diesem Leben, als dieses Schamgefühl entstanden ist. Ich sehe eine gutbürgerliche Familie in England. Der Vater ist nie da, die Mutter kränklich, es gibt einige Tanten, es geht sehr formal zu. Monika fragt nach den Schamgefühlen und als der Sohn dieser Familie schäme ich mich für meinen zarten weißen Körper. Ich werde oft ausgelacht von anderen Kindern, weil ich nicht gut im Turnen bin. Meine Mutter hat mich in eine furchtbar enge Beziehung eingewikkelt, ich muß neben ihr in Vaters Bett liegen, wenn sie Migräne hat, nur dann kann sie einschlafen. Die Mutter sagt immer wieder: „Gut, daß ich wenigstens dich habe!" und „Wir sind uns ja so ähnlich!" Ich verachte mich selbst, weil ich mich nicht wehre, nur einmal heimlich versuche, unter der Bettdecke weg zu schleichen, aber meistens in eine Lähmung verfalle und mich eiskalt fühle, leer und sinnlos. Monika fordert mich auf, zum Augenblick meines Todes zu gehen. Ich werde sofort wieder der Trapper, der auf einem Pferd neben einer Büffelherde reitet. Ich werde abgeworfen und gerate unter die Hufe der Tiere. Sie bohren sich in meinen Körper, dann trifft mich eines an der Schläfe. Monika sagt: "Spüre die Seele und ihr Gefühl jetzt." Meine Seele hat Mitgefühl mit dem Mann, der sich so hart gemacht hat wegen seiner Kinderfeigheit, der sich sogar beim Überfall versteckt hat, statt seine Leute zu verteidigen. Meine Seele weiß, daß der Tod durch die Büffelhufe etwas von der Versteinerung auflösen sollte, die aus seinem Selbsthaß entstanden war. Monika fragt mich, ob ich noch etwas wissen möchte von diesem Leben. Mich interessiert, wie dieser Mann von England nach Amerika gekommen ist. Ich sehe einen Rechtsanwalt, der von einer Gruppe von Auswanderern um seine Begleitung gebeten worden ist.

Seine Absicht war ursprünglich, nach England zurückzukehren. Nach dem Tod seiner Schutzbefohlenen hat er das Trapperleben als eine Art Sühne und Selbsterziehung gegen seine Feigheit gewählt.

5. Sitzung: Das Ufer des Sees zeigt eine österreichische oder schweizerische Landschaft. Ich bin eine alte Frau, die im Sommer in einer Almhütte in der Nähe lebt und im Winter in einem etwas entfernten Dorf. Sie wirkt schattenhaft, allein, depressiv. Monika fragt mich, wie das kommt. Sie hat lauter Totgeburten zur Welt gebracht und beim vierten Mal hat ihr Mann sie voller Enttäuschung verlassen. Ich als diese Frau spüre meine Ambivalenz den werdenden Kindern gegenüber. Die Geburten hatten sich als eine Mischung aus Ekstase und Verzweiflung gestaltet, königlich und selbstbewußt im Erfüllen der ewigen Aufgabe, hemmungslos dieser großen Lebenswelle hingegeben. Ich sehe jetzt Bilder von einem kleinen dunklen Raum, ich liege in den Wehen und einige Frauen meines Dorfes sind da. Irgendwie geht es mir mehr um den Akt des Gebärens als um das zu gebärende Kind. Mir, Petra, wird das langsam peinlich, dieses von innen Aufgebrochen werden so wollüstig zu erfahren. Ich sehe mich als diese Frau, dem gewaltigen Lustschmerz schreiend und tief hingegeben. Welle, Pause, Welle, löse ich mich in diesen Vorgang und diesen Rhythmus hinein auf. Alles andere ist egal, sogar das Kind. Die Frauen um mich sind erschrocken über die Hemmungslosigkeit meines Ausdrucks. Von solcher Intensität kann ich, Petra, nur träumen.....Als die Gebärende fühle ich dann große Trauer und Wut, als das Kind tot ist. Monika sagt: "Schau, wo in diesem Leben diese Extraversion angelegt worden ist." Ich rutsche in ein zweijähriges Kind und sehe eine aristokratische Umgebung, in der meine Kinderseeele „verlorengegangen" ist.

Nach meiner Rückkehr werde ich sehr traurig und fühle einen großen Widerstand gegen diese „Filme". Ich finde sie Karl-May-mäßig, fühle mich ertappt und überführt und weine doch, weil ich mich so sehr als „ich selbst" fühle und nicht, wie sonst oft, mehr von der Außenwelt als von mir selbst spüre. Welche verheerenden Folgen hat diese erdrükkende Zeit der Zwillingsschwangerschaft gehabt! Und ich begreife, daß mein Bewußtsein mir jetzt zeigt, wie ich durch intensiven Selbstausdruck mehr Balance zwischen der Innenwahrnehmung und der Außenwahrnehmung finden kann. Gleichzeitig sehe ich, daß gerade auch die

physischen Erfahrungen in einen geistigen und beabsichtigten Kontext hinein zu gehören scheinen, den ich noch nicht begreife.
Sehr geschafft und voller Fragen gehe ich von Monika aus mitten in den dichten Autoverkehr Hamburgs hinein.
6. **Sitzung**: Ich komme aus dem See und finde mich in einer Savannenlandschaft in Afrika wieder. Ich fühle, daß ich eine Gazelle bin, geschmeidig und weiblich. Ich knuspere das trockene Gras, stehe etwas entfernt von meinem Rudel und fühle mich wohl. Mein Gazellenleben ist sorglos und elegant, sanft und gut beschützt durch meine Zugehörigkeit zu einer kleinen Herde. Ich habe meistens keine Angst, auch wenn manchmal eine Löwin kommt. Jetzt taucht eine Löwin auf und peilt mich an. Selbst jetzt habe ich keine Angst und will mich einfach dem Tod überlassen. Alles ist leicht. Monika sagt: Geh` zu dem Augenblick, als die Löwin angreift." Ich spüre ein Zusammenziehen in meinem Skelett, ein Einfrieren, dann rennt das Skelett mit mir wie verrückt los. Alles um das Skelett herum bleibt in der Widerstandslosigkeit und will es so geschehen lassen, nur das Skelett hat diesen maßlosen Überlebenswillen, sagt „nein" zum Tod. Das Rennen ist besinnungslos, sinnlos und verzweifelt. Die Löwin ist ganz dicht neben mir, die Zeit dehnt sich aus, es kommt mir etwas wie harter Gegenwind entgegen, als sich der Rennimpuls so verselbständigt. Dieser Zustand des völligen Überdrehtseins ist sehr unangenehm. Ich, Petra, erkenne diesen Zustand wieder, der mir so vertraut ist, daß es schon wieder langweilig ist: Starr vor Angst, Knochen wie aus Plastik, abgespaltener Wahnsinn. Hab´ ich keine Lust mehr drauf. Monika fordert mich auf: "Geh´ da ganz rein, schau es dir genau an!" Plötzlich fühle und höre ich das Trappeln meiner Füße auf dem Boden, das Überdrehtsein ist weg, ich bin drin in mir, wie eingebrochen in mich selbst. Das dauert nicht lange, denn jetzt reißt die Löwin mich nieder, bohrt ihre Tatzen in mein Hinterteil und beißt in meinen Nacken. Alles wird schwach. Monika sagt: "Schau, wie die Seele sich löst." Ich weigere mich, weiter hinzuschauen, mein sanftes Gazellenleben war so schön! Monika fragt: "Wie kannst du das angesichts der Geschehnisse sagen?"
Ich erkenne meine Neigung wieder, mich der Auseinandersetzung mit dem Tod zu verweigern, das Ende von Erfahrungen nicht haben und nicht spüren zu wollen. Der Tod ist in meine Knochen verbannt, nicht mehr so wie vor 10 Jahren, als meine Knochen sich wie mit Eis überzo-

gen anfühlten, aber immer noch müssen sie anscheinend als Müllabladeplatz für Unbeliebtes herhalten.

7. Sitzung: Ich komme aus dem See und sehe einen großen Wasserbüffel vor mir am Ufer. Ich bin eine junge schlanke Frau, bin in helle und fließende Stoffe gekleidet, die wie eine römische Tunika aussehen. Der Büffel ist mein Reittier, wenn ich ihn rufe, kommt er zu mir. Ich sehe mich reiten, im Galopp am Ufer entlang, ich schwebe, fliege beinahe, voller Vertrauen. Dann stolpert der Büffel und stürzt nach vorne. Ich falle auch nach vorne, auf eines seiner Hörner, das sich in meinen Magen bohrt. Er versucht mich abzuschütteln, aber das Horn bohrt sich noch tiefer in meinen Körper. Meine Kraft läßt nach, ich spüre den Blutverlust, fühle mich sterben. Dieser Tod war ein Versehen, ich bin traurig und verwirrt, als ich meinen Körper vor mir sehe. Die Seligkeit des gemeinsamen Rhythmus war so groß! Ich war voller Vertrauen, es war alles leicht und angenehm wie in dem Gazellenleben. Meine Vertrauensseligkeit läßt mich nicht schnell genug reagieren, es gibt keinen Widerstandsreflex. Die Menschen, zu denen ich gehört habe, kennen die großen Zusammenhänge des Lebens und sind stolz auf ihr Wissen. Es gibt hier viel Selbstvertrauen, vielleicht auch Überheblichkeit? Das Stolpern des Büffels hat mich von einer Hochstimmung in die totale Fassungslosigkeit gebracht. Monika fordert mich auf, mehr von dem Schmerz zu fühlen. Ich, Petra, werde aggressiv und hilflos, es geht nicht besser. Alles wird dunkel, ich lache trotzig, mein augenblickliches Gefühl erinnert mich daran, wie ich mich manchmal fühle, wenn es mit dem Orgasmus nicht klappt.

8. Sitzung: Wir sprechen zunächst über Fühlen. Ich sage, daß ich immer in Fetzen fühle und mir statt dessen eine fließende Erfahrung wünsche. Monika fragt mich, was ich in der Büffelgeschichte wohl gefühlt hätte, wenn ich Kontinuität zugelassen hätte. Ich sage, Entsetzen und Traurigkeit, vor allem aber Kontakt, den Büffel fühlen und nicht schweben. Ich erzähle ihr, daß ich mich allein mit mir häufig nicht als ich selbst fühle. Dann gehen wir wieder auf die Reise.

Ich trete ans Ufer und sehe einen lichtdurchfluteten Buchenwald. Es ist ganz still, keine Vögel, kein Rauschen. Ich kann nicht feststellen, wer sieht. Ich schaue an mir herunter und sehe nichts. Habe ich keinen Körper? Ich stecke irgendwie fest. Monika sagt:" Geh zurück zu dem letzten Ereignis." Es geht nicht. Nur Stille, Körperlosigkeit, nicht fassen Können, kein Atmen. Monika fordert mich beharrlich weiter auf, zu dem Ereignis zurückzugehen, das mich in diesen Zustand versetzt hat. Plötzlich steht da ein Holzhaus, aus dem Licht fällt. Ich schaue durchs Fenster und sehe eine Stimmung eines Bildes von E. Munch: Tote Mutter umringt von Familie. Ich kann mich nicht erinnern, was los ist, weiß aber, daß ich damit zu tun habe. Monika: „Geh´ weiter zurück." Ich gerate in den Körper der liegenden Frau und erlebe mich im Vorgang des Gebärens (schon wieder!). Ich fühle mich stark und freue mich auf das Kind. Plötzlich reißt etwas in mir und ich blute in Strömen. Ich sehe und fühle wie das Leben sehr schnell aus meinem Körper herausströmt. Ich bin bestürzt und sehr traurig. Mit dem herausströmenden Leben sinkt die Energie, wie bei einem Orgasmus, nur umgekehrt. Als Petra spüre ich, daß hier mein Lebensnerv getroffen ist, daß das, was geschieht, sehr wichtig ist für mein heutiges Leben. Es ist, als würde hier ein innerer Tod meines jetzigen Lebens in Bildern beschrieben. Dann fällt mir ein: „Ich habe keine Schuld. Dieser Tod geschieht aus Versehen. Ich habe keine Chance." Bei Schuld und Strömen von Blut geht meine Assoziation zu Jesus, an dessen Strömen von Blut ich immer mitschuldig gewesen sein sollte. Jetzt berührt mich ganz tief der Gedanke „Unschuldig". Ich bin nicht an allem Schuld! Ich bin auch unschuldig! Mein „Lebensstrom", kann es sein, daß er in mir versiegt ist, als ich lernte, mich ständig schuldig zu fühlen? Unschuldig sein wird ein ganz neues Gefühl sein, wenn es endlich ganz und gar in mir Fuß fassen darf!

9. **Sitzung**: Ich komme ans Ufer und bin auf der Insel Juist. Ich bin körperlos, habe mich umgebracht durch immer weiteres hinaus Schwimmen. Neben mir ist ein Mann, der sich traurig und einsam fühlt. Mein Mann. Ich komme nicht weg von ihm und auch nicht heran an ihn. Genau wie in unserem Leben. Er ist ein grüblerischer Einzelgänger. Notar, viel Geld, viel Papier, gediegenes Haus, wir haben keine Kinder. Es gibt einen festgelegten gesellschaftlichen Lebensrahmen, wir sind wie Schachfiguren. Eine Scheidung kommt nicht in Frage. Wir machen Urlaub auf Juist. Es gibt keine Gespräche, Todesnähe ist ein Lebensstil geworden. Aufgrund von Monikas Aufforderung gehe ich zurück in meine Kindheit und komme in ein Hamburger Bürgerhaus mit Stuck an der Decke und einer Privatbibliothek. Ich bin zehn Jahre alt, mein Vater ist gut sechzig Jahre alt. Meine Mutter hat sich auch schon umge-

bracht. Sie war verliebt in den Tod. Ich gehe weiter zurück und sehe meine Mutter, wie sie mich mit ihrer Traurigkeit vollstopft. Sie hat ihren Kopf in meinen Schoß gelegt, weint und will sterben. Alles ist sinnlos. Ihr Körper fühlt sich klebrig und schwer an, keine Spannung ist darin zu spüren. Eine Welle von Schwere ergreift mich, weil ich so ohnmächtig bin. Auch meine Körperspannung wird erdrückt. Ich sehe, wie meine Mutter in einer anderen Situation auf mich zukommt und mir Fürsorge anbietet, nur um anschließend die Energie wieder auf sich selbst zu ziehen.
Ich, Petra, steige abrupt aus diesen Bildern aus und berichte, wieviel davon ich schon aufgelöst habe. Monika spricht geduldig eine Weile mit mir darüber und dann gehen wir noch einmal los.
Ich komme ans Ufer und bin ein lautes kerniges Mädchen, Pipi-Langstrumpf-Typ. Ich finde es zu Hause langweilig und will ins Internat oder Geschwister haben. Die Mutter beißt verzweifelt auf ihr Taschentuch, der Vater klagt die Mutter an, daß es soweit gekommen ist, daß das Kind weg möchte. Dann ändert sich etwas: Die Mutter gibt zu, daß es so ist, wie der Vater sagt und findet sich bereit, mich in ein Internat zu geben. Sie selber will einen Kunsthandel anfangen. Am Schluß freuen sich alle über den Zugewinn an Lebensqualität. Monika schickt mich noch einmal mit diesem Wissen nach Juist in den Urlaub mit dem Rechtsanwalt. Ich sehe mich als die Frau vor ihm stehen und ihn durchschütteln. Ich höre mich schreien, daß ich das so nicht mehr weiter mitmache. Bei meiner Rückkehr fühle ich mich sehr aufgewühlt durch den Kontrast zwischen diesen beiden Zuständen, zwischen der ausweglosen Lähmung und dem darauffolgenden kämpferischen Mitteilen, wie mir zumute ist.
In der Sprache Stanislav Grofs könnte man sagen, da hat ein Wechsel von der zweiten zur dritten Geburtsmatrix stattgefunden.
10. Sitzung: Ich komme ans Ufer und fühle mich wie angewurzelt. Ich habe ein intensives Körpergefühl, wie ein Baum. Dann bemerke ich: Ich bin ein Baum, eine ausgewachsene Kiefer! Ich fühle eine tiefe Befriedigung, keiner bringt mich von dieser Stelle! Es ist kein Mensch da, nur der Wind, ein tolles Gefühl, einfach nur eins und einfach zu sein. Ich habe weit ausladende Zweige, mein Stamm ist kerzengerade und ich fühle mich hoch aufgerichtet, ohne Bruch, wunderbar. Meine Wurzeln fühle ich nicht wirklich, ich stehe eher wie in einem Ständer für einen

Weihnachtsbaum. Trotzdem fühle ich mich lebendig, nicht wie in einem Schraubstock. ich stehe etwas abseits von den anderen Bäumen, das finde ich ganz gut so. Dann kommen Waldarbeiter und sägen mich um. Monika fragt, wie die Seele sich fühlt. Ich sage, wie nackt ausgezogen. Ich will nicht, daß mein Holz für andere verarbeitet wird, lieber möchte ich, daß es im Wald vermodert... Ich spüre, daß ich mit dieser Haltung etwas verhindere, was ich nicht erkennen kann. Plötzlich verändert sich das Bild: Es taucht ein Felsbrocken auf, der- so fühle ich es, auch wenn ich es nicht verstehe- die Mitte meines Seins besetzt. Er ist kantig und dabei rund, größer als ich. Plötzlich bin ich der Felsbrocken. Ich als der Felsbrocken verhindere alles Weiche, Flüssige, Warme, Liebevolle. Ich bin nur im Weg. Ich bin sehr mächtig und sehr ohnmächtig, denn ich kann mich nicht kleiner machen. Alles verschwindet in diesem riesigen Felsen, nichts bleibt übrig, nichts bewegt sich. Plötzlich geschieht wieder eine Veränderung, ich lande als Petra im Bauch meiner Mutter: Hier gehört dies Gefühl hin, im Weg zu sein, zu groß zu sein, meiner Mutter den Platz fürs Essen und für ihre Gedärme wegzunehmen! Der Felsen ist wie die ohnmächtige Mächtigkeit, mit der wir drei Opfer und Täter aneinander sind. Alle drei fühlen sich extrem bedroht und keine von uns gibt nach. Ich habe zum ersten Mal Mitgefühl mit meiner Mutter. Monika schickt mich weiter nach vorne und ich erlebe, wie ich mit meiner kleinen Schwester spiele und unsere Mutter draußen darüber lacht. Alle drei sind in Bewegung.

Nach diesen zehn Sitzungen hatte ich erst einmal genug von diesem wiederholten Leben und Sterben. Die Wirkungen in meinem Bewußtsein hielten an: Weniger Depression, mehr und intensiverer Selbstkontakt, Anfänge einer Integration des Bewußtseins meiner Vergänglichkeit, weitere Relativierung der Gut-Böse-und Täter-Opfer-Polarisierung in meiner Persönlichkeit. In der Begegnung mit Monika Tafel habe ich eine heilende Erfahrung mit einer warmherzigen spirituellen Frau gemacht. Ihr habe ich mich vielleicht so tief anvertraut wie bis dahin keiner Frau außer meiner Schwester.

ANDERE TRANSPERSONALE ERFAHRUNGEN

Ich möchte noch einige Beispiele geben, wie ich Transpersonalität in meinem Alltag erlebe.

In meiner Arbeit mit Klienten kenne ich z.B. ein unterschwelliges Bündnis mit einem unbewußten Teil meines Gegenübers. Dies ist der Teil, der sich in dem Menschen für Heilung und Integration einsetzt und den Weg für diesen Menschen kennt. Wenn eine Person nichts lieber will als zu gesunden, auch um den Preis, daß ihr Selbstbild erhebliche Korrekturen einstecken muß, erlebe ich diesen Kontakt telepathisch. Ich bekomme Ideen, Bilder, Fragestellungen herüber"gefunkt", die es enorm erleichtern, auf den „wunden Punkt" zu kommen. Das ist vor allem in den Anfangssitzungen sehr hilfreich, wenn der mir gegenüber sitzende Mensch selber noch große Angst hat vor seinen eigenen Tiefen. Später erlebt er dann selber mit großem Staunen, was da alles in ihm wach wird und nach Erkannt- und Integriertwerden ruft.

Synchronizität ist ein Phänomen, das C.G. Jung bekannt gemacht hat. Dabei geht es um die unmittelbare energetische Verbindung zwischen der materiellen Welt und dem Seelen- und Geisteszustand eines Menschen. Jung´s berühmtestes Beispiel ist das Stehenbleiben von Uhren im Augenblick des Todes eines Menschen. Nachdem ich 17 Jahre lang Gelegenheit habe, das Innenleben von Menschen zu erforschen und gleichzeitig ihre äußeren Lebensumstände zu erfahren, gehe ich davon aus, daß Leben sich überhaupt in Synchronizitäten von außen und innen ereignet. Ob das Wohnhaus fertig oder eine Baustelle ist, ob die Kinder ständig streiten, ob der Keller voller Gerümpel ist oder aufgeräumt, ob es einen Autounfall gibt und wie er abläuft, alles scheint unmittelbar auf die innere Situation der Betroffenen hinzudeuten bzw. auf das tiefe Beziehungsgeflecht der Beteiligten. Wenn man übt, in morphogenetischen Feldern zu denken, wird das Erkennen und Beschreiben dieser Zusammenhänge immer leichter. Da ich mein Leben und die Synchronizität zwischen äußeren und inneren Ereignissen auch unter Zuhilfenahme der Astrologie seit vielen Jahren betrachte, merke ich, wie mein Blick dafür immer schärfer wird. Synchronizität als Phänomen hängt anscheinend nicht am Bewußtsein des Menschen, wohl aber das Bemerken derselben. Und das Bemerken führt dann allmählich dazu, daß immer mehr Dinge sich reibungslos und positiv ereignen können. Ganz praktisch habe ich jahrelang geübt, mit folgender Bewußtseinseinstellung durch meine Tage zu gehen: Ich übernehme für alles, was mir geschieht, die Verantwortung. Jeder Verkehrsteilnehmer, jede neue Klientin, die in mein Haus kommt, jeder Streit mit meinem Partner, jede Katastrophe (wie die Kündigung meiner Beraterinnentätigkeit z. B.) haben einen unmittelbaren sinnvollen Bezug zu meinem Inneren, stehen in einer psychophysikalischen Resonanz mit mir. Es gibt draußen keine Schuldigen mehr, sondern es gibt Resonanzen zwischen mir und dem Außen, die genau dieses Geschehen sinnvoll und notwendig machen. Je länger ich mit dieser Perspektive lebe, desto schneller kann ich aus Situationen die angemessenen Schlüsse ziehen und ein langer Aufenthalt in einer konflikthaften Situation ist meistens unnötig. Das ist, mit anderen Worten, noch einmal dasselbe, was ich im Zusammenhang mit der Astrologie beschrieben habe: Je zuvorkommender ich mit dem Leben bin, desto zuvorkommender geht das Leben mit mir um.

Ein weiteres Phänomen, das ich aus eigener Erfahrung kenne, ist das Abrufen von Wissen aus meinem eigenen Unbewußten oder woher auch immer es kommt. Meistens bin ich zu stolz dazu und schäme mich dafür, aber wenn ich mich richtig in einer Sackgasse fühle, dann setze ich mich hin, lege Tarot - Karten und/oder schreibe automatisch. Die Resonanz mit den Karten ist frappierend, da in der Regel die Information, die damit verbunden ist, genau das trifft, was mir an Wissen über mich gerade fehlt, sprich, was unbewußt ist. Das automatische Schreiben erlebe ich so, daß es eine Stelle direkt an meinem Bauchnabel gibt, die, wenn ich auf „Empfang" schalte, ganz heiß und hell wird. Ich fühle, wie mit den Worten, die ich schreibe, eine große Liebe verbunden ist, die aus einer anderen Quelle als mir selbst zu kommen scheint. Immer sind die Inhalte, die ich schreibe, sehr liebevoll, differenziert, klärend und ermutigend und bezogen auf die Frage, die mich gerade bewegt. Zapfe ich ein morphogenetisches Feld an, in dem es „höheres Wissen und höhere Liebe" gibt, als ich sie mir bis jetzt als mir selbst zugehörig vorstellen kann? Erfahre ich seine Qualität als mir nicht zugehörig, weil mein Selbstbild noch nicht voluminös und positiv genug ist, um diese Ebene zu umschließen? Habe ich „Geisterkontakt" ? Ich weiß es nicht genau, bin aber auch deshalb sehr sparsam im Benutzen dieser Möglichkeit, weil ich nicht von Fremdinformation überflutet werden möchte. Ich bin viel zu neugierig auf mich Selbst,

was für mich bedeutet, meiner immer mehr sich vervollständigenden Ganzheit einen starken Persönlichkeitsrahmen zu geben. Dafür möchte ich mich nicht mehr als nötig auf fremde Hilfe stützen.
Zum transpersonalen Erleben gehören für Grof ebenso Ahnenerfahrungen. In diesem Sinne habe ich damit, daß ich mit meiner Mutter, Großmutter und Urgroßmutter Gestalttherapie gemacht habe, schon vor vielen Jahren transpersonale Ebenen betreten. In der Sprache der morphogenetischen Felder habe ich das Familienfeld kontaktiert und neue Information eingegeben. Da mein Leben sich entscheidend aus dem Familienfeld speist, hat mir diese Arbeit ermöglicht, in vieler Hinsicht konstruktiver zu leben.

EVOLUTION BETRACHTE ICH ALS VERBINDUNG UND WEITERENTWICKLUNG VON MORPHOGENETISCHEN FELDERN, SOWOHL IN MIR ALS PERSON ALS AUCH IN DER MENSCHHEIT

Jetzt möchte ich noch einmal in die kollektiven Strömungen unserer Zeit zurückkehren, Aus meiner Sicht deutet sich in ihnen gut sichtbar an, daß wir Grund haben, davon auszugehen, daß, Teilhard de Chardin, Rupert Shaldrake und Ken Wilber und Stanislav Grof zusammen betrachtet, wir auf einen großen Zeitpunkt unserer Menschheitsgeschichte zugehen. Im normalen Alltagsgeschehen unter dem Einfluß einer Journalistik, die sich nur spärlich um positive Berichterstattung bemüht, wird leicht übersehen, wie viele Entwicklungen ganz unspektakulär von einer wachsenden Reifung der Menschheit zeugen. Dahin möchte ich das Augenmerk lenken.
Aus meiner Sicht deutet sich überall um uns herum schon an, daß immer mehr bisher voneinander getrennt arbeitende Felder des Wissens und Erfahrens - und hier können wir sehen, daß wir längst auch ohne wissenschaftliche Beweise in Feldern zu denken gewohnt sind - neue Verbindungen eingehen und Synthesen bilden, die in ihrer Qualität eine neue und höhere Ebene der Information schaffen. Ich möchte auf den folgenden Seiten dazu Beispiele bringen, wo ich meine zu erkennen, daß die Grenzen zwischen bisher abgegrenzten Feldern unscharf werden. Sie sollen deutlich machen, daß wir den Vorgang einerseits als ganz normal empfinden, ohne daß wir uns im Alltag mit seinem Standort und

seiner Bedeutung im größeren Entwicklungsprozeß beschäftigen. Schöpfung geschieht ständig, so sehe ich es inzwischen und mit dieser Sicht möchte ich auf den nächsten Seiten vertraut machen. Ich möchte an meiner Erfahrung teilhaben lassen, die ich unter anderem beim Singen mache und die sich auch kollektiv beobachten läßt: scheinbar widersprüchliche Ebenen und getrennt funktionierende Felder gehen eine Verbindung ein und reichern dabei morphogenetische Felder an.
Konrad Lorenz sagte einmal, daß wir die Stufe zwischen Tier und Mensch sind. Werden wir Menschen in seinem Sinne, wenn "Gott in uns erwacht" ? Werden wir Götter?

Es entsteht eine wachsende globale Verbindung zwischen Ost und West

Der Fall der deutschen Mauer zwischen Ost und West ist ein besonders festes Symbol für den Vorgang der Auflösung hinderlicher oder feindlicher Abgrenzungen. Auch feiner, geistig fallen die Mauern zwischen Ost und West zugunsten von Austausch von Information. Die westliche Kultur hat den Osten erreicht und die östliche den Westen. Wir üben uns in Judo, Yoga und Meditation, hören Vorträge vom Dalai Lama und anderen buddhistischen Lehrern und lesen Bücher über das Tao und über Wiedergeborene Meister des Ostens. Es gibt wachsende Zusammenarbeit mit und zwischen einzelnen Staaten des Ostens und des Westens, wobei sich der Osten langsam aus den ideologischen Strukturen des Kommunismus herauslöst. Kurz: Der Osten lernt vom Westen das "money making" und der Westen lernt „Sitzen". Harrie Salman, niederländischer Kulturphilosoph und Soziologe, weist in seinem Buch "Die Heilung Europas" den Europäern die Aufgabe zu, eine eigene selbstbewußte Position zwischen Amerika und Rußland einzunehmen, sich als Kulturträger und nicht einfach als Wirtschaftsgemeinschaft zu verstehen und vor allem West- und Osteuropa miteinander zu verbinden. Zur Begründung seiner Vision greift er tief in die europäische Geschichte hinein, was mich beim Lesen elektrisiert hat.

Die Grenze zwischen Fachleuten und Laien wird unscharf.

Die Welt der Psychologie hat sich, einem Ferment gleich, in das Alltagsbewußtsein der Normalbürger eingeschlichen. Immer weniger Menschen sind erstaunt, wenn von Verdrängung die Rede ist. Die meisten Bürger wissen, was eine Rationalisierung ist und daß wir alle laufend projizieren, erstaunt niemanden mehr. Das „kollektive Unbewußte" wird als nebulöses Etwas genauso geduldet wie der Ödipuskomplex. Psychologie ist keine Geheimlehre mehr, sondern ein normaler Bestandteil des Denkmobiliars. Psychologische Beratung anzunehmen war zu Beginn meiner Beraterinnentätigkeit 1981 noch eine ziemliche Blamage und die Ratsuchenden waren froh, daß eine Tür an der Rückseite des Hauses zu unserer Beratungsstelle führte, so daß sie in der Einkaufszeile nicht gesehen wurden, wenn sie zu uns gingen. Heute, 18 Jahre später, kommen die Mitarbeiter kaum hinterher und wenn nicht auf allen Sektoren gespart werden müßte, wären längst mehr Fachkräfte eingestellt worden, um den Bedarf an Beratung und Therapie zu decken. Der größere Beratungsbedarf liegt nicht daran, daß heute mehr Menschen psychologische Hilfe brauchen als vor 18 Jahren. Es ist so, daß immer weniger Menschen von sich glauben, daß sie verrückt sind, wenn sie Therapie machen oder eine Beratung in Anspruch nehmen. Sie scheinen zu erkennen, daß es ein Zeichen von Intelligenz ist, auch im seelischen Bereich dazuzulernen.

Menschen wollen erforschen, wie ihr Leben und Zusammenleben besser gelingen kann. In Bibliotheken, Buchhandlungen, durch Kurse und seit Neuestem durch das Internet steht jedem, der es haben möchte und bezahlen kann, ein weltumspannendes Wissen zur Verfügung. Überall trifft man auf Menschen, die engagiert dabei sind, Erfahrungen zu machen, statt irgend etwas zu glauben. Sie erfahren ihre Seelen, lassen sich auf Therapien, Volkshochschulkurse und Seminare ein, um ihr Wissen zu erweitern, sich selber kennenzulernen und ein erweitertes Verständnis von sich und dem Leben zu entwickeln. In den Buchhandlungen nehmen die Ressorts „Heilen, Sich besinnen, Psychologie, Natürlich leben, Esoterik" usw. einen nie dagewesenen Raum ein.

Rupert Sheldrake fordert in seinem Buch „Sieben Experimente, die die Welt verändern könnten" seine Leser dazu auf, ihm die Ergebnisse ihrer Forschungen mitzuteilen. Dabei geht es u.a. um telepathische Kontakte zwischen Haustieren und ihren Besitzern und um den Seele-Körper-Zusammenhang, z.B. im Zusammenhang mit Phantomschmerzen. Wir werden im großen Stil Fachleute des Lebens.

Die Grenze zwischen Herrschenden und Beherrschten wird unscharf

Überall werden Wissensverwalter entmythologisiert. Die Kirchen sind leer, weil die Zeiten, in der Menschen wie Schafe auf die Weide der Erlösung durch Ideologie geführt werden wollten, anscheinend vorbei sind. Sie wollen keine Lösungen mehr vorgesetzt bekommen. Nur da, wo echte Lebenshilfe geboten wird, kommen Menschen wirklich zusammen. Der Dalai Lama diskutiert mit SPIEGEL-Redakteuren über die Möglichkeit, daß er vielleicht der letzte Dalai Lama ist (SPIEGEL Nr. 16, 1998) und das mögliche Ende des Papsttums darf auch öffentlicher Diskussionsstoff sein. Der „mündige" Patient ist ein Schrecken eines jeden Arztes, der seine Patienten noch mit Rezepten abspeisen will. Statt dessen bringen die Patienten ihren Ärzten Bücher über Psychosomatik und über Naturheilverfahren mit ins Sprechzimmer und wollen, daß sich ihr Arzt damit beschäftigt.

Ein Diktator nach dem anderen muß abdanken, weil die Menschen ihr Leben nicht mehr für Ziele opfern wollen, die außerhalb des gesunden Menschenverstandes liegen. Das beherrscht Werden von jemandem, der das eigene Land auspreßt statt es zu repräsentieren, scheint sich immer weniger selbstverständlich anzufühlen.

Die Grenze zwischen religiösem und säkularem Leben und religiösem und säkularem Forschen wird unscharf

Bis vor zwanzig Jahren gab es eine Sonntags- und eine Alltagswelt. „Gott" war für den Sonntag zuständig, der Mensch für den Alltag. Reflexion, Gespräch, Meditation sind Elemente, die langsam aber sicher unseren Alltag durchdringen.

Heute gibt es nicht mehr nur den Biochemiker, sondern, wie ich kürzlich irgendwo hörte, auch den Psychophysiker. Die Physik als eine exakte Wissenschaft hat sich in den Bereich der Unschärfe hinein entwickelt. Eigentlich ja schon seit den zwanziger Jahren, nur die orthodoxen Physiker halten noch an ihren Dogmen fest und das Kollektiv wird nicht genau genug informiert. Aber die, die ganz vorne sind, treffen sich plötzlich in einer Dimension mit „Spinnern". Sie treffen sich mit denen, die sowieso schon lange vertraut damit sind, daß Wirkungen auf Ebenen zwischen Menschen, Tieren und Dingen geschehen, die mit grobstofflichen wissenschaftlichen Methoden nicht erfaßt werden können, für die das „Netz der Wahrnehmung", das wir bisher benutzt haben, um Wissen einzufangen, viel zu grobmaschig ist. Die vier Männer, auf die ich mich hauptsächlich bezogen habe, gehören zu der neuen Spezies von Wissenschaftlern, die auch Mystiker sind. Sie wissen, daß der Forscher nicht getrennt werden kann von Forschungsobjekt und versuchen auch nicht mehr, so zu tun, als ginge das.

Die Grenze zwischen Unterhaltung und Lernen wird unscharf

Die klassische Musik begibt sich in Scheunen und veranstaltet Festivals für eine breite Öffentlichkeit. Musical-Halls in Europa und Amerika verbreiten mythologische Stoffe und wecken die Freude an klassischen Stimmen in breiten Bevölkerungsschichten. In den Kinos, die manchmal so groß wie Kathedralen sind, laufen immer mehr Filme über mystische Inhalte und kardinale Lebensfragen. Engel, Verstorbene und Außerirdische, die im Leben der Menschen mitmischen, sind selbstverständlich. Von jungen Leuten wird auf der Leinwand Unterricht in ethischen Fragen, Sinnfragen und die kritische Reflexion von Männer- und Frauenrollen gerne angenommen. Sie würden sich wohl nie unter eine Kanzel setzen. Musiksendungen informieren über die Biographie und die innere und äußere Lebenssituation von Komponisten und Interpreten. Offenbar reicht es den Hörern nicht mehr, die Musik zu hören, ohne auch Hintergrundinformation über die Komponisten und ihre Einbindung in ihre Zeit zu bekommen. Kinder wie Erwachsene lernen "spielend" am Computer, so daß Spiel und Ernst fließend ineinander übergehen.

Die Kluft zwischen Institution und Individuum löst sich immer mehr auf

Nicht nur die Kirchen, sondern auch die Gewerkschaften, Parteien und sogar die Bundeswehr ringen um „Mitglieder". Es sind Institutionen, in denen die Person um ihre Einzigartigkeit gebracht wird und so getan wird, als gäbe es nur das übergeordnete Anliegen, dem sich die Person unterzuordnen hat. Wir unterwerfen uns keinen Institutionen mehr, nicht der Kirche, nicht der Gewerkschaft, nicht dem MiIitär. Sie sind nicht mehr zeitgemäß, denn die innere Notwendigkeit, sich selbst zu verwirklichen, hat das Kollektiv erreicht und es läßt sich nicht beirren. Selbsthilfegruppen sind an die Stelle von Versorgungs- und Fürsorgemaschinerien getreten, personorientierte Psychotherapien an die Stelle von Bewahrungsanstalten. Theodore Roszak zeigt, wie sich überall Strukturen durchsetzen, die den Menschen als Person würdigen und ihm persönlich zur Entfaltung verhelfen. (Mensch und Erde.... S. 25 ff)

Auch die "Institution Krieg" wird immer schwächer. Die großen Kriege sind vorbei, nicht aber das kriegerische Potential in uns. So bekommen selbst die Kriege inzwischen eine persönliche Note. Wir kämpfen gegeneinander um Arbeitsplätze und „töten" uns gegenseitig am Arbeitsplatz. Wir kämpfen um unsere Rechte als unfreiwillig schwangere Frauen, um Gleichstellung mit den Männern, wir kämpfen in unseren Ehen und um unsere Ehen. Im großen Stil wird gekämpft um Wirtschaftsmacht, Länder und Konzerne tun sich zusammen, um vereint stärker an der Front des Weltmarktes anzutreten. Dabei werden nicht Menschen getötet, aber Existenzen von Firmen und damit sehr viele Arbeitsplätze.

Wir kämpfen mit uns selbst und ringen um Verständnis unserer kriegerischen Potentiale. Vielleicht fangen die Sportstadien und Sportplätze der Welt inzwischen den Ausdruck viele dieser in uns wohnenden Kräfte auf.

Auch in der Arbeitswelt wird das Individuum in Anfängen auf eine komplexere weise ernstgenommen. Auf dem Kongreß „Visionen menschlicher Zukunft" 1998 habe ich Frithjof Bergmann, einen amerikanischen Philosophen und Unternehmensberater, in seinem Vortrag von einem Projekt sprechen hören, das unter seiner Leitung bei General Motors durchgeführt wird. Die Belegschaft arbeitet im Jahr sechs Monate. In den anderen sechs Monaten des Jahres werden die Arbeiter dafür bezahlt, daß sie mit Unterstützung herausfinden, was sie „wirklich wirklich" tun möchten. So formulierte er es mehrfach. Auf den Einwand, daß Menschen, die 20 Jahre lang am Fließband gearbeitet haben, nicht herausfinden können, was sie „wirklich wirklich" tun möchten, antwortete er, daß es offensichtlich nicht erst 20 Jahre Fließbandarbeit braucht, um das nicht zu wissen, das ginge auch anderen so! Er berichtete, daß viele in sich den Wunsch entdecken, zu lernen und zu lehren und damit von der geistigen Auseinandersetzung mit der Welt nicht mehr ausgeschlossen zu werden.

Man stelle sich nur einmal vor, die Bundeswehr, die Parteien oder die Kirchen würden ihre Mitglieder für Selbsterfahrungsarbeit bezahlen! Man stelle sich einmal vor, Arbeitslose würden dafür bezahlt werden, daß sie mit Hilfe von Astrologen und Therapeuten ihre innerste Berufung herausfinden! Gerade in der Arbeitslosenwelt scheint das indirekt schon so zu sein, denn viele Fortbildungen, die von den Arbeitsamtsgeldern bezahlt werden, dienen nach meiner Erfahrung schwerpunktmäßig der persönlichen Entfaltung der Bezieher und weniger der Vorbereitung auf einen konkreten Arbeitsplatz.

<u>Die Grenzen zwischen Nationalitäten und Rassen werden unscharf.</u>
In Westeuropa gibt es praktisch keine Grenzen mehr. Die Rassen und Völker leben nicht mehr nur in den großen Metropolen zusammen, in denen das schon seit Jahrhunderten so ist, sondern auch in Kleinstädten finden sich Einwanderer aus allen Kontinenten. In unseren Nationalmannschaften spielen extra dafür eingebürgerte Fußballer aus anderen Kontinenten und niemand, der etwas zu sagen hat, regt sich darüber auf! „Multikulturell" ist landläufig ein positiv bewertetes Wort.
Die Fliegerei, aber auch die Informationsmedien haben das Überbrükken von Staatsgrenzen in einem Ausmaß ermöglicht, die sich vor 50 Jahren kaum jemand hat vorstellen können.

<u>Die Grenze zwischen Leben und Tod wird unscharf.</u>
Die Erfahrung von Sterben und Auferstehen ereignet sich wiederholt in einem Menschenleben.
Liz Greene, eine bekannte Psychoanalytikerin und Astrologin, schreibt in ihrem Buch „Astrologie und Schicksal", daß Planetenkonstellationen, die im Mittelalter mit Sicherheit auf den Tod des Betreffenden hingewiesen haben, heute meistens einen Transformationsaspekt bilden. Das heißt, wir verwandeln uns bei lebendigem Leib.

Jede und jeder, der arbeitslos wird, begegnet der Frage, was er oder sie für eine Person ist, wenn sie keine Arbeit hat, über die sie sich definieren kann. Der Verlust der beruflichen Identität kommt häufig einem inneren Sterbevorgang gleich und vielen gelingt der Prozeß nur mühsam oder gar nicht, eine innere Auferstehung zu erleben ohne einen neuen Arbeitsplatz. So sterben wir heute immer später physisch, aber bis wir physisch sterben, sind wir schon mehrfach psychisch gestorben. Wir haben den Wohnort, das Land, den Arbeitsplatz, den Beruf und den Partner/die Partnerin gewechselt und dabei erlebt, daß unser Selbstverständnis als Einwohner einer bestimmten Stadt, als Frau des Herrn Soundso, als Belegschaftsmitglied einer bestimmten Firma oder als Träger einer bestimmten Berufsbezeichnung nicht gehalten hat.
Nahtoderfahrungen häufen sich, Operationen schenken Menschen ein "Neues Leben", die vor 50 Jahren mit Sicherheit nicht hätten weiterleben können.

Unser Leben wird permanent durchsichtiger

Wir können unser Privatleben nicht mehr durch dicke Mauern schützen. Der einzige Schutz, den wir uns wirksam geben können, ist, nichts zu verbergen zu haben. Datenschutz ist im Computerzeitalter ein kaum zu verwirklichendes Unterfangen. Selbst der amerikanische Präsident ist mit unfeinen Aktivitäten im Oval-Office nicht mehr vor Kritik und Sichtbarwerden geschützt (September 1998 Lewinsky-Affäre).
Wir schreiben uns weniger Briefe, die der Postbote in einen materiellen Briefkasten steckt, sondern wir faxen oder E-mailen. Die Stimme aus Neuseeland klingt am Telefon so wie in einem Ortsgespräch. Wir geben in den Geschäften immer weniger Hartgeld aus, sondern wir ziehen eine Plastikkarte durch ein Gerät und dann geht alles wie von selbst. Wir lernen, „virtuell" einzukaufen und Bankgeschäfte durchzuführen, so wie die Kinder ihre Spiele nicht nur auf dem Sportplatz sondern auch auf dem Computer erleben.
Strahlen und Schwingungen treten an die Stelle von hartem Werkzeug. Operationen werden mit Laserstrahlen durchgeführt, Ultraschall, Sonden, Computer und feinstes Operationswerkzeug ersparen in der Medizin oft grobes Öffnen des Körpers.

Unsere subjektive Erfahrung von Raum und Zeit verändert sich permanent. Das Fernsehen beteiligt uns in Sekundenschnelle am Schauplatz eines Geschehens auf der anderen Seite der Erde. Das Flugzeug bringt uns in 20 Stunden dorthin. Wir fühlen, daß die Zeit schneller „fließt" und wir irgendwie gleichzeitig jünger bleiben.

SCHÖPFERISCHE INTEGRATION IM INDIVIDUUM AM BEISPIEL MEINES SINGENS

Im einzelnen Menschen vollzieht sich das Gleiche wie im Kollektiv. Psychotherapie und viele andere Methoden, die sich mit Atmung, Stimme, Bewegung, Arbeit mit inneren Bildern usw. beschäftigen, ermöglichen die Auflösung von Spaltungen und die Integration von Persönlichkeitsanteilen. Dabei wird die Erfahrung eines Zusammenspiels von Geist, Seele und Körper auf einer höheren Ebene möglich.
Um dies etwas plastischer werden zu lassen, beschreibe ich, wie ich selber im Zusammenspiel von Singen und gedanklichem Reflektieren diesen Prozeß erlebe. Paradoxe Zustände verbinden sich miteinander und diese wiederum mit Erkenntnisprozessen. Ich kehre noch einmal ganz an den Anfang das Singenlernens zurück und gehe weiter bis in meine Erfahrungen von 1998.

Während ich 1988 bis 1991 bei Rosemarie Maste-Zander meinen ersten Gesangsunterricht erhielt, hatte ich das Glück, daß ihr Mann, Hans-Joachim Zander, ein in Hamburg bekannter Pianist und Komponist, Freude daran hatte, die stimmlich „aufgewärmten" SchülerInnen seiner Frau gegen Ende einer Gesangsstunde bei ihren Liedversuchen auf dem Flügel zu begleiten. Einer seiner Lieblingskommentare dabei war: „Seien Sie in einer entspannten Spannung, singen Sie entspannt gespannt!" Meine erste Reaktion darauf war große Verwirrung und ich dachte, er spinnt. Wie um alles in der Welt sollte das gehen, entspannt gespannt zu sein? Ich kannte Angespanntheit und, selten zwar, aber doch auch Entspannung. Das waren Zustände, die nicht zeitgleich gingen. Dachte ich. Bis ich diesen Satz so oft gehört hatte, daß mein Körper anfing, etwas davon umzusetzen, obwohl ich nicht glaubte, daß es geht. Als ich das allerdings erkannte, hatte ich mein erstes großes AHA-Erlebnis im Blick auf Paradoxien: Etwas, das sich gedanklich scheinbar gegenseitig ausschließt, bereitet auf der Ebene der Erfahrung nicht unbedingt

Probleme im Zusammenwirken! Meine Erfahrung zeigte mir, daß es entspannte Spannung gibt!
Fünf Jahre später arbeitete ich mit Eva-Christine Reimer und war sehr begierig, durch die Erfahrung des Singens tiefer in die Geheimnisse des Geistes einzudringen. Ich hatte ja inzwischen mit Helen Centner erlebt, daß mein Selbstbild durch das Singen eine enorme Erweiterung erfahren hatte und es das „Ich" von 1981 eigentlich gar nicht mehr gab. Ich hatte in einem hohen Ausmaß aufgehört, mich mit dem „kleinen Baptistenmädchen" zu identifizieren und fühlte mich inzwischen als eine kompetente Therapeutin und als eine liebens-würdige Partnerin meines Mannes.

Eva-Christine Reimer hat mir meine Entwicklung dadurch leicht gemacht, daß sie keine persönliche Nähe scheut und sich sehr unmittelbar einbringt. Wenn sie zwei Meter von mir entfernt am Klavier sitzt oder sich manchmal auch einen Meter von mir entfernt aufbaut, um mir etwas Bestimmtes ganz nah zu demonstrieren, habe ich das Gefühl, für sie sind in diesem Augenblick alle meine Energieströme sichtbar. Sie weiß sofort, ob ich gerade mit meiner Aufmerksamkeit voll oder halb da bin, ob ich im Becken versammelt bin, ob ich einen guten Bodenkontakt habe, ob meine Freude echt oder aufgesetzt ist usw.

Sie hat mich mit größter Konsequenz mit der Möglichkeit konfrontiert, Polaritäten in mir selbst auszubalancieren. Alles mißt sich für sie an der Güte eines Tones bzw. an der Güte einer Tonfolge und - so meine Entdeckung - die wird immer höher, wenn polare Spannungen miteinander versöhnt werden. Die andere Entdeckung ist, daß sich in diesem Vorgang ein Zugang zu den transpersonalen Stufen des Bewußtseins öffnen kann. Diese Tatsache, daß ein klassisch gesungener Ton transpersonale Geisteszustände ermöglicht und sogar voraussetzt, werden wahrscheinlich viele Sänger wissen, ohne es so nennen zu können oder auch so nennen zu wollen.

Das, was am Anfang das Paradoxon zwischen Spannung und Entspannung war, wurde in der Arbeit mit Eva die Erfahrung, mindestens zehn Verbindungen polarer Spannungen gleichzeitig zu verwirklichen. Wenn ich gerade oben unter meiner Schädeldecke angekommen war, erwartete sie, daß ich gleichzeitig in meinen Füßen blieb. Wenn es mir gelang, den Ton gleichmäßig auf meinem Atem strömen zu lassen, sollte ich mir vorstellen, daß ich gleichzeitig einatmete. Wenn ich mich der schmelzenden Weichheit eines Tones hingeben wollte, erklärte sie mir, daß ich nicht genug Biß hätte und meine Zähne zeigen sollte. Wenn ich gerade dachte, daß das ein beeindruckender Ton sein müßte, den ich sang, weil er so weit nach draußen klang, sagte sie mir, daß ich den Kontakt zu meinem Körpergefühl verloren hätte. Wenn es mir einigermaßen gelang, einen Körper- und Geisteszustand von Staunen einzunehmen, sollte ich Schreckatmung durchführen. Das ist der Reflex, der einen Menschen abrupt einatmen läßt, wenn er sich erschrickt. Wenn sie mich soweit hatte, daß ein Kinderlachen über mein Gesicht huschte, sollte ich alle Häme hinzunehmen, deren ich mich gar nicht fähig fühlte. Bedrohlich sollte ich singen und strahlend dabei lächeln. Schön und häßlich sollte ich auch gleichzeitig singen.

Wenn sie mir das alles nur gesagt hätte, hätte ich mich ja getrost abwenden können. Aber sie stand in aller Unschuld da und macht es mir vor! Während ich mich mit ihren Herausforderungen herumschlug, hatte ich gleichzeitig den Eindruck, daß sie nicht sonderlich daran interessiert war, von mir erzählt zu bekommen, daß das eigentlich alles nicht ging und nicht gehen konnte. Also ließ ich sie auf mich wirken.

Im zweiten Halbjahr 1998 haben wir an meiner Fähigkeit, Koloraturen zu singen, gearbeitet. Dadurch bekam die Erfahrung der Verbindung paradoxer Zustände eine weitere Ausdifferenzierung. Eva forderte mich auf, durch den Raum zu gehen und Arme und Beine und Schultern schlackern zu lassen. Auf diesen chaotischen Haufen Bewegung sollte ich einen klaren zielgerichteten Staccatoton setzen, der auf einem stabil gehaltenen Rumpf steht. Staccato ist eine Folge kurzer abgehackter Töne. Als das dann so gerade ging, sollte ich darunter einen langen Legatobogen, einen Bindebogen denken und singen. Es ging darum, Zielgerichtetheit, Ordnung und chaotische Bewegung, abgehackte und verbundene Tonqualitäten ineinander zu flechten. Wenn ich lese, was ich da gerade schreibe, fasse ich mit meiner Vorstellungskraft immer noch nicht, daß das geht. Aber ich habe es ausgeführt! Nicht in der Vollkommenheit wie meine Lehrerin, aber irgendwie ging es und läßt sich im Laufe einiger Jahre immer weiter verfeinern und miteinander zu einem harmonischen Ganzen verbinden.

Mit der Erfahrung wachsen gleichzeitig die Fragen: Baue ich in meinem Körper morphogenetische Felder auf? Ist meine Stimme eine Summe verschiedenster Schwingungsfelder, die sich durch Tun in mir etablieren, die sich mit meinen Seelenfeldern und dem Körpersystem verbinden? Zeigt sich in meiner Stimme ein neues, alle anderen miteinander verbindendes Feld?

Ungefähr zeitgleich mit meinen praktischen Erfahrungen mit Paradoxien beim Singen fiel mir die Doktorarbeit von Ludwig Frambach in die Hände. Dieser deutschsprachige Theologe hat 1993 seine Arbeit vorgelegt und verbindet in ihr östliche und westliche Mystik und die Gestalttherapie miteinander. Seine Arbeit heißt: „Identität und Befreiung - Der Befreiungsprozeß menschlicher Identität in Gestalttherapie, Zen und christlicher Spiritualität - Ein Strukturvergleich". Auch hier habe ich das Ineinanderfließen der Wissensgebiete aus Ost und West gefunden.

In seiner Arbeit über Gestalttherapie habe ich etwas gefunden, was mir Antworten auf viele offene Fragen gegeben hat. Wie elektrisiert las ich über die „Schöpferische Indifferenz", über „Gleich-gültigkeit" und fand bei ihm Sprache für das, was ich bisher nur unter dem großen, aber unklar bleibenden Wort „Wirklichkeit" fassen konnte. Mir wurde deutlich, daß Fritz Perls, der Begründer der Gestalttherapie, sehr wohl einen theoretischen Hintergrund in seiner Arbeit hatte. Seine Theorien sind mir aber zu einer Zeit nahegebracht worden, in der ich zu sehr mit meinem aufbrechenden Elend gekämpft habe, um die Feinheit dieser Gedanken verstehen zu können. „Mini-Satori" ist ein Begriff, den ich noch aus meiner Ausbildung erinnere. Die Erfahrung, daß Gestalttherapie Menschen zu geistig-seelischem Wachsen verhilft, mache ich seit 15 Jahren, ich konnte nur nicht genau sagen, warum und wie Wachstum geschieht.

Was passiert, wenn es einem Menschen wirklich gelingt, die scheinbar widersprüchlichen und sich ausschließenden Zustände seines Seins in Verbindung zu bringen und - und das ist das Entscheidende - in sich auszubalancieren? Ludwig Frambach beschreibt, daß Fritz Perls, bevor er die Gestalttherapie erfand, stark von einem Berliner Philosophen beeinflußt wurde, der Ludwig Friedländer hieß. Dieser meint, daß es Augenblicke und Situationen gibt, in denen die ausdifferenzierten Pole wieder in der Mitte der Indifferenz zusammenlaufen. Wenn wir die Mitte zwischen Spannung und Entspannung halten können, wenn wir uns auf einen Standpunkt stellen, der sich nicht für eine Seite entscheidet, der zum Beispiel nicht sagt, daß Gut sein gut ist und daß Schlecht sein schlecht ist, begeben wir uns in die „schöpferische Indifferenz", wie er es nennt. In dem Augenblick enthält beides gleiche Gültigkeit. Und dann hatte ich wieder eine Gesangsstunde...

Jagte mich Eva von einem Extrem zum anderen, damit ich immer wieder über diesen Punkt kam? Was hat es auf sich mit diesem Punkt, dem Punkt der Gleich-gültigkeit? Gleichgültigkeit ist umgangssprachlich ein negativ wertendes Wort, verstanden als lieblos und egoistisch. Sagt es eigentlich, daß dann, wenn jemand Verschiedenheiten gleich gültig sein läßt, Ruhe einkehrt? Jemand, der weiße, schwarze und gelbe Menschen gleich gültig auf dieser Erde leben lassen kann, ist gelassen, hat bewußt den inneren Standpunkt der Gleich-gültigkeit, der Balance eingenommen, läßt sie gleich gelten. Was ist „schöpferische Indifferenz"? Besagt das, daß das Ausbalancieren von polaren Spannungen.....schöpferisch ist? Balance war durchaus auch schon vorher ein Gedanke, mit dem ich lebte, aber in einer umfassenden Bedeutung ist er mir in dieser Zeit aufgegangen. Genau, er ist mir aufgegangen! Das ist der Unterschied. Bis dahin kannte ich ihn, aber er war mir noch nicht aufgegangen. Jetzt ging mir BALANCE auf. Balance wurde zu einem Ereignis! Vorne und hinten ausbalancieren, oben und unten...

Was ist, wenn Körper und Seele, Himmel und Erde, Mann und Frau, Ordnung und Chaos, Bewußtes und Unbewußtes, Schwarzes und Weißes, Diesseits und Jenseits ausbalanciert werden!?

Einmal waren wir in der Gesangsstunde wieder damit befaßt, daß ich mehr Biß haben sollte. Eva demonstrierte mir, wie sie hämisch grinste und ihre Zähne zeigte. Ihre Augen blickten mich gleichzeitig freundlich an. Da fiel wieder ein Groschen bei mir: Auch gut und böse sind Pole, Ausdifferenzierungen, die in einer Weise in mir versöhnt werden können, daß sie eine „schöpferische Indifferenz" bilden. Es gab überhaupt keinen Grund, „böse" abzulehnen, denn es gab ja Situationen genug, in denen all das, was gemeinhin als „böse" oder nicht gesellschaftsfähig betrachtet wird, gut ist und gebraucht wird. Ich brauchte mich nicht einseitig auf den Standpunkt des Guten zu stellen und das Böse abzulehnen. Im Gegenteil: Damit schloß ich die Schöpferkraft aus! Wenn ich Gut und Böse ausbalancierte, würde beides schöpferisch ?!

Ich erinnerte mich, irgendwo gelesen zu haben, daß Lächeln die Botschaft enthält: „Ich könnte dich beißen, aber ich tue es nicht, weil du mein Freund bist". „Böse" ist ein ganzes Repertoire von Spannungszuständen im Körper und Verhaltensmöglichkeiten, die mir zur Verfügung stehen, im Sinne von „Ich könnte bei entsprechender Situation „böse" werden. Jetzt leitete sich aus dieser Erkenntnis für mich eher die Aufgabe ab, das „Böse sein Können" zu vervollkomnen und die Übergewichtigkeit des „Gutseins" in meiner Persönlichkeit aufzulösen. Einseitigkeit des Gutseins ist Schwäche! So wie die asiatischen Kampfkünste, die ja Meditationsformen sind, wollte ich in den kommenden Monaten den „Teufel" in mir kultivieren! Das Wort Kampfkunst spiegelt diese Spannung wider: Ich lerne „Böse sein Können", Kampf, und erhebe diesen Prozeß in den Stand einer Kunst.

Wenn ich eine vollständige Balance finden kann zwischen „Gut" und „Böse", was wird das mit mir machen? Kürzlich, als ich aus Neugierde versucht habe, die Tonfolgen der Königin der Nacht aus Mozarts Zauberflöte mitzusingen, habe ich entdeckt, daß die hohen Töne der Königin der Nacht nur mit der Kraft in mir entstehen, die im Überlebenskampf freigesetzt wird. Ich mußte meinen Körper wie in einem harten Ringkampf auf Leben und Tod anspannen, dann kam das hohe F aus mir heraus. Es wird noch etwas dauern, bis der „Teufel" in mir so kultiviert ist wie der „Engel"..., bis er vielleicht entspannt - gespannt ist.

Was passiert an diesem Balancepunkt, dieser „schöpferischen Indifferenz", dieser „Gleich-gültigkeit" der Pole? Als ich Zitate von Perls bei Ludwig Frambach las, begriff ich auf einmal, warum es mich wie ein Blitz durchfahren hatte, als mir aufging, daß „es Wirklichkeit gibt". Perls sagt: „Nichts" kommt Wirklichkeit gleich. Das „Nichts" ist im Osten die Abwesenheit von „Etwas". Die Abwesenheit von „Etwas" stellt einen leeren Raum zur Verfügung, in dem Wirkung geschehen kann. Perls nennt es die „fruchtbare Leere". Ist das westliche Sprache für die blitzartige Erfahrung des Bewußtseinsraumes, der im Osten als Nirvana bezeichnet wird? Ist das ein „Mini-Satori"? Ist es das, was bei Stanislav Grof und Ken Wilber die supra- oder metakosmische Leere ist, aus der Alles kommt und in der Nichts ist? Kommt durch diesen Punkt der „schöpferischen Indifferenz" die reine und unpersönliche Schöpferkraft? Bin ich für Bruchteile von Sekunden mit den transpersonalen Ebenen jenseits der Polarität verbunden? Diese Erfahrung, mich jeglicher Identifikation mit einem Pol zu enthalten, brachte sie mich in die fruchtbare Leere, aus der heraus die schönen Töne kamen, die ich hörte und die mich so verwunderten, weil sie aus mir herauskamen? Die Bereitstellung der Mitte der Pole zwischen Aggression und Loslassen, zwischen Spannung und Entspannung, zwischen Chaos und Ordnung, zwischen Höhe und Tiefe, war diese Mitte die Leere, die reiner Wirkkraft Gelegenheit gab zu wirken? Und ist das ist die Kraft, die in größere und weitere Räume hinein wachsen läßt bzw. neue Räume des Wachsens erschafft? Die Techniken der Gestalttherapie, brachten sie Menschen konsequent in den Zustand der nicht wertenden Aufmerksamkeit, der Gleich-gültigkeit und damit in Kontakt mit der „schöpferischen Indifferenz?" Ist die „schöpferische Indifferenz" das Nadelöhr, durch das morphogenetische Felder „gebaut" werden? Ziehen wir durch diese Stelle Ver-wirklich-ung in unser Leben?

WO STEHE ICH JETZT? GROSSE FRAGEN UND BILDER GEBEN MIR VIEL RAUM IN GEIST, SEELE UND KÖRPER

Wie soll das nun enden? Es scheint so, als würde es mit Fragen enden! Ich habe nie gedacht, daß sich Fragen so gut anfühlen können, wie die, mit denen ich das, was ich geschrieben habe, jetzt beenden will. Fragen, die mich dehnen und atemlos machen...

Was ist, wenn wir aus Regionen kommen, in denen wir über die Liebe alles schon gelernt haben? Kann es sein, daß wir die Lektion Liebe nicht hier lernen müssen, weil wir schon lieben können? Was ist, wenn wir hier sind, um hassen zu lernen? Krieg führen, morden, weil wir erst, wenn wir das auch können, wählen können, was wir denn nun selber wirklich wollen? Was ist, wenn die Schöpferkräfte genug hatten von den Wesen, die ihnen jeden Wunsch von den Augen ablesen. In einigen Schöpfungsmythen auf unserem Globus wird berichtet, daß Gott Langeweile hatte. (Stanislav Grof Vortrag Audimax 26.11.97) Was ist, wenn sie sich gewünscht haben, daß es Wesen geben soll, die ihnen ebenbürtig sind? Also schaffen sie ein gigantisches Spiel, in dem diese

Wesen das Gegenteil von Wahrheit kennenlernen können, die Lüge. Dort experimentieren sie tagtäglich damit, wie es ist, mit der Wahrheit umzugehen oder mit der Lüge. Und sie geben ihnen den Krieg zum Krieg Spielen. Und durch das Krieg Spielen bekommen sie einen Begriff vom Frieden, der nicht davon geprägt ist, daß sie nicht anders können als friedlich sein, sondern daß sie nun nicht anders **wollen** als friedlich sein, im Wissen und Fühlen, daß sie anders könnten! Und sie geben ihnen den Tod - das Spiel geht so, daß sie an den Tod glauben - und in der Erwartung des Todes bekommen sie einen Begriff von lebendig Sein, ein Gefühl von Dasein, Mitmachen Können, Erleben Können, einen Begriff von der Einmaligkeit des Daseins, ein Gefühl dafür, wie schön es ist zu existieren. Diese Wesen packen zu, sie schreien auf, sie protestieren, sie kämpfen für etwas oder gegen etwas, sie sind gierig, sie sind wild, sie vergessen sich in ihrer Leidenschaft und nehmen das Leid, das sie schaffen, mit erhobenem Haupt an. Die Schöpferkräfte geben ihnen den Haß, in den sie sich selbstvergessen hinein stürzen, so daß sie sich durch die Selbstvergessenheit und den Haß fühlen lernen und irgendwann aufwachen und sich an sich selbst erinnern und an die Liebe, die als ursprüngliche Möglichkeit jederzeit zur Verfügung steht. Und kann es sein, daß dieses Aufwachen zu sich selbst und das wählen Können das ist, was, so oft wie nötig wiederholt, das Wesen dieser Wesen in die Ebenbürtigkeit mit den Schöpferkräften hinein formt?

Wie oft habe ich schon gelebt? Habe ich oft genug mein eigenes Ding gemacht, um mich langsam für das große Spiel zu interessieren? Ich habe mit 17 Jahren auf einem freikirchlichen Mitsommertreffen in Schweden vor einigen tausend Menschen das As -Dur Impromptus von Schubert auf dem Klavier gespielt, als wir mit den „New Gospel Singers" dorthin eingeladen waren, einem christlichen Jugendchor, in dem ich zu der Zeit sang. Danach bin ich in eine tiefe Depression gefallen. Habe ich für zehn Minuten einen Rückgriff gemacht auf „alte Zeiten" und wußte tief drinnen, daß ich mir für die Gegenwart eigentlich etwas Anderes vorgenommen habe?
Ich kann, wenn ich mich in einer bestimmten Weise konzentriere, mit Ton und Wachs plastizieren, Bleistiftzeichnungen machen, die, ohne daß ich geübt habe, so sind, daß ich mich vor mir selbst erschrecke und

mich frage, wieso kann ich das? Ich lasse mich meistens nicht so gut singen, wie ich es spüre, daß ich es könnte und denke dann, ich traue mich nicht, aber vielleicht will ich es nicht, weil mich das vom Kurs abbringen würde? Durch die Aufnahmeprüfung am Hamburger Konservatorium habe ich mich mit Gesang als Hauptfach durchfallen lassen, obwohl ich über das Fach Klavier leicht hätte bestehen können. Stimmt es, was mir die Astrologen sagen (Manfred Schulmann: „Mondknoten....), daß ich in früheren Leben genug Leistungen vollbracht habe und mir jetzt überlegen will, ob ich „eine Lotusblume im Garten sein möchte oder ein Kunstobjekt im Schaufenster?" Gehe ich deshalb seit meiner Entstehung durch Seelenschlamm, um die Lotusblume zu werden, die sich nicht mehr um sich selbst dreht, sondern sich für die „Firma" interessiert, die sie hervorgebracht hat, für die Wirklichkeit? Geht es mir jetzt darum, den Bruch zwischen „Diesseits" und „Jenseits" in meinem Geist zu überbrücken, so daß es für mich auch auf dieser Seite ganz klar und selbstverständlich wird, daß ich und wir alle hier zu Besuch sind?

Sind diese Eltern mit ihren großen Seelenwunden 10 Jahre nach Kriegsende in Deutschland, Mitglieder einer kleinen naiven Glaubensgemeinschaft, genau richtig für meine Absichten mit diesem Leben? War mein Vater genau der Richtige, indem er mir gezeigt hat, wie man gerne und treu arbeitet, ohne darin voll aufzugehen? War er der Richtige, um mir zu zeigen, wie man die Kunst der Spiritualität unterordnet, aber nicht beides miteinander verbindet? Er war Organist und Chorleiter in unserer Gemeinde und hat sicher oft unter der Mittelmäßigkeit seiner SängerInnen gelitten. War meine Mutter genau die Richtige, indem sie mir ihre quälenden Fragen weitergegeben hat, ohne sich selbst und mir Befreiung möglich zu machen? Mit mehr geschenkter Freiheit hätte ich nicht so um mich kämpfen müssen. Hätte ich mich ohne die täglichen Fragen meiner Mutter so radikal auf den Weg gemacht, Antrworten zu finden? Haben mein Eltern ihren Anteil an meinem Schicksal gut erfüllt?

Und so stelle ich fest, daß ich vibriere, wenn ich mir vorstelle, Teilhard de Chardin hätte recht mit seinem Schlußsatz des Buches „Der Mensch im Kosmos": „Jedenfalls ist es unleugbar, daß selbst für den

Blick des einfachen Biologen nichts so sehr einem Passionsweg gleicht wie der abenteuerliche Weg der Menschheit." In mir wird es strahlend hell, wenn ich mir vorstelle, ich hätte mich auf einer feinstofflichen Existenzebene dazu entschlossen, freiwillig an dem abenteuerlichen Weg teilzunehmen, eine Synthese zu schaffen zwischen den mit Licht und Liebe angefüllten Dimensionen des Geistes und den mit Gefühl durchströmten Regionen der Materie. Voller Stolz sehe ich vor mir, wie ich ein freiwilliger Teil bin von diesem, sich in Zeit und Raum abspielenden gegenseitigen Durchdringen, in der sich immer komplexere, differenziertere und feinere Lebensstrukturen entwickeln. Ken Wilber sagt: „ Gott schläft im Stein, er atmet in der Pflanze, er träumt im Tier und er erwacht im Menschen." Der Geist, der im physikalisch Kleinsten zu finden ist, da, wo sich Materie in Resonanz und Schwingung und Nichts auflöst, ist das derselbe Geist, der in der Pflanze nicht nur auf Licht und Wasser, sondern schon auf Ansprache und Liebe reagiert? Ist es derselbe Geist, der im Tier ein Gefühlsleben führt, das dem unseren oft so ähnlich ist?

Ist es derselbe Geist, der im Menschen „Ich bin" sagt, „Ich will" und „Ich will nicht."?

Da, so stelle ich es mir vor, wo ein Mensch sagt: „Ich bin, Geist, was du bist, und ich will, Geist, was du willst, in meiner Einzigartigkeit!", wie es die großen Gottfinder rund um die Erde immer getan haben, erwacht Gott im Menschen. Wenn es genügend sein werden, wenn genügend Einzelne der Menschheit ihr eigenes transpersonales Bewußtsein in der Hingabe an ihre einzigartige und persönliche Bestimmung verwirklichen werden, stelle ich mir vor, wie das morphogenetische Feld der Menschheit und die Dimensionen des Geistes außerhalb der Raum-Zeit sich berühren werden wie der Finger Gottes und der Finger Adams in dem berühmten Bild aus der Sixtinischen Kapelle von Michelangelo. Vielleicht haben wir diesen Zeitpunkt, Teilhard de Chardins Punkt „Omega", schon bald. (Genügend Denker unserer Zeit gehen davon aus, ich entdecke jeden Monat mehr von ihnen. Siehe Bücherliste.) Und wenn die große Masse der Menschheit nachziehen wird, weil es immer leichter wird, und sich immer besser anfühlt, sein tiefstes Selbst zu verwirklichen, könnte aus der sachten Berührung eine grenzenlose Durchdringung werden. Buddha und Christus zugleich, würden wir die ganz große und einzigartige Bewußtseinsqualität in den Kosmos einbringen, Freiheit, freies Wollen, den Schöpferkräften gleich. Nach endlos langen Zeiten, in denen wir gewählt haben, gut oder böse zu sein, klug oder dumm, Licht oder Dunkel zu schaffen, Freude oder Leid, zu hassen oder zu lieben, Angst zu haben oder zu vertrauen, zu erschaffen oder zu zerstören, Krieg zu machen oder Frieden, zu morden oder zu zeugen und zu gebären, könnte sich aus der Summe des gewählt Habens die Möglichkeit der Menschheit heraus destillieren, in Freiheit all diese Kräfte in eine neue Qualität hinein zu verbinden?

Werden aus Menschen Göttinnen und Götter, wenn Gott in uns erwacht ?

Wenn ich mir das vorstelle und freiwillig meinen kleinen, aber einzigartigen Beitrag dieses Lebens in der Findung meiner kosmischen Bestimmung hinzufüge, ist es hell und klar, voller Bangen und voller Glück in mir. Und wenn es stimmt, daß Innenwirkung auf mich eine Aussage über Wirklichkeit macht - das anzunehmen habe ich mich entschlossen, wie ich auf diesen Seiten wiederholt gesagt habe -, übersteigt meine Empfindung alles bisher Erlebte.

Dann fühle ich, daß es sich gelohnt haben wird, sich Leben um Leben an das Kreuz der Evolution schlagen zu lassen. Zu sterben, wieder aufzustehen, wieder geboren zu werden, vom „Baum der Erkenntnis von Gut und Böse" zu essen und das morphogenetische Feld der Menschheit mit vielen anderen zusammen anzureichern.

Diese schrecklichschöne Welt der Polaritäten, unser morphogenetisches Feld, aufgehoben in einem gigantischen Geschehen jenseits von Zeit und Raum, Gebärmutter für das Erwachen von Göttinnen und Göttern. Dazu erschaffen, selbstbestimmt und in Harmonie mit dem großen Gesamtzusammenhang des Kosmos zu leben, als Herrinnen und Herren über das unvorstellbar komplexe Zusammenspiel von Materie und Geist, in der gleichrangigen Begegnung mit den Schöpferkräften....

wer weiß.....

LITERATURVERZEICHNIS

Kapitel I

H. Wöller	Vom Vater verwundet, Kreuz-Verlag
D. Stollberg	Wenn Gott menschlich wäre.., Kreuz-Verlag
H. Gamborg	Das Wesentliche ist unsichtbar (über Chakren), rororo
P.Schellenbaum	Gottesbilder, dtv
R.L. Bryere	Das Geheimnis der Chakras, Heyne-Verlag
Chung Hyun Kyung	Schamanin im Bauch, Christin im Kopf, Kreuz-Verlag
K. Dychtwald	Körperbewußtsein, Synthesis-Verlag
H. Grill	Die sieben Lebensjahrzehnte, Verlag für Schriften von Heinz Grill

KAPITEL II

Verena Kast	Märchen als Therapie, dtv
Chr. Scheller	Märchen und Sagen aus Wälschtirol , Verlag Georg Olms (Mädchen m. d. goldenen Zöpfen)
Henry G. Tietze	Imagination und Symboldeutung, Verlag Knaur
H. Bemmann	Stein und Flöte (ein Märchenroman), Edition Weitbrecht
E. Drewermann	Brüderchen und Schwesterchen, Walter
"	Das Eigentliche ist unsichtbar (Der kleine Prinz, interpretiert), Herder
M. Ende	Momo, K. Thienemanns
C. Pinkola Estes	Die Wolfsfrau, Heyne

KAPITEL III
zur Transaktionsanalyse

R. Rogoll	Werde, wer du werden kannst, Herder
Rautenberg/Rogoll	Nimm dich, wie du bist, Herder
Th.A. Harris	Ich bin o.k. Du bist o.k. , rororo
E. Berne	Spiele der Erwachsenen, rororo

E. Berne	Spiele der Erwachsenen, rororo
"	Was sagen Sie, nachdem Sie >Guten Tag< ...., Fischer-Verlag
	zur Gestalttherapie
F. Perls	Grundlagen der Gestalttherapie, pfeiffer
"	Gestalttherapie in Aktion, Klett-Cotta
"	Das Ich, der Hunger und die Aggression, dtv
E. u. M. Polster	Gestalttherapie, Fischer
Perls/Hefferline / Goodman	Gestalttherapie, dtv
C. Naranjo	Gestalt, Arbor-Verlag
H.P. Dreitzel	Reflexive Sinnlichkeit, EHP
	KAPITEL IV
A. Janov	Der Urschrei, Fischer
H. Milz/ M. Varga von Kibed	Körpererfahrungen, Walter
A. Montagu	Körperkontakt, Klett-Cotta
G. Leonard	Der längere Atem, Integral-Verlag
Chr. Caldwell	Hol dir deinen Körper zurück, Aurum
J. Diamond	Lebensenergie in der Musik, Verlag f. angewandte Kinesiologie
P.E. Dennison	Befreite Bahnen, Verlag f. angewandte Kinesiologie
S.M. Johnson	Charakter-Transformation, Transform-Verlag
A. Stampa	Atem, Sprache und Gesang, Bärenreiter
	Kapitel V
H. Stierlin	Das Tun des Einen ist das Tun des Anderen, Suhrkamp
H. Stierlin u. a.	Das erste Familiengespräch, Klett-Cotta
H. Stierlin	Delegation und Familie, Suhrkamp
Weber/Stierlin	In Liebe entzweit, rororo

H. Stierlin	Haltsuche in Haltlosigkeit, Suhrkamp
L. Pincus/ Chr. Dare	Geheimnisse in der Familie, GTB
Luthman/ Kirschenbaum	Familiensysteme, pfeiffer
H.E. Richter	Eltern, Kind und Neurose, rororo
"	Patient Familie, rororo
H. Kolitzus	Die Liebe und der Suff, Kösel
"	Die Familie des Drogensüchtigen, Klett-Cotta
F.J. Sulloway	Der Rebell der Familie, Siedler
T. Schäfer	Was die Seele krankmacht und ...., (über Bert Hellinger), Knaur
G. Weber	Zweierlei Glück, Auer
B. Hellinger	Ordnungen der Liebe, Auer
"	Schicksalsbindungen bei Krebs, Auer
"	Haltet mich, daß ich am Leben bleibe (Video mit Adoptierten), Auer
	Kapitel VI
A. Ruperti	Kosmische Zyklen, rororor
T. Marks	Dein verborgenes Selbst, Hier & Jetzt-verlag
"	Astrologie der Selbstentdeckung, Hier & Jetzt-Verlag
P. Orban	Verborgene Wirklichkeit, Hugendubel
"	Pluto, rororo
Orban/Zinnel	Drehbuch des Lebens, rororo
"	Der Tanz der Schatten, Hugendubel
L. Greene	Sag mir dein Sternzeichen ..., Ullstein-Verlag (sehr schön zum Einstieg)
"	Schicksal und Astrologie, Hugendubel
"	Saturn, Hugendubel
M. Schulman	Der Aszendent, Urania
"	Karmische Astrologie, Urania
	Kapitel VII
L. Ebersberger	Der Mensch und seine Zukunft, Walter
K. Wilber	Halbzeit der Evolution, Fischer

K. Wilber	Das Spektrum des Bewußtseins, Fischer
"	Das Atman-Projekt, Junfermann
"	Eine kurze Geschichte des Kosmos, Fischer
"	Vom Tier zu den Göttern, Herder
Th. Roszak	Mensch und Erde auf dem Weg zur Einheit, rororo
G. Schiwy	Der kosmische Christus, Kösel
"	Teilhard de Chardin, Kösel
"	Das Teilhard de Chardin Lesebuch, Walter
T. de Chardin	Der Mensch im Kosmos, dtv
"	Briefe an Frauen, dtv
"	Entstehung des Menschen, C.H. Beck
S. Grof	Das Abenteuer der Selbstentdeckung, Kösel
"	Geburt, Tod und Trandzendenz, Kösel
"	Topographie des Unbewußten, Klett-Cotta
"	Kosmos und Psyche, Krüger
S. u. C. Grof	Spirituelle Krisen, Kösel
Grof/Bennet	Die Welt der Psyche, rororo
R. Sheldrake	Das schöpferische Universum, Goldmann
"	Das Gedächtnis der Natur, Scherz
"	Sieben Experimente, die die Welt verändern könnten, Scherz
"	Die Wiedergeburt der Natur, Scherz
Sheldrake/Fox	Die Seele ist ein Feld, Barth
Sheldrake/McKenna/ Abraham	Cyber-Talk, Barth
T. Schwarz	Was wirklich zählt, Knaur
L. Frambach	Identität und Befreiung, Via Nova
F. Capra	Wendezeit, Scherz
"	Lebensnetz, Scherz
M. Murphy	Der QuantenMensch, Integral
P.Russel	Der Zeitstrudel, Integral
H.Salman	Die Heilung Europas, Novalis
D. Millmann	Die Lebenszahl als Lebensweg, Ansata